股语布道

操盘的底层逻辑与交易秘笈

罗高峰 著

上海财经大学出版社
SHANGHAI UNIVERSITY OF FINANCE & ECONOMICS PRESS

图书在版编目(CIP)数据

股语布道：操盘的底层逻辑与交易秘笈 / 罗高峰著.
上海：上海财经大学出版社, 2025. 6. -- ISBN 978-7
-5642-4645-7

Ⅰ.F830.91

中国国家版本馆 CIP 数据核字第 20257PS897 号

□ 策划编辑　王永长
□ 责任编辑　王永长
□ 封面设计　贺加贝

股语布道

操盘的底层逻辑与交易秘笈

罗高峰　著

上海财经大学出版社出版发行

(上海市中山北一路 369 号　邮编 200083)

网　　址:http://www. sufep. com

电子邮箱:webmaster@sufep. com

全国新华书店经销

苏州市越洋印刷有限公司印刷装订

2025 年 6 月第 1 版　2025 年 6 月第 1 次印刷

710mm×1000mm　1/16　33 印张(插页:1)　523 千字
定价:226.00 元

如何构建短线交易系统

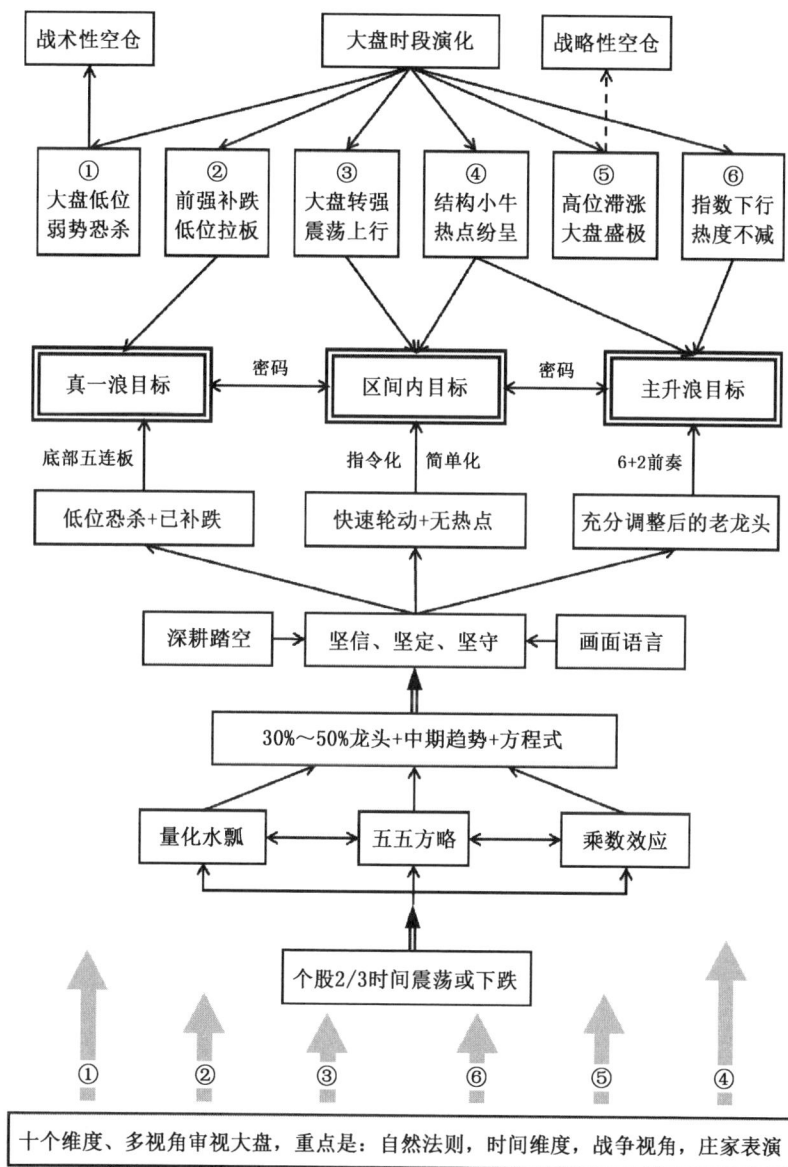

战术性空仓　　　　　大盘时段演化　　　　战略性空仓

| ① 大盘低位 弱势恐杀 | ② 前强补跌 低位拉板 | ③ 大盘转强 震荡上行 | ④ 结构小牛 热点纷呈 | ⑤ 高位滞涨 大盘盛极 | ⑥ 指数下行 热度不减 |

真一浪目标　　密码　　区间内目标　　密码　　主升浪目标

底部五连板　　　　　指令化　简单化　　　　6+2前奏

低位恐杀+已补跌　　　快速轮动+无热点　　　充分调整后的老龙头

深耕踏空　　坚信、坚定、坚守　　画面语言

30%～50%龙头+中期趋势+方程式

量化水瓢　　　　五五方略　　　　乘数效应

个股2/3时间震荡或下跌

①　②　③　⑥　⑤　④

十个维度、多视角审视大盘，重点是：自然法则，时间维度，战争视角，庄家表演

短线遴选系统模型

心空	←5～7次/年—	有系统风险		提前一拍,登高远望

仓位大小

卖出123

做T

止损

高效运转

踩准节点

笑看人性

遴选 → 锁定 → 持仓 → 做T / 止损

本金安全

静驻细思

无系统风险

热点切换

战略要稳｜战术要拼

心境平和 ⇑ 用静看动

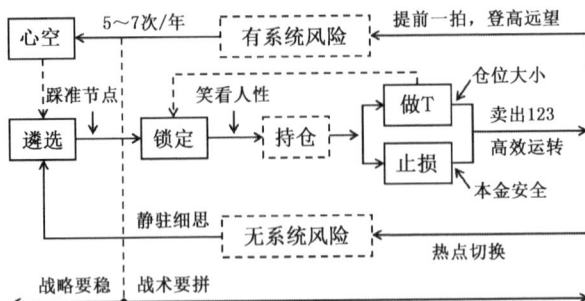

深入认知→书本内涵→刻意练习→具象画面	
根据反射理论,整体执行"提前一拍谋大局",力求掌控战略主动	
时间空间能量 — 保持高机动 — 去弱留强 — 选买卖 — 节奏 — 少	
五模块之精要	心空支点:保证5～7次/年,每次3～5天空仓时间
	遴选支点:就选龙头,只做龙头,非龙头不做
	锁定支点:"三坚"深耕踏空,创新高,超预期目标
	止损支点:不管三七二十一,去弱留强,要快要狠
	做T支点:能量规律三指引,三五法则踩节奏
回归必需:心空一定时间后,正式开仓前,非常有必要试手,找寻盘感	
实盘只有买卖两动作:基于三种走向,锁定确定性利差,保护本金安全	
具象画面+目标与板块、大盘关联、收集有效信息→指导买卖动作	
十六字方针:登高远望,静驻细思,踩准节点,笑看人性,守好本金	
分批次买卖:应对不确定性的真本领训练——不能因小而不为	
1～60分钟缺口:对超短线——分批次买卖、止盈、止损指导意义重大	

短线实操系统模型

推荐序

在投资的广袤领域中,短线炒股无疑是一场充满挑战与机遇的博弈。它需要投资者具备敏锐的洞察力、果断的决策力以及深厚的技术功底。当罗教授邀请我为这本书作序时,我深感惶恐。坦白地说,我对股票的短线操作知之甚少,既没有系统学习过相关理论,也缺乏丰富的实操经验。然而,由于我与罗教授相识已近二十年,深知他的为人和才华,我决定以读者的身份来分享我对这本书的感受。我相信,众多对股票投资感兴趣的朋友读完这本书后,一定会受益匪浅。

罗教授作为大学管理学教授,拥有深厚的学术底蕴和扎实的理论功底。在分析股票市场时,他能够高瞻远瞩,从宏观角度洞察市场的底层逻辑。他知识渊博,书中融合了经济学、金融学、心理学、哲学等多学科的知识,对股票投资的道与术进行了多角度的深入解读。这种跨学科的分析视角,使读者能够更全面、更深入地理解股票市场的复杂性和不确定性。同时,罗教授不仅在理论研究上有着不错的成就,还具备极强的实操能力。他在教书育人的同时,积极投身于实业管理工作,并且长期从事股票投资。多年的实践经历让他积累了丰富的实战经验,这些经验在书中得以充分体现。他将理论与实践紧密结合,用通俗易懂的语言深入浅出地阐述了股票短线操作的精髓,使读者能够轻松理解和掌握其中的关键要点。

书中详细阐述了短线炒股的理念、定位、支撑、控制和实施等重要内容,为读者构建了一个完整的短线炒股框架。罗教授始终强调,炒股要遵循自然法则,顺应市场的节奏,切忌盲目跟风。在定位方面,他主张投资者要明确自身的优势,选择适合自己的操作策略,如短线实操战略。在支撑方面,他教导读者要学会分析大盘走势、个股基本面和技术指标,这些因素是决策的重要依据。在控制方面,他提醒投资者要注重风险控制,避免冲动交易,做到理性投资。此外,书中还提供了许多实用的操作技巧和宝贵的经验教训。例如,在选择股票时,罗教授强调要关注公司的基本面、行业前景以及市场趋势;在把握买入和卖出时机方面,他建议投资者要结合技术分析和市场情绪,做出明智的决策;在止损和止盈方面,他提出了具体的方法和原则,帮助投资者控制风险,实现收益最大化。这些技巧和经验都是罗教授在长期实践中总结出来的,具有很强的实用性和可操作性,能够帮助读者提高操作水平,减少失误,从而提高投资收益。

我认为,这本书对于想要学习股票短线操作的投资者来说,具有极高的参考价值。它不仅能够帮助读者了解股票市场的基本规律和操作技巧,还能够培养读者的投资思维和风险意识。对于已经有一定投资经验的投资者来说,这本书也能够为他们提供新的视角和思路,帮助他们进一步提高投资水平。作为罗教授的老朋友,我深知他在股票投资领域所付出的努力和汗水。多年来,他在股票市场中摸爬滚打,积累了丰富的经验,也取得了不错的投资收益。同时,他也踩过许多坑,这些经历都成为他宝贵的财富。他以日记的形式将这些心得整理成书,不仅需要专业的知识和能力,更需要对投资者的深厚情怀。

股票投资是一项充满风险的活动,虽然进入市场的门槛较低,但真正能够在市场中赚钱的人寥寥无几。我衷心希望《股语布道》这本书能够引起股票投资爱好者的共鸣和启发,帮助他们在投资道路上少走弯路。我也希望更多的投资者能够阅读这本书,从中汲取智慧,提升自己的投资能力,在股票市场中实现自己的投资目标。

和君咨询总经理

潘松挺博士

2025 年 3 月 18 日

第一读者心声

我是普通高校的一名教师，比罗老师正好小一轮。我和他之间是有缘的。从我入职第一天开始，就成为他的部下和同事，彼此之间亦师亦友。几十年来，一路同行，他一直是我内心钦佩和仰慕的人，他的点点滴滴都印在我的脑海中，潜移默化地影响着我的人生。

大家都知道，高校教师有时理论脱离实际，许多观点沦为学术空谈，难免成为人们嘲笑的"砖家"。罗老师在我们这个团队中却是例外，甚至在全校也是凤毛麟角。他既有高层次学者的专业厚度，也有商人的市场敏感度，还有审视宏观经济运行的高度。总之，他凡事总能比别人站得高，看得远，早发现，快行动。当别人还在为是否要冲副高职称犹豫不决时，不经意间，他却年纪轻轻成为学校自主培养的第一个管理学教授了。你说气人不气人？他除了完成在职的教学和科研工作之外，还兼任学校中层领导，还有自己的实业，还研究股市做股票。他总是精力充沛、高效行事，一天能做别人几天的事。在我的心目中，他就是一个超人，是一个传奇。

很多年前，罗老师就跟我提起，他将来要写一本关于股票的书，但我并不知道他最近几年一直在做这方面的研究。几个月前的某一天，他问我是否有时间帮助整理一下书稿时，我才明白，他准备多年的一本厚积薄发的书稿已经完成了。

当我起初看到此书稿时，内心一片茫然，一篇篇日记，就像《论语》中的语录文集——日记大多是关于股票理念、经典辨析、系统架构、实操细则的语录体,视角独特,"干货"很多,逻辑点、要点分析一针见血、入木三分,好生了得。这种提纲式的阐述要点,如果不静心细读,就像看"古文"一样不太容易懂。没有像其他的炒股书籍那样,用叙事体描写过程、描绘蓝图,仅有的描述也都是一些错误交易的经验总结。乍一看文稿又是一本偏理论学术的"砖家"炒股书,心想,这书很难满足普通股民心急想要赚快钱的胃口呀!事实真是如此吗?

随着整理书稿的推进,对书稿的认知也有了深入。我逐渐领悟到,书稿的独特之处不就是绝妙的炒股版"庖丁解牛"吗?!股市就像一头庞大的牛,像庖丁解牛一样,至少需要3年的"宰牛"经历,才能够完全了解"牛"的构造,"宰牛刀"(做股票的能耐)只有在磨刀石上反复地削磨,才会锋利好用。书稿中的一篇日记,就相当于科学解剖复杂"牛体"组织(股市)的一个构造点。学透了本书的一篇篇日记,就相当于全面掌握了"牛体"有规律的构造,同时还能帮助你一次次反复削磨"宰牛刀"。有了对"牛体"构造的了如指掌,手上还有一把锋利的"宰牛刀",当你挥舞牛刀时,就能够"劈如闪电惊长空,刺如惊雷破山岳",游刃有余宰杀你心中的那头"牛股票"了。

受庖丁解牛启发,我明白了一个道理,认知股市底层逻辑的"道",掌握短线实操运用的"术",都是逻辑分析和具体实战的真功夫,没有时间也不需要描写。真正有用的"道",注定是干巴巴的哲理和推导;实战运用的"术",注定是冷冰冰的"刀和枪",没有理想中的描述和描绘。书稿从宏观大盘到板块趋势,再到微观实际操作细节,连"三次超深呼吸"这么细微的提醒也没有落下,对炒股的探究,可谓无微不至。所涉范围之广,所谈问题之细,我从来没有看到过这样全面系统、细致深入、通透分析的炒股书。一本包罗万象又高度提炼的经典之作呈现在读者面前,堪称炒股版的当代"论语"了。如果要像人们需要的那样通俗易懂且方便轻松阅读,还有心灵鸡汤,就需要大量的文字描写过程,需要出版系列丛书。期待罗老师有后续系列佳作面世。

在厘清全书底层逻辑的基础上,作者构建了"五个模型",高度概括总结出"五个向导",为明确实操落地的具象化工具提供了一个清晰明了、简单实用的实操架构系统。"五个模型"是指五个类别各层级的知识要点,勾画了彼此关联的路线图;"五个向导"是指短线实操系统五个模块的具体实施,为读者提供了简单化、程序化、指令化的工具。全书两大部分共九章内容的精髓都融入"五个模型"和"五个向导"之中。这就打破了读者对一篇篇日记碎片化的初始感知,从而呈现了全书"先分解各个击破,再组合连成体系"的基本逻辑架构,为实战构建了一个明确、好用的交易体系。

人生最大的捷径,就是读一流的好书。我本人时断时续也在炒股,也算是一个地道的老股民,但我精挑细选看过上百本炒股的书籍,对炒股也算是"有知识"的人了。用心看完罗老师的书后,我觉得《股语布道》好就好在你所能想到的、心中存有的疑问和困惑,书中几乎无一例外都做了深刻的剖析、明确的回答;还有你没想到的、看似不是炒股的问题,书稿也做了特别的分析和强调。比如"刻意练习",这是一个心理学范畴的命题,不是传统意义上的炒股知识,但是书稿反复强调要练就条件反射式的基本功,以及如何刻意练习。细细想来,要成就短线炒股高手,确实需要有很多股票之外的功夫,文稿中诸如此类看似非炒股范畴的知识点,都是不可或缺、十分重要的一个环节。这也是《股语布道》最难得、最精到之处。

还有一点想特别说明,作者从致敬经典、关爱读者出发,把上百部经典书籍的最精华,以及近期出版炒股书中的精要内容,摘录在书稿的几篇日记中,这是积德行善之义举。只要精读细看本书,就相当于看了一大堆好书,既省钱、省时又省事,不亦乐乎? 总之,这是一部既有理论深度又有实用温度,还有传道高度的难得一见的短线炒股百科全书式的工具书,只要慢品细读,掩卷深思,实战揣摩,必将大有收获。

炒股需要读书学习,特别需要读好书。要学习,要提高,要成为短线高手,就不要怕干涩、枯燥、深奥、难懂。慢品细读本书,我有了一种通透的感悟:探索短线炒股真理的过程,就像登大山,受影响、要考虑的因素众多,前面的路有很多、很长、很高的台阶,拾阶向上是需要花大力气的,需要坚持、耐力和信念。当你登顶之后,眼界就会豁然开朗,你放眼远望,就会"一览众山小":秀丽的山峰、壮丽的风景,但内心无物无我、心境平和。

人生最好的捷径,就是找到一流的导师。罗老师有深厚的理论功底和丰富的炒股实践。他多彩的人生经历本身也是一本厚重的书。《股语布道:操盘的底层逻辑与交易秘笈》是他内心疑虑和困惑的有感而发,还有很多他已了然于胸而你却可能还是一知半解的道理不可能完全写在这有限的书中,只有把作者和书的智慧结合起来,才能真正砌实你快速成长的阶梯。本书的出版,是一个难得的契机。如果你有缘成为他的学生,是人生的一大幸事。由他亲自引领学习本书,深刻解读其内涵,指点各种迷津,炒股就会少交学费、少耗时间、少走弯路。如果你朝这个方向一步步前行,成就短线炒股高手,将是水到渠成的事。

浙江省大学教师　叶禾

2025 年 3 月 11 日

前　言

行到水穷处，坐看云起时

　　我经历了中国股市从无到有、由小变大的过程，参与股市实战数十载，见证了身边不少投资者在股市的沉浮及因此而造成的家庭离散。我内心深受触动，长期反复思考，感同身受，很想为股票发声。因此，内心有个情结，此生一定要好好探究短线炒股的真谛，并公之于众。

　　我的职业是高校教师，做股票是业余爱好，谈论股市，应该属于人们常说的"砖家"一族。希望有个例外，此"砖家"非彼"砖家"，确实能够为年轻一代的中小投资者"客观看待股市，探寻炒股规律，找准自身定位，锤炼实战功夫，实现投资理想"而成就又一次传道、授业、解惑，提供一些实实在在的"干货"。

揭示股票底层逻辑

　　股市中博弈的本质特征，决定了炒股的"术"是变化无穷的。任何一套好的技术分析方法，一旦使用的人多了，庄家就被动了，残酷的现实就会迫使庄家变招，好的分析方法也就失效了。在股市中永远不会有一招制胜的所谓的"绝招"。只有摸清吃透了股市的底层逻辑，以不变的"道"应对万变的"术"，才能够在风云变幻的实战中立于不败之地。

　　股市纯技术分析的要领是简单的，基本要素也就是股民熟知的时间、空间、量能、均线、指标等，但要在实操中做好又是很难的，因为还涉及人的心理、预期、估值等心理学、人类学、社会学相关的一系列影响因素。只有运用多学科的知识,进行多维度的反复印证并强化记忆,才能把股市的底层逻辑认知清晰、分析通透,并灵活运用到实操系统中去。

本书对股市基本要素的逻辑分析,是实操中的有感而发,力求用简单平实的语言把股市底层逻辑"理清楚、讲明白",以化解人们对股市"常识"难以落地的困惑。其重点聚焦股市经典理念中经典词句的深度思考和解释,尽量刨根问底,找到选择股票的底层逻辑和能实操落地的具体措施,并构建出一个清晰直观、简单明了的实操交易体系,帮助有缘的中小投资者走出似是而非的交易认知,走向心明眼亮的交易境界。

定位由弱变强路径

股市如同战场,作为证券投资领域的弱者——中小投资者,要实现从小变大、由弱变强的逆袭,要以毛泽东"以弱胜强、以少胜多"的军事思想为指导。我们要充分发挥中小投资者自己的长处,"以己之长克敌之短"。中小投资者的"长"是什么?无论是资金、信息、团队协同、技术支持都是中小投资者的短板,唯一的"长"便是资金可以"机动灵活、进退自如"。机构的"短"又是什么?机构的运作需要动用大量的资金,肯定会留下许多痕迹,持仓成本区间是可以推定的,且运作需要一定的时间和空间是确定的,这是机构的"短"。

聪明的中小投资者一定会根据毛泽东的军事思想,同时做出两个重大的战略决定:一是充分发挥自己的唯一优势,选择短线实操战略;二是找到一整套解读大盘、板块和个股的"短线秘笈",为短线实操战略的实施保驾护航,实现"克敌之短、从小变大、由弱变强"。前者是自我定位,后者是基础支撑,二者缺一不可。

构建短线炒股秘笈

世间有没有绝世武功?在冷兵器的古代,为了权力和利益,是有人下苦功而修炼成为武林绝世高手的。要练就绝世武功,有一套武林秘笈是肯定的。那么,秘笈是什么?秘笈是一招一式动作所构建起来的一个完整的体系(套路)。

　　多年的反复实践和经验总结的结论是:要真正探究股市的真谛,不论是做短线、中线和长线,必须假设市场是有效的,一切信息都会反映在 K 线图中,并从短线实操入手,深入研究技术分析,构建一个完整的实操体系——"短线秘笈";否则,不管是短、中、长线投资,就只能在似是而非、虚无缥缈、主观决断的空中楼阁中徘徊不前,空耗精力,反复轮回。

　　股市如同武林,一个中小投资者要成就短线高手就必定需要一整套解读庄家意图的秘笈,构建一个属于自己短线实操的清晰体系。要构建"短线秘笈"十分复杂,涉及哲学、心理学、管理学、人类学、社会学、军事学、战略学、传播学、脑科学、物理学、数学等十几个学科理论的综合运用。

　　根据战略管理理论,为了把碎片化的日记整理成架构清晰的逻辑体系,方便阅读和理解日记的战略内涵,本书把全部日记分编到两大部分共九章中,包括两百多个需要解决的问题。以战略管理脉络为总纲,在实施环节再构建一个由"心空、遴选、锁定、止损、做 T"五个模块支撑起来的一套完整的短期实操体系——"短线秘籍",一篇日记就是一个招式,招式的具体内涵就在一篇篇日记的文字、图表和模型中。

　　本书以日记体"一日议一事"的形式出现,是为了最大限度地把当时市场环境下最真实的认知、感受、体验、思考记录下来,把心路历程展示给广大的读者。这种最真切的想法不就是作为每一个投资者所要遇到和经历的问题吗?！刻意保留原始记录,把一个个真实的实操感悟展示出来,是为了让"思路清晰的渐进过程"背后的"无字书"呈现给读者,希望能更直观地帮助读者在迷茫中明确路径,少走弯路,引以为戒,向着初心前行。但是,从清晰投资战略管理的视角考虑,为了让投资者从交易理念、交易定位、交易支撑、交易控制四个维度出发,从事交易活动(实操),并形成自己独特的交易体系,全书日记的前后顺序有所打乱,书中截图也并非完全按照日记当天为止。

　　文中有些早期的思考和观点今天看来略显不周,甚至有点肤浅,但并不影响最后构建的短线实操系统。这也许可以反映一个交易者成长的心路历程。出书的初心就是为那些即使在股市碰得头破血流仍然发誓要以股市投资为终身职业而坚定前行、寻找真知的探索者准备的"精神食粮"和"提升阶梯"。这是一本专为已参与证券投资有一定的时间,且历经风雨考验,"有知识"并希望成为短线实操高手的投资者继续前行准备的工具书。

罗高峰

2025 年 3 月 8 日

目　录

第三章　百炼成钢：支撑篇 / 128

▶ 第二部分　因势乘便：实操篇 ◀
——构建"心空、选、买、卖"短线实战系统

第五章　成竹在胸——实操之准备 / 251

第七章 伺机而动——实操之锁定 / 381

第一部分 抟泥成器：逻辑分析与心性修炼

构建战略思想和战术素养保障体系

炒股进入门槛似乎很低，只要看几本股票书，很快就会成为一个有炒股知识的人。但要成为炒股高手又很难，因为一个看似"常识"的应用，是以动态的时空为前提，不同的时空条件，其表达的内涵不同甚至相反。因此，要做好股票，首先要从一个个碎片化的"常识"入手，刨根问底、想通透、理清楚，再把"常识"融入一个以时点和时段为横轴的时空坐标中解读，构建一个理念清晰、系统完整的实操体系，为成就短线炒股高手提供体系保障。

投资是战略管理，实操体系是投资战略管理的具体实现路径。理念、定位、支撑、控制是实操体系精准构建和良性运转的基础保障。其中，"理念篇"是实操体系的行为准则、宗旨信念、基本方针；"定位篇"是实操体系的方位确定、规矩范围、基础架构；"支撑篇"为实操体系的实施提供相关的能力和素养；"控制篇"为实操体系的良性运转提供信息反馈、监督约束、系统管控。

第一章

众妙之门：理念篇

投资是一场马拉松式的赛跑，要摒弃抄小道的想法，而需要走对方向，并一步一个脚印向前迈进。把控方向理念为先，审视趋势大处着眼，积累经验"易"处开始，强化运用"细"处着手。股市投资经典理念已反复阐述大道至简的交易哲学。从心智模型和大盘的波浪运动出发，以大盘节奏与热点轮动的因果关系为切入点，根据有效市场原则，只有通透认知市场现象背后的底层逻辑，才能刨去纷繁复杂的股市现象，树立理性、耐心、稳健、务实的投资理念。通过日积月累的不断强化和实操的反复实践，短线炒股实操路径的具体要领就会在你的脑海中简单、清晰地呈现出来。

基于自然法则的交易哲学

星星之火，可以燎原。二十八年的光阴，弹指一挥间，中国共产党及其领导的人民军队经历从无到有，从弱到强，用生命和鲜血描绘了一幅中国近代史波澜壮阔的神奇画卷。为什么几乎不可能实现的事情却变成了现实？这是顺应了人民的呼声，是踩准了历史进步的节奏，是遵循践行了自然法则。

不积小流，无以成江海。有数学常识的人都理解复利增长的神奇效应，但能成功实践者少之又少。为何？人性的弱点、利益的驱动，使得身在其中的人,受群体的羊群效应影响,把眼光和精力更多投放在微观的策略上,而不相信大道至简,恰恰把最为重要的准则——自然法则抛至九霄云外了。即使有人时常想起并苦苦探求,也没有办法在海量的信息中提炼出符合自然法则的规则并坚决执行,没有把最为重要的自然法则通过一套完整可操作的交易系统来落实交易,以确保理念和行为的一致性。

爱因斯坦曾经说过,"宇宙间最大的能量是复利",此可谓"滴水成河,聚沙成塔"的道理。为什么自然界能做到"滴水穿石",而大部分人却无法在资本市场上做到? 这正是自然万物的运行是遵循自然法则——稳定又持续的汇集,而人——大自然万物中唯一有思维的动物却有太多的欲望,受太多的外部影响,往往难以克服人性的弱点去遵循自然法则——持续积小胜成大胜。

一、顺应自然法则

幸福感的获得与物质条件丰富关系不大。幸福感在于如何看待万物的视角,在于对待事态变化的心境。"五十而知天命",加深了对身边一切事物发生变化的理解和态度。过去5年接踵而至的生命历练,越发深切感受到开心过好当下每一天的重要性,如此方不愧对年事已高的老母以及身边对你托付和依靠的人。

学好用好太极和易经,选买为阳,空卖为阴。让生命回归道法自然和遵守自然法则的状态和节奏,让身心、生活、工作进入一个符合生活哲理,顺应自然法则,幸福知足又有所作为的有序节奏,在时间的流淌、空间的变换、能量的转化中体味自然的神奇、生命的价值、人生的意义。

二、小波段操作的起止点

顺应自然法则的小波段操作起点是:大盘阶段性大幅恐杀之次日起,盘中已出现从底部新启动的热点板块,有潜质巨超(至少连拉三板的个股)出现之时。以其中的龙头个股走势作为参照,观察判断大盘阶段性的低、中、高区位。当大盘进入阶段性高位区间后,随时做好停止操作的准备,直至停止波段操作为终止点。

指数间是相关联的,会互相强化。例如,其中三个个股走弱,不管另一个如何偏强,终会在时间和事件的作用下,走向同步的转弱恐杀;同理,也会走向同步的转强推升。

三、耐心等待是投资之精华

捕鱼有休渔期，四季有寒冬期，炒股要有空仓期。股市第一定律是不要怕把钱砸在自己手里，投资最精华部分是耐心等待。频繁的交易会使人失去方向感和趋势感，会因小失大。如果短线交易者一年有 3～5 个月处于空仓状态，他无疑是一个高手。

股市的盈利与空仓休息密切相关。当交易机会躺下休息时，千万别惹恼了它，要学会在机会劳作时跟它同步一起去干活。

（一）空仓环节是第一要务

根据复利乘数效应，100 元每月增长 2％，3 年几乎已是翻番。看似并不算高的增长，为什么只有少数人可以做到呢？其中的关键是常常被人忽视的，在大盘泥沙俱下之前没有空仓。

大盘恐杀之后，几天内盈利 3％～5％ 是不难的事，但可惜的是，当"遍地是黄金"时，没有人去领取，因为在大盘恐杀之前，更多的人没有空仓从容静候。

一次没有躲过大盘恐杀，既是心灵的煎熬，也必定错过新一波行情的龙头和主流。等到原有个股解套时，一波行情已进入补涨阶段，心有不甘的可怜小散继续追逐热点，直至又一次被套，如此反复再反复，操作好是浪费时间资源，操作不好将是不断蚀本。

总之，像雪豹也好，要耐忍也罢，股市投资之精华是耐心再耐心等待一定会来临但不知道何时来临的大盘泥沙俱下的恐杀黄金时期，从容在新一波行情波动的低点，开始轻松寻找新一波行情正向波动的龙头和主流。实现这个目标的前提是大盘恐杀之前空仓等待。

参与者的大众心理是空仓 1～2 天会感觉很久了，十分难熬。殊不知，一次被动参与恐杀之后再回到原有高度转眼就是 10～20 天，甚至 1～2 个月。大盘波动的最高点在哪里，谁也不知道，但大盘是否处在高位还是有很多办法推定的。为了改变大众的心理，务必把空仓 1～2 周，甚至空仓 1～2 个月作为常态心理准备和等待。只有在大盘高风险期不为眼前有可能博取收益的预期所驱使，坚守自己认定的自然法则，才可能从容把握真正的大机会。

（二）判定大盘相对高位

判断大盘相对高位可以参考的有两点：一是大盘已上行一定空间，面临压力，主力分歧开始加大，量能开始缩减；二是大盘已运行一段时间，龙头已高位滞涨,热点已加速转换。

（三）半空仓谨慎操作期

大盘进入相对高位的前期,采用半空仓模式进入空仓操作过渡时期。具体操作采用的是尾进早出,最长持股时限不超过 60 分钟。这样做,一者可以试着抓取一些机会,二者可以减轻等待的焦虑。

（四）全空仓静观休整期

以连续三次操作失败为依据,立刻停止操作,严格执行全空仓静观休整,直至大盘恐杀之次日止。

四、时间、空间和能量

在自然法则中,时间资源最为宝贵但却无形。在时间的作用下,量能在一定的空间内不停转换,从而形成有规律的波动。

每年约有 265 个交易日,按照三三原则约有 90 天是上涨趋势,可见时间是多么宝贵。止损是控制风险的重要措施,但更重要的是节约时间资源,降低时间的机会成本。

五、战略、战术和执行

不考虑大盘的趋势和运行区位,是会受到惩罚的。任何时点都要对大盘的低、中、高区位有清醒的判断。据此,战略上要时时紧盯风险,力争不越红线,战术上要时时寻找机会,力争好中求精。

再好的战略视野和再好的战术策略,只有坚决执行,才能落到实处。执行的最高境界是随心所欲而不越规矩。

六、投资哲学

财富法则和证券交易的最大秘密是控制资金安全,止损越及时越好——真正的大概率是安全边际和资金管理,以此作为投资逻辑和依据,才能实现投资收益复合增长效应。

资金管理包括仓位管理和风险管理两部分。仓位管理是交易中最重要的一个环节,什么时候用多少仓位是交易的灵魂之一。没有机会时空仓,模糊机会时轻仓,出现转折点时满仓,把控好此节奏,想不赢都难。风险管理主要包括止损和止盈。加码以头寸获利为前提,头寸不符合预期立即止损,对操盘主力动向难以把脉的个股要强化主动止盈。

最好的资金管理是依据大盘背景、位置和散户阶段性的心理特征，在持有头寸和持有现金之间收放自如，在中线头寸和短线头寸之间有序流动。

交易系统中最关键的因素是盈利的时候和亏损的时候投资额的大小。管理学常识和历史经验证明，证券市场95％的利润来源于5％的交易，或者说，一年4/5的交易时间能平手，1/5的交易时间大盈。

投资风险与知识、智力、经验和能力正相关。风险是相对而且是有背景和可管控的，有风险是因为你不知道你在做什么。

操盘纪律是整个交易系统中最重要也是最难的，是决定成败的关键。操作行为没有约束，交易将会被带入深渊。操盘纪律难以执行，是操盘者没有理解纪律的重要性，被市场的短期波动所带来的因守纪律而受到的伤害或者因不守纪律而获得的短期利益所蒙蔽。任何时候千万不要领先市场而动，务必要按市场给出的交易信号进场和离场，这就是操作纪律的精髓。对操作纪律不折不扣执行是卓越与平庸、专业与业余、成功与失败的分界点。使你痛苦者，必使你强大。

水往低处流，钱往高处走。实操是根据大盘的宏观背景、主力的资金流向、散户的参与热情，依托自身的理论基础、经验积累、天赋盘感，通过对相关文档个股进行分析、判断，筛选出已用盘面的交易事实证明最强的几个目标，并用资金对目标个股进行反复不断尝试，探寻能与主力实现同步进退的过程。投资的成败不仅决定于试错过程的成功概率，也决定于试对时是否有大仓位、试错时是小仓位，更为关键的是资金能否躲避大盘泥沙俱下的恐杀。

七、具体问题

概括说，要解决以下六个问题：

一是何时空——看龙头。

二是买什么——如何选。

三是何时买——看大盘。

四是买多少——怎么进。

五是错如何——是否补——何时止。

六是对如何——如何增——几时出。

八、自然法则的交易要点

（一）时间资源稀缺内涵

一是时间有限，过了一天少一天交易；二是高位不空仓，会受到惩罚，让你付出更多的时间和更大的资金损失代价；三是交易的价值是需要时间才能体现的,交易的风险是需要时间积累的。总之,错而迅速了断至关重要。

（二）高位空仓是遵循自然法则

在时间的作用下,量能在一定的空间内不停转换,形成有规律的波动。高位空仓是第一要务。

（三）做最强个股是遵循自然法则

资本逐利性决定钱往最强个股走。

（四）追击龙头是核心

如错过了龙头,说明本轮操作已失败。实战只能转换为贰叁模式(即每次操作预期赢利 2%～3%)作为补充,只求收回资金成本。

第 001 篇——2015 年 9 月 23 日记

实盘终极支点

天下难事必作于易,天下大事必作于细。在悄无声息又波澜壮阔的资本战场,何为易？即实盘个股有赢利或不符合预期在相对高点时卖出,选定目标个股在中线强势分时低位转强时买入。何为细？留有足够资金随时根据主力出牌,见招拆招,实施正负"T＋0"策略。

月累计盈利 5%～10%,单次盈利 2%～3%已好得很了。强势目标个股日波动 2%～3%是常态,一周正向操作一次即可实现目标——实战操作大可从容做,慢慢来。

一、金科玉律是前提

交易必须坚守"低吸吸强,分时转强"的金科玉律。如果选中五只试盘目标个股,要有不同风格、不同节奏、相互补充(已有资金入驻的龙头、大蓝筹、小蓝筹、概念、次新),要提高时间效率,起板初期最佳。

二、见招拆招是对策

天赋加积累,选股已有足够的功力。人性弱点加之现实压力,实战中仍存在先入为主的向上单边预期心理,浮躁心急,选定目标后草率急于短时进入,缺乏负向走势的有效应对措施。

借力用力、见招拆招是太极之精华。唯有见招拆招,遇阴接阴,遇阳处阳,心态才会平和,操作才有理性,盘感才起效用,操作方能化被动为主动,遵循自然法则,顺应阴阳互化,力求与主力共进退,实现持续积小胜成大胜。

一是五只试盘,每只一手。只有连续跟踪,才能感觉到主力的思路和节奏。

二是三只实战,每只 1/6 资金。要习惯分批入驻,留有足够资金流动。

三是道法自然,正负"T+0"。强与弱、涨与跌的转换是需要时间的,KDJ 和 15 分时图是重要的参照,3~5 天是一个单位时间,资金要相对集中使用。正"T+0"是常态,负"T+0"是实战践行由高往低,可留一手,日后在低位转强后再介入。追强操作,只允许宽容 1 天的观察,确保看不准时至少半数资金的安全。

三、实盘情景需模拟

大盘背景加操作计划决定庄家当日的交易,千万散户在跟踪看盘。恐杀——更多散户预期有新低时卖出,拉高——更多散户预期有新高时买入。分时走势正如庄家在黑板上画图,让千万散户举手投票,庄家借势绘制下一步走势的图画,如此等等。切记,恐杀后买入,拉高后卖出。

第 002 篇——2015 年 10 月 25 日记

实战经典语录

在投资实战中,追求高成功率,实现积小胜成大胜的乘数效应,是每个短线投资者梦寐以求的实操目标。为了实现这个目标,如下十九条实战经典语录需反复温习,熟练运用。

一是谁都不容易:庄家胜在势大,散户胜在灵活。

二是正确的操作策略:放过 99 次小机会,抓住 1 次大机会重仓操作。

三是任何时候主打龙头效率最高、最安全。

四是主流板块酝酿,非一朝一夕之功,退出绝非易事。

五是理性投资者眼里,调整是预料之中的。

六是零和游戏规律决定只有少数人赚钱,换位主力思考。

七是风险市场上,最简单的操作就是最合理的做法。

八是犯错主因:用一种假想合理的状态来指导行动。

九是懂得休息,是更高的境界。持币时间长是心理成熟的标志。

十是不要把特例当经典,暴利机会可遇不可求。

十一是双板越少越有操作价值,真正强者常出其不意,不留痕迹。

十二是自然法则精髓:换位主力思考,实现与主力共舞。

十三是选股过程需跟踪、对比、聚焦,不要空想起步就能跟上,确认巨超后有很多上车机会,只求有所斩获。

十四是心静、平和、理性是盈利的保障;兴奋、浮躁、遐想是亏损的信号。

十五是短线操作靠等待:等待预测变成现实,等待安全边际的出现,等待大盘走势的配合,等待下一次机会的来临。

十六是高手之高:(1)克服弱点(忍耐、等待、空仓、优雅、从容);(2)懂得取舍(不做高难度的操作,只做看得清的趋势);(3)恪守原则(坚决执行盘前操作计划)。

十七是亏损的姿态:理性,不慌不忙,是优雅。止损对了真英明,止损错了也正确;横批:止损如军令。小赌怡情,小输清醒。

十八是交易的灵魂:交易系统按照最坏的情况来设计。大周期判断趋势,小周期入场,具体实操按照"移止损至成本—上移止损—止损变止盈—碰止盈—趋势改变出局"执行。

十九是只有系统,没有价格:交易时,看不到价格波动,只有系统指标的变化。价格会干扰人的情绪和判断,忘却价格——心中无股。

第 003 篇——2015 年 11 月 6 日记

经典理念摘录

近期有点悠闲,抽空看了数十本短线投资相关的各类经典书籍,边看边摘录,不亦乐乎。现把其中最重要的 41 个理念摘录推荐给读者,作为实操工具备用。

一、小波段操作

既稳定又灵活,有足够的时间判断趋势、研究股票的基本面、买进卖出股票,一切都可以在平静、有序、有目的的环境中完成,用不着整天都提心吊胆、抓耳挠腮,惶惶不可终日。这就是小波段操作的好处。

二、彼得·林奇股票投资理念

选择目标企业、收集调研资料、评估内在价值、分析市场价格、确定买入时机、分配投资比例、确定持有期限,这是他的投资理念。

成功的秘密是:一年走访 200 家上市公司,走访竞争对手、供应商、顾客;阅读 700 份年度报告;要获得很高的投资回报需要耐心持有股票好几年;股票投资和减肥一样,决定最终结果的是耐心,而不是头脑。

三、九大市道

大盘市道包括"牛牛""牛熊""牛平""熊牛""熊熊""熊平""平牛""平熊"和"平平"九种;股票实操包括主动策略、被动策略和中间策略共三种。

牛市中的熊市、牛市中的牛市、熊市中的牛市、熊市中的熊市、平衡市中的牛市、平衡市中的熊市,其投入的资金比例分别是 $30\%\sim50\%$,$80\%\sim100\%$,$20\%\sim30\%$,$0\%\sim10\%$,$20\%\sim30\%$,$10\%\sim20\%$。

四、交易绝句

"预期"确认始开仓;交易"突破"最安全;设定止损为前置;放飞盈利需耐心;交易简单又轻松。

五、生存结构

散户在底层,中间是小庄,大庄在上层——犹如生物界的食物链:植物—食草动物—小型食肉动物—大型食肉动物—人。大庄高踞金字塔之顶,俯视整个生物圈,万物尽在掌握之中。

六、秃鹫策略

秃鹫有敏锐的视力,高高盘旋在空中,俯视广大的草原。在地上的猎豹或狮子已经得手后才疾掠而下,分一块肉吃。秃鹫有一对强有力的翅膀,长时间飞在高空不疲劳,不怕来回多进出几次,重要的是始终保持安全。

七、系统交易本质

系统交易的本质是根据交易信号处理正在发生的情况,而不是预测市场。市场的涨跌已不重要,重要的是对交易信号的执行。大部分散户往往对正在发生的情况不知所措,交易处于虚幻之中。

八、试探性操作策略

选定小波段操作目标后,先小额度进行试盘操作,如市场走势和预期相符,才正式建立仓位。

九、投机法则

成功的密码是简单动作重复做;上涨常态不设压力,下跌常态不设支撑;涨升过程重气势,下跌过程无本质。

十、最难的事——等待

投资就是一个不断等待的过程,将等待放在第一位,是因为它最煎熬。发现好企业后等待安全边际的出现,买入股票后等待企业成长带来的回报,卖出股票后等待下一次机会的来临,都是投资中最难的事。只有学会耐心等待,才能在投资市场中获得丰厚的回报。没事可做时就什么也不要做,等待预测变成现实,等待不确定变成确定,等待安全边际的来临。股票高估时唯一能做的就是空仓等待。

十一、投资让聪明人显得很愚蠢

卡尼曼在《思考:快与慢》一书中告诫投资者:在非常复杂多变的证券市场无意识本能地快思考想出的决策往往是错的。金钱,尤其是可能会大赚或者大亏时,会激发人类最原始最深刻的情感,会让我们本能地做出反应,贪婪地想大赚一笔成为巨富,恐惧地想迅速卖出回避大亏风险。这时情感往往完全压倒了理性,最容易出现决策错误。投资要成功,唯一正确的做法是运用理性进行慢思考和冷静地操作。

十二、投资不要聪明要智慧

股票投资比你的工作、生活复杂得多，要想业绩出众简直比登天还难。但是，如果业绩赶上平均水平，那么投资就要比工作容易多了。大部分聪明人在投资上亏得比一般人更惨，因为他喜欢自作聪明。

十三、杰西·利弗莫尔

赌博和投机的区别在于：前者对市场的波动押注，后者则等待市场不可避免地升或跌——趋势，在股市赌博是迟早要破产的。

十四、市场有效性

市场是混沌的，是无序中的有序。有序是指稳定、客观、概率的倾向分析。任何一个成功率很高的信号体系，必然都是概率极小的交易机会。

十五、能耐——既有能力又能忍耐

能力是锻炼出来的，忍耐是磨炼出来的，能力与忍耐相辅相成，没有能力的忍耐是一种懦弱，没有忍耐的能力是一种鲁莽。人生想要有所成就，就必须既有"能"又能"耐"。

十六、按照自己的方式交易

第一，交易唯一的追求就是价差，本质跟菜市场卖菜是一样的。一件简单的事情，不要过着苦行僧的生活。

第二，当致命的风险远离的时候，未来值得一搏。

第三，利润回撤是交易的一部分，浮盈根本就不是你的利润。

第四，一致性——就是只要你坚持自己的，不被别人和行情所左右，市场就迟早会奖励的。能抵御无时不在的诱惑而坚持自己的信仰是赢家和输家的唯一区别。

第五，风险来自你的交易策略，而不是市场。

第六，作为一个交易者，唯一能做的就是控制好亏损，而盈利需要行情赋予。

第七，严格执行既定的策略——只有场外制定的策略才有可能相对客观，一旦置身场内你就失去了理性判断。

第八,只关注自己的头寸,不要关注别的因素,让交易简单一些吧。影响行情的因素太多了,谁也不知道究竟哪个因素会发生作用。按照自己的方式交易,这就是投资生活。

十七、仓位是盾,品种是矛

盾——仓位控制 ,矛——选择弹性。选择品种的标准有很多,"弹性"决定了品种是否值得重仓持有。

十八、炒股要过的三道槛

第一,你能天天盯盘而空仓一个星期或一个月,甚至更长吗? 空仓也是操作,而且是高水平的操作,但它也是最难的操作! 空仓绝对是赚大钱的前提,空仓是回避市值回落的最好方法,因为只有会空仓才能头脑冷静。

第二,其他股票都大涨,你手上的股票却跌了,你感到失落吗? 不以涨喜,不以跌悲! 只要有耐心,机会就可以说是均等的。

第三,股票跌破了重要支撑线,你抱有侥幸心理吗? 这是最大最高的一道槛,是绝大多数股民过不去的。破线(位)离场,一定要在第一时间坚决离场。

十九、巨超(超级牛股)第二波——常被忽略的稳赚技法

第一,第一波非常强的股票,回调时 5 日均线转平到 10 日均线时不交叉重新抬头可以介入,往往会再次强势大涨。第一波并非连续涨停的品种,因为上涨过程中有进有出,不易形成投资者过度的看多趋同,回调力度会强一些,一般回调到 20 日均线或者 30 日均线就是介入的时机。

第二,第二波炒作属于勇者加智者。注意点:介入要果断、仓位要控制、不幻想第三波。

二十、洞悉自我

第一,股市投资市场门槛很低,表面看能轻易赚钱,实则赚钱是非常难的。国内资产管理收益 8%～10%都达不到。巴菲特做了 40 多年,他的复利收益率不到 20%。如果以 10 年计,15%的复利增长率是非常难以实现的。因此,我们要戒掉自信,适当预期,放弃暴利心理。

第二,投资的成功,会产生过于自信和自以为是两个副产品,这对未来投

资影响非常负面。

第三，安全边际包括估值问题、态度问题、心态问题。真正成功的投资人，都有一个共同的品质，那就是保守谨慎。他们为了安全空间，获得好的价格，有时候要等几年。

二十一、读透读烂

第一，一个成熟的交易系统包括了进场点、出场点、买卖参数、买卖量和资金管理的内容。

第二，做交易，最忌讳使用压力资金。资金一旦有了压力，心态就会扭曲。

第三，交易并不是低买高卖，实际是高买、更高卖。

第四，对纪律执行得越是残酷，成功的可能性就越高。

第五，股票的真正意义是买到趋势力量。

第六，顶着分时屁股卖股票是个好办法。

第七，市场破位，小散户有一万个理由也要休息。

第八，因为专业，知道新高、轨道和流畅的意义。

第九，战胜自己才是不输钱的开始。

二十二、欧奈尔

第一，股市当中最重要的是选股的策略，当大盘企稳时，率先上涨的是好股票。

第二，买入强势创新高的股票。98％的人不会买入创新高的股票，价格太高了。

第三，95％的投资者有"尽快获利了结"的心态。

二十三、威斯坦

第一，交易最重要的就是时刻保持谨慎。我们要成为畏惧市场的人，慎选进场时机。

第二，亏钱了要十分谨慎，赚钱了要更加谨慎。

第三，交易策略要具有弹性，以反映市场的变化，显示出高度谨慎的作战方式。

第四，非常谨慎等待事情变得更加明朗。总是等到天亮才进去，避免黑夜中进入森林。

二十四、如何对待股票收益

第一，像农民种庄稼一样，该下种时下种……做好你该做的一切事情，至于收获，就交给年成吧。

第二，股市不能有一夜暴富的念想，甚至设定具体的收益目标都不能有，因为不确定性太大了。

二十五、股票市场的基本要素

基本要素包括人、时间、价格、能量。人即自己、对手、裁判。政府是裁判，是竞争规则的制定者。价格有绝对和相对之分，决定盈亏的是相对价格。时间在事物发展变化中具有无可替代的作用。能量可能是我们打开股票市场的一把钥匙。

二十六、结构形态学

决定价格涨跌的根本因素是多空的力量和意愿。力量和意愿会表现在盘口、K线和成交量上，这就是通过技术分析交易的依据。

二十七、江恩

江恩特别强调每次投入的头寸不要超过 10% 的资金，有盈利再加码，在仓位赢利的基础上金字塔式加码。

二十八、投资技术的本质

第一，市场的特质就是一定会用一切办法来证明大多数人是错误的。

第二，做交易本质是有效控制风险，风险管理好，利润就会水到渠成。交易不是勤劳致富，而是风险管理致富。

第三，技术分析的本质：找寻属于自己有感觉、看得懂的那一段趋势；只玩一两种，专注才能专业，专业才能无可替代。

二十九、百年未变的规律

第一，先知先觉者吃肉，后知后觉者喝汤，不知不觉者埋单。

第二，重要的不是前景如何，而是股价已经反映了什么。

三十、投资——人生最后一份职业

成功的投资者是一种更接近于老中医的职业,"望、闻、问、切"是基本的功夫,准确的判断来自经验。技术到了,但是修为不够,同样成不了一个优秀的投资人。投资最怕的是系统性风险。

三十一、冲动性交易

第一,经验丰富的老手都知道,冲动性交易具有巨大的破坏性,严重威胁投机者的资金安全。

第二,主要原因是投机者缺乏足够的自我控制能力,不能抵挡外在的市场波动的诱惑,不能遏制内在强烈的交易欲望。

三十二、职业投资理由

投资职业能够长期存在于世上,也可以做得很大。正确判断能力是唯一的真理,无需推销讨价还价。

三十三、形态决定趋势

趋势研究和观察的思维起点是形态。趋势源于形态,趋势因形态而产生,形态是趋势之母。趋势一旦展开就不易结束,直至能量释放完毕。

三十四、交易之路

第一,系统是交易的全部,预测是没有意义的,让市场告诉我们该怎么做。

第二,没有观点的交易者就是最好的交易者。

第三,越复杂的策略,就越脆弱;越简单的策略,就越难做到。交易就是一件简简单单的工作。

第四,交易中没有思考,思考在交易场外。

第五,成熟交易者来自放弃自我、尊重客观的过程。

三十五、交易强迫症

交易强迫症、发财焦虑症和成功强迫症都是临盘的表现。交易最重要的品质是耐心:待机需要耐心,持盈需要耐心,忍受煎熬需要耐心。

三十六、建仓完毕的蛛丝马迹

第一,拉升时挂大卖盘。

第二,下跌时没有大承接盘。

第三,即时走势自然流畅。

第四,大阳线次日的股价成交清淡,波澜不惊。

三十七、资金管理正确

第一,投资风险由交易者的心理风险与市场风险构成。心理风险——由于心理压力所导致的无法正常执行计划的风险;市场风险——由于价格的极端波动所带来的风险。这两种风险都会随同仓位的增大而同步增加。

第二,日内交易和趋势交易是持仓周期的两个极端,正确的利润扩展也就是正确的机会因素扩展。

第三,组合投资不单有扩展利润的作用,还有回避风险的作用。

第四,心理风险并不容易被人所认识,多数人都用控制心态来形容对心理风险的控制。实际上,如果交易当中存在这种控制,说明自己在承受相当大的心理风险,控制本身是徒劳的。回避心理风险只能通过策略和降低预期来实现。开始从风险的角度来审视利润应该是个不错的开端。

三十八、建立自己的投资哲学

投资哲学包括技术系统,如何系统选股,如何评估宏观经济趋势。超然于其他股票品种不管不顾,只管自留地的洒脱。

三十九、股市的确定性因素

时间;价格;周期循环;顺势组合概率;成本比较复合概率组合;顺强势利益方博弈;习惯机会统计概率;优势盈利模式设计;制度规则;熟能生巧规律博弈;混沌时清零;保持健康状态。

四十、持续赢利

持续赢利才是股市超级高手。

第一,20万元资金,每年翻1倍,第六年就是1 200万元,能做到才是真正的股市超级高手。

第二，给自己 2% 的止损纪律，只要买入后，跌破 2% 就无条件止损，也可以放宽到 5%。

第三，在 A 股市场上，面对 5 000 多只股票，每天都会有涨停的股票，这是一种巨大的诱惑。

第四，复利是什么？复利是每次都做对。就算做错也一定要把错误控制在最小的范围。

第五，主力的哲学就是要把图形做得似是而非，让所谓的技术高手迷惘。别忘了，主力才是真正的技术高手。

第六，我做小波段，20% 的收益吃到了，然后就空仓，躲避回调下跌的风险，等待下一次 20% 的机会。目标是每年 2～3 次，其实已经很高了。成功就是简单的事情重复地做。

四十一、炒股是一门艺术，没有固定的答案

股票里的技术分析是看不见的主力人为的。只有你能感觉到盘面后面主力的思路和动向，你才可能与主力共舞。只有这样的盘感，你才有赢的前提条件。

第 004 篇——2016 年 6 月 20 日记

构建心智模型

"经典理念摘录"包括理念、心理、宏观把控、实操对策等诸多领域，为了把零散的理念用一个整体的构图呈现心智的激发过程，经过苦思冥想，构建了心智模型图（见图 1—1），以便在把握大局的基础上，更直观地认知实操的心路历程。

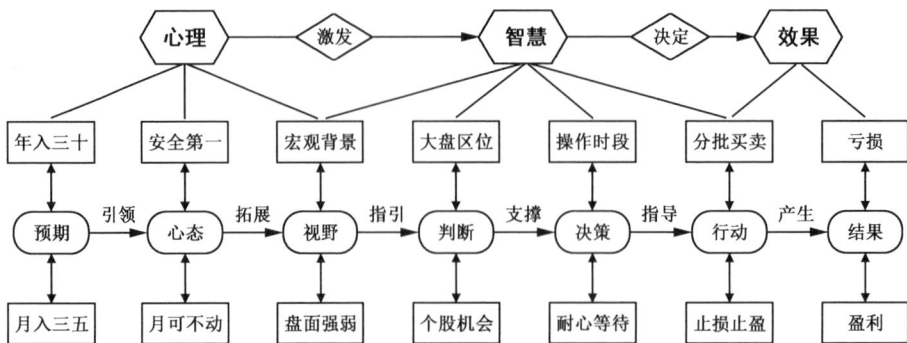

图 1—1　心智模型图

　　"心智模型"全方位展现了对股市认知的心路历程,其中包括准备实操和具体实操两大内容。构建实操路径图(见图1—2),是为了更具体地认知实操,使实操更简单、更清晰、更聚焦。

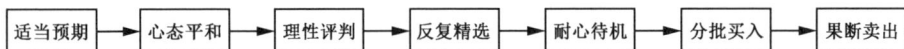

图 1—2　实操路径图

第 005 篇——2016 年 7 月 3 日记

有效市场逻辑

　　市场是否有效,就看市场能否把经济发展趋势、政府政策导向、企业运行效率及时在 K 线图中反映出来。大庄家是资本市场的强势群体,对市场起主导作用。如果大庄家能把上述三大要素的趋势及时表达出来,就说明市场是有效的。

　　一、"大鳄"对政策有先天优势

　　大庄家从政府决策层面获取信息有通天的本领,能做到三个早知道:一是高层会议安排早知道,二是出台新政早知道,三是政府的态度早知道。

二、"大鳄"对内幕早知道

大庄家在微观层面从目标公司获取未公开的信息是有可能的,而且会把这种信息转化为对该目标个股的战略行动。

三、"大鳄"对趋势早知道

大庄家有强大的专业研究团队,经济趋势走向能早知道,而且能深入企业调研,对目标个股基本面的变化早预测、早布局。

当大庄家把一切政策和趋势的"风吹"反映在实操层面对目标筹码收集的"草动",以最敏感和直接的方式在资本市场中表达出来时,特别是在具体目标个股中及时做出反应时,其实质就能让资本市场真正成为经济或政策的晴雨表,证券市场也就成为有效市场。

第 006 篇——2016 年 7 月 5 日记

巨超与大盘的关联

根据时间、空间和能量的自然法则,一波行情的启动首先来自具有超前意识的资本大鳄开始做多,其能量会带动巨大的敏感主力资金入市,从而汇集能量将股指向上推升。当大盘出现标志性阳线后,大众媒体和众多"股评砖家"开始舆论看多,唤起敏感散户的做多热情,从而加速推升股指。

当市场人气已充分调动,股价已推升至庄家预期的高度后,最早布局的大鳄主力资金开始准备撤离,但人气还在,出现高位震荡,之后是敏感主力资金撤离,股指开始震荡下跌。当主力资金完成一波"割韭菜",顺利退出后,庄家开始借机制造恐怖,进入诱杀,让散户在低位乖乖交出筹码,从而又开启下一个轮回。

巨超(连拉三板及以上的个股)和大盘的关联具体表现为如下三个方面。

一、大盘恐杀后期,底部个股开始拉板

大盘恐杀之后,以底部长期不被市场关注的个股开始双板为标志,是新

行情的起点,之后会有更多的双板个股起来,直至最早起板的个股停板,开始高位震荡,或者龙头因为异动停牌,第一阶段结束。

二、大盘人气仍在,各路庄家登台表演

大盘人气仍在,各路中小庄家登台表演,众多非主力板块个股开始补涨,具体表现为龙头完成一波拉升后开始高位震荡,热点快速轮动,实操进入仙女构图(做图诱多)陷阱时段。

三、大盘开始震荡,准备后续两种演化

如大盘处在弱势震荡的下跌 B 浪反弹构图,后续将进入新一轮恐杀(大盘黄线走在白线以下时,说明大盘股开始护盘,小盘股将进入杀跌);如果大盘处于上升趋势,震荡数日后,将有新龙头双板启动,大盘趋势延续,新热点开始接棒引领大盘向上推升。

第 007 篇——2016 年 7 月 9 日记

实战经典语录(2017)

翻阅 2015 年 11 月 6 日《实战经典语录》日记,发现十九条语录是无序排列。结合一年多来的实操体验和总结,在原语录的基础上提炼归类,并增加了几条语录的重复强化,以方便记忆,并更好地指导实操。

一、庄家和散户

第一,谁都不容易:庄家胜在势大,散户胜在灵活。

第二,零和游戏规律决定只有少数人赚钱,换位主力思考。

第三,自然法则精髓:换位主力节奏,实现与主力共舞。

第四,散户革命:低吸吸强,追涨追三,短中分明,严格执行,空满有度,寻求节奏。

二、休息和重仓

第五,正确的操作策略:放过 99 次小机会,抓住 1 次大机会重仓操作。

第六，心理成熟的标志：持币时间远大于持股时间。

第七，懂得休息，是比什么买卖都更高的境界。

第八，在理性投资者眼里，调整是预料之中的。

第九，科夫纳建议：适度交易。

三、宏观和风控

第十，坚信政策威力，相信国家是最大的庄家。

第十一，科夫纳建议：风险管理最需透彻理解。

第十二，大师共性：固定风格，简单办法，严格执行。

第十三，踏准节奏，股市风险就小于实业。

第十四，投资房产等三年有收获是常态，投资股票也需要时间。

四、理性和心境

第十五，新手看价，老手看量，高手看势。

第十六，犯错主因：用一种假想合理状态来指导行动。

第十七，不要把特例当经典，暴利可遇不可求。

第十八，心静、平和、理性是盈利的保障；兴奋、浮躁、遐想是亏损的信号。

五、主流和操作

第十九，任何时候主打龙头效率最高、最安全。

第二十，在风险市场上，最简单的操作就是最合理的做法。

第二十一，主流板块酝酿，非一朝一夕之功，退出绝非易事。

第二十二，相比超短和中线，小波段主力意图更容易把握。

第二十三，决策失误每天都在发生，要试就试最强的群体。

第二十四，双板越少越有操作价值，真正强者常出其不意，不留痕迹。

第二十五，选股过程需跟踪、对比、聚焦，不要空想起步就能跟上，确认巨超后有很多上车机会，只求有所斩获。

第 008 篇——2017 年 1 月 3 日记

实盘指导卡片

一、温故经典精要

(一)散户胜在灵活

操作灵活是散户的唯一优势。有好机会分秒即可切入,错了第一时间可以止损,有盈利随时可以兑现,哪怕是闪拉,也可能产生效益。

(二)体悟市场节奏

市场永远在节奏变化中波动,关键看你是否能感受到。能踏准个股节奏,投资风险就很小,获取累积收益就有可能。评估大盘节奏,感知个股节奏,选择操作节奏是永恒的主题。

(三)正视泥沙俱下

市场总是在时间、空间、能量作用下按其自身规律波动,在一定时间周期内,泥沙俱下是可预期的。不论是绩优股还是绩差股,一切看主力筹码集中度,主力资金已撤,随时可能出现闪崩。

(四)换位主力思考

证券二级市场,是典型的零和博弈游戏,规律决定最后只有少数胜者。谁摸准了主力心理,谁就可能成为最后的王者。判断主力意图是需要时间检验的。

(五)强化空仓时间

投资最精华部分是空仓等待,持币时间长短是心理成熟与否的标准,懂得休息是比懂得买卖更高的境界。一个投资者一年有 3~5 个月处于空仓状态,他无疑是一个真正的高手。

二、聚焦选股路径

(一)设定选股类型

股市有很多盈利途径,良性操作的起点是选择已经用事实证明有实力的庄家已入驻并形成攻击构图。既然有专人盯盘,选定超强更有效率,聚焦做强势超短模式:

1.大拉板型

追击或回踩已转强。

2.大底部型

底部多板积累转强。

3.大斜率型

60 度以上斜率推升。

(二)优化选股程序

选股是实战操作的起点,是感知市场的窗口,是实战中需要大量投入精力的环节,需要大量时间反复比较,连续跟踪,层层筛选。

三、实盘操作指导

(一)实盘操作限定

1.持有时间

3～5 天。

2.单个资金

最多一半。

3.实战数量

上限 3 只。

4.试盘目标

可加 2 只。

5.资金入驻

三三复合。

(二)实盘温馨提醒

1.耐心待机,考验智慧

2.切入时点,分早中晚

3.买入误区,仓促果断

4.卖出误区,思考等待

5.空仓内涵,休息待机

第 009 篇——2017 年 1 月 7 日记

投资精要

身在盘口　神在山巅

性如流水　心如磐石

阴阳互化　涨跌寻常

无喜无悲　无物无我

悟个股势　规制其策

常规交易　早出尾进

开盘三五　审定其意

观大盘形　收放吾替

依据事实　应对执行

衡量视角　由低往高

月累十五　二三足矣

盈息正相　空是能耐

微略小利　源其拨盈

积小成胜　成就不能

第 010 篇——2017 年 1 月 16 日记

再悟技术分析
——五要素量化分析选股

　　小资金做小波段操作是最好的策略。操作主要依靠技术分析即可，没有必要花太多时间分析基本面，因为根据市场有效性原则，这些工作主力已经花了大量精力帮你研究，并已花重金帮你搭建了舞台。我们需要做的工作就是通过技术分析寻找这样的个股，并择机介入。

　　技术分析林林总总就是这些要素，谁都知道，还可以说得头头是道。那为什么实战中会那么难把握呢？关键是人们忽略了一个大盘时空的条件，因为在不同的时空中，同一技术要素的内涵是不同的，甚至是相反的。同时，也没有办法提炼出关键要素，用最简单、可执行的方法进行组合分析，在初选股池中锁定目标。

实战中选股需要把大盘时段、大盘当日走势、时间节点、当日板数、个股封板时间、个股整体构图、个股盘面可见的基本面要素等综合量化分析，选定可入池的个股，并做入池理由说明——这才是吃透量化技术分析理由，而不是似是而非、虚无缥缈的感知。

符合基本要求的单板入池个股，因为是初选，有第一感觉的因素，且数量还是较多，实战中需要进一步精选 1～2 只个股进入实操。这才是技术分析的终极考验——锁定目标的量化分析。技术分析错综复杂，提炼出五大要素（时间、空间、能量、板数、构图）对个股进行量化分析，是长期经验感悟的归纳。不同个股、不同时段运用可能各有侧重，但万变不离五要素。

一、时间

横盘时间、连板时间、震荡时间、回调时间。

二、空间

横盘空间、连板空间、震荡空间、回调空间。

三、能量

横盘能量、连板能量、震荡能量、回调能量。重点是回调能量，目的是要关注主力是否可能出走，分析主力是主动回调还是被动承压。

四、板数

横盘板数、连续板数、板数密度、总板比率。板数是总攻的信号弹，多一个就是多一次强化。

五、构图

图形角度（斜率）、均线力度、关键技术位态度。构图是主力综合能力的体现，流畅干脆才体现出主力的掌控力。

在实战中，依据五要素的内涵进行量化分析比较排序，以期遴选、锁定优先目标个股，应该是到目前为止最有效、最接地气、最可操作的分析方法。用语言把五要素分析表达出来,思路可能会更加清晰。喃喃自语亦可强化分析。

投资太极

观大盘量　　定笃其势
辨个股形　　慎度其利
身在盘口　　神在山巅
性如流水　　心如磐石
阴阳互化　　涨跌寻常
无喜无悲　　无物无我
未明勿动　　破处制止
入于太阴　　出于太阳
依盘形势　　规制其成
阴极三六　　阳极空无
微略小利　　源其拨盈
积小成胜　　归于太极

恐杀的危与机

　　李嘉诚的成功心得是:当大街上遍地都是鲜血的时候,就是你最好的投资时机。历史已反复证明一个道理:当不可避免的危险到来之时,对于准备好的人来说,就是最好的投资机会的来临。这就是"危机"一词在投资中的完整内涵。

对股票市场来说,危机是通过一根根大阴棒的 K 线来表达和记录的,是市场参与群体共同的恐慌性杀跌行为——恐杀的结果。从恐杀视角分析市场的危与机,是实操一个好的切入点,妙不可言。

一、恐杀与指数区位

第一,指数高位恐杀——是空仓停止操作的警示钟。

第二,指数低位恐杀——是迎接巨超操作的信号弹。

第三,上行趋势恐杀——是指数修正和热点切换的时点。

二、恐杀与主力行为

第一,指数高位恐杀——是庄家把主要筹码不计成本卖出造成的结果。

第二,指数低位恐杀——是庄家想制造恐慌让散户交出筹码。

第三,上行趋势恐杀——是庄家通过震荡赶走底部筹码,提高平均成本。

三、恐杀与操作机会

（一）指数高位恐杀的警示

指数高位恐杀是对散户没有在高位区停止操作的最后风险警示,高手应该在此之前已空仓。

（二）指数低位恐杀的机会

指数低位恐杀是巨超时段来临的标志,时刻准备投资组合布局。扫把理论将发挥极大的效用,新上市的次新股有操作机会。

（三）上行趋势恐杀的机会

上行趋势恐杀属小恐杀,往往是单日的恐杀。这是巨超开板介入的时点,是热点切换的时点,是个股强弱的试金石,是选股器、挖掘机。强势个股是否保持强势次日早盘见分晓。恐杀当日后期及次日新起板的个股值得高度重视。

在实操中,指数低位和上行趋势中出现的恐杀,正是发现机会的一面镜子,多一天恐杀就多一次筛选和强化。不管是原有目标个股的加仓还是新开仓个股的介入,平时每天在修炼的忍功和能耐体现在实操中,就是要等待大盘上行趋势中小恐杀之后的新起点,买入已跟踪多日的抗跌目标个股。

第 013 篇——2022 年 2 月 27 日记

大道至简

咱们的老祖宗创造了汉文字,并把成就事业的道理都装进了一个个简单的名词中。要在股市短线实操中成就大业,首先要从解读关键名词的内涵开始。

一、常识

人的思维判断很容易受外界干扰,从而极易犯低级错误。依据常识才可能最大限度排除干扰,靠近真理。

二、真理

真理在耳边、在脚下、在一个个你疏忽的常识中——大道至简,衍化至繁。投资真理是一套由多个常识构成的体系。

三、危机

大恐杀是股市的真危机,把大恐杀转变成等待寻找巨超机会的安排,是一种化危为机的妙招。恐杀是高手获利的好机会,敏感时段回避操作是根本的前提。

四、智慧

事物发展的每一个阶段只有一种主要矛盾(安全、选优、配置、风险),抓住主要矛盾就掌控了大势。智慧表现为基于顺序的取舍。

五、战争

毛泽东的军事战略是"以多打少,打不赢就跑"。四渡赤水是他对待小利和小败实现胜利的经典之作。粟裕 15 个团对敌人 5 个团,由 3 打 1 转化为 5 打 1 的战术,是集中优势兵力打歼灭战的典范。

六、机动

在似风似雨似雾的投机市场,小散的唯一优势就是机动灵活。股市是庄家在编剧本讲故事表演,当人去楼空后,留下的是一地鸡毛。股票只是投机工具,随时保持机动性,避免从事长期投资。

七、休息

大赢之后、大亏之后、走弱之后都必须要休息——休整心态+市场调整+热点切换。市场面临破位或破位后有1万个理由也要休息。

八、修身

不抬杠,不希望,不玩命,不抱怨,不后悔,不假设,不遗憾,不乐观。培养反大众心理,塑造反大众视角——庄家的视角,这很重要。

九、无序

投机绝不可能在现有规律的情况下进行,无序是常态,要学会面对混乱局面。金融操作赚赔的机会永远都是1/2(涨或跌),关键是根据无序中的有限有序,如何实现小赔大赚。

十、直觉

直觉是以往经验衍生而来的一种判断,看整体构图的感觉就需要直觉。我们要相信直觉。

十一、聪明

投机无需太多聪明——简单策略+严格执行,只有放弃复杂的大部分,取其熟练的一瓢,才有持续的赢面。一把尺子走天下,足矣。

十二、信心

信心就是知道事先设定并第一时间处理最坏的状况,知道落袋为安,知道持续小胜就会用时间见证获得大胜。

十三、弹性

高度谨慎的投机理念落到实处就是交易策略具有弹性(一手股票一手资金),以应对无序的市场变化,这是对市场深刻理解之后具体的、高明的、有效的策略。选择富有弹性的目标个股也是选股策略的前提条件。

十四、止损

止损是保护本金安全、控制风险的首要措施。更重要的是节约时间资源,降低资金的机会成本。

十五、自然法则

在时间的作用下,能量在一定的空间内持续不断转化,形成有规律的波动构图。

第014篇——2022年5月1日记

投资年卡

近来在不断叩问自己,要做好短线实操,用最简单的文字表达,究竟应该怎么概括。经过反复提炼,正好是十二点,故本日记定义为"投资年卡"。

一、投资十字

谨慎——诱惑无处不在,不确定性太多,有计划的空仓,感知波动的节奏;警觉——实盘操作顺利时,尤其需要时刻警惕行情逆转;平和——低预期促平心态,力求理性冷静判断;深入——选股需多角度深入比较,多维度交叉验证排除选优;简单——盘中只关注自己的头寸,严格、及时执行场外制定的策略。

二、思考与否

选股和买入时需要理性周全地思考;卖出环节无思考,坚决执行信号。

三、主力思维

通过交易事实,换位主力视角,推定主力意图,摸准主力节奏,力求与主力共舞。

四、投资风险

风险是需要时间积累的、是相对的、有背景的。投资最大的风险是不知道自己在做什么。

五、冲动交易

高预期和焦虑心理会产生交易强迫症，冲动性交易会造成巨大的破坏性。所有的谨慎、保守、等待、忍耐、从容……就是为了避免冲动性交易，解决好选股、选时的重大问题，寻求自己好把握的、有取舍的适度交易机会。

六、市场节奏

大恐杀阶段性出现，小恐杀周级别发生。对盘面敏感的人，能感觉到恐杀要来临的盘面表现。恐杀是试金石、是选股器、是挖掘机。

七、试盘感知

低吸个股试盘是可行的、必要的，也是必需的。实战已反复证明，只有买入，哪怕是极少的试盘买入，才能在盘口感知主力操盘的意图。

八、高位时段

大盘高位时段最重要的工作就是：放下操作，提前空仓，耐心再耐心地等待一定会来临的大恐杀黄金时段。

九、空仓状态

即使在可操作的时段内，空仓或小仓位状态也十分重要。一年空仓大半时间，无疑是一个高手。

十、修炼定力

物随心转，境由心造，烦由心生。凡事不动心，静心入定，心静若水，无处不自在。

十一、财富法则

通过整体高成功率交易，实现稳定又持续的汇集。

十二、竞逐表演

除受政策突发因素影响外,庄家会按照自身的准备状况先后登场表演,做投资组合需要有这方面的认知和预判。

第 015 篇——2022 年 9 月 11 日记

简单+常识

一、庄家的难

第一,主力运作过程需要时间。

第二,庄家要接受年度考核。

第三,年度金股——高明的庄家我行我素,一年做一庄。

第四,主流形成非一日之功,实则久久为功,退出绝非易事。

第五,庄家的难——找庄难、集筹难、竞逐难、退出难。

第六,真超——被监管核查是预料中的事。

二、构图解读

第一,板数越多越强,封板时间越短越强。

第二,成交量持续大就活,人气就旺。

第三,低位构图流畅——受关注度低,筹码易集中,爆发力就强。

第四,技术指标辅助决策,直观明了。

第五,包含线——出现在底部或顶部,预示短暂平衡过后,常常是惊涛骇浪。

第六,强势的显著特征是天天有能力创新高。

第七,散户"不敢买、不愿买、想不出来"的构图。

第八,日 K 线是分析基因,收盘时构图才画完整。

第九,间隙一字板是极强的信号。

第十,动态实盘痕迹——分时构图和能量。

三、减法选优

第一，做最强原则——真超、年度巨超、独创新高。

第二，高弹性是前置条件，四平八稳不是好的选择。

第三，在走黑道时，低市盈率成为做行情的障碍。

第四，扫把原理——阳包阴是强控盘信号。

第五，主打龙头——效率最高，也最安全。

四、买入节奏

第一，等待再等待——为了踏准节奏。

第二，庄家一定会设法让低位筹码早日卖出。

第三，庄家一定会设法在高位让人不愿走。

第四，买入时点要苛刻，最好是小恐杀之后。

第五，理性判断——调整是预料中的事。

第六，三五法则——说明小恐杀常有。

第七，天地板——是庄家利用恐杀节奏洗盘。

第八，实业看股市——3～5 年有收获是幸事，等待 3～5 天、3～5 周谓之短。

五、卖出节奏

第一，二浪——20％区间优雅、主动止盈。

第二，四走定防御——主动走、提前走、强制走、快速走。

第三，试错寻常，乱麻刀斩，成功杀手，温水蛙煮。

第四，无喜无悲，无物无我，依据事实，断然执行。

第五，信心——第一时间、迅速处理最坏的状况。

第六，天下武功，无坚不摧，唯快不破。

第七，落袋为安（持续积小胜）＋时间＝大胜。

第八，高点都在危险过后的放松时刻。

第九，求胜不求全，赚八分就走，解决贪婪问题。

第十，止损如军令，止损对了真英明，止损错了也正确。

六、关键时点

第一，战略起点——高位该强不强时，主动、有序、提前退出。

第二,实操开启——大盘走弱,个股底部走强。

第三,组合布局——大盘交替恐杀,反复走弱。

第四,实战转折——大盘企稳走强。

七、正视风险

第一,风险形成有一个过程,需要时间积累。

第二,系统性风险阶段性出现,适时评估应对。

第三,危机——恐杀危险过后是开启布局好时机。

八、认知牛股

第一,面对牛市(股)最缺气吞山河的胆量和气魄。

第二,强势的显著特征是天天有能力创新高。

第三,龙头引领大盘、聚集人气,必定先于大盘启动。

九、高手尺度

第一,高手＝总能提前一拍(空仓＋等待＋布局＋优化)。

第二,高手＝主动放弃很多机会＝手中持有大量现金。

第三,心境平和淡定＝化解焦虑＋从容等待＋理性分析。

第四,没有预期,不设盈利目标,相信水到渠成。

第五,聪明人显得很愚蠢——受预期、环境影响,本能反应出贪婪和恐惧。

第六,成功——简单的、对的事情反复做。

第七,财富法则(乘数效应)＝高成功率×时间。

十、散户优势

第一,散户唯一优势——机动、灵活,一"快"定乾坤。

第二,盘旋式打圈子＝运动中集中兵力打歼灭战、速决战。

十一、实操支持

第一,实盘指令——越简单的指令越合理、更可行、好操作。

第二,组合投资——是一剂良方,解决三大问题。

第三,盘前定策略,实盘无预期。

第四,制胜法宝——资金和股票,阴阳两极,左右两手。

第五,神奇数字——预先提示警觉。

第六,新高的意义是解放全体股东。

第七,黄金分割——揭示支撑、阻力。

第八,波浪运动＝时间＋空间＋能量。

第 016 篇——2022 年 10 月 8 日记

股市的"易与细"

天下难事必作于易,天下大事必作于细。在悄无声息又波澜壮阔的资本市场,什么是难事? 看清自己找准定位难,千里挑一选好股难,等待买入好时点难,把握卖出好时机难,心境平和淡定难,体现智慧光芒难。什么是大事? 在保护本金安全的基础上,保持资金的持续增值,实现积小胜成就大胜的乘数效应。

近一年来的思考和总结,都是从如何解决难事、如何做好大事出发,围绕如何从"易"事和"细"事入手而展开的。"易和细"的一招一式就点点滴滴体现在日记的文稿中,需要进一步做的工作是融会贯通和精炼提升。

其中,买卖点的难,难在涨跌的不确定性。有了"兵来将挡,水来土掩"之见招拆招,就不再是束手无策,而是把原本极为被动的跌,转化为主动买卖的机会,实现 T＋0。这也从根本上为解决难事找到了一把钥匙。这种理解和定位入木三分,捅破了人们长期困惑的窗户纸。这就是股市"易和细"的重要抓手。

有了"易和细"这一重要抓手,只要是高弹性的目标,而且又是行情启动的早、中期,利用 T＋0 的实操手法,实现与庄共舞就是大概率的事情。

第 017 篇——2022 年 10 月 26 日记

经典理念再提炼

回望7年前2016年的《经典理念摘录》和"心智模型图",结合近年来的短线实操体验,对原有的经典理念摘录进行了针对具体实操最为精要的提炼,现归类如下:

一、聚焦定位

(一)小波段操作
一切在平静、有序的环境中完成,用不着整天抓耳挠腮,惶惶不可终日,把实操当作实业项目去经营。

(二)杰里米·西格尔
百年跨度的实践证明,股票是长期回报最高的资产。三五年的高成长很容易——上市两三年潜力股模式。

(三)最牛散户
寻找"小而美"的高速成长股,持仓数10个左右,大部分持仓一年。

二、固定风格

(一)一致性
严格执行既定的策略——只有场外制定的策略才处于相对的客观,一旦置身场内,你就失去了理性的判断。只关注自己的头寸,不要关注别的因素,让交易变得简单。

(二)老鬼真言
"专注"于自己的策略,用最傻的坚持换来最牛的成功。做投资是把复杂的问题简单化,然后坚守。

(三)法国蒙田
人最难做的是始终如一,做个一成不变的人是一件了不起的大事。

三、选股精要

(一)威廉·欧奈尔
股市最重要的是选股的策略——当大盘企稳,率先上涨的是好股票。

(二)巨超第二波——稳赚技法

第二波炒作属于勇者加智者。

(三)反复操作获过利的股票

自选股10只就足够了。

(四)这样选股

一是跌透,跌得足够多;二是创上市以来所有高点。

(五)走近真相

有主力参与收集筹码并已收集完毕的股票才是好股票。

(六)建仓完毕的痕迹

拉升时挂大卖盘;下跌时没有大承接盘;即时走势自然流畅;大阳线次日成交清淡,波澜不惊。

四、实盘系统

(一)交易的核心

开仓之后优化处理单子,让错误尽可能少亏,让正确尽可能多赚。

(二)系统交易的本质

时刻关注交易信号,迅速处理交易信号。散户往往对交易信号不知所措,交易处于虚幻之中。

(三)交易之路

系统是全部,预测没意义,交易无思考,策略求简单,让市场告诉我们该怎么做。

(四)只有系统,没有价格

交易时,唯一要做的是耐心等待系统发出的每一个买进卖出指示,并坚定不移地执行。眼中看不到价格,只是系统指标的变化。

五、卖出果断

(一)读透读烂

对纪律执行得越是残酷,成功的可能性就越高。

(二)投机五字诀

赚八分就走。当错误时,有壮士断腕的勇气认赔出场。

(三)执行力

坐在瞬息万变的动态屏幕前,人又回归了自己和过去。严格止损是生存的第一要领,一条铁的纪律。

六、买入程序

"预期"确认始开仓;交易"突破"最安全。这是我们交易始终要牢记的绝句。

第 018 篇——2022 年 12 月 3 日记

蟹味上桌百味淡

因某一大众普遍认可的事件突然发生,或者市场主力机构认为可以借题发挥的事件发生时,往往就会吸引资金汇集到某一板块而产生螃蟹效应。

1999 年科技题材、2000 年网络热、2004 年 IPV6 热、2006 年有色股、2001 年国际板……还有就是当下的医药热。新冠疫情三年,医药板块已周期性连跌两年,本身已是底部,加之疫情防控突然放开,让民众成为自己健康的第一责任人,莲花清瘟已抢购一空……这种历史性事件的双重耦合,必然会产生强烈的螃蟹效应。其实,医药板块已从 11 月初开始活跃了,加之突然疫情防控放开再烧一把火,必然是星火燎原。

大盘股强力运作,指数大幅走高;相反,也会产生强力的庄股大幅回调的跷跷板式的螃蟹效应。

一、蟹味定义

某一事件的发生使市场的关注度高度汇集在某一板块,表现为其他板块下跌,唯独某一板块热炒,没有带来指数的上升趋势。

二、蟹味警觉

技术选股最后归结到五大类备选体系时,仍含有一定量的预选目标,最后实操配置要优先顾及是否有"螃蟹上桌"的问题。尽管可能一年还没有一次,但一旦发生重大事件,就要有螃蟹上桌的敏锐,并迅速纳入 1＋N 的配置。

三、应对策略

当短期热炒的概念出现时,一要紧盯并直接追击最强势的板块龙头,二要挖掘还没有启动的同题材品种(通常所说的前三名),无论如何不能偏离这个热点。这就是螃蟹效应的应对策略。

四、实盘处置

螃蟹上桌,大家筷子一起去抢时,"其他菜"就要慢慢吃——早盘预选非蟹味目标不急于追击,可耐心等待回踩后或收盘时再行定夺。

五、多维印证

每天跟踪大盘的领涨板块是了解资金动态的第一要素,每天必做。领涨板块会告知主流资金的动向,特别当蟹味上桌的时候,用自己备选的龙头个股与蟹味效应相互印证会显著提高筛选的准确率,要高度重视。

第 019 篇——2022 年 12 月 12 日记

踏空和套牢

在资本市场,为了表达处境不利、操作不当,最常用的词是踏空和套牢。踏空是基于买入的目标卖出后还大涨的视角来评价手中的资金状况;套牢是现实的价格比买入价格低,出现了账面亏损的现实情况。总之,超预期走势加不当的操作,最终结果就会导致踏空或套牢。

一、踏空是"马后炮"

理性分析踏空,应该明白一点的是,目标个股卖掉之后是存在涨跌两种可能的。只不过作为参照的目标个股涨了,可能在另一个时点同样的构图在不同的背景条件下却是跌的。这就是资本市场的本质特征,影响因素众多,涨跌是不确定的。

理性的做法就是不去想、不去讲超预期,没有任何意义的后续发生的事,而是做好现在这个时点的事。只要盈利卖了都是胜者,就是你赚的,这才是正道。市场机会每时每刻都有,哪来什么踏空的说辞呢!因此,理性思考踏空一词是一种"马后炮",是没有任何实际意义的情绪表达,有百害而无一利。

二、套牢才是大问题

当目标个股有盈利后,却没有及时卖掉,回跌了更不愿意卖,最后造成被深套的必然结果。套牢的后果十分严重,不仅蚀本,还亏掉了时间、耗费了精力、破坏了心态——心理失衡会产生连锁反应,导致更多的错误,反复的亏损,造成实操体系的崩塌,实现复利增长就成为一句空话。这种恶性循环是资本市场小散命运最真实的写照。

三、实现高成功率的措施

要实现高成功率,就要坚决避免套牢,特别是不能被深套。用三大法宝构成整个实操体系良性、高效运转的高成功率护城河。

(一)发挥优势、框定时空、持续汇集

现在所设定的整个实操体系就是围绕着在安全的时间(3~5天),有限的空间(20%)内,充分发挥高流动性、高机动性,通过 T+0 的措施,实现一次次看起来很小的盈利,但要尽量避免被套,坚决杜绝被深套,以达到稳定又持续的汇集——滴水成河、聚沙成塔,实现积小胜成大胜的战略目标。

(二)避免目标被深套

三天实操模板是避免目标个股被深套的重要措施。

(三)盘旋式反复操作

后续对已实操个股安排盘旋式操作,单个目标个股盈亏以年度累计为标准来判定成功率,从根本上解决了高成功率与高弹性、高风险之间不可调和的矛盾。

四、踏空的后续实战

踏空意味着区间内运行目标已向区间外运行转化,是好事。要把这份与庄共舞难得的机会转化为盈利,需要等待下一个节奏点,这个节奏点可能是3~5个小时,也可能是3~5天之后——有踏空,是好事,要庆贺,重跟踪,三五法则贯始终;超预期,近共舞,紧关注,等节奏,区别在于时或天。

第020篇——2023年1月19日记

明明白白方得真

一、想明白

通过15个月的艰辛探索、苦熬深思、反复提炼,时至今日,有理由说一句,对股市的运行规律有了一个比较清晰、系统的认知,并对如何采取具体的措施参与实操有了比较完整的体系。关键是要把这种明白进一步融会贯通,指导实战,用于实操。

二、看明白

在想明白的基础上,就要把这种明白放到实操大盘、板块和个股的构图中,解读目前趋势的构图所反映的内涵。

第一,大盘目前运行的时段和未来的走向;

第二,主流资金主攻的板块和已运行的时间,目前所处的构图及未来的趋势;

第三,热点板块中个股构图的分布情况及后续可能的主攻构图形态。

三、选明白

只有在看明白的基础上,才能聚焦热点板块,在每个分类板块中遴选相关构图形态的目标。因此,看明白和选明白是不可分割的,功夫要花在看明白,要在看明白和选明白之间反复印证、相互启发,才能真正把处于节奏点的目标遴选出来,并锁定之。

四、动明白

动之前要有一个清晰的认知,"不动本金是安全的,一动就面临风险,可能要付出代价"。实操犹如一场战争,是你死我活的考验,非要把"战场五行"

搞得清清楚楚不可,要慎之又慎。关于这方面的提炼总结很系统、很全面,关键还是一个想明白、用到位的问题。正式开仓之前增加一个预开仓(模拟开仓跟踪),是重要的优化措施,万望重视,强化执行。

五、亏明白

身在明处的人被身在暗处的人捅上一刀是难免的,要有心理准备。重要的是,挨刀后要快速逃离,包扎止血——只有智障者才会站着不动,接连挨刀,任凭鲜血流淌。踩雷亏损是预料中的事,重要的是十分百分千分万分重视"开仓次日的止损"和"三天实操模板"。在这敏感时段,一刻也不能离开,一刻也不能懈怠,从开盘直至收盘的每一分钟。

六、赚明白

当幸运中奖后,依然不忘初心,更不能改变初心。要坚定按照"一张宣纸绘书画",严格落实,轻松对待。20％区间,取其一瓢,悠然自得。

总之,只有真正做到这六个明明白白,才可能实现六六大顺。

第 021 篇——2023 年 3 月 25 日记

高低手的差距

在"试手十错"中,灵光闪现,感悟到低手与高手之间的差距是几天时间(3~5 天)。从昨天选定的几个目标(如人民网,见图 1—3、图 1—4)[1],通过昨天及今天的实际走势进一步感到,低手与高手之间有时是 3~5 小时的差距。

---

[1] 日记记录的时间与图中表明的 K 线图有出入(记录时点之后还有 K 线图),是因为日记时间是行文时间,图中 K 线图是成书稿之后截图补充行文需要,以使读者阅读图文并茂。此后行文也是如此,特此说明。

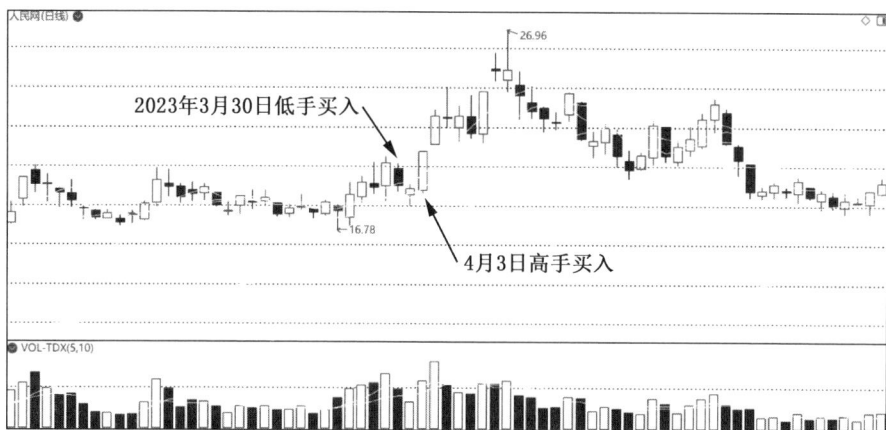

图 1-3　人民网局部日走势

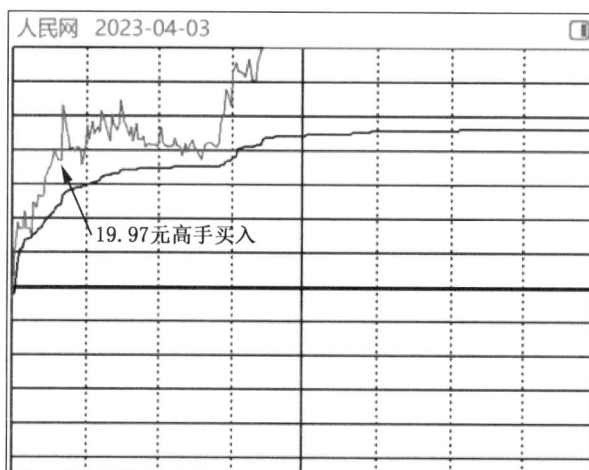

图 1-4　人民网 4 月 3 日分时图

这种差距的内涵是丰富的，是一种综合的考验。假如通过一轮遴选，聚焦 3～5 个目标，最后锁定 1～2 个目标，在什么时候正式开仓，这就涉及一系列分析、判断、决策的复杂过程。

首先，是对大盘所处节奏点的判断，特别是对近期主流分类板块强弱节奏的判断。按照 3～5 天节奏转换的规律，如果强势板块已连强 3～5 天或者 5～7 天，则强力回调的时间就可能随时发生。因此，遴选、锁定、预开仓工作要按部就班照做，但正式开仓就要特别谨慎，坚信恐杀就在眼前。能否做到等待再等待 3～5 小时，就成为此次战役成败的关键，也就是高手还是低手的真正差距。

只有透彻理解目标所属类型的内在逻辑，才能真正做到运用自如。从实操区间定位来看，可把全部三大类、九小类目标定位为区间内和区间外两类目标。

一、划定区间内目标

短期蓄势待定型、中期缓慢推升型、二浪强烈回踩型都划定为区间内运行的目标。这类目标最重要的特点就是要等待主力借大盘恐慌之机强烈回踩，又回到"宣纸"底部获得强支撑时切入，才算真正读懂目标主力运作的意图。如果在这个"技术低手刚买入就被套、要止损、想出来的时候"开仓买入，你就真正实现了与庄共舞。这就是3～5小时（天）差距的实质。它印证了这样一句话——已登场表演的目标，如果切入时点恰当，3～5天赚3%～5%是容易的。

二、划定区间外目标

包括真超一、三、五浪主攻时段，金股的半九十时段，这类目标的出现，与大盘运行时段和目标所处热点表演节奏高度关联，是阶段的大明星，数量极少，是间歇性而非经常性地出现。需要一个连续跟踪、认知、分析才可能锁定，并适时拿出气吞山河的气魄和胆略付之实战。

这就是"散户不敢买"的目标。特别是真正的金股，只要把该热点板块中最强、最适合被主力控盘、能量保持高换手率、技术指标保持强势的目标遴选出来，并连续跟踪，结合板块指数的走势构图，是完全可能锁定并从容与庄共舞、共享"半九十"盛宴的。这就是要追求的终极目标——每年只要参与1～2只真正的金股，必定是大胜者。

第 022 篇——2023 年 4 月 7 日记

十大名词

一、"沉稳"适用

区间内目标的买入要耐心等待"惊恐落下才张嘴"；区间外目标卖出按照

"三五法则"节奏把握去留。

二、"雷霆"适用

区间内目标通道上轨闭着眼、无思考卖出，封板也在此范围内；区间外目标买入，一旦目标向预设方向发展时，要快要狠。

三、简单化

当"雷霆"适用发生时，要少看、少想、少深入，要遵循第一直觉判断，突破天生性格枷锁，刚毅果断出击。

四、程序化

由繁入简的遴选是久久为功的程序化筛减过程，需要顾及思考的问题很多，要有耐心，要保持心静、平和、淡定。

五、高机动性

核心要义是任何一个目标持有定位都是 3～5 天，特别要强化"开仓次日的止损"和"三天实操模板"的落实，在关键时点，保证一刻也不离开盘面，坚决杜绝陷入无量阴跌的黑洞。

六、高流动性

根据区间内外目标的不同，严格执行 1～3 天不等的阴阳两极平衡，随时保证一手有票子、一手有银子，以应对庄家的两种手法，落实与庄共舞的对策。

七、再析踏空

有踏空，是好事，要庆贺，紧跟随，"三五法则"贯始终；超预期，近共舞，重关注，等节奏，区别在于天或时。

八、落袋为安

求胜不求全，故易胜能胜。只有卖了，才是你的、真实存在的，才是落袋为安，犹豫片刻 1％～3％没了，有时还可能灰飞烟灭。

九、滴水成河

一周赚 1％，一年赚 70％，过往太小看每一次小的盈利了。要改变就要从每一次冲高实施快速卖出开始,才有可能让乘数效应的理想变成现实。

十、早盘战略

早盘 T＋0 卖出是"两化一高"流水作业的基本要求,好处多多。当大盘面临变盘的大动荡时段,早盘战略是规避系统性风险、化解危机的最高境界、最好策略,战略意义重大。

第 023 篇——2023 年 5 月 20 日记

恐杀的认知与对策

任何一个目标都会出现恐杀的走势,这是主力做盘洗筹、吸筹最基本的套路,主要包括主动性恐杀和被动性恐杀两种。

主动性恐杀是独立于大盘的主力做盘的基本手段,目的是要大清洗、大换手。只有手法凶悍制造恐怖才能达到目的,具体包括 3～5 小时的恐杀和 3～5 天的恐杀两种。被动性恐杀是受大盘走弱节奏影响,群体看空心理所导致的,主力被动承压,向下顺势做盘。

关于恐杀的危与机,最好的策略当然是只参与目标攻击时段的实操,做到早一步空仓或清仓远离,规避恐杀的风险和时段。总在河边走,湿鞋是必定会发生的事。因此,更为重要的是如何及时认知恐杀、预判恐杀,湿鞋后如何做好应对。这是一个必须回答的重大战术问题。

一、恐杀走势的六种类型

(一)低开快速跌停
早盘大幅低开或平开后快速下杀至跌停,这种情况是最难以应对的。

(二)低开震荡跌停
早盘低开后震荡下行至跌停,这种构图有足够的时间反应,关键是认知和判断。

(三)高开逐波杀跌
早盘延续上一日的强势开盘,但分时构图走成一个逐波走弱的态势,尾盘大幅杀跌,这种构图考验的是对分时构图的敏感性。

(四)尾盘突然跳水

全天延续上一日的强势,尾盘突然大幅杀跌,此类目标往往是大幅攻击之后见顶的信号。

(五)低开反抽杀跌

早盘大幅低开反抽 5 日线或者昨收盘价后,逐波震荡下跌至跌停,反抽时点了结是最好的机会。

(六)高开冲高杀跌

顺着昨日强势大幅高开,瞬间冲高后快速回落回补缺口,再震荡回落收成一个放量的十字星,是见顶的危险信号。

二、恐杀走势的应对施策

(一)发现走弱,雷霆了结

反复强化记忆六种恐杀走势,温而时习之,3～5 天必须细读之。一旦个股节奏或大盘出现走弱苗头,最优方案就是断然了结,不管是主动性恐杀或被动性恐杀。

(二)强弱节奏应区别应对

如果是目标运作 3～5 天强势后转弱的转折点,则远离观望;如果目标构图正处强势节奏,是受大盘恐杀影响,属被动性恐杀,则可考虑尾盘做 T+0。

(三)做倒 T 是弥补措施

倒 T+0 是"开仓次日止损"内涵的进一步深入、延伸和完善,是出现扫把现象及 C 浪下跌的具体应对策略。特别是在大盘整体走弱,有可能出现恐杀的时段,是一种极其重要的弥补措施。节奏敏感时点,如节假日放假前、周五等,我们尤应引起注意。

当目标出现异常开盘时,早盘开盘后卖出,在盘中或尾盘再回补,也是一种 T+0,是实实在在的利差,特别是开跌 1～3 天后尤为如此。要做好倒 T+0,就需要认知到位,需要心理突破,是一种与庄共舞的极端走势的应对,是一种高级的利用市场机会。

第 024 篇——2023 年 6 月 22 日记

深耕实现共舞

——构建"画面语言"的深耕路径

一、深耕从踏空开启

股价创新高、解放全体股民的踏空主力目标一定意在高远。遇上一个"踏空"目标,无异于"中了大奖"。这样的目标务必要成为一年内最重要的、连续跟踪的目标,要深入分析记录,尤其是年初、年末出现"踏空",更要重视,很可能是当年或次年的龙头金股。

一年只要深耕几个"踏空"目标,就一定是大胜者。一叶小舟所需"承载"是有限的,要避免走马灯式的遴选,力求"取其一瓢,管好自己的'一亩三分地'"。

二、与庄共舞需深耕

在一定的时间和空间内,通过日级和时级的"三五法则"运用,充分利用庄家的反复震荡,力求尽可能与庄同频行动。

要深耕好一个目标,前提是要真正感知其股性,需要时间的投入。同时,通过实操参与感知庄家的手法和习性,对目标阶段走势有一个预判,才能充分运用做 T 的手段与优势,高机动地实现更准确地买和卖。

三、构建画面语言路径

意识决定行动。凡事预则立,不预则废。目标走势预判是一个基础性的战略分析,是能否实现与庄共舞的前提条件。只有将"战略分析"转化为统一的"画面语言",才能有正确的预判,才能真正地与庄共舞。那我们如何构建"画面语言"的路径呢?

(一)大盘所处时段

观察大盘的热点延续与否来感知大盘所处的时段,不同时段有不同机会和应对,尤其是大盘处在高位要预防盛极而衰,大盘处在低位要预防强势目标补跌的泥沙俱下。

(二)目标所属类型

五大类目标的构图都有不同的运行特征,要明确区分,分别应对施策。

（三）目标个性特色

股本大小、成交量、价格区间、主营特征、概念想象、板块排序。

（四）目标庄家气质

判断是长庄还是短庄？是逼空走势还是震荡推升？是大庄控盘还是众庄共舞？

（五）目标所处时段

依据"四字经"判定当前目标所处的时段，对短期3～5天走势有一个区间框定，以便有节奏实施做T行动。

第025篇——2023年9月23日记

登高远望

——登高听圣经，远望知未来

近两年的股市耕耘是一个胸中画竹的过程，半年前"明明白白方得真"的感悟，有了模糊的轮廓，但与清晰显现"叶、枝、节"相去甚远。时至今日，才有比较完整的跨周期的大盘整体和目标对策，才真正有底气说"胸有成竹"。现在是结束苦行僧艰辛探索，开启登高望远、修炼心境、反复强化、把脉未来、从容出招的时候了。

一、修心境，现底气

营造生物钟，确保精气神，心空、选、买、卖，成竹在心中。去执念，能提起，会放下。静若处子，动若脱兔；身在盘口，神在山巅；无喜无悲，无物无我；见招拆招，步步为营。心境平和看风云，从容优雅王者气。

二、话波浪，寻节奏

波浪运动的核心是节奏，关键是落地"空仓战略"，清晰"空仓的关联"。空仓是能耐，空仓是常识。我们要相信常识的力量。

三、谋战略,循主线

(一)预未来,立根基

毛泽东比别人强,是因为比别人看得远。凡事预则立,不预则废。靠什么预,胸有成竹方可预。何为"预"? 基于大盘能预测五个时段的延续和转换,基于遴选和持仓目标能预设未来股价走势构图。

按股价表演角色的不同,攻击目标分为五种构图:超级龙头预"五浪",明星龙头预"三浪",主流跟风预"M头",借机短炒预"倒V",趁热打劫预"扫把"。

(二)谋战略,抓龙头

时刻牢记遴选是战略,创新高是抓手。深刻领会"照顾区间内,紧盯区间外"的理念,聚焦五浪、三浪、M头,规避倒V和扫把。

四、照程序,遵指令

把程序化内容转化为行动指令,少想、少看、简单化、快行动。在止盈时主动走、提前走,在止损时强制走、快速走。创造弱者的局部优势,发挥仅有的唯一优势,让庄家打不着、伤不到。区间内买入坚守"预期主升浪,下跌无空间",主升浪买入追击"封板或创新高"。

五、听圣经,练功夫

最简单的音符,需要最艰苦的练习,功乃用力打夯也。要保持"叶、枝、节"的清晰,登高听圣经,通过至少30次多形式的强化记忆,使其明刻心中,成为条件反射式的实操能力。

第026篇——2023年10月21日记

投资是马拉松式赛跑
——融通后的觉悟(一)

一、弱势环境定位

(一)支撑不可靠

回踩靠近均线不能迅速拉起的均线支撑是不可靠的,宁可相信不破不立。

（二）弱势不加仓

走势越弱的目标，越不可尾盘加仓，次日早盘低开是大概率事件。

（三）背离是积蓄

技术底背离是做多力量在积蓄，不等于马上反弹。

二、完整的恐杀

（一）轮杀是规律

大盘在底部弱势条件下，前期所有抗跌目标都要轮流杀一遍，才有可能在杀无可杀之后绝处逢生。

（二）补跌才可靠

漂亮的构图一定要经历恐杀考验后才是可靠的，补跌是必然。

（三）"绿柱"看变化

恐杀落下的盘面语言是出现不断加长的"绿柱"，直至缩短。

三、强弩之末

（一）空间已够多

前期大幅拉升的目标，短期已强回踩足够多。

（二）时间已够长

前期龙头已调整足够多空间的基础上，又有了足够长的时间，加之庄家仍未退出，又有大盘配合恐杀。

四、区间内目标定位

（一）大小资金有区别

区间内目标对小资金只是战术安排，没有战略意义；对大资金具有战略价值，还有战役需求。

（二）只做预期主升浪

区间内目标只做基于主升浪预期的设定（即主升浪前奏构图）布局；否则，绝不触碰。

五、蓄势型目标多陷阱

蓄势小幅波动的目标没有好的做 T 空间，难以与庄共舞，只有凭运气，类似赌博。特别是在大盘弱势背景下,看似安全,实则是温水煮青蛙的温床。

六、被低估的温水煮青蛙

对高效机动多配置体系来说,区间内目标的温水煮青蛙被严重低估了,哪怕是 10% 的资金,也会缩水不少。更重要的是,"温水煮青蛙"消耗了时间,使机会来临重新配置之际变得被动且难以取舍。

七、与庄共舞的路径

(一)遴选锁定龙头
遴选锁定高速运行、大幅波动的主流龙头目标。

(二)做 T 锁定确定部分
在瞬息万变的市场,用做 T 的手法,把握大幅波动所产生的涨跌机会,在动态 4 小时锁定确定性部分。

(三)轻重仓位转换
通过 3~5 天轻重仓位一转换,以应对主力变招。

八、预未来的实质

通过近期连续的分时走势,判断主力的手法,运用 3~5 天一变招的规律,应对后续主力可能的走势。核心是分辨"诱多、真攻与诱空、真跌"。

九、做 T 的战略意义

(一)做 T 关键是解读主力
实盘中做 T 要"等"或要"猛"地区别运用。其实质是应对主力的变招,实战中要跟踪分析近期主力的手法变化节奏。

(二)做 T 是重要盈利途径
做龙头盈利的主要途径之一是做 T,为了更好地做 T,就要随时做好思想、资金、心理、节奏的准备。

十、坐庄的内核是诱导

(一)诱导贯穿坐庄始终
诱多和诱空是贯穿坐庄始终的。"诱导"是主力根据市场环境的需要,通过实盘的分分秒秒,做 K 线形成构图,让韭菜去猜是向上或向下,如果大多数韭菜都错了,就彰显主力功力已合格。

(二)"四字经"是判断依据

坐庄的完整过程包括"建仓、拉高洗筹、主升、退出",也就是"吸、洗、拉、出"四字经。要分辨其诱导的实质,判断的依据主要在于判定目标目前具体运作属于哪一个阶段。

十一、加速度规律的内涵

(一)借机清洗再加速

庄家隐蔽完成建仓,但启动后"天时和人和"没有与"地利"形成共振,就会出现拉几天又大幅回踩,之后再择机加速演化。

(二)拉高建仓再加速

质地较好的目标庄家要控盘坐庄,或者突发利好需快速控盘时,只能拉高建仓,再通过恐杀达到清洗的目的后,再加速拉升。

十二、动态盘面语言

(一)构图定型时段

目标在蓄势时段、攻击时段——早盘定型,目标由跌企稳、由攻转震、下跌时段——尾盘定型。

(二)三种走势定买卖

"分批次买卖"就是对动态三种可能走势最好的解读和应对,特别是在趋势不明或明显调整时尤为如此。

(三)"工具箱"具象化

工具箱内的工具已经够丰富了,从今往后的每一天,都是下功夫如何提高准确调用工具的时候了。

第 027 篇——2023 年 12 月 21 日记

提前一拍谋大局
——不陷入"温水煮青蛙",不沉迷"中奖目标"

作为追随者,实战体验大多是难以赶上市场的节奏变化,深感"一步被动,步步被动,循环往复,周而复始"。时间在无尽的苦熬和纠结中流逝,导致理想很丰满,现实却很骨感。

市场的变化就像春天的竹笋,一天一个样,三天大变样。今天还是了无痕迹的土地,明天就可能出现未来成长为巨竹,肉眼可辨的、强力冒尖的竹笋——市场机会多多,不断涌现。

面对有节奏、不断涌现的热点,小资金"高机动、高流动"的唯一优势,只有强化落地落实"提前一拍",才能谋取主动,才能把优势转化为战略胜势,才有从容和心境谋定大局、踩准节奏。

一、乘数效应根基

资金安全和资金效率是乘数效应的根基,在资金安全的基础上又有资金效率,乘数效应就会水到渠成,因此,谋安全、谋效率,就是谋大局。

二、谋大局的核心

谋大局是指全面统筹"持仓去留"和"遴选目标"两大范畴,每一范畴都要倾注心血,彼此难以兼顾,一时只能一聚焦。从资金保安全和有效率出发,谋大局最好的对策是提前一拍"卖出、空仓、遴选、锁定"——"提前一拍"是谋大局的核心。

三、提前一拍卖出

提前一拍卖出是"弱者取其一瓢"自我定位的标准体现,是"提前一拍空仓"的应对行动,是"不陷入""不沉迷"的基本要求,也是乘数效应之"谋安全"的基本保障。

提前一拍卖出,主动空仓,轻松从容跟踪遴选新的目标,耐心等待目标机会节奏点,这是能谋大局的具体表现。只有这样,才能保障体系良性运转,让理想一步一步走向现实。

四、提前一拍锁定

提前一拍锁定是前"二个一拍"的理想结果。只有提前一拍空仓,才有心气、底气和精力提前遴选、挖掘新的目标,在大盘转势信号发出之前或者同时,实现提前一拍锁定,掌握波段主动。在大盘强势背景下的热点切换,提前一拍锁定会更有效、更从容地实现盈利的根本保证。

五、延后一拍锁定

如果当政策利好出来后,再去遴选目标,就已经晚了,真龙头不会再给上车机会。面对这种被动的局面,极易追高出错,最好的办法是根据三五法则,延后一拍锁定。

第 028 篇——2024 年 1 月 25 日记

反射理论
——苑举正教授的解读摘要

反射理论解释了投资者与市场的联动关系:投资者依据不对称的资讯形成对市场带有偏见的预期,并做出相应的投资决策;这些决策会进一步改变市场原有的发展方向,从而形成新的资讯,并反射出一种新的市场形态。

索罗斯认为,这些不同的投资偏见和异象是驱动市场的源动力。当投资偏见趋于零散时,市场呈现出趋于均衡的状态;当投资偏见形成方向性积聚并产生"蝴蝶效应"时,市场状态会发生方向性改变,并最终在趋势衰竭时产生反转。

一、谬误性与反射性

谬误性与反射性是反射理论的两个核心概念。索罗斯认为,人正确地理解世界是不可能的,人对于市场的理解总是具有错误性或被扭曲的,这是谬误性的含义。

正因为谬误性(偏见)的恒久存在,人的行为也时常是非理性的,这是反射性的意义。其实,对认知偏见的理解很容易,因为世界的复杂性已然超出了人类理解的能力。由于人们对于确定性的虚妄追求,反射性被忽视了(反射性导致不确定性)。

二、市场总是错的

凡思维存在的地方,偏见就存在,反射性就存在,不确定性就存在。作为市场的参与者,人的思维和行动会以两种互动的方式影响市场——认知功能和操控功能。

认知是人们理解市场的过程;操控是人们试图将市场向对自己有利的方向改变的过程。这两种功能将人类的思辨与现实以一种相反的方式联系在一起:在认知过程中,现实影响了参与者的观点;在操控过程中,人的动机影响了现实。

当这两种过程可以独立运行时,认知可以产生知识,操控可以产生期望结果。当两种功能同时运行时,它们互为自变量与因变量,它们将被互相影响和扭曲,这是市场无效性的根源。通俗地说,事情本来不是那样的,大家都预测事情会是那样的,结果改变了事情的发展过程,导致事情真的向着预测的方向发展了。

三、趋势、反转与泡沫——盛极而衰,物极必反

现实有客观现实与主观现实两种形态。下雨是客观现实,下雨后冷是主观现实。客观现实只有一个,主观现实可以有很多种。反射性连接着现实的各个层面,并建立起一个双向反馈机制。

当主观现实存在时,不确定性便产生了。我们不能单纯依赖事实做出正确决定,因为我们观测到的事实本身不是事实。我们观测的事实是两种现实带来的投资偏见互动的结果——它是动态和不真实的,由此就能理解索罗斯的一个经典论述:市场并不是完美的,它的均衡状态属于极端事件。

这个双向的反馈回路包括正向回馈和反向回馈。反向回馈将市场参与者的不同投资偏见聚集到一起,而正向回馈将投资偏见扩大化。

反向回馈是自我修正的,它可以长期存在并最终导致市场步入均衡状态,这时投资偏见与现实达成了妥协。

正向回馈是自我强化的,它不能长期存在,因为当一种状态发展到一定程度时,市场参与者会意识到偏见的存在,从而市场发生反转。其实,这一过程就是趋势与反转的形成过程。

索罗斯泡沫周期理论有如下观点:反向回馈主宰市场,偏见是零散的,市场处于近稳态;趋势被认定,并在正回馈的推动下获得积聚;趋势开始接受市场相反偏见和外界冲击的测试;在各种冲击下,若趋势依然存在,趋势则被确立。趋势变得不可动摇,并开始加速;偏见被激化,部分参与者意识到趋势与现实的裂痕。趋势已然成为泡沫,泡沫的破裂一触即发;在某个催化剂的影

响下，趋势终结。现存信念和信心开始消失，相反的信念开始建立，市场反转开始启动并加速。

四、反射理论与金融市场

当某一股票拥有较高一致预期时，往往会具有超额收益。因为一致预期会使更多人追逐它，使得趋势被确立；而趋势一旦确立，一般不会马上停止，而且这种短期的趋势与个股的品质无关。

这使得主力操控市场成为可能。当主力用巨额资金投入市场时，散户投资者被诱导并狂热买进，高位建仓，使得市场渐渐走向疯狂。在这一"筑顶"过程中，主力会慢慢撤资，率先抛售或同时做空赚取价差，由此可能引起市场惊慌和最终的崩盘。泡沫总是在趋势的尽头产生，所有的泡沫都可以用这一理论来解释。

五、应该做的是"顺应趋势"

反射理论塑造了一个由偏见主导的无效市场，但不必失望。要成为一个成功投资者，无需拥有预测市场走向的特技，需要的是独立思考并顺应趋势的能力。趋势是无法阻挡的，不要尝试改变它，如老子所言"抱残守缺，如婴儿之柔弱"。

注：本日记主要参考《财务自由新思维》，浙江人民出版社 2020 年出版。

第 029 篇——2024 年 2 月 20 日记

提前一拍与延后一拍
——反射理论的运用场景与实操应对

"提前一拍"和"延后一拍"是一对矛盾体，2023 年 8 月就开始思考其具体的应用场景，但迟迟没有理清思路。有了苑举正教授对反射理论的哲学解读，总算认知了一个比较清晰的运用场景。

向上反射理论的运用要经历"趋势认定、接受测试、趋势确立、趋势加速、泡沫形成"五个阶段，向下反射理论同理。每一个阶段的反馈和强化都需要时间，具体的时长与外界提供的资讯对认知冲击强度关联。信息内容分量重,反馈冲击强度就大。该阶段的趋势延续就会长至 3～5 周;反之,就只有 3～5 天。这种规律是判断"提前一拍或延后一拍"的理论依据,具体实操需要再结合盘面 K 线组合为基础的技术分析应对。

一、大盘阶段熊市

大盘走弱,利好刺激仍反复走弱,从而引发集体看空,机构爆仓更是泥沙俱下,无底线恐杀,这是反射理论运用场景之一。实操应对策略有以下四个方面:

(一)严防"温水煮青蛙"为上

绝大多数目标要严防"温水煮青蛙",不可触碰。

(二)普通目标延后参与

普通强势目标要延后一拍参与,提前一拍了结。

(三)强势龙头有限参与

对个别超强势龙头,则可以积极参与,但要做好"五个阶段"后期防范倒 V 的准备。

(四)后期防范泥沙俱下

弱势时间延续越长越要防范泥沙俱下、无底线恐杀,后期更要警醒"提前一拍空仓"离开。

二、大盘结构牛市

反复走强,特别是主流热点的龙头,会走出超乎所有人预想的攻击时间和空间,这是反射理论运用场景之二。实操应对策略有以下三个方面:

(一)主流龙头要重视做 T

主流龙头要在做好 T 的同时,有足够的信心和耐心持有跟踪,不用提心吊胆,即使等逆转信号出现时再了结也来得及。

(二)非龙头提前一拍了结

非主流目标和主流板块的非龙头,应该作为区间内目标对待,要提前一拍主动了结。

(三)龙头延后一拍离开

不同于熊市,结构牛市主流龙头可以"延后一拍空仓"离开。

三、大盘牛皮市道

所谓"牛皮市道"是通常所说的"螺蛳壳里做道场"的时段。尽管大势不存在反射理论的运用场景，实操应对策略参照大盘结构牛市前两点和阶段熊市第四点，需要防范"由大盘牛皮市转化为大盘熊市"的可能。

需要特别提醒的是，反射理论对"战略心空"决策意义重大，但对做 T 没有实际指导，不能与做 T 的"一拍"混淆。

第 030 篇——2024 年 2 月 26 日记

热点和指数
——细品指数阴阳，预推热点切换

热点和大盘指数互为因果，热点是因，指数是果。指数阴阳所展示的波浪运动，哪怕是小幅度的波动，都反映了热点节奏变化。当把连续一段大盘指数和具体目标对照时，就能感知热点强度的变化，尤其是连续几天的阴线，更能判断原有热点目标强弱变化和发现新目标的异动。

从大盘指数看，如果大盘从逆转开启走强、热点强度加速后又渐显走弱，但能保持构图多头强势，就是一个从加速度、原有热点轮动、强度递减"反射理论"的体现过程。从大盘指数"破位"（该强不涨，连续 2 天收盘破 10 或 20 日线）当天开始，说明原有热点主演结束，从而开启了热点切换（或龙头切换）时段。如果热点切换成功，大盘继续向上攻击；反之，大盘开始走弱。

一、挖掘龙头"指数阴"

"大盘破位日至调整最低点"其中的每一天都是收集、验证目标是否强于大盘有异动的黄金时段。下一波的机会主要包括两种类型的目标：一是有"真一浪充分必要条件"的低位蓄势目标开启异动；二是大盘破位前一周已在底部启动的目标（大蓝筹）是否保持强势调整而先于大盘企稳上攻。

二、登台表演借"东风"

"天时地利人和"是坐庄的精要:"地利",即目标是当下热门概念;"人和",即大盘平稳、人气犹在;"天时",即庄家何时登台表演、关乎成败的重大问题——最佳的选择一定是先前的龙头已开始退热,指数则表现为开始破位走弱之时,准备接棒登台表演。

三、热点切换"有节奏"

第一,原有热点板块运作时长,以及龙头目前所处的技术构图,是判定保持强势或已显弱势的主要特征。

第二,实操目标能否在"三点三线"设定的框架内良性运行,这是感知节奏的敏感信号。

第三,大盘反转一浪延续期间,遴选目标构图一定已高高在上,不可能是底部刚启动的目标。

第四,大盘反转一浪最后一周,遴选底部刚启动的目标是重要选项,但是不是后续的龙头需经大盘调整的验证。

第五,大盘破位连跌时,重点关注底部蓄势目标是否抗跌,如是,且开启放量走强,这是热点切换的重要指标。

第031篇——2024年4月5日记

第二章

田忌赛马：定位篇

中小投资者的唯一优势是机动灵活、进退自如。要充分发挥仅有的优势，就必须聚焦定位短线实操战略，并练就与之相匹配的实操能力。看清大盘运行所处的阶段性特征是实操的开始。在震荡市时，要依据"五五方程"式模型指引实操；在结构小牛市时，要紧跟以超级存在的明星为主线的主流热点布局。在实操中，依据"一时一主线，一时限一类"的主基调，落实一致性原则，做好投资组合配置，并坚守去弱留强，锁定确定性。有了清晰的定位，我们才能在具体的实操中少走弯路，向着投资的理想目标迈进。

组合配置的妙和要

投资风险总是来自一个你不知道的时间和个股，是由交易者的心理风险（由于心理压力所导致的无法理性判断和正常执行计划的风险）与市场风险构成，这两种风险都会随同仓位的增大而同步增加。

一、组合配置分散风险

投资风险是不可控制的，但如果有一个完整的组合配置，就可以较好地化解不可控制的风险。构建投资组合的妙处不仅可分散个股的风险，还在于分散选错股票的心理压力，为无思考坚决执行卖出信号所带来的可能踏空降低心理风险，有利于保持良好的理性操作心态。

二、灵活转换控制风险

资金与股票是投资的阴阳两极,是投资制胜的法宝。在一个完整的组合配置架构内,根据对大盘和个股节奏的综合研判,合理运用阴阳两极,灵活转换,就能掌握主动并保持良好的心态,而获得合理的收益。这是唯一自主可控的、应对不可控大环境最有效的措施。

日内交易和趋势交易是持仓周期的两个极端,一个完整的组合配置为二者的完美结合提供了可能。构建投资组合的妙处就可能把日内交易做到极致(T+0),既实现了利润扩展,也可主动视盘面动态增减仓位,做到随时可降低仓位以降低风险。

三、各类个股组合配置

把五种类型选股对象都考虑进去,尤其是以"真正金股"为代表的小波段是重点——当作实业项目去经营,既要有进攻型的也要有防守型的,为先后登场表演的不同时段、不同板块的1~10个目标个股做好布局。有1个做1个,有5个做5个,一个阶段重点做1~5个,不定时筛查过滤。小波段低吸执行试盘操作。

第032篇——2022年3月25日记

投资基本架构

一、设定投资目标

本金安全+增值=高成功率+持续积小成胜。

二、本金安全"三确保"

第一,规避大盘系统性风险;
第二,杜绝个股黑天鹅事件;
第三,第一时点执行止损信号。

三、实操增值逻辑

(一)高位空仓等待

充分践行谨慎保守的投资理念,提前空仓以规避大盘系统性风险,确保本金安全,从容等待大盘恐杀释放风险之后的投资机会。

(二)心境平和淡定

健康的心态是化解高位空仓等待焦虑的法宝,也是后续实施遵循常识、适度预期进行选优实操的重要心理保障。

(三)深入取舍选优

深入选优是真正需要花大力气、下苦功的,是依据交易事实反复对照比较、量化分析的环节,是功夫在盘后具体的集中的体现。

(四)构建组合配置

组合是基于大盘可实操时段和优选目标个股的优化配置,是真正考验"忍耐、等待、节奏、取舍、适度、选时、集中、分散"的原则。

(五)阴阳机动转换

根据投资太极原理,敏锐应用资金短期相对集中(高概率事件短期押大赌注)又机动灵活转换策略,从容、优雅无思考执行止损信号,轻松、愉快执行主动止盈,实现盘中复杂问题最简单化处置。

第 033 篇——2022 年 4 月 30 日记

持续跟踪年度巨超

能在短期内连续放巨量拉板涨 3～10 倍的个股,是真正的巨超,财务年度内必定是极少的。大庄家坐庄的理由:一是个股基本面有爆发性素材;二是基于宏观政策利好配合个股的特殊需要(如浙江建投限售股上市流通)。如果是个股爆发性素材,通过高位高弹性震荡后,极可能再突破上一台阶,因此值得长期跟踪;如果是基于政策利好素材,则该巨超事实成为相关板块的一面旗帜,明星效应和品牌效应就自然产生,也为相关板块的整体行情打开上行空间,其自身也可凭溢出效应,择机再大拉一把,因此值得长期跟踪。

一、重视品牌溢出效益

即使没有后续实质性的业绩支撑,如遇大盘平稳可操作时段,再来一波也是相对容易吸引大众参与接盘的,毕竟品牌效益余波还在。

二、关注最小成交量

年度巨超是否值得跟踪的一个重要参考指标是,成交量在低位时是否还维持在5％以上。这是一个不小的量了,说明换手率仍高、关注度仍在。

三、年度金股阶段参与

选择财务年度最大涨幅前5～10名,以财务年度为时限,连续跟踪把握其中阶段性机会是从容的,说不定还会有意外的收获。

四、庄家不会轻易退出

大盘主流板块的形成是千万个金融高手夜以继日研究出来的共识,一年也就这么几个主流板块,一旦形成就不会轻易改变。年度巨超正是此内涵的具体展示。

五、体现做最强的原则

持续跟踪年度巨超,是做最强原则又一具体的落脚点,加之独创新高、恐杀时段挖掘最新启动的新巨超,构成完整的做最强原则。

六、与庄共舞的具体实践

持续跟踪年度巨超,也是"大庄家主导大盘走势,引领热点板块"的深刻理解,是与庄家共舞的具体实践。

第 034 篇——2022 年 5 月 23 日记

结构性牛市的变与不变

2022 年 4 月 26 日之前的大盘走势是每横盘 20 天左右下一台阶,从 4 月 27 日开始至 7 月 5 日,大盘在 46 个交易日中走成了一个 45 度斜率的上升通道,变成一个推土机式的结构性小牛市。从 7 月 6 日到 8 月 8 日,尽管经历了 21 天 ABC 三浪的回调,但个股的热度依然不减,大盘没有看到系统性风险。也就是说 4 月 27 日以来至今走出了一个与 4 月 26 日之前完全不同的、热点不断轮动的、良好操作环境的结构性小牛市。那么,结构性小牛市与震荡盘跌市相比,有什么是不变的? 又有哪些是变化的?

一、市场的不变

(一)庄家表演节奏

4 月 20 日至 4 月 26 日大盘大跌 5 天(见图 2—1)。其间,新华制药(见图 2—2)、湖南发展(见图 2—3)等庄股已先后开始拉板表演,与先前分析的庄家表演节奏是一样的——说明初期反弹只是一个常规的超跌反弹行情,是后续多重政策效应叠加才演化为结构性小牛市的。

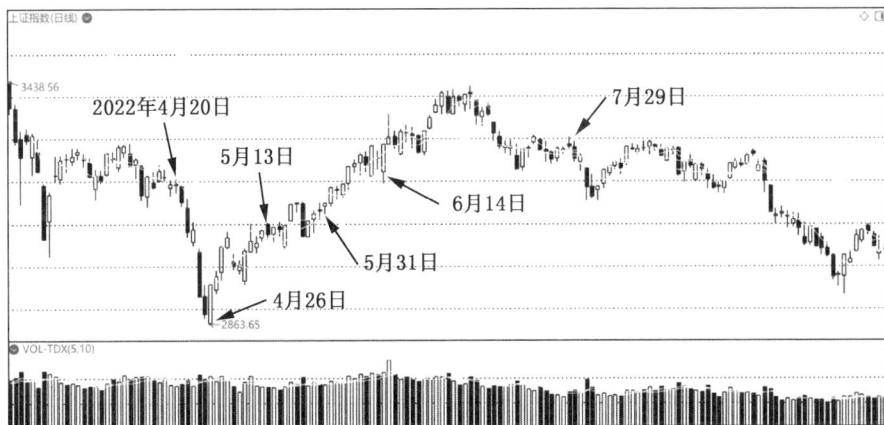

图 2—1　上证指数与个股时点对照

图 2—2　新华制药局部日走势

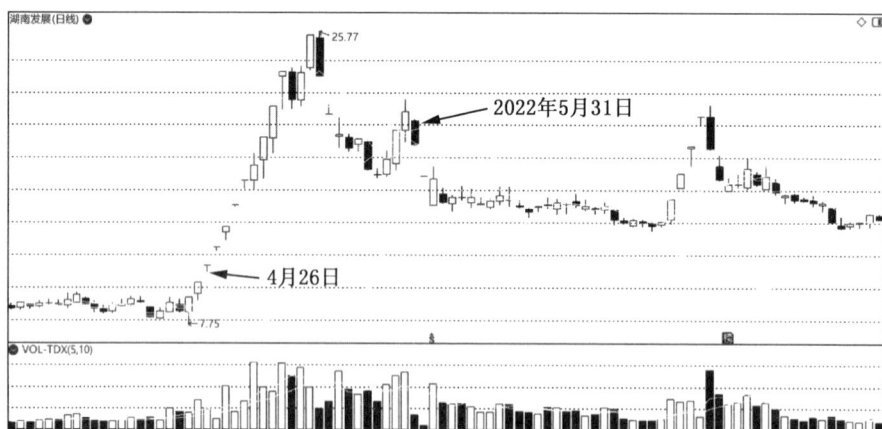

图 2—3　湖南发展局部日走势

（二）操作坐标原点

在此之前建立的以大恐杀为操作起点的整套操作理念和策略仍然十分有效，是从极端环境视角出发设立的一套确保资金安全的黄金法则，极其珍贵。

（三）热点切换时点

在结构性小牛市背景下，尽管每天都有个股轮动，但大盘明显收跌之日（单日小恐杀）或者大盘走 ABC 其中 AC 浪时段，仍然是鲜明的热点切换时点，当日强势抗跌的个股自然是一个好的切入时点。我们要充分利用三五法则,分析大盘和指导个股操作依然十分重要。

二、市场的变化

(一)启动超跌反弹

4月26日大盘仍然在跌,但超跌绩优股博威合金早盘涨停。4月27日,以天齐锂业(其走势见图2—4、图2—5)为代表的绩优锂电池集体涨停——超跌反弹大旗已高高举起。事后证明此类个股涨幅少则1倍、多则2倍,说明大盘已经跌无可跌了。

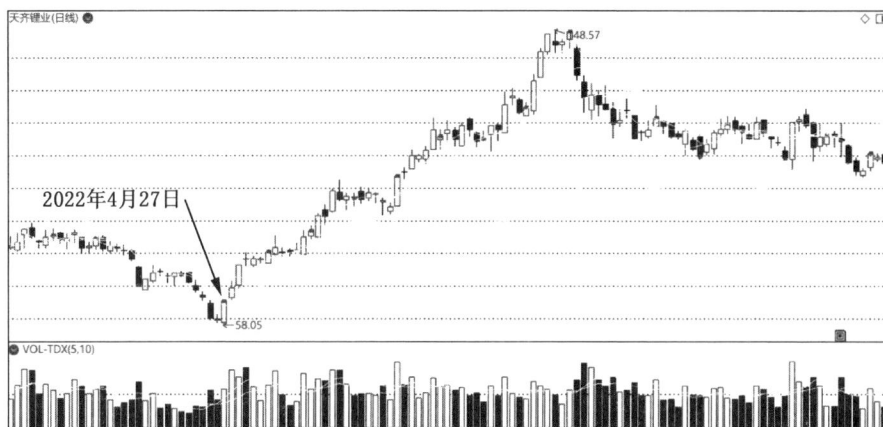

图 2—4　天齐锂业局部日走势

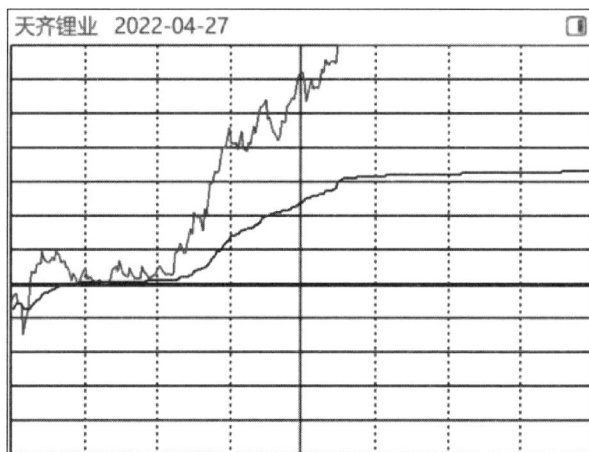

图 2—5　天齐锂业 4 月 27 日分时图

（二）主流轮动表演

大盘要走成结构性小牛市，一定会有一个主打热点（之后大家都知道是新能源概念的汽车板块）。龙头大旗是 5 月 13 日才开始，中通客车（见图 2—6）因做新冠检测车拔地而起（这是偶发事件）。之后，国家（5 月 25 日—6 月 15 日）一系列稳经济促消费政策出台，包括鼓励汽车消费，加之新能源车业绩有良好预期配合；东风股份（见图 2—7）5 月 31 日起板，浙江世宝 6 月 13 日起板。2022 年以来一直在本人视野之内的广东鸿图 6 月 2 日开始起板，震荡 3～4 天之后开始起飞。紧抓紧跟主流板块，在主流板块个股之间流动性操作，实为上上之策。

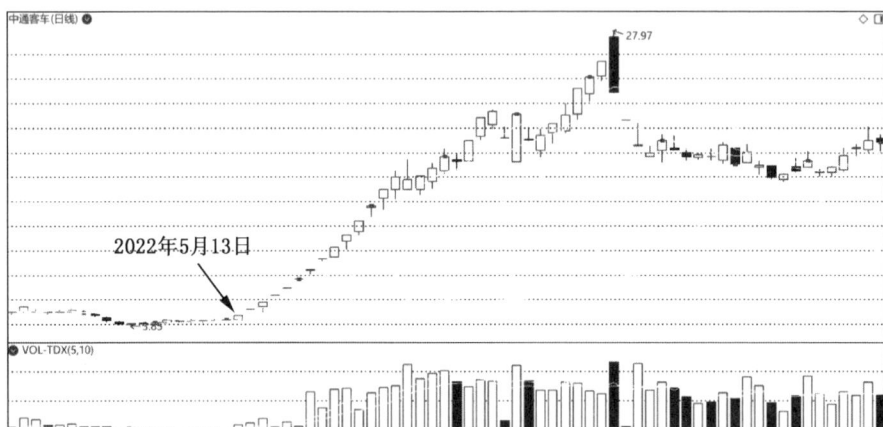

图 2—6　中通客车局部日走势

图 2—7　东风股份日 K 线

（三）两翼联动推升

大盘要走成结构性小牛市,一定还会有多个热点板块的侧翼联动才可能实现。本轮小牛市主要是电气设备、机械类、元器件、半导体、软件、家电等充当侧翼联动。5月18日中成股份起板(见图2—8),5月24日宝塔实业起板(见图2—9)。一年中有这样一个良好的操作环境,有谁又会错过这种机会呢? 这必然是争先恐后,你方唱罢我登场。

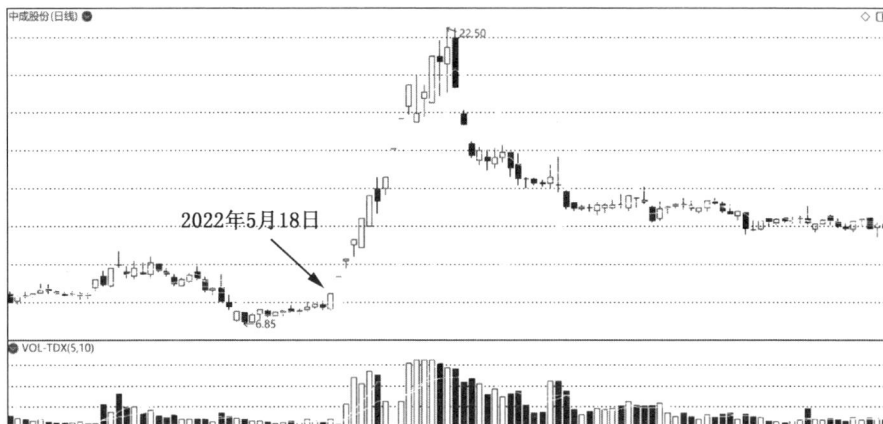

图2—8 中成股份局部日走势

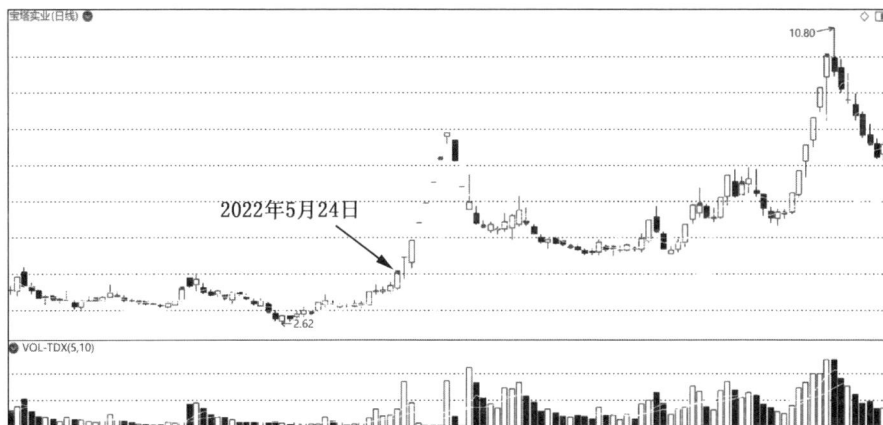

图2—9 宝塔实业局部日走势

（四）大市值压轴

大盘要走成结构性小牛市,一定还会有大市值个股起来压轴,其特征鲜明信号强烈,如招商南油(见图 2—10)、招商轮船、中远海能等都有不错的涨幅,也是前期热点能源板块。

图 2—10　招商南油局部日走势

(五)借机群起表演

大盘要走成结构性小牛市,旗形突破形态更易形成真突破行情;在大盘超跌的背景下,超跌个股会借机连拉数板突破年线(先填坑)回踩休整后再启动行情;高位盘整的个股会突破箱体启动一轮新行情;碎步推升越走越强的个股会带来大幅拉升的"半九十"(主升浪)行情。

(六)半九十个股频现

在结构性牛市背景下,随着大盘稳步推升,板块有序轮动,向好的氛围也会越来越强。正向"半九十"主升浪会比较突出,主流热点个股会充分利用反射理论,在后期演绎出超乎人们想象的大幅拉升。根据历史经验判断,出现危险信号再采取措施防范也来得及,不用每天在波动中自己吓唬自己。

三、分析的变化

(一)板块开启联动

分析小牛市的可持续性,要从 56 个板块出发跟踪有持续性、有轮动性、有影响力的板块是重要的视角之一,深入整个板块的个股分析比较也是必不可少的环节。在震荡平衡市中,这种分析就没有那么紧迫和重要,大多是个股行情。

(二)推导行情演化

大盘是否已经走强并可能演化为小牛市,也是要一步一步验证的。从三四个 K 线开始,如果出现不断创出新高,表现为当日股价急跌回踩,次日能快速收复,再结合大盘所处区位和宏观政策导向,就能够敏锐感知到有可能走出一个上升通道的小牛市。

（三）热点向外扩散

上证指数在 7 月 6 日跌破上升通道后 3 天没有收回已确定了大盘调整势态,之后一路走跌很难看,但个股的表现与指数明显相左,个股热度不减反增,市场也没有什么风险压力。为什么指数的下跌和 2022 年 4 月底之前的三波下跌(前三波个股跌得很惨)表现出完全不同的市场景象呢? 这与权重板块、权轻板块的涨跌相关联。其实,从创业板和科创板指数也可以看出与上证指数的不同步,这就说明大盘回调主要是权重股的回调,小盘股依然活跃,大盘回调不影响个股操作。

关注大盘指数,其目的主要在于发现安全的波段低点和危险的波段高点。每天分析市场判断大盘只是一个副产品,主要研究分析市场活跃度和机会的多少,看哪些个股走得好,是什么板块,然后在这些板块中选择目标个股操作。

很长一段时间以来,个股与大盘指数早已偏离很多了。大盘指数主要参考是否有系统性风险、发掘热点的节奏、从波段角度把握指数波动的方向、在安全的波段做热门的个股。

（四）持仓加点耐心

一轮升势中,真下跌只是一两次,或者是下跌预警,多数是虚晃一枪,没有系统性风险。在小牛市中,下跌往往跌不到分析师预测的点位,而有系统性风险的时候,往往会跌破分析师预测的支撑位。

四、操作的变化

在结构性小牛市背景下,对个股历史构图、盘子大小等不再像平衡弱势时那么苛刻,要求可以放宽些,即使没有完全控盘,依然可以走出像样的巨超来。只要仔细分析自大盘走势转折以来的构图,即可分辨出强弱,从而选择最强势的个股择机操作。

一年难得风和日丽的时段,只要有庄家在,岂有不趁机表演之理,定会有表现之机,只是出演时机不同而已。因此,此时段会有更多金股反复轮涨,可以从容择时择股。

（一）放宽实操频率

通过跟踪每日涨跌停个股,就可以清晰判定大盘的操作环境状况。在没有系统性风险的小牛市中,空仓和休息就没有那么严格和重要了,甚至可以以小时和天为单位来安排。只要组合配置恰当,就可能在不同板块之间,实现最大限度的轮动性操作——只有在大牛市之后开始的下跌(可能是大熊市)和大盘高位长期震荡后的下跌,才要特别注重空仓和休息。

(二)强化组合配置

小牛市是多个热门板块轮动推动大盘走强的。因此,多个板块强势个股都有所涉及的投资组合配置显得特别重要。可以用试盘方式多点布局,以期实现大资金机动灵活,在运动中择机打歼灭战。

(三)用好轮动领涨

在小牛市中,特别是中后期会有更多的牛股,时间差明显,操作可更多在主流板块内反复筛选进行。守住巨超龙头已没有平衡市时那么重要和突出,甚至可能因反复检查会增加时间成本。

(四)遴选跟进变化

日出东方、鸣志电器(见图 2—11)、南方精工、大港股份、奥维通信(见图 2—12)都是 7 月底 8 月初才真正登场表演的大明星。自大盘启动结构性小牛市已整整 3 个月(指数涨 2 个月跌 1 个月),到了 7 月底个股走势构图自然各不相同,但都从长期均线附近启动个股的大幅拉升行情这一点基本一致。所以,在结构性小牛市背景下,对巨超启动时点构图的感知和判断要改变,不能再局限在震荡平衡(盘跌)市时巨超启动时点构图的认知。

图 2—11　鸣志电器局部日走势

图 2—12　奥维通信局部日走势

第 035 篇——2022 年 8 月 15 日记

结构小牛市的变

——以大港股份为例

　　4 月 27 日至 6 月 30 日,大盘走出了一个标准的 45 度上升斜率的小牛市(见图 2—13)。大港股份从超跌 50％的 4.85 元涨到 6.56 元,随大势碎步推升 35％至年线附近。7 月 1 日大盘已近高点时,大港股份连拉两板,第三板受大盘见最高点后回调影响收了一个 25％换手率的假巨阴,振幅 15％,正好达到了突破年线后的回踩目的。两天后又两次冲击涨停,休整 7 天后的 7 月 21 日,连拉 3 板后出现振幅 17％换手率 30％的巨阴(跌 8％),休整一天后,又一直线拉板,再休整两天后的 8 月 2 日——大盘(见图 2—14)受佩洛西访台暴跌影响,从最多跌 8.5％直线拉升(见图 2—15、图 2—16),连拉 9 板,8 月 22 日见高点。可以说整个炒作过程是从大盘见顶才开始的,在大盘 ABC 三浪调整中完成的。这会是前期炒作新能源资金过来接力的杰作吗? 还是留下了什么经典的理念?

图 2－13　上证指数与个股时点对照

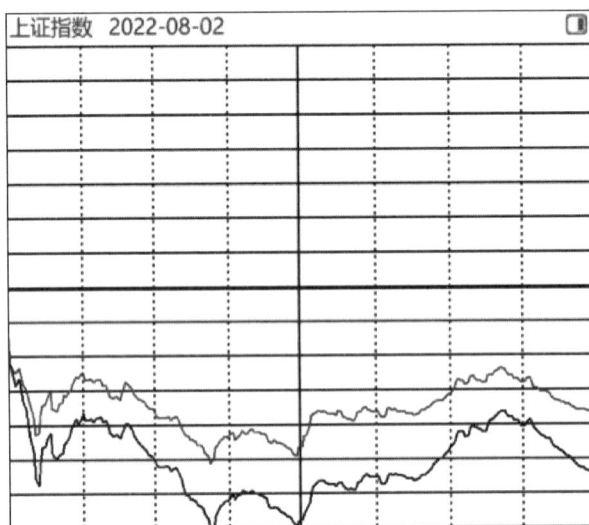

图 2－14　上证指数 8 月 2 日分时对照图

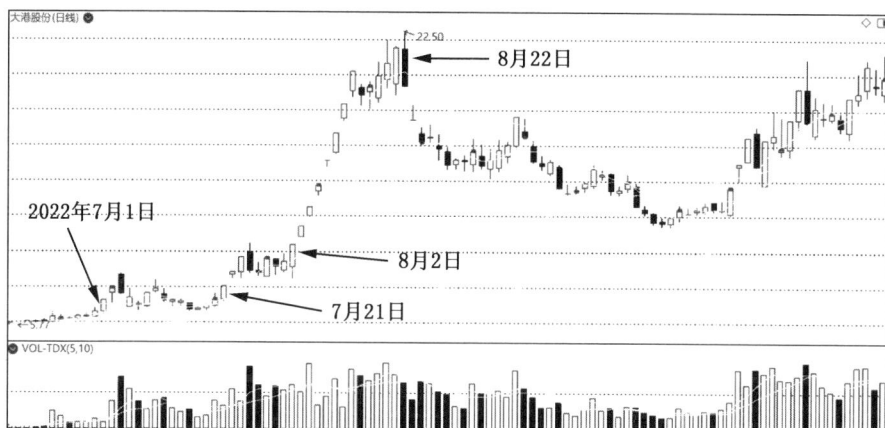

图 2—15 大港股份局部日走势

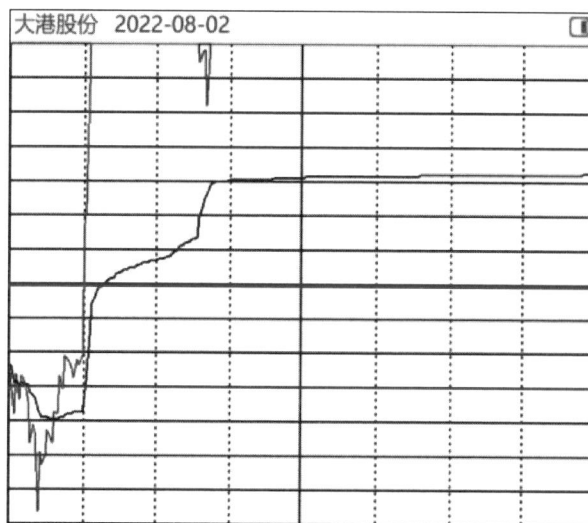

图 2—16 大港股份 8 月 2 日分时图

一、选择特定标的

大港股份主营半导体,过去半年跌无可跌,中美冲突面临脱钩,半导体是重点对象,有想象空间。镇江市政府控股 50%,价格较低,在 6 元左右,流通股 5.6 亿股,盘子大小适中——是比较完美的炒作对象。

二、择机登台表演

选择大盘大跌当日才真正开始表现,连拉 9 板,这种应景所带来的强烈冲击是何等的气吞山河和美妙啊。

三、营造恐怖清洗

连拉几板、放量巨阴、大幅回调(没有跌停)后,几天内(越短越好)能否再次轻松拉板是判断主力是否有强大实力和强烈意愿表演的标志性判断标准,极其重要。

四、关注轮动节奏

为什么在大盘走成结构性小牛市时可操作的个股机会反而少呢?因为大盘经历长期反复下跌后,只有走成一个上升趋势明显的小牛市构图,才能够聚集市场人气,把小散户吸引进来,让他们相信牛市已经来临,不敢看空。要达到这样的一种造势目的,就一定少不了大盘股的压轴推升。因此,除去主要几个热点板块轮动外,其他板块小盘股表演就比较少了,或者说因为吸引不到足够的关注度,想表演也缺乏散户的参与,自然不愿唱独角戏。

五、人气决定机会

为什么到了大盘开始震荡,包括 ABC 三浪震荡盘跌时,反而会出现更多的个股炒作机会呢?因为大盘人气还在,更多的人相信,大盘会有新高,行情远没有结束,自然各方主体都会趁机登场表演,也就会有更多的操作机会。

第 036 篇——2022 年 8 月 23 日记

减法·等待·果断
——如何落实适度交易

在资本市场要证明自身的价值,最终是要通过"选、买、卖"来实现的。为什么经典理念反复提到要"克服弱点,空仓等待,超乎忍耐,执行铁律"?因为股市时刻都有交易机会,会让人眼花缭乱、想入非非,不自觉造成冲动性交易、频繁交易。这种过度、盲目、缺乏节奏感的交易,会带来巨大的风险,对心理产生巨大的冲击,导致操作的恶性循环。

投资大师马可·威斯坦强调,交易最重要的是时刻保持谨慎,成为畏惧市场的人。慎选进场时机,亏钱了要十分谨慎,赚钱了要更加谨慎。无论何时,非常谨慎等待事情变得更加明朗都是十分重要的。

实现乘数效应是一件非常难的事情,世界上没几个人能做到。乘数效应的难就难在如何落实"高成功率"。

适度交易是在"谨慎"的理念下,为了实现高成功率的目标所选择的有限定的有取舍的有节奏的交易。"适度"没有统一的标准,需要体现智慧的光芒,但"适度"的内涵可以用具体的尺度衡量,使之变得直观、可操作、有参照。

做到了"适度交易"就进入一种比较理想的状态。这种与资本市场保持若即若离的状态,更能体现投资者智慧的光芒,并使"适度交易"成为生活的一部分,变得简单、轻松、从容、平和。

一、优选用减法

(一)紧盯热点龙头

人的精力有限,懂得取舍,用好减法,集中精力锁定热点龙头,紧盯第一是不二的原则("做最强"落到实处),耐心等待可操作机会的到来。

(二)挑选用好减法

运用减法,千里挑一去选择理想的目标,需要时间、等待、忍耐、舍弃,最后留下的强者是等待、忍耐、谨慎、保守、空仓得到的回馈。

(三)聚焦几个目标

每个阶段最多选定 3～5 个实操目标,围绕这 3～5 个目标反复盘旋式打圈子,这是非常确定的。因此,所有的筛选过程,就是一个不断使用减法的过程。

二、买入需等待

(一)成功的秘诀

短线操作靠等待,也许 1 个月出手 1 次也够了。知道如何等待最有感觉的时候进场,是成功的秘诀。

(二)最难的是等待

最难的事——等待的内涵:忍耐并放弃时刻都有的机会,等待再等待符合自己节奏的机会。

（三）从实业看等待

做实业 3～5 年能回本，是一件十分幸运的事了。投资股票等待 3～5 天或者 3～5 周是不是可以说时间短得很了呢。

（四）等待衡量尺度

等待是否已做好的衡量尺度：持币时间大于持股时间；是否已跳出小散户思维，实现与庄共舞的节奏点。

三、卖出必果断

果断的实质是要解决买、卖两个环节的执行力问题，重点是卖出环节的执行力问题，最主要的是执行止损时的果断问题。要求做到以理性、从容、优雅的姿态接受亏损，面对失败，迅速止损。没有预期，没有价格，不抱希望，只有信号，只有指令，只有行动。

第 037 篇——2022 年 10 月 12 日记

慢话基本面与技术面选股

从股市投资正统的逻辑来说，基本面作为选股的起点自然是正确的选择，但因涉及估值水平及收集筹码的难易度等因素，实战中会有一个时间滞后的问题，有时这种滞后可能是一年半年。为了充分发挥散户仅有的唯一优势——机动灵活，考虑到资金的时间成本及未来走势的不确定性，即使预判未来是趋势向好的目标个股，不考虑技术面已见底并转强的因素而早早入局，其风险也是不可估量和把控的，自然不是一种高明的策略。

众所周知，"牛市走白道，其他走'黑道'"。牛市毕竟短暂，更多的时间是适合走"黑道"的牛皮市，包括短暂的熊市。在需要走"黑道"的大环境下，更优的选择自然是从技术面出发去锁定猎物。

当基本面选股和技术面理想切入点高度契合时，自然是最理想的目标选择和切入时点，也是最高级的一种实操——一种完美遴选的理想状态。须知，这种能实现高度时点契合的目标不是常有的，可能需要等待数月抑或半年一年,不能死守,只可巧遇。

第 038 篇——2022 年 11 月 5 日记

十个维度看股市

一、自然法则

能量＋空间＋时间＝波浪运动。向上需要持续资金推动,向下只要预期改变抛售——悲观预期一旦形成,就会出现自由落体式的大恐杀。

二、时间维度

从实盘一天的几大关键时点到周一至周五、节假日、月季、半年一年,从三五法则到神奇数据,从 3～5 时、3～5 天,到 3～5 周、3～5 月,时间就像一面镜子时时刻刻都在映射着股市运行的内在规律。

三、参与主体

监管者(也是维护者),庄家(各类大、中、小庄家,各路公私募基金,游资),广大生长中的"韭菜"。

四、战争视角

弱势一方的战争战略——低成本扩张需要毅力和坚持,要有忍耐和等待之智慧,战略上要稳,战术上要拼,在运动中集中优势兵力打速决战、歼灭战。

五、实操环节

空仓(休息、规避风险、调整、等待),选(集综合能力为一体,久久为功),买(试盘、开仓、加仓),卖(减仓、止损、止盈)。

六、投资架构

本金安全＋增值＝高成功率＋持续积小成胜。在本金安全"三确保"的前提下,实施增值实操的五步骤,即高位空仓待机、心境平和淡定、深入取舍选优、构建组合配置、阴阳机动转换。

七、庄家表演

一波行情的向上运行其实质是从大庄家发动,逐级引领中小庄家、小散户跟进表演的过程。如果有持续的这种引领,大盘将延续推升;如果这种引领中断,则大盘将向下回落。

八、时段划分

粗看无序的市场运行,可以划分为五个时段,对应各路庄家表演节奏。只不过在阶段性熊市、阶段性牛市和震荡牛皮市时,五个时段会有三种不同时长的演化,但其规律清晰,不会改变。

九、画面节奏

把宏观政策、国际环境、个股特质三大主题相关的 11 点内容一一刻到画面中,结合"庄家表演""时段划分",画面波动节奏的内在规律就清晰可见了。

十、终极体现

所有要确保资金安全、实现增值的目标,都是通过现金和持仓动态的配置来实现的。现金和持仓是制胜的两大法宝,犹如太极的阴阳两面,不能走向极端,要随时保持转化的弹性,尤其要牢牢掌握主动基础上的机动性。须知,"主动和被动"一字之差,乾坤谬万里。

第 039 篇——2022 年 11 月 22 日记

一时一聚焦

在几十年实战和思考的基础上,经过近几年的深入研究技术选股问题,最终形成了"选股九大标的"较为系统、完整的技术选股体系。这个体系为系统认知技术选股,提供了丰富、具体、可供学习思考的总结材料,为不同时段千变万化的市场环境对技术选股的要求做了充分的准备,也为某一时段"一时一聚焦"的实施提供了查验、核实、对照的工作手册。

"选股九大标的"是分别在不同的时段、不同的市场环境下分别或少数耦合出现的机会类型。特别是"三大类目标"中真超和巨二浪往往会有先后的时间差,是为不同时段提供了不同类型的选择。要把这种系统的选股优势转化为具体的实操优势,深入理解并遵循"一致性原则",严格落实"一时一聚焦"尤为重要。

"一致性原则"是指经典理念中的"固定风格""专注自己的策略""做一成不变的人"。对于有系统选股类型的人而言,其核心是一个时段只选择一种类型的股票,深入分析选优。这种选股的目标在整个实操过程中要保持"统一"的原则。

为什么经典理念中特别强调"一致性"? 因为股市太复杂了,人的精力太有限了,真超的时效性太强了,风险又无处不在。为了实现大多数高智商的人都无法实现的"资金安全+高成功率=持续积小胜成大胜"目标,只有华山一条路,就是至少在一个时段内聚焦自己根据时段所选定的一种类型目标,投入精力,深入思考,才会产生智慧的光芒,才能力争实现高成功率。否则,就会陷入思路紊乱,似是而非,顾此失彼,得不偿失。

一、首选聚焦真超

"高速运行、大成交量、人气旺盛、高流动性和高弹性"彼此是相互依存、互相强化的,是真超的基本特征,也是"见招拆招"的舞台。因此,任何时候巨超特别是真超,都是最优先的第一选择,要持续跟踪紧盯。其次,股价在 5 日线以上及标准的二浪低吸、金银股、年度金股。

二、末选聚焦潜伏

资金安全的最好办法是随时手持现金,确保参与目标的高流动性。参与主力还没有发力的个股潜伏,机会成本一般较高,因此,期望也自然就高,一旦出现破位,下手难度就更大,心里就越难以平和。因此,为了提高资金效率,牢牢掌握实操主动权,只能用极少量的资金用于聚焦潜伏。

"一时一聚焦"的内涵表达三种观点:一是一个时点集中精力聚焦一种类型的选股;二是一个时点集中精力开始一个选股目标的实操;三是一个时点做成功一个实操之后,才开始第二个目标的工作。一个一个做,成功一个再做一个,步步为营。

"1＋N"组合配置

当预判是龙头真超时,持续挂单跟踪,以"气吞山河"的勇气去追击,作为实操的标配"1",遵循 1＋N 组合配置(N 是二浪＋金银股＋年度金股＋准 ST 股等)是必须的,也是可行的。

一、2022 年 12 只真超股票总结

(一)与大盘关系

其中 6 只真超(真正的超级牛股,下同)出现在大盘震荡盘跌市的低点,结构性小牛市的早中后期都有出现,大盘阶段性高点也分别出现。看来任何时点都可能出现真超。

(二)启动时点

周一、周五较多(4＋3),周四没有,重大节假日后开盘日有 3 只,这体现庄家有备而来。

(三)国资背景

有 9 只真超(占 75％)有国资背景,特征明显。

(四)起步单价

大多(8 只)是 6～8 元,5 元以下 2 只,10～16 元 2 只(实际流通市值 5.5 亿～9 亿元,实际流通股本 5 000 万左右)。

(五)最大涨幅

9 只涨 3～4 倍,2 只涨 5 倍,1 只涨 15 倍。

(六)实际流通市值

扣除国资,起步实际流通市值大多在 25 亿元以内,10 亿元以内 2 只。唯一超过 25 亿元的(34 亿元)个股起步单价只有 3.6 元,通过大三浪实现 3 倍的涨幅,如湖北广电。

(七)最少板数

要涨 3 倍以上,至少要 10 连板。

二、实操标配真超的理由

第一，真超是庄家运作的风向标，有利于通过参与龙头感知市场。

第二，真超能涨 3～5 倍，一个月至少有 1 只，是该板块运作的旗帜，可以连续操作。

第三，最多只有 8 个一字板，说明只要第一时间切入就都可参与，处理及时，盈利是大概率。

第四，时刻跟踪紧盯，等一切明朗后参与，放弃不确定的、复杂的部分，取其可熟练把握的一瓢，求胜不求全，是有安全保障的。

第五，真超极少出现倒 V 反转，即使买到最高点，通过 T＋0 亦可自救。

第六，不管是什么市道，都有真超——真正的牛股。对牛股需要的是气吞山河的胆略和气魄。

第七，每次限定 10％资金参与，最坏情况是亏 20％，实际总资产亏 2％，可以接受。

第八，持续大成交量就是市场认可度的最好体现，顺便听听专业声音。

第九，一旦早期追击成功，且连续放大量极少一字板者，最多 30％资金限定做 T＋0，资金随时准备着。

2022 年 12 只真超股票主要数据统计见表 2－1。

表 2－1   **2022 年度部分真超股票主要数据统计**

名称	启动时间	起板前一天			流通盘（亿）	最大涨幅（倍）
		国资占比（％）	实际流通市值(亿元)	单价（元）		
中通客车	2022 年 5 月 13 日	21	20	4.3	5.9	5
九安医疗	2021 年 11 月 15 日		31	6.7	4.56	15
浙江建投	2022 年 2 月 7 日	37	12	7.8	2.5	5
大港股份	2022 年 7 月 1 日	50	18	6.5	5.8	3.5
集泰股份	2022 年 6 月 10 日		21	6	3.62	3
赣能股份	2022 年 6 月 28 日	38	24	5.9	9.76	3
中成股份	2022 年 5 月 18 日	40	12	7.7	2.67	3
新华制药	2022 年 4 月 20 日	30	27	8.9	4.36	4
天鹅股份	2022 年 10 月 31 日	60	5.5	11.6	1.21	3

续表

名称	启动时间	起板前一天			流通盘（亿）	最大涨幅（倍）
		国资占比（%）	实际流通市值(亿元)	单价（元）		
湖北广电	2021 年 12 月 13 日	14	34	3.6	11.3	3
翠微股份	2022 年 1 月 4 日	51	25	8.1	6.5	4
竞业达	2022 年 9 月 28 日		9	16.15	0.51	4

第 041 篇——2022 年 12 月 10 日记

步步为营之战略定位

实操的战略定位＝高成功率＋高机动性＋做小波段。

一、高成功率

高成功率是确保本金安全的基本保障,是实现乘数效应的基本要求,是一切工作的支撑点——宇宙中最大的能量是复利,稳定又持续的汇集可滴水成河、聚沙成塔。

实现高成功率的目标要求有三个方面:

(一)第一要务是做个"三好生"

确保在一个好的时段、选一个好的目标个股、在一个好的节奏点开仓切入。"时间维度话实操"(目标不高、空仓太重要)、"塑造平稳心态"(耐心再耐心等待)、时段管理(大波浪节奏)、系统性风险(如何规避)等,这些重要的内容运用到实战中,就是为了实现一个目标,让你做个"三好生",谨慎从容开始实操。如果没有成为一个"三好生",而是随意切入,这一系列的经典就没有任何实战意义了。一旦开仓买入,紧接着有实战意义的就只有"买卖"二字,其他再好的理念、总结只有作壁上观了。

(二)第二要务是要有 T＋0 保驾护航

资本市场很凶险,随时都会出现你意料之外的事,唯有 T＋0 可以帮助化解风险,转危为机。落实 1＋N 与高成功率应注意两点:

1.为了实现高成功率,即使做真超也要等待走势明朗后再切入做。早期做缺乏事实依据,是一种博弈的心态,不符合高成功率的理念。

2.二浪选股是所有九大类目标中最从容、最有成功率的保障。年度金股和银股大多是在二浪的基础上演化而来的。

(三)扩大高成功率的外延

超短线、高机动性、高流动性是与高风险相伴的,是与高成功率相矛盾的。为了解决这种不可调和的矛盾,非常有必要扩大高成功率的外延——把某个目标个股多次实操的结果进行合计,只要最终的结果是盈利的,就实现了高成功率。

二、高机动性

高机动性是仅有的、唯一的优势,没有理由不充分利用好,也是通过 T+0 实现化危为机的前提条件。实现高机动性的目标应注意以下两点:

(一)第一要务是合理配置资金

把资金分解成 3~5 个目标去实操,单个目标操作(5%+5%)+10%的基本限定,做成一个再做一个。当目标个股实现盈利,走势超预期发展时,可以再加 10%,即个股目标最高限定 30%资金,绝不允许突破。

如果 10%开仓后很快就实现盈利,也可就此了结,锁定收益。其实,10%+10%还有另一层含义,如果开仓后出现大跌的极端情况,通过 T+0 来化解风险,以保护本金安全。

资金分散的心理支持:3~5 个目标进行分散操作,使每个目标资金变成(5%+5%)+(5%+5%),这样的安排在心理上容易实现平衡,而不会太在意某一个股的技术细节,使实操变得更高效、更主动,而不是太纠结一城一池的得失。

资金分散是解决心态的钥匙:把资金分解成 10 份,就可以避免豪赌的心理,把心境平和淡定落到实处,就更能真切地体会、体验到一天平均 100 元,一年就是 3.6 万元,持续积小胜成大胜的时间魅力。

(二)第二要务是谨慎等待机会

开仓要遵照成一个后再做下一个的原则,要充分体现谨慎、从容、平和的交易性格。等待巨二浪机会需要时间,资金需要耐心等待。

三、做小波段

做小波段的核心内涵是目标个股有 20%的上升区间,通过几个 3~5 天的操作实现目标。保持资金的高流动性,杜绝资金被动长期陷入某一目标个股。

（一）20％区间的定义

预期向上有20％空间的目标才可以考虑选用,首先考虑的是区间内的短差,不去考虑突破之后的走势。

（二）20％作为选股定位的区间单元

不论是做巨二浪还是小波段,只要主力要运作,20％是必须的。对于短线小波段来说,有20％的空间,赚10％应该是可行的、从容的,即使是真超也可以用多个区间单元来叠加。当目标个股突破20％时,说明个股比预期的强,从而进入第二个20％区间单元。

（三）设定20％区间的目的

设定20％区间是一个完整的实操计划,是为了避免资金被动参与调整。股价一旦进入调整浪,就陷入了被动,又回到过去的老路,其带来的后果是时间浪费了,收益又回到了原点,劳神伤财。主动高明的操作应该是一旦短期均线可能走平之时,就要赶紧了结,落袋为安。

（四）聚焦20％区间的战略意义

趋势性大空间实操机会只有在特定的条件下才会发生,任何时候都是小概率事件,因此,把实操的目标基本空间定位为20％是理性可行的安排。这种设定,事实践行了更多时间、更多个股的机会只在反复震荡之中的基本定位认知,对实操指导意义重大。

第042篇——2023年1月5日记

战略定位之精要

作为散户,我们要接受自己的弱者地位:散户和庄家一个在明处一个在暗处,一个打明牌一个打暗牌,你不知道他要做什么,但他知道你在做什么。因此,庄家总有办法让你在不该卖时绝望地把筹码卖了,不该买时信心满满下单切入,以实现割"韭菜"的目标。

实操的战略定位＝高成功率＋高机动性＋做小波段。要长期实现每年

20％的复合增长是很难的，这点认知很重要。

为了进一步提炼"步步为营之战略定位"之精髓，方便强化记忆，现概括战略定位之精要如下：

一、高成功率

（一）第一要务是做一个三好生

确保在一个好的时段、选一个好的目标个股、在一个好的节奏点开仓切入。如果随意切入，经典理论总结就只有作壁上观了。

（二）第二要务是要有T＋0保驾护航

落实1＋N与高成功率：做真超也要等待走势明朗后再切入做。二浪选股是重点目标。

（三）扩大高成功率的外延

超短线、高机动性、高流动性是与高风险相伴的，是与高成功率相矛盾的。为了解决这种不可调和的矛盾，非常有必要扩大高成功率的外延，即把某个目标个股多次实操的结果进行合计，只要最终的结果是盈利的，那么就实现了高成功率。

二、高机动性

（一）第一要务是合理配置资金

把资金分解成3～5个目标［（1～3个攻击型（10％＋10％），1～3个底部技术转强潜伏型（5％），30％资金备用机动］去实操，做成一个再做一个，一个一个慢慢做。

资金分散是解决心态的钥匙：资金分散就不会太聚焦某一个股，可以避免豪赌的心理，把心境平和淡定落到实处。

（二）第二要务是谨慎等待机会

等待巨二浪（大波断二浪拉升，下同）机会需要时间，资金需要耐心准备，等待时机介入。

三、做小波段

做小波段核心内涵是目标个股有20％的上升区间，通过3～5天的操作实现目标。保持资金的高流动性，杜绝资金被动参与调整浪。

（一）20％区间是实操基准

真超是小概率事件，大多个股只有20％区间反复震荡的机会。

（二）20％区间的完整内涵

切入时点所处的位置,预期可以上升的空间,最差下行回踩的底线,都要胸有成竹。

（三）小波段确定3～5天的理由及对策

1. 短期均线一旦转强,3～5天是有助涨动力的。

2. 一旦放量攻击成为短期强势股,主力至少就可以利用3～5天的人气运作。

3. 以20％空间作为优先,如果空间提前达到,就提前了结。

4. 如目标攻击比较温和、技术保持良好、大盘平稳,在20％空间未达之前可延后1～2天,最多限定7天了结。

第043篇——2023年1月7日记

不同背景话真超

2022年大盘指数是下跌15％的调整年,过往一年的系统思考和总结是基于小盘题材股运作为主流的市场背景。自从2021年10月开始,已有英飞拓(已涨4倍)为代表的大盘股走成了真超(见图2-17),这是一个低价大盘股重估的市场,对真超的认知和遴选也要有新的视角。

图2-17 英飞拓局部日走势

在大盘股重估的市场背景下,会走出更多大盘股真超来。2022年8月以来的岭南股份又是另一个典型的案例(见图2-18)。当然,小盘庄股在任何市场都是资金主攻的方向之一,只不过在重估低价大盘股的市场背景下,要高度重视添加一类低价大盘股的真超。

图2-18 岭南股份局部日走势

大盘股真超的优势是显而易见的,一旦趋势形成就不会轻易改变(如2022年的中远远洋运输两兄弟)。对实操来说,做T+0会更容易,有更高的流动性。当然遴选真超的基本条件不变,只是从小盘庄股的逼空走势改为大盘股的大幅震荡推升。

第044篇——2023年2月9日记

一张宣纸绘书画

由于现实的原因(年纪大了),身体不再支持高强度的精力投入,也许获取自己轻松可控的一段利润就足够了,这恰恰可能是心灵通过其身体在告知走正道产生的智慧——做框定20%区间的明确目标,空间到了,即使是封板,次日也可闭着眼睛了结。

从近两日实操经历来看,如果实现了箱体的目标后,又要考虑是否有连板成为巨超的可能,这种分析就会变得很复杂,看盘要看得很细,这可能会抑制智慧光芒的发挥,实盘短时难以理性判断,反而影响正确的决策。实操"圣经"写得再多、再好,在短时间内要处理复杂的信息,结果不是对就是错,再好等于也没有用。

一、框定20%区间完整内涵

框定20%的区间有两层意思:

第一,根据构图不同可分两种:一是箱体,裁剪以高点压力线为上边线,如届时能稳步突破箱体压力线,则转化为第二种——通道框定区间(部分存在两种构图)。通道上轨压力线空间较大,不能太当真,只能参考,只要最高点突破前高,也就是完整的通道构图。具体走到什么份上,也许主力都不知道。

第二,框定20%区间是一个中位数的标准,到具体目标个股可能是15%～30%,不一而同。空间大的,要划中位线。

二、框定20%区间好处多多

第一,无需太多复杂的看盘分析,让实操真正落实简单化、程序化、高机动。把更多的精力用在遴选,真正落实久久为功。

第二,可以做到心境平和淡定,无须在高度紧张中惶惶度日,这也是现实身体状况的需要。

第三,如此短线几乎可以淡化大盘涨跌,大盘出现明显恐杀之后再做处置也为时不晚。

三、框定20%区间支撑体系

第一,有完整遴选体系支撑,随时提供目标,不用担心踏空。

第二,有T+0体系配套,保证20%区间足够增添很多机会,以降低时间的机会成本。

四、自始至终框定20%区间

第一,遴选目标的第一要素是框定区间,明确三位置——去裁剪一张宣纸,以确保选定的目标运行在区间低位。这一要素就是创作作品的边线,犹如创作书法作品选用的宣纸,书写只能在边线之内的空白处完成,不可能也不允许超越边线——胸有成竹。

第二,人受外部场景影响太大了,一旦实盘遇上其中某一目标超预期发展时,思维很容易就短路了,规矩就变成了摆设,一切都乱了套——人就是这么个高级动物,七情六欲一样不少。身处有求的世俗,不要寄希望有超凡脱俗之智慧,唯一的出路就是自始至终依据框定 20%区间严格执行,时刻牢记。

五、框定 20%区间实战运用

第一,从开仓买入开始,就把两种大构图和小蓄势形态划线画在目标个股上,以此时刻提醒,明晰"宣纸"的边线。

第二,第一次攻击接近(不求完全到位)突破蓄势小通道上轨时,就要快速 T+0 出,择机买回。

第三,第二次攻击接近箱体或蓄势形态上边线时,就要快速 T+0 出,最好是大部了结。如走成一个试盘的回落,则数天后还有更好的低吸机会——可能会有惊人的收获。

第四,部分目标可能还有第三次,实操规矩与第二次相同。

第五,只有出现快速无量封板时,允许次日冲高了结——不是减仓,不再有求,不做推测,不做想象。

第六,实操中,当"箱体转化为通道"发生时,股价运行突破箱体压力后,就要高度警惕,减轻仓位,全当意外中奖,步步为营。

六、框定 20%区间经验教训

第一,中国科传:大构图框定为一个 10.5~13.5 元的箱体,空间 28.5%,中线在 12 元。照此判定当初开仓正处在中位,实际追高了。中间有一次冲击中线 T+0 卖出的机会,如严格执行,2 月 13 日全部了结就是一个完美的实操(见图 2—19)。

图 2—19 中国科传局部日 K 线

第二,美利云:正好买在收敛三角形的压力位回踩点,是一个失败买点的典型(见图2—20)。

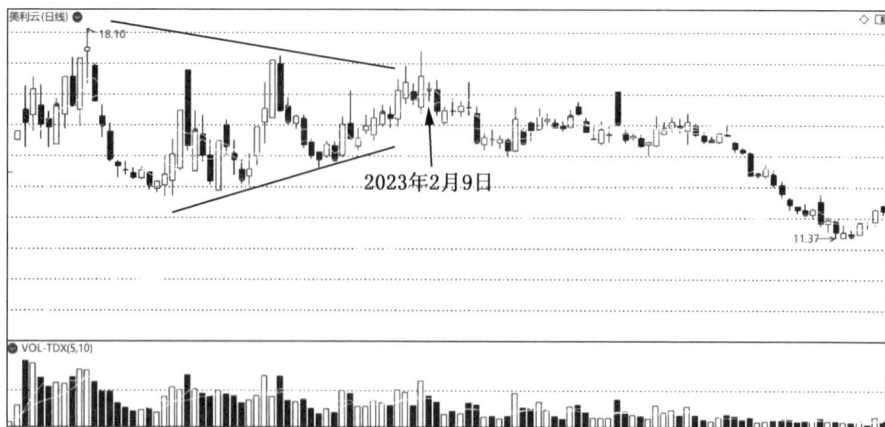

图 2—20　美利云 K 线走势

第三,智能自控:第一次二浪回踩三天实操模板非常成功。2月13日在冲箱体高点后回踩收了个放量十字星买入,是一个方向性的错误,昨天大幅走低止损,今天快速拉板踏空,更是让人印象深刻(见图2—21)。

图 2—21　智能自控局部日 K 线走势

第 045 篇——2023 年 2 月 15 日记

构图八类型及对策

一、短期通道攻击型

目标个股3～7天时间沿5～10日线震荡推升(如2月10—21日的中国科传),走成一个斜率为45度角的上升通道。

实操对策:在3～7天时间内,通道上轨了结或留1/3,通道下轨再买入。斤斤计较低点低吸,低点高点每天上移(允许一天包含线)。时间节点敏感,只有两次机会,KDJ高位强势。

二、中期通道推升型

目标个股启动拉升几天后,形成一个3～7周非标准的沿30日线、斜率为30度和45度角的上升通道。12月—2月的云赛智联(见图2—22)是一个好范例。

实操对策:上轨全部了结,1～2周后再在下轨买入,要求持续跟踪,有2～3次机会(见图2—3)。KDJ比较复杂,不能太看重。

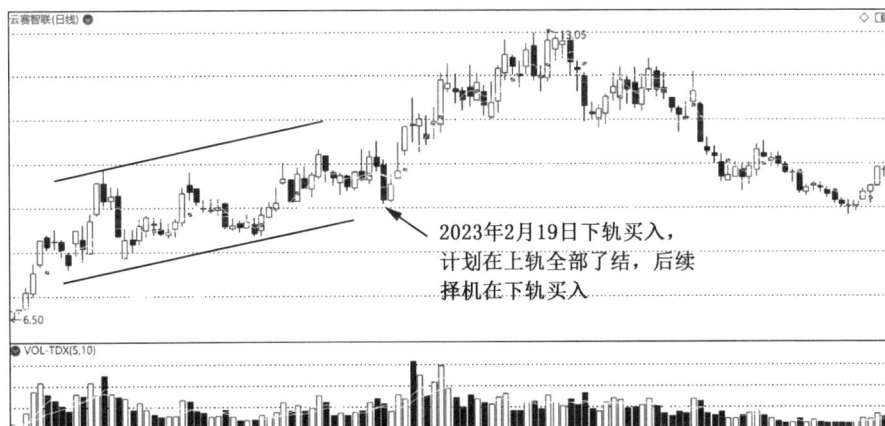

图 2—22 云赛智联局部日 K 线走势

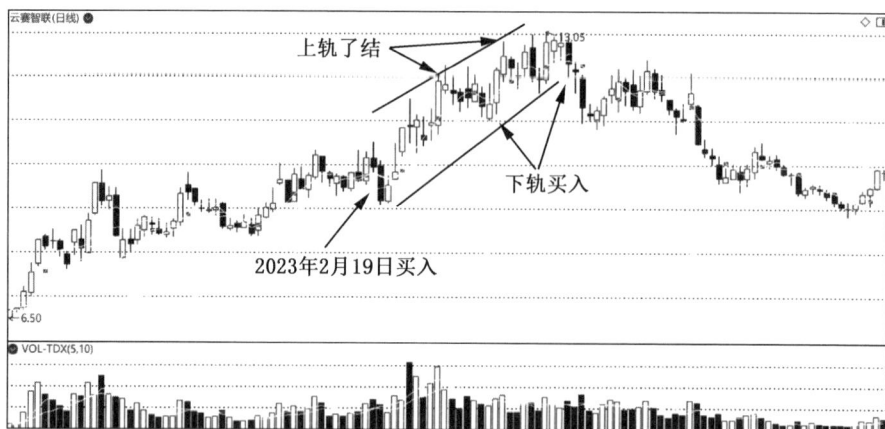

图 2—23　云赛智联局部后续日 K 线走势

三、大通道下轨型

比较安全,但时间难以把握,执行蓄势型实操模板,关注中线均线拐点。

实操对策:实施5%实盘计划,低点低吸开仓价格要斤斤计较,出现5%攻击回踩后再 T+0,这一点是铁律。

四、高位箱体型

横盘时间越长,风险越大。谨防踩中炸弹构图,关注中线均线拐点,执行蓄势型实操模板。

实操对策:实施5%实盘计划,开仓价格斤斤计较,开仓次日超预期低开,雷霆了结,出现5%攻击回踩后再 T+0。

五、震荡推升型

早期有一个小量推升20%空间,量能不大,不温不火,扫把回踩后加速,沿5日均线震荡推升3～7天。这是一个典型的白道模板。

实操对策:不急于当天 T+0,往往隔日 T+0 机会更好,时间节点敏感,谨防变轨。

六、巨震推升型

目标个股三天两头放巨量冲板,沿5日线巨震推升3～7天。

实操对策:几乎每天(除封板外)都有 T+0 的机会,有时一天多次,挑战多多,机会多多。

七、真超型

要快要狠,要雷霆出击,要有气吞山河之胆略和魄力,要有超预期巨震的心理准备——3天实操模板是应对方案。

八、二浪型

严格执行3天实操模板。后续可能转化为短期通道攻击型,如2月14日开启的智能自控(见图2－21)。

第046篇——2023年2月19日记

定位类型 呈现画面

为什么雷霆和沉稳在实操中很难做好,还往往容易做反了呢? 根源在于对目标类型没有一个明确的定位,对未来的运行没有一个基本的画面——心中无成竹,何来绘从容!

九类型目标可定位为三大类:一是短期蓄势待变型,二是中期稳健推升型,三是短期强烈运作型。不同的类型有不同的定位,不同的庄家有不同的运作手法。每一个选定的目标都要对未来走势有一个预期的画面感,才能真正做到"简单呈现,从容应对"。

一、短期蓄势待变型

它包括大通道下轨、高位箱体、低位箱体三种类型。用宣纸框定"三位"后,定位"低位低吸"的开仓,决定了未来走向的不确定性特征。

(一)非现阶段主流

该类型目标是非现阶段主流,后续如何发展不得而知——可能越走越强实现突破,或者长期震荡最后走弱。

(二)主力谋取小利

只要大盘企稳向上,从箱底(下通道)向箱顶(上通道)运作是大概率——

走成一个箱体(通道)缩小版的大盘走势构图,谋取小利。

（三）盘面表现特征

明明看着构图很漂亮,理应看涨,却又低开回调了。突然强拉了几分钟,又开始逐波走低了,出现仙女图诱多常见。

（四）主力运作逻辑

从大盘企稳开始,不断蓄势作图、聚集人气,开始1～2天冲高动作往往是预演的推荐广告,吸引散户的眼球,但要让散户动心,需要一点时间,等到散户都开始看好买入时,往往就是箱体的顶部了。

（五）实操对策

企稳之后的1～2天,大幅冲高应该是雷霆大幅减仓,等回踩后再加仓,以此实现与庄共舞的节奏。

二、中期稳健推升型

它包括短期通道攻击、中期通道推升、震荡推升三种类型,都属于金银股的中期运作范畴。其显著特征是通道低位构图难看,该跌不跌,却转身大幅拉升,向上攻击——旗形突破形态。

三、短期强烈运作型

它包括巨量强震推升、真超、巨二浪强烈回踩三种类型,都属于短期超级强势运作,是 T+0 的主阵地。

第 047 篇——2023 年 3 月 12 日记

黑白两道话主角

不同的市场环境,庄家会选择不同类型的目标坐庄操作,因此,不同的市道(主要包括黑白两道)就会产生不同的表演主角。

一、有板块效应否

黑道无板块效应,只是个股表演的舞台。白道重板块效应,是群体联动推升的表演。

二、三大类型地位

短线强力运作型和中期稳步推升型是实操的两个核心支柱。短线蓄势待定型应该是次要的,特别是小资金运作时是次要的,因为与"高弹性、高机动性、高成功率"不相符合。

三、主角和配角

在走白道的市场背景下,金银股是真正的主角,真超和巨二浪成为配角,也可能是主角之一。

在走黑道的市场背景下,真超、巨二浪、金银股并驾齐驱,只要有都是主角,金银股数量较少。如果一定要分主配角,则真超是主角,其他两个类型是配角。

四、白道遴选主角

(一)盘子较大的蓝筹股

不是某一庄家可以控盘做盘的,是市场共同认知基础上形成的共识——构图表明箭在弦上,不得不发。其具体表现为 KDJ 很强,大盘回调时保持强势蓄势,回调不会破坏技术构图。

(二)盘子较小的庄股

具体调整的天数和空间很重要,回调到通道下轨,同时天数已足够多时,庄家往往会走出无痕迹逆转向上攻击(参照白道金银股的开仓)。

(三)部分真超和巨二浪型

类似黑道的真超较少,巨二浪型也和黑道的构图有区别。

五、白道盘旋金股是正道

三五天小波段要实现理想的目标太难了,即使能,付出的精力也会很多。正道应该是通过三五天实操,试出当下 3~5 个主流板块中每个板块中的 1~3 个金银股,实现紧跟主流资金做盘旋式打游击。

金银股遴选的前提条件是目标要比所在分类板块指数强,至少是与分类板块指数同步强度的构图。

第 048 篇——2023 年 3 月 19 日记

控盘与否的不同

控盘与否对目标个股未来的走势、节奏和手法差异很大。被控盘目标往往能体现庄家的意志和风格,没有被控盘的目标就会体现出市场整体力量博弈的趋势。

一般而言,小盘股易于被控盘,大盘股不可能被控盘。需要特别说明的是,小盘个股如果业绩尚可,未来成长被普遍看好,也可能被众多机构持有,就不可能被某一庄家或庄家联盟控盘,如剑桥科技 2022 年 12 月有 43 家机构持股,其走势也就体现为白道趋势的力量(见图 2-24),而不是走黑道时标准的庄家表演风格。

图 2-24 剑桥科技局部日 K 线走势

在走白道的市场背景下,不论是大小盘目标,其主流都是金银股的走势,差异是大盘股整体涨幅会小一些,但强弱转换有着更加清晰的节奏。在遴选和实操大盘股时,只要是处在强势的节奏时段,技术指标保持强势,短期当日分时构图很难看时,也许正是切入时点,到收盘之时,往往就收回来了。日线构图连续几天走强,很好看时,可能就是短期的高点——不折腾点,庄家怎么能够从中取胜呢?

图2—25 上证指数同一时点对照

第049篇——2023年4月3日记

开悟——由繁入简

股市的规律——越是普通的大多数个股,受大盘影响越大,天天看大盘脸色,谨小慎微,步履艰难;越是举大旗的龙头,越是主导市场,自己掌控主动,无视大盘。

一、明星的多重超越

真超和金股正是这种超越大盘节奏,超越板块热点,超越主营业务,超越时空限制的超级存在。聚焦、跟踪、锁定并搭上这一特制的、超级存在的"超级列车",才能真正在资本市场实现自由放飞、悠然品味。抓住了金股或真超,就抓住了市场的真理,抓住了市场的牛鼻子。

回望近一个月前(3月10日)一周备选目标,事后证实,其中90%走势良好,50%成为金股,这说明遴选的功力已经够用了(毕竟主力在明处),但需要解决的是后续锁定金股的问题。只要增加3~5天连续跟踪,保持强势的目标自然就清晰浮现出来了。这还是开悟前的环境,有了开悟后战略遴选基准,相信目标会更准,效率会更高。

二、明星的和而不同

乍一看,今年与去年的行情风格有很大的区别,如走黑道和走白道、小盘题材股和大盘中字股、连续拉板为主和震荡推升为主等不同,但从最终 3～5 倍涨幅的少数大明星来看,不管是什么道,都有大明星引领,白道(有趋势性行情)是金股,黑道(震荡市或弱势行情)是真超。金股和真超实质相同(连续均衡放量、庄家控盘、沿 5 日线攻击、涨幅 3～5 倍),唯一不同的是表演方式——黑道真超采用底部平台起步、连续巨量拉板;白道金股采用震荡推升起步、后期加速拉板。

三、明星的遴选基准

涨幅 3～5 倍的目标,涨 50% 只是刚起步,涨 100% 也是冰山一角。"涨50%作为起点,预期成为金股或真超作为主线。""攻击时股价沿 5 日线走,调整时 5 日线几乎不下穿 10 日线,股价沿 10 日线走。"以此作为遴选基准简单明了,是一个绝妙的尺度,能淘汰绝大多数目标,省去很多无用功,并能把精力聚焦在有限几个目标的连续跟踪上,为最后锁定久久为功。

四、明星的候补方案

在没有预期金股和真超之时,也可以 3～5 天做其他八小类目标。这是两种路径,两不耽误——脑子里清晰放着 3～5 倍金股和真超,手中紧握 3～5 天实操方案。

五、明星是顶端真经

我一直苦苦探寻,希望能找到市场的真经。如今,我在原教科书式的庞大体系中取其最顶端目标,删去了众多无效的付出,践行了有限时间遵循一致性原则,实现了目标清晰、手段丰富、措施到位的由繁入简,真可谓豁然开朗,精准定位。有理由相信,今日之开悟,已踏上获取真经的崎岖小道。

第 050 篇——2023 年 4 月 7 日记

勘挖之路

——与"大明星"共舞

"大明星"在哪里？在你身边（如剑桥科技），有时已抓在手上却还不知道（如中国科传）。如果没有勘挖的具体措施和系统控制，往往会在纷繁复杂的环境中迷失，结果就是永远在迷雾中徘徊。

道理已反复总结、不断强化，但在时间和可参与机会都是十分有限的现实条件下，前提是一切"遴选和锁定"都要在战略定位正确的方向上实施，关键在于把久久为功的"功"做实做到位。犹如地质专家勘油探矿，要运用一切手段搞科研、做实验，通过分析推理、对比排查、斟酌删减、持续跟踪，一步一个脚印，稳步前行。

"大明星"是真正意义上的金股和真超，是一个板块的龙头，是一个主题（板块或概念）的旗帜。找到该板块最强3～5个目标，如果有，大明星就一定在其中了，我们应坚定不移认定最强的目标，趁早参与实盘并进入已实操的文档，便于后续连续跟踪。

"大明星"有两种类型：一是从开始就跳空均衡放量，高举高打，走成标准的3～5大浪的金股，如上海电影；二是部分中小明星大通道震荡1～3月后，先走一个扫把大清洗，再加速上行转化为大明星，1个月左右时间完成最后"半九十"盛宴，如中国科传。

一、金股遴选基因

（一）短期技术基准

涨50％为基准，沿5日线攻击，回调浪收盘不破10日线，5日线不下穿10日均线，量比均衡持续。

（二）中期技术基准

经常出现巨型扫把走势，三四个月后突破巨型扫把而创新高，周K线已连续3～5周强势。

（三）长期技术基准

先创多年新高，再创历史新高，稳步向"会当凌绝顶，一览众山小"的走势推进。

（四）基本面基准

股本不宜太大,适中偏小为上;股价不可太高,适中偏低为好;袖珍巨量谨慎,防无痕迹逆转;大股东有国资背景优先;主营在板块中有特殊亮眼的基因。

（五）板块指数基准

目标所在板块属于"领涨板块及指数"的常客,是宏观政策的宠儿。目标反复出现在"分类指数月度遴选"中,是该板块的最强者,是龙头和旗帜。

（六）直觉灵光闪现

遴选 3～5 个目标最后锁定 1～2 个目标,仍具有偶然性。只有通过"五要素＋板数"综合感知目标构图的流畅、力度、气势和强度,最后的办法是眯眼一瞥,宛如透视镜,用直觉的灵光闪现做最后的定夺。

二、金股切入时点

第一,一浪具有金股基因的目标较多,且发现时已涨 3～5 天,时点不好把握,取舍难度大。

当目标已涨 50％后的一浪,力争参与试盘,但要有试盘失败的心理准备和应对措施,因为有些目标一浪实现翻倍,有些目标可能就此展开调整。

第二,二浪调整就会淘汰一大半目标,仍然保有金股基因的目标数量已少,情势会更明朗,更好把握。二浪几天调整后,如仍保持金股基因,亦可运用"3 天实操模板",在收盘相对低位时,提前开始试盘。

第三,三浪起点——最佳切入时点:经二浪 3～5 天调整后的新攻击创新高后的回踩点,有时会直接连续攻击。区间外目标处在攻击浪时,强调 3～5 小时调整到位后的低吸,或者调整浪后期,分时突破前高时的追击。

三、区间内外的异同

（一）区间内目标

开始试手至 3 月底,系统纲要内容基本上是区间内目标选买卖的依据和动作标准。区间内目标开仓以"白道金股的开仓"为本,强调"沉稳应对,斤斤计较",设定开仓冷静期,力求低位低点开仓,往往是基于 3～5 天调整后的低吸和 T＋0。卖出强调"雷霆出击"。

（二）区间外目标

当股价处在攻击浪时,调整是 3～5 小时,攻击是连续 3～5 天,T＋0 要适应高速推进的节奏。当股价处在休整浪时，运用巨二浪3天模板指导实操，但回踩空间比"巨二浪强力回踩型"要小很多，注意T+0空间的不同。

（三）区间内外转化的目标

有一种特例——中小明星中期趋势强劲(3～5周不断走强)，有转化为大明星的基因，蓄势待发，已近加速临界点。回调3～5天企稳不破通道下轨的低吸——目标是冲着"半九十"预期提前布局，同时，做好转化失败的一切准备。

第051篇——2023年5月3日记

区间界定与效率
——以5月17日百利电气为例

大盘运行一个完整的波浪周期有五个时段，从3～5天到3～5周到3～5月不等。一个波浪要有自己熟悉的最佳切入时点，一旦错过了这个时点，要锁定目标把握起来就更困难了，可能需要等3～5天至3～5周时间。这就会大大降低资金的时间效率。

一、区间内外构图界定

"由繁入简"确定金股遴选基准第一条就是涨幅大于50%，据此推定，当目标个股涨幅小于50%时，就应该界定为区间内目标。这一界定对实操更好利用切入目标的有利时机，对提高资金的使用效率具有重要的战略意义。

二、区间内外战略定位

（一）区间内目标的战略定位

此定位就是锁定目标＋基本收益，没有也不应该有更高的要求和想法。因此，在第1～3个封板时直接选择卖出，特别是盘子较大、非主流热点、蓄势形态等目标，早早卖出一半，抓紧时机准备布局新的目标是非常有必要且合乎理性的。一是短期有10%～20%的盈利已是超预期了，即使再涨也无所谓；二是目标第二天低开大幅低走的概率其实是50%——分时只有当天可靠。

（二）区间外目标的战略定位

唯有金股才是获得超额收益的终极选择。

三、以百利电气为例

5月15日上证大盘连跌四五天后,大盘于第五天午后大幅反弹2%(见图2—26、图2—27)。百利电器之前两天做了扫把清洗构图,5月15日早盘先于大盘半天企稳(见图2—28、图2—29),5月16—17日大盘做了两天回踩修复,而百利电气连拉两板,且第二板的午后开盘即封板(见图2—30)。从大构图看,百利电气前面还有三座山的压力,是典型的区间内目标,从主营看不是今年主流,从股本看偏大。如此走势,有三个方案可选。

图2—26　上证指数5月15日前后的K线

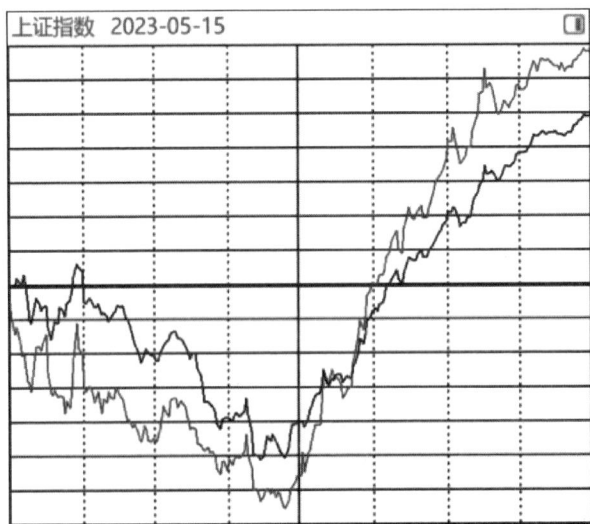

图2—27　上证指数5月15日分时对照图

图 2－28　百利电气局部日 K 线走势

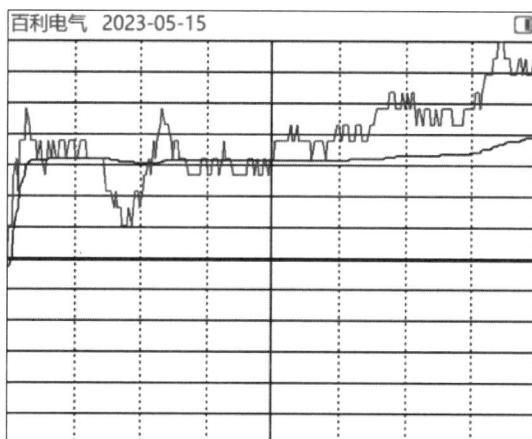

图 2－29　百利电气 5 月 15 日分时图

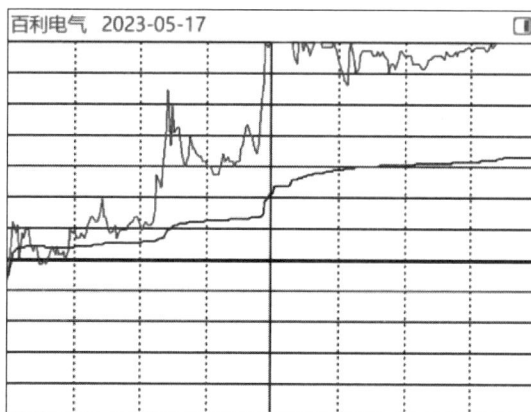

图 2－30　百利电气 5 月 17 日分时图

（一）最优方案

5月17日午后封板后立马先卖一半，尾盘再定夺另一半去留。一是锁定盈利，落袋为安；二是午后还有两小时可以遴选目标；三是大盘这样的运行节奏，此时段正是前期超跌主流板块至少是反弹切入的好时机。这样的时点时效性极强，一旦错过，风险就会大增，成功的概率就会降低。

（二）次优方案

因封板反复打开尾盘卖一半，这是原则，次日早盘低开一分、冲高一分、快速回落后，小反弹在黄线附近一次雷霆了结。这要求很高，需要有清醒、智慧和果敢性格。

（三）最差方案

回到了普通人的常态——5月17日没有卖，寄希望次日高开卖，5月18日下午反弹后卖出部分，其他仍"抱有高点的希望"持有。这一方案不仅盈利大幅缩小，更重要的是错过了布局的好时点，久久为功遴选目标的付出也失去了回报的机会。实际有效时间至少耽误3个交易日。这一反一复，真可谓失之毫厘，谬以千里。这就是"区间界定与效率"的核心内涵所在，是落实高机动性、高流动性的关键节奏点——区间顶部雷霆出击，即使封板也是如此。

第052篇——2023年5月19日记

量化水瓢
——始终贯彻一致性原则

证券市场是一个复杂的大系统，只有"取其一瓢"，才可能通过简单化把问题看明白。想要把操作做到位，就要向工程师学习，练就像驾驶汽车一样具备条件反射式的本能时，才能成就短线高手。

本人曾经凡事总想全面系统去分析认知，由宏观到微观，非完整剖析不可，为此耗费了太多精力。时至今日，基于技术的证券投资分析认知应该是比较系统全面了。如果用这个系统管理运营几个基金团队，应该不成问题。

而现实是，一个独行侠精力太有限了。按照大系统实操，是一种理想化、完美主义想法，结果必然是顾此失彼。加之多年睡眠不良，实在是不允许高强度节奏,综合本人深思熟虑的思维优势,最适合的策略是小波段。

目前大盘背景,在大系统当中"取其一瓢"——小波段,是可行的、恰当的。通过具体的水瓢量化,把系统思想转化为实实在在的成果。这是在独行侠的条件下做好实操,为未来推广理念、搭建平台的必经之路。

一、水瓢宗旨

基于金股(真超)和"半九十"时段的目标。

二、水瓢战役

时间 1～3 周,20％区间小波段。

三、水瓢策略

提前一拍锁定,提前一拍退出(精髓)。

四、水瓢遴选

把近 3 周"领涨板块"统计前 15 强板块,与 56 个其中最强 15 个板块综合,选定 10～15 个板块。

每一板块选定未来 1～3 周趋势向上的 1～5 个目标进入月度遴选池持续跟踪,起点限定至少已有一个 50％的涨幅。

每个板块选 1～2 个目标进入自选股池,最多限定 30 个,每 1～3 周对照更新一次。

每一板块从自选股池目标中选定 1 个进入预开仓池。

五、首操水瓢

从底部新启动走强板块遴选的起点是 30％,需要首操程序;持续热点目标可以跳过首操,直接进入小波段。

六、买卖水瓢

一个时段锁定 1～5 个目标,大于 50％的资金在锁定目标间高速流动,适时根据需要改变锁定和退出目标。

似乎绕了一圈又回到了从前的小波段,但今日之小波段是爆发前"提前一拍锁定"、转弱前"提前一拍退出"的全新内涵的小波段,要在"提前一拍"上做大文章、做细文章、做好文章。

五五方略 始得优雅
——"螺蛳壳里做道场"的战役单元

如果 1 年目标是资金增值 50%,从理论上说,每个月 5% 足够了。从强势目标日上下波动 5% 是常态来看,遴选目标从未来 3～5 天有 5% 的预期标准出发。这是与"慢即是快"哲理相通的,是具体实践的运用。这样的定调(称为"五五方略"),从根本上用最小的区间架构去框定目标,是一种低要求、高保险、好操作的策略。

一、阶段性战役单元

"五五方略"不是否定、放弃原有的系统,而是对原有系统的进一步细化、量化、阶段化,特别是在"螺蛳壳里做道场"的大盘背景下,是更容易达到目的、更容易实现目标的一种策略。当有 20% 区间收益或中奖金股时,就当是意外的惊喜。

二、恐慌落下才张嘴

区间目标 5% 与 20% 相比降低了很多,但也大大降低了遴选要求,时效性也降低了。其核心是把"强势股短期上下波动 5% 是常态"落地、落实、落到位,关键是切入点要把"恐杀落下才张嘴"充分运用到实践中。

三、延后一拍找节奏

"五五方略"是"延后一拍切入"的具体运用模式,遴选视角是未来 3～5 时至 3～5 天的向上趋势,而不是靓丽的短期构图。这是基于错过了主流热点龙头的追击机会,或者目前大盘正处"螺蛳壳里做道场"背景下的一种最佳策略安排。

四、时间保障卸包袱

做一浪金股是要在小概率当中追求高成功率,时效性很强,但风险也极大,在缺乏身体支撑和团队协同的背景下,不合时宜。选择"五五方略",一是卸下了包袱;二是现在时间有了保障,正逢其时;三是心中有一个到年底的目标期许。

五、考验是雷霆出击

"五五方略"的实质是超短线实战。从强势个股短线上下波动5%是常态来看,目标大趋势已不再重要,受考验的是动作要快,不能错过任何冲高的机会,时间要有绝对的保证。有"遴选至简筑根基"的体系支撑,应该充满信心。在"螺蛳壳里做道场"的大盘背景下,一定要坚信、坚定、坚持、坚守。

第054篇——2023年8月6日记

落地乘数效应
——"震荡市"如何高效配置资源

小资金的唯一优势是高机动性,要成就大目标就必须实现乘数效应。实现乘数效应有两个条件:一是高成功率少止损,让分母不断变大;二是高效机动多配置,让资金快速动起来,在本金、时间不变的条件下,使实操分母成倍放大。

"螺蛳壳里做道场"是市场的常态,只有在结构性小牛市时,才会出现龙头短暂的主升浪时段。因此,在"震荡市"背景下,依据"五五方略"是最为适用的乘数效应策略。

一、"五五方略"谋路径,"两个条件"出奇效

第一,3%~5%的预期能大大降低持仓时间长所带来的风险,有利于实现技术分析的高成功率,这是真正意义上的"求胜不求全,故易胜能胜"。

第二,有了高效配置的觉悟,就会增强配置的意识和动力;有了高效配置

的安排,卖出就会更坚定、更果断——方向肯定是对的,踏空了随时可以再配置,心理压力也就没了。

第三,每天都有实操,让资金动起来,不仅放大资金使用效率,也会产生成就感,调动情绪,焕发智慧的光芒。

二、猎物源源有保障,一想二看三了结

一想是指琢磨持仓目标节奏点,反复强化"上攻开启,告诫自己,当日了结,唯一机会";二看是指看日、周K线,看"三线三点",看"四价"判强弱;三了结是指第一时间打开交易窗,攻击停顿,分批次卖出,最高点了结是幸运,次高点雷霆是必须。

三、过度配置需慎防,间隔达标始开仓

第一,新开仓至少3小时间隔——当天在开盘1小时内了结的资金,才允许收盘前再次开仓。

第二,防止溢出效益;发挥"久久为功遴选",需要离开盘面、冷静思考、遴选目标、理性决策;对持仓目标配置也需要留有资金。

四、与庄共舞是结果,挖潜精妙在哲理

第一,震荡市之精髓:"美女是魔鬼,魔鬼是真仙。"
第二,做庄实质:反复变招实施"诱多"和"诱空";吸、洗、拉、出"四字经"。
第三,三不原则:破脚目标不加仓,通道上轨不犹豫,穿头破脚不过夜。

五、意外中奖很幸运,浮盈回撤定规矩

真强必逼空,回撤定诱多;依据10%～9%～8%～7%～6%～5%～4%～3%浮盈回撤法则,划定止盈红线。

六、恐杀落下始张嘴,斤斤计较重如山

注:日记只提出了标题,没有详细说明,欢迎读者独立思考。

七、仓位轻重常转换,"三五法则"刻在心

"空仓的关联"觉悟到"真正的高手十分重视空仓";"空仓是战略"找到了"弱势一方最智慧的笨办法"。空仓是战略起点,是战略措施,是战略行动。

八、"五五方略"有偏向,目标锁定重小盘

注:日记只提出了标题,没有详细说明,欢迎读者独立思考。

第 055 篇——2023 年 8 月 12 日记

坚信·坚定·坚守
——龙头中期趋势的"方程式"交易体系构建

近两个月的交易体系构建已有一个飞跃,但 9 月 11 日操作华映科技(见图 2—31、图 2—32、图 2—33)、我乐家居(见图 2—34)之诸多不当,说明体系还不够明确、具体,可以自由发挥的空间还太大。因此,还有必要就"方程式"交易体系做更具体的设定和限定,以期不偏不倚,更系统更安全地完善。

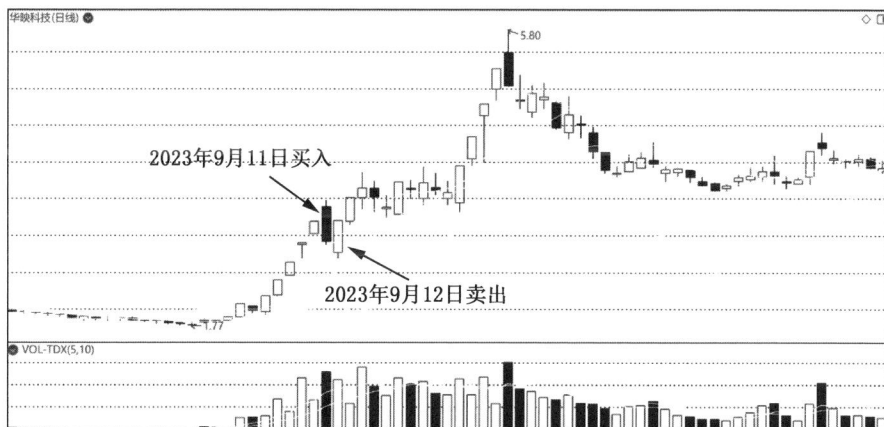

图 2—31 华映科技局部日走势

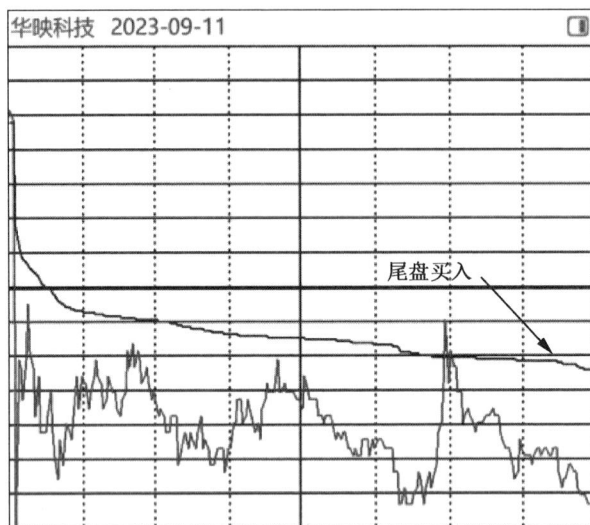

图 2－32　华映科技 9 月 11 日分时图

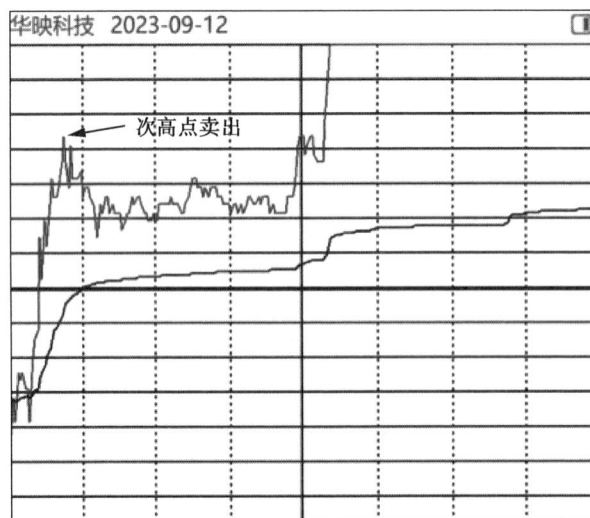

图 2－33　华映科技 9 月 12 日分时图

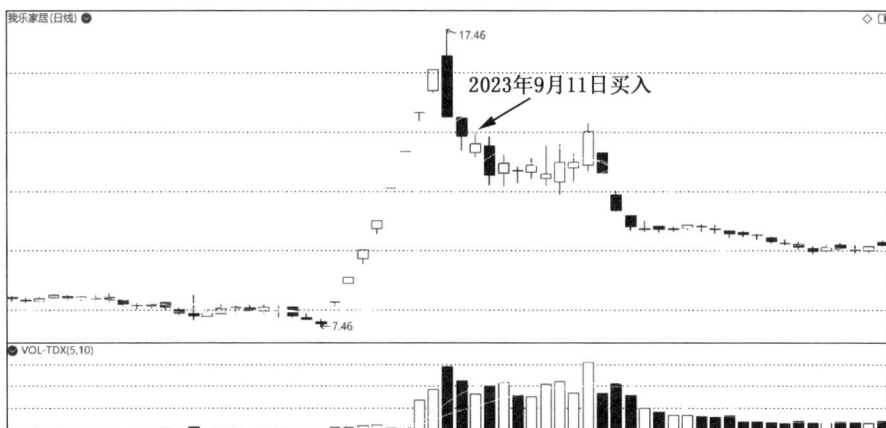

图2—34 我乐家居局部日K线

一、遴选限定第一

第一,普通板块只遴选一个龙头入"自选池",少数大热点板块关注前1~3名,坚守"只做龙头,就等龙头,非龙头不做"。

第二,久久遴选功夫旨在求证龙头地位是否依旧,绝非另寻"漂亮构图"的新目标。

第三,"目标五大类"是基于30%~50%、保持强势的龙头,"三板平台"是有"正角强度"的持续放量"独立走牛"目标。

建立"基于龙头的板块分析",对龙头有一个基本的记录,并阶段跟踪分析、预判未来走向。

二、稳定阶段持仓

一周时间很短,一眨眼就过去了,因此1~3周相对固定持有3~5个目标是必需的。但是过度换筹,不利从大的视角、中期强势审视构图,故而极易造成匆忙上马、考虑不周、顾此失彼。

三、深耕持仓目标

(一)开仓讲规则

反复领会"买之精髓""统一张嘴方式""再析统一张嘴方式",每次开仓之前都要温习一遍再行动。

（二）严守方程式

做足做细"高效机动多配置"——又快又狠执行"3～5 天 3％～5％×N＝5×（5％＋5％）＋50％，单个（1＋1＋1）"，充分挖掘"机动"的潜能，深耕自己的一亩三分地，不为热闹纷繁动心扉。

（三）深耕的核心

50％机动资金要实现"安全、高效"的两个基本要求，最好的办法就是依据"动态实盘已表达的强"——不创新低并已向上攻击的事实，开启相对集中的资金配置。

（四）配置的基准

实现"时间、空间、强度"的平衡，关键是看"强度"——已长时间走弱的目标，只有出现事实转势的长阳后，才能开启加仓；前期已很强（三板）的目标，短时强回踩 20％以上，其表征是 KDJ 已走弱，但"空间"弥补了不足，亦认定为"强"。

（五）具体的抓手

实盘只有买卖两个指令，但指令的产生不能凭感觉，要根据动态已发生的事实依据，结合个股的"基本记录"归纳、推理、总结，并据此采取应对行动。其过程复杂、重要、高时效——"失之毫厘、谬以千里"，因此需要冷静、敏锐、多视角综合评判，故"不容分心，不许悠闲"。

注释

(1)"遴选限定第一"完全正确，但要根据大盘五时段的不同有所取舍和侧重。尤其要特别提防大盘弱势环境下，前期强势板块龙头的补跌，以免踩雷。

(2)"稳定阶段持仓"是希望 1～3 周相对固定持有 3～5 个目标，1～3 周的中期趋势要向上，因此，遴选目标的前提是要充分考虑"下跌有空间"的风险。

(3)"深耕持仓目标"的前提是要避免踩雷后温水煮青蛙的后果，一旦出现新低就坚决雷霆了结，加以弥补。应对的措施有很多也很具体，关键是执行。

(4)"1＋1＋1"是指强势目标每次资金配置 10％，最多限定 30％。

第 056 篇——2023 年 9 月 15 日记

知彼知己

——扬我之长,攻敌之短

一、何为敌之短

庄家做庄是一个十分复杂的过程,会在盘面留下诸多痕迹,因此,也就会暴露其"短板"。其"短板"如下:

第一,一旦拉板就公开了有庄家做庄的意图。

第二,手中要有很多的筹码才能控盘。

第三,选定目标投入很多,非把素材用足、用完也不愿意离开,需要空间和时间才能实现目标。

第四,要想方设法在一定的空间内让低位的筹码抛出(恐吓),又要不断吸引新的散户参与进来(诱导)。在设定的空间人气旺盛时,尽量让新的散户买入主力抛出的筹码,做好 K 线构图,配合市场氛围,让散户相信还会有新高,从而实现高位出走的战略目标。

二、用好敌之短

坐庄有短庄和长庄之分,短庄参与难度很大,要小心谨慎,长庄是要重点关注的对象。

以财务年度为单位持续跟踪长庄是极其重要的目标选项。既然是长庄,目标一定要高远,还要有基本面变化的配合,操作起来会很从容,涨幅会非常惊人。一年能做好一两个就必定是大赢家。真正的长庄不一定是高举高打的大明星,可能会很有耐心,拉升一波又深调一波;它也不一定是市场的大热点,会根据目标个股、大盘环境择机表现。这种小热点的长庄恰恰可以丰富投资的组合,为大热点休整时提供交易的机会。

三、何为我之长

机动灵活,可快进快出(四走定防御),掌握资金安全的主动权。可以在多个板块展开组合布局,充分利用热点轮动的时间差,提高资金的时间效率,实现在运动中打歼灭战的至高战略。

第 057 篇——2023 年 9 月 5 日记

一时限一类
——选择时段主线，简化持仓目标

不管是什么市道，遴选目标都可以在"五大类"的基础上，归纳为"实操三大类"。其中三板平台、巨二浪等箱体和通道属于区间内目标，使命是"基本保障"；金股真超、封板三浪、巨超一浪属于真一浪和主升浪目标，使命是"乘数效应"。

一个时段大盘只有一个主线是确定的，而且这种判断是相对简单的。一个时段限定实操一类目标，就是为了把复杂的问题简单化，使每一次战役的构图、时间、空间、手法、预期了然于胸，时刻牢记"一把尺子量天下"的原则，严格执行该类目标的一系列指令，集中精力、落地落实"心空、选、买、卖"。

一、主升浪目标

当一个或几个板块连续 3～5 周产生持续走强的趋势时，阶段结构性牛市就确立了。遴选的中心就要紧紧围绕热点板块龙头的主升浪展开，当有多个板块联动时，适用"方程式"之 $5 \times (5\% + 5\%) + 50\%$ 布局运作。但这是不同于"区间内目标"的方程式，是一种聚焦"半九十、主升浪"的区间外目标运行模式，需要时间和耐心。独立走牛的目标也是如此。

二、区间内目标

当主流热点开始走弱之后，市场进入了一个群龙无首且群雄并起的轮动时段，大盘表现为典型的震荡市。遴选以区间内目标（箱体和通道）为尺度，选择"下跌无空间，未来 1～3 周有向上 20% 趋势"的目标。实操中执行"方程式"之 3～5 天 3%～5% 的"五五方略"，谨防十大陷阱，动作要快要狠。

震荡市目标走向是最复杂的，只有你想不到的，没有庄家做不到的，一切皆有可能。因此，要生存只有通过 1～3 周 20%、3～5 天 3%～5% 来明确框定之，取其一瓢就走人，否则就是来回坐电梯，耗时、费神、吃力不讨好，还特别容易陷入"温水煮青蛙"。

选择基于"主升浪预期＋下跌无空间"的目标做区间内运作，是遴选的最高境界，也是"非龙头不做"的底线。

三、真一浪目标

没有主流热点的"震荡市"是不可持续的，必定会不断走弱，然后出现恐杀再酝酿新的市场热点。当外部的消息足以点燃人们的热情时，蓄势已久的大庄家必定趁机登场表演。当市场走出符合真超要求的"放量五连板"目标时，就要清空原有全部持仓，聚焦其中 1～2 个(1＋1＋1)最有可能成为真超的目标。这样的时段，一年仅有几次，一旦冷静、综合分析并确定极可能出现真超时，就要断然行动。这是真正考验智慧、魄力、胆略的时刻。

为什么真超机会出现时会犹豫不决？是担心跌停吗？3 天实操模板专为此保驾护航而设定。真超有一个显著的特点，就是非常简单，3～5 小时见分晓，过程可能吓人但不会耗人费时。

第 058 篇——2023 年 9 月 27 日记

双表举纲 敏锐转换
——"56 年度"小盘金股＋涨 30％～50％目标的优先排序

"板块热点龙头旗帜""板块年度小盘金股"让遴选由繁入简有了明确的路径。在"三大目标"间实现从容高效、适时转换，才是遴选的真正考验，需"举大纲以求目张，辨轻重以知取舍"。

一、构建年度遴选基石

56(注：56 个行业)代表年度小盘金股，是基于年度视角长期跟踪的一个遴选体系的战略设置，是比较稳定的目标锁定，几个月求证一次即可。有了这样一张表，年度金股和独立走牛的目标几乎包括在内，据此实操备选就有了根基，就能感知市场板块的脉动，因此，不论市场如何，都能主动应对、有备无患、收放自如。即使想潇洒或无心关注最新的动态,也不影响从容参与实操。

二、适时收集热点龙头

当有了一个完整的"56年度"小盘金股体系后,对于普通的新拉板的目标,盘后浏览只是为了感知市场动态,发现和收集封板三浪目标,时效性、紧迫性不强。只有处在新热点酝酿时段,出现三板目标时,才要高度重视,开启集中精力聚焦"真一浪型"和"三板平台"目标。

三、功夫做在敏锐转换

"一时限一类"简化了目标分类,明确了区间内外目标不同的使命,确定了区间内目标选买"主升浪预期+下跌无空间"的基准。"攻守转换的密码"强调了"照顾区间内目标,盯紧区间外机会""确保区间内目标随时能退出"。

(一)关键枢纽

"此一时限哪一类,何时选何目标转换"是所有问题的关键,是实操体系转换和良性运行的核心。假如能准确判断并迅速行动,必定是一个大胜者。

(二)强化实践

这种判断和决策并非易事,但首先必须有这种觉悟和意识,并付诸行动,否则就是"纸上谈兵"。正因为难,所以要多花时间、更敏锐聚焦这一点,充分发挥现有的系统总结,为理性决策提供支撑,在实践中不断积累经验、提高认知能力。

(三)优先排序

真一浪目标←主升浪(4+1已起板的区间内目标)←区间内目标(巨二浪←主升浪6+2前奏←三板平台低吸←封板三浪←"56年度"小盘金股←已实操池目标)。

第059篇——2023年10月15日记

构建"五五方程式"模型

"五五方略,始得优雅"提出了"五五方略";"落地乘数效应"进一步明确了"震荡市以'五五方略'高效配置资源";"坚信·坚定·坚守"再次强化了"如何构建基于龙头中期趋势的方程式";"双表举纲,敏锐转换"就"56年度"金股之间如何下功夫做好适时转换,提高资金的配置效率,提出了具体的应对措施。为了更直观理解和记忆"五五方略",厘清上述四篇文章之间的关联,在实战中落地落实"五五方程式",有必要构建五五方程式模型图(参见图2—35)。

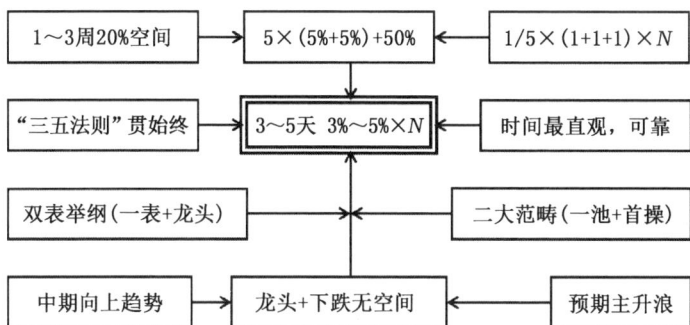

图2—35 "五五方程式"模型

注:(1)方程式内涵。

第一,1~3周是3~5周的保守划定,根据大盘及目标的强弱灵活调整。

第二,20%是一个区间的概念,没有具体限定,可以10%~30%不等。

第三,5%是小资金的基本单元,大资金应该以2.5%为最小单元。

第四,50%资金限定目标按预期发展后,集中机动配置,严禁摊低成本。

第五,1+1+1是强势目标最多资金配置的限定,偶尔可突破,原则要谨记。

第六,3~5天3%~5%的实质是充分运用T+0,分批次锁定当日确定部分。

(2)实操具体执行。

方程式的核心内涵是"三五法则贯始终",具体实操按"5±2"执行,弱者攻3天跌7天,强者攻7天跌3天。

第060篇——2023年11月12日记

去弱留强

——买与卖的第一准则

"去弱留强"既明示走势越弱的目标越不抱幻想、快速了断,也包含弱势大盘不言底,做好持仓目标轮跌一遍的准备和应对。

只要坚守"只做超级存在的龙头",防范传统"温水煮青蛙"就不再紧迫。用功的重心就落到了买与卖的"两个支点",尤其是"踩雷破位目标止损"已成为重中之重——依据"十大工具",对照"六点",结合"3 天视角",按照"三种走向",启动"三大支撑",依据"3 点 3 线",对标"恐杀 6 类型",警觉"十大陷阱","立足应对假龙头",执行"开仓次日止损",启动"早尾盘 3 分钟"模式,不管三七二十一,实施"123 卖出"。

一、去强留弱的错误心理

虽然反复讲去弱留强,但实际上有人往往又是"去强留弱"。为什么会这样? 其主要原因是强的目标已盈利怕回撤,了结以锁定心安。踩雷的目标,因为没有及时了结被深套、心有不甘,认为跌多了,自然应该会有反弹,希望回本后再退出。

二、静心感知强弱变化

只要静心观察分时,分分秒秒的强弱是能够清晰感知的。"弱者"向上攻击时总是压力,快速摸高一下就回落,拉升时没有跟风盘,不知不觉逐波走弱。"强者"向下打压时总有支撑,想制造恐怖总是没人抛,瞬间打到低点之后就企稳向上。

三、强弱各分四类

强有四种:逼空式强,蓄势转强,脉冲加速,分时转强。弱有四种:恐怖杀多,脉冲杀跌,强弩之末,分时转弱。其他六种强弱的分类都比较直观,只有"分时转强"和"分时转弱"是隐藏在日 K 线后面的微妙变化,容易被疏忽,但对落实提前一拍行动,指示意义重大,要高度重视。

四、强弱的判断依据

强与弱是动态的，是以"三五法则"为基准不断演化和转化的。破位之时，第一时间雷霆了结十分重要，错过了这个时点，就只能做倒 T 来处置应对了，再往后就变成了强弩之末的诱空节奏。不管主力是诱空诱多，真杀真攻，盘面最可靠的信息是"似强不涨则为弱""似弱不跌则转强"。

五、去弱留强的基准

区间内目标——3 天日 K 线组合；强攻击目标——1 分钟 3K 线组合；休整日早盘——5 分钟 3K 线组合。

六、早尾盘 3 分钟重大决策时点

真超型持仓目标早尾盘 3 分钟强弱判断及买卖依据——坚信、依照、锁定"确定性"。

注：日记第二自然段专用名词的具体内涵，见第 123 篇"实盘决策系统"和第 118 篇"再话'心空、选、买、卖'"。

第 061 篇——2024 年 1 月 15 日记

追求确定性
——依据"常识"在不确定中找寻确定性

在充满不确定的世界里，证券市场（二级市场）的不确定性是最显直观、最能感知、最为强烈的不确定性领域，正是不确定性成就了资本市场数百年的兴盛。要在这个领域成事，成为顶尖高手，就要在不确定性中找到确定性的根源——通过哲学思考，用"常识"找寻这个领域基于角色定位的确定性。

一、大盘运行的三个确定性

大盘依据"五时段"波浪运动的基本规律是确定的；大盘由弱转强或由强

转弱需要时间是确定的;关于大盘整体人气高涨或人气低迷时的"反射理论"一定会出现,这是确定的。

二、庄家做局的四个确定性

就具体目标而言,庄家做局一个目标要经历"四字经"是确定的;完整运作需要3～5周至3～5个月时间是确定的;要登台表演之前几天或几周必定表现为强于大盘是确定的;绝大部分庄家会充分利用大盘相对平稳的环境登台表演是确定的。

三、常识的确定性

主力坐庄就是一次精心做局,作为追随者只有依据确定性——简单和常识的力量,找到庄家不可逾越的漏洞或弱点,在整体劣势的条件下,利用自己的优势,耐心等待确定性,找寻破局的机会,才能真正创造出局部优势,实现与庄共舞。

(一)显现的确定性

做T锁定盘中利差是显现的确定性,是直观可以具体量化的确定性,是应对大幅震荡目标T+1不确定性、创造局部优势最好的破局,是面对波涛汹涌能掌控战略主动的定海神针。

(二)无形的确定性

除了盘中利差是可以量化的确定性,其他的确定性是无形的、不可定量的,有时差且时差的长短是事先无法预知的,即依据"三五法则"会有一个提前或延后的不确定性时差,但一定会发生是确定的。

坚守"无形的确定性"就是对未来趋势的坚信和坚定,就是要坚守"三五法则"延后的耐心和等待。守住了"无形的确定性",就把握了波浪运动的节奏,就顺应了市场运行规律,也就紧握了"破局"的钥匙,这就是通往顶尖高手的必经之路。

第062篇——2024年2月16日记

领衔与跟随

——分时技术的不同场景运用

具体目标的涨跌都涉及与大盘、板块、目标之间的相对强度和排序。这种相对强度是最及时、最直观、最敏锐的可具体量化的指标。首先,发动强攻或已连续强攻几天后,带动板块其他目标走强,从而推动板块指数走强的目标,就是当天的"领衔者"。其次,与大盘、板块同步或更弱的目标,都要明确定义为"跟随者"。

与"区间内外和是否龙头"两类目标静态区分不同,"领衔和跟随"更能准确定义当天实盘某一目标在攻击表演时所担当的角色和所处地位。分清目标是"领衔"或"跟随",对未来1~3天做T实操的指导意义重大,因为两者的技术分析依据是完全不同的,特别是15~60分钟KDJ的运用恰恰是相反的。

一、"领衔"定位和技术应用

领衔者可能是龙头旗帜,也可能是超短庄短炒一把,但当天其在引领是确定的。当天领衔目标必定是庄家集中优势资金主动强攻,是有备而来——如果是连续强攻,分时就会表现为KDJ高位反复钝化。此类目标分时已失去指导意义,实操只能用日线"三五法则""1357定理"来框定使用、决定去留。

二、"跟随"定位和技术应用

除了领衔的旗帜型目标,不管曾经是否真龙头,即使当日也跟随封板,当日实盘也只能定义为没有准备充分的跟随者——对于此类目标的技术分析,未来1~3天15~60分钟KDJ指标高位钝化或死叉时,就是十分有效的技术卖出时点。

三、"领衔和跟随"的辅助依据

(一)用足"不会简单重复"

看近几日分时连续走势轨迹构图,通过"不会简单重复"和"事不过三法则",就能通过庄家动态走势轨迹来辅助推定当日构图的"不可能",以指导实操决策。

（二）用好"加速度规律"

能量聚集是加速度规律的底层逻辑，也是目标构图不断休整形成合力的过程。当目标构图各项指标还没有休整到位时，也反证加速度时机仍未成熟，如果因外力带动其提前开始攻击表演，就可以断定其为"跟随者"。因此，构图是否已形成攻击合力之"势"，也是判断其是否"跟随者"的重要佐证。

第 063 篇——2024 年 3 月 13 日记

顿悟的记录

一、不经意的妙用

经验告诉我们，到最后真正能赚钱的往往就是那不经意间的低吸和潇洒的高抛。按照你设定的方式买卖，往往都是不太可能实现的——否则主力只能去喝西北风了。

二、锤炼真功夫

"练功夫"要从简单处入手，循序渐进，耐得住寂寞，不断重复锤炼正确方法指导下的一整套完整的交易体系。我们要坚信"千遍自然熟，万遍理自现"的道理。

三、人类认知的误区

有捷径，有妙招，有绝招。聪明人往往被一大批以商业利益为出版目的的书籍所蒙骗。

四、真正"心态平和"的体现

短线实操真正的"心态平和"是怎样体现的呢？一是明天需要出门会友，即使持仓目标仍然预期向好，今天能从容全部清仓；二是你空仓在外旅游，大盘指数都涨停了，仍能悠然自得，静如止水，泰然自若。

五、直觉与理性的适用

股市实操有时需要凭借直觉（下意识）——快速决断，有时需要理性分析

(有意识)——深思熟虑。

六、庄家表演的两个道具

庄家坐庄表演的两个道具:阳线——兴奋剂;阴线——割韭刀。

七、股票是交易工具

股票是一种工具,交易是使用这种工具的游戏。价格是在交易中形成的,是某个时刻的特定环境下,某个特定游戏的产物。

八、金字塔型加仓是正道

低位重仓,涨多了逢高减仓,最后减到只剩下赚的利润,这怎么可能亏钱呢?

九、倒金字塔型加仓是禁区

在指数和个股低位时,不敢多买,只是轻仓,涨高了也赚点钱了,信心倍增,慢慢加仓。等到顶峰时,个个觉得自己是股神,因此,高位重仓,最后回调一把输光。这就是大多数股民亏钱的最主要原因。

十、实操当模拟盘的意义

无论你如何认真把模拟盘当实盘进行实操模拟,有过体验的人就知道,其平和冷静的心境还是不一样的。因此,为了使实操变得更接近理性和清醒,把实操当成模拟盘对待的心理暗示意义重大。这会最大限度发挥"第三视角"和"局外人"的智慧光芒。

十一、只管自己的"一亩三分地"

独立走牛的强庄股,完全可能不顾大盘走势、热点切换、板块效应等,因此,管好"自己的一亩三分地"是把复杂问题简单化最好的认知。

十二、主升浪分时走势

主力强运作的主升浪阶段,一定是痛快淋漓——涨时追不上,跌时吓破胆,波动 5% 是常态。

第 064 篇——2024 年 8 月 13 日记

第三章

百炼成钢：支撑篇

　　从大盘运行的五时段划分出发，找到实操坐标的原点，就为踩准庄家表演节奏、实现与庄共舞找到了盘面的支点，也为跟踪、判断巨超的轨迹给出了具体的时空区间，因此，实操就有了最基础的战略支撑。

　　修炼心境平和淡定的意境，保持较好的精气神，通过反复试错积累实战经验，为实操提供了强大的技术和心理保障。反复"刻意练习"，练就实操真功夫，成为一个清醒理性的人，就能在无物无我、若即若离的最优状态下充分发挥自身机动灵活的优势，有序提高实操能力，规避各种陷阱，成为一个短线实操的高手。

大盘时段管理

　　实操所有工作（休息、选股、买入、卖出）都是基于大盘的区位特点开展的，任何时候都要对大盘的低、中、高区位有清醒的研判。不考虑大盘的趋势和运行区位就会失去方向感、趋势感和节奏感，就会受到市场惩罚。

　　一、大盘区位分解

　　波浪运动是时间、空间和能量共同作用的结果。以时间为横坐标，以空间为纵坐标，以能量的变化体现波浪运动，更能直观反映大盘指数运行所处的区位。图3—1是大盘常规运行区位分解图，图3—2是大盘牛皮市运行的变化区位分解图,图中对不同的运行区位分别用①~⑨进行区别标注。

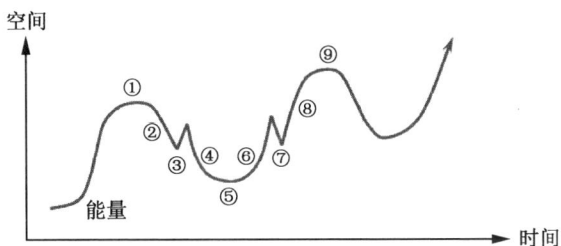

图3—1　常规区位分解

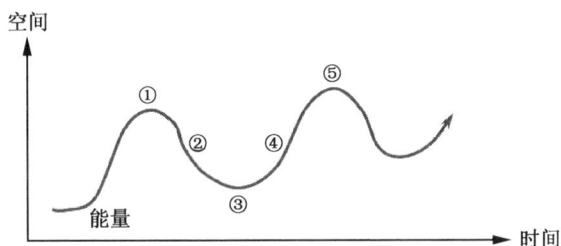

图3—2　变化区位分解

二、区位应对策略

第一,一区后期至二区、三区后期至四区是操作雷区,应该坚守空仓策略,耐心等待标志性阴线的到来。

第二,三区操作机会以二区标志性阴线为起点,主体是前期巨超的超跌反弹,坚守低吸策略。

第三,变化图四区(常规图八区)标志性阳线出现后的追高是操作雷区,应坚守低吸策略。

第四,五区操作机会以四区标志性阴线为起点,未来一周是巨超的摇篮,坚守追强策略。

第五,变化图二区标志性阴线为起点和四区标志性阳线是巨超的摇篮,应坚守追强策略。

三、大盘区位判定

(一)判定相对低位

一是大盘处在预期低位时段(极可能出现的恐杀时段)——必定是主流

板块的切换时段。重点是底部个股筹码已收集完毕,技术构图已准备充分的个股筛选。

二是大盘已确认企稳后一周时段——重视技术构图,从表面看似是而非,实则已充分控盘的小盘庄股或特大盘超低价股,会顺势开始表演。

（二）判定相对中位

大盘在上行趋势中的小恐杀时段——特别要重视恐杀时点及之后的次日起板的个股,并做好记录跟踪。

（三）判定相对高位

一是大盘已上行一定的空间面临压力区,市场分歧开始加大,量能开始缩减。

二是大盘已运行一段时间,龙头已高位滞涨,热点已加速转换。

四、区位操作策略

依据大盘所处区位空间不同,实战时段分为空仓时段、半空时段、补涨时段和巨超时段。

时段预判和实盘确认是一个互动的过程。半空时段和补涨时段是相对模糊弹性的管理时段,严禁老股追涨。空仓时段必须严格坚守。

（一）空仓静观等待期

高位信号出现时,严格执行空仓离开,直至大盘恐杀之次日止。高位不空仓,会受到惩罚,必将付出时间和资金代价。

（二）半仓谨慎操作期

大盘进入相对高位的前期,采用半空仓模式进入空仓过渡。其具体实操采用尾进早出,最长持股时限不超过60分钟。

（三）尾盘空仓策略

尾盘空仓条件:一是大盘该强不强,严防下跌中继的最后一跌;二是大盘已反弹至前阻力位时,本轮龙头个股已开板进入高位震荡。

（四）巨超集中挖掘期

一是确保空仓,全部资金随时备战巨超;二是巨超时段实战操作更适合资金集中管理;三是突发宏观大事件带来的历史机遇。

五、实操坐标原点

盘中已出现从底部新启动的热点板块为实操坐标原点,以龙头走势作为参照，观察判断大盘阶段性的低、中、高区位。当大盘进入阶段性高位区间后，随时做好停止操作的准备，直至停止小波段操作为终止点。

六、大盘时段细分

（一）大盘杀恐时段

避免追高位前期强势股和强庄股，如遇补跌，会十分惨烈；同时，又是发现真正龙头的绝佳时机。

（二）大盘企稳时段

以前期强势股和强庄股已补跌企稳为标志。进场时机选择多数人看来最危险的时候。

（三）波段早期时段

注：日记只提出了标题，没有深入说明。

（四）波段中期时段

注：日记只提出了标题，没有深入说明。

（五）波段高位时段

防范风险为主，把握机会为辅。心里没底，宁可放弃；宁愿错过，不可做错。

第 065 篇——2015 年 10 月 1 日记

实战时段管理

依据大盘所处区位空间不同，实战时段分为半空时段、空仓时段、二三时段（预期盈利 2%～3% 的操作）和巨超时段。

时段预判和实盘确认是一个互动的过程。半空时段和二三时段是相对模糊弹性管理时段，空仓时段必须严格坚守。

当图 3-2 变化图二区（图 3-1 常规图四区）标志性阴线产生时，实战进入变化图三区（常规图五区）的巨超核心时段管理。

一、巨超时段管理

第一，确保空仓，全部资金随时备战巨超。

第二,盘中关注"81与83"动态,力争第一时间发现长期底部起板的个股,并做好记录管理。

第三,如预判是变化图三区(常规图五区),未来一周盘后的筛选是最为金贵的时段,务必集中集体智慧,反复筛选,为次日备战准备。

第四,谨防高位强势个股的诱多,聚焦长期底部新起板的个股。

第五,大盘走出ABC调整浪后,依据宏观背景,严防大盘走成下跌五小浪,规避大盘最后的恐杀。

第六,只有巨超时段研究双板、单板才有意义,非巨超时段只有判断大盘热点的意义,没有实战价值,适当关注即可。

第七,巨超时段实战操作更适合资金集中管理。

第八,突发宏观大事件带来的历史机遇。

二、非巨超时段管理

半空时段和二三时段是相对模糊的弹性管理时段。实战操作坚守低吸买入和二三操作模式,严禁老股追涨。

第066篇——2016年6月25日记

时间节点管理

一、新年伊始

2022年1月4日开盘第一天,翠微股份开始拉板,明显是主力事先已经想好了的。第一天开始拉板,志在成为2022年大旗,希望成为第一牛股,至今已涨了三倍有余,见图3—3。

二、春节前

虎年春节前两周，上证指数已探至 250 日线上下争夺（见图 3—4）——按常理来说，在此点位区间应该是相对低点。所以，已吸筹完毕的主力开始拉板，准备大红迎新春，如证通电子、京蓝科技、保利联合（见图 3—5）。

图 3—3　翠微股份局部日走势

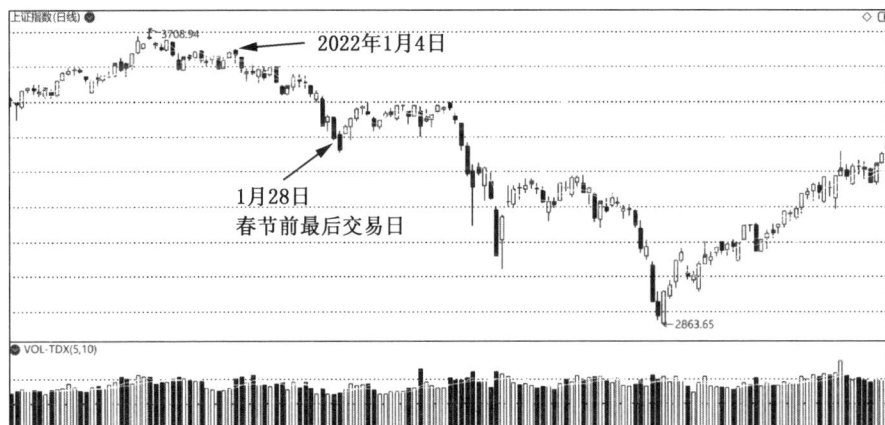

图 3—4　上证指数与个股时点对照

图3—5 保利联合局部日走势

也有主力有足够的耐心,要等到牛年收盘前一两天开始拉板,见红迎新春,如冀东装备、恒宝股份——由于节前一周大盘出现恐杀,就为分辨出特别强势的主力行为留下了依据,也使在低位吸入筹码成为可能。

什么叫特别强势?1月24—28日冀东装备、恒宝股份(见图3—6)就是最好的例子。受大盘恐杀影响,一天快速涨停,一天大幅回调(没有跌停,观察分时很重要),次日再强势涨停——干脆利落。从看K线、看构图、看分时这些最基础的技术分析元素可以感知,这就是技术分析。

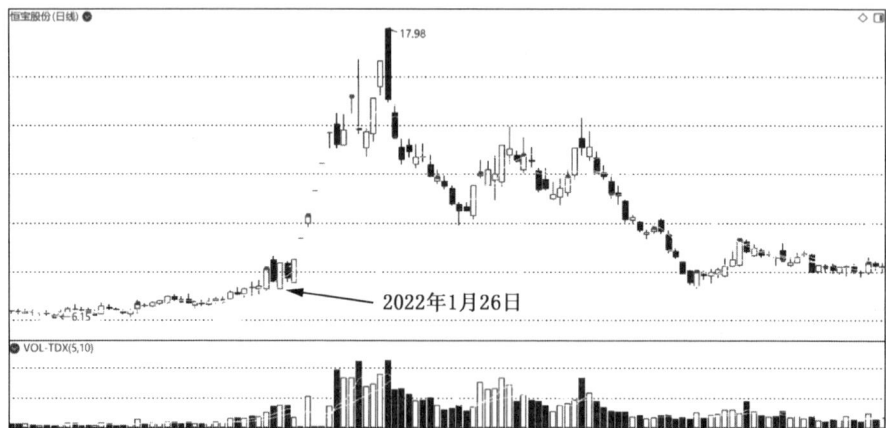

图3—6 恒宝股份局部日走势

三、春节后

有些主力并不急于为春节送红包,喜欢根据春节假期消息面情况,节后来个开门红。因此有些个股就有了之前强势整理,节后一炮巨响的绩优基建板块的启动,如浙江建设、中国海诚等节后的三连板。

四、敏感的周五

周五是一周交易的收官之战,是画周K线的收笔之作。在实操中,要结合大盘背景及主流热点的切换情况,为下周操作做好布局。特别是在某个大盘指数底部企稳开展攻击,但其余三大指数没有形成同步,主流热点又是一个你追我赶、多点开花的复杂局面时,周五操作要特别谨慎、保守。

(一)大幅拉升的个股严防回撤

一个热点往往只能领涨一周,周五就成为热点切换的敏感时点。特别是三五浪巨超类,通过连续几天拉板后,周五主力就会思考周K线问题。如果本周涨幅已大,为了调整周K线技术指标,极易造成冲高回落,盘中高点卖出是个好主意。即使盘面股价涨停卖出减仓,也是一种降低风险、落袋为安的操作策略——通过周末的思考及宏观面影响,下周一大幅低开甚至跌停开盘也是大有可能的。

(二)大幅调整的个股关注机会

过去一周受外界影响巨幅回调的巨超类个股,下一周是否会有一次补涨的机会呢? 即使图形很难看,没有企稳的K线组合图,但通过ABC调整浪型(分时会更加明显)、重要支撑、盘中分时走势、成交量等核心要素分析,也可以博短期反转走势——巨超类庄家不就是有这种凶悍的风格,才适合做巨超吗? 这也符合"当致命风险过后,值得一搏"的理念。

五、小恐杀时点

阴阳互化,涨跌寻常。不论大盘处在什么时段,三五天大盘就会有一个小恐杀。在实操的买卖时点选择时,务必把三五天大盘就会有一个小恐杀的节奏放在操作策略中考虑。

第067篇——2022年2月8日记

持续盈利之执行力

几百年来无数投资冒险者前赴后继,依据简单的数学原理,在探寻复利财富增长的实现路径。前人总结了很多经典的理念,无论是"高手之高三绝招"(克服人性弱点、懂得取舍、恪守原则),还是"高手要过三道槛"(空仓从容盯盘等待、不以涨喜不以跌悲、破位坚决止损离场),抑或"更出众的三特质"(超乎常人的忍功、专注自己的策略、对信号的执行力)等,这些经典理念都特别强调执行力的重要性。这就说明一个道理,不论你的能力多么强,理念多么好,最终是要通过实操交易执行来实现的。如果实现不了,一切就成了空谈。

不管设计怎样的交易系统,系统交易信号只有两类:一是买入信号(试探买入、开仓买入、加仓买入);二是卖出信号(止损卖出、减仓卖出、止盈卖出)。因此,执行力好与不好,首先体现在买卖两类事先设定好的交易信号出现时,能否严格执行信号,特别是最坏情况(止损)的设计和执行,堪称是交易的灵魂。

按常理来说,一个设定的数值出现时,不假思索直接操作执行即可,没有那么难。但实际操作中为什么那么难呢?由于实操中往往会出现执行信号是错的——止损后该股又涨了,止损后资金买入其他个股又被套了,如此反复几次,自己对设定的系统交易信号就怀疑不认可了,怎么还可能坚决执行呢?因此,我们应该明白了一个道理——要实现持续盈利的终极目标,不仅仅是一个简单交易信号的执行力问题,而是要把长期苦心积累的能力、经验和理念具体落实到交易系统的设计中,让交易系统提供的交易信号变得可靠,能充分体现"等待、平和、理性、适度、舍弃、节奏、忍耐、从容、优雅、谨慎、保守"等内涵,才能支撑交易系统有效率、可持续,并能真正做到知行合一。

从"买什么、何时买、买多少"的视角出发来思考,为什么经典理念反反复复提到要"克服人性弱点,空仓从容盯盘等待,有超乎寻常的忍耐"呢?目标就是要解决:在大盘相对低位找到适合自己操作策略的目标个股,并在相对安全的价格时点买入上涨趋势相对可靠的优中选优的目标个股。要实现这样一个目标,是一件十分困难的事情。因为股市每时每刻都有涨停的个股,会让人眼花缭乱、想入非非,人性的弱点自然而然让人冲动行事,不自觉中会产生交易的强迫症,造成冲动性交易、频繁交易、过度交易。这种仓促、过度、盲目、缺乏节奏感的交易,对资金安全带来巨大的风险,对心理产生巨大的冲击,会造成心理失衡,使得操作体系陷入恶性循环。

如何让我们的"能耐"在选股、选时中得到完美的有节奏感的体现呢?

一、放低预期,心态平和

要明白一个通过市场反复验证的真理——操作不是越多越好,关键是要在大盘适合的时段,精心寻找、反复筛选出最好的个股,再耐心等待一个安全的买入时点。这种自己有强力感觉的个股不是常有的,甚至几个月才有。一年有二至三次操作机会,也就足够了。要实现连续 20% 的年复利增长,是一件非常难的事情。有了这样的一种认知,心理预期就放低了——心态自然平和了,焦虑冲动情绪自然减轻了,等待忍耐也就自然了。

二、巨超时段,倾心研究

做实业三五年有收益已是十分幸运了——其中的艰辛只有经历过的人才能感同身受,做股票用三五天研究,是不是很短的时间了呢?但从过往经验总结来看,往往在这个环节没有花时间深入研究对比,甚至连三五个小时也没有,匆匆选定,匆匆买入——这样做,有再多的能力积累也是徒劳。如此这般凭直觉操作,怎么可能会有好的结果? 实现财富持续复利增长就只能成为"空中楼阁"。

三、懂得取舍,学会减法

注:日记只提出了标题,没有深入说明,容后再补充完成。

四、设定一个操作冷静期

通过倾心研究选定的个股,在实操买入之前,设定一个实操冷静期是十分必要的。离开盘面,转换环境,对照全套操作手册仔细核看一遍,冷静评估,力求把过往积累的智慧能在决策中体现出来。

五、添加试探性测试环节

这是操作风险防范的最后一道防线,通过试探性小量介入,检验预判是否正确。确定已踩准主力操盘节奏后,再分批介入,会大大降低操作风险,提高成功率。

第 068 篇——2022 年 2 月 17 日记

庄家表演节奏

A 股市场有掌控着几亿至上百亿元资金的几万只各类基金,数百上千万金融界精英长期就职于这些平台,天天在研究如何解读全球宏观经济走向,寻找微观炒作工具。锁定目标并耐心吸筹完毕后,最重要的谋划是何时登台表演——更能吸引散户眼球,让散户深信故事美好的前景,并参与投票,以实现庄家坐庄盈利的目标。

从庄家的视角,大盘最终的走势也可以解读为:根据宏观综合分析,在成百上千个庄家通过坐庄工具表演的主导下,充分利用宏观层面的风向,讲好故事做好表演,引导一大群怀揣着一夜暴富梦想的、无法克服人性弱点的、可怜的小散群体积极参与,并在高位为其接盘实现退出,如此产生的连续行为结果,决定了行情每一根 K 线,构成实操目标最终的走势图。

一、庄家坐庄的难

庄家坐庄是一个系统工程,非常辛苦,每天都要开早会开晚会。目标公司股票只是一个投机工具,公司的公告、基本面等一切可利用的信息只是一个道具。一切准备就绪后,要等待一个特别能吸引眼球的时点登台表演,这是重大的战略安排,关乎整个计划的成败。

庄家坐庄的精髓是"出乎意料"——充分利用宏观面、目标公司、大众人性弱点,通过每天的 K 线图灌输一种定性思维,当大众普遍认可时,反其道而行之。出货阶段是庄家最难操作的时期,没有一个人能够说清楚其中的道道,只能通过"吸筹、洗筹、拉升、出货"这样的区域判断来加以区分指引。

二、庄家与大盘节奏

庄家坐庄表演是龙头个股带动相关板块以热点板块走强的方式吸引市

场人气,推动大盘指数走强的。当一个热点板块龙头个股在高位出现大幅震荡后,人气开始走散。除非另一个新龙头个股开始表演,带动新的热点板块,大盘才能够持续走强;否则,资金就会失去方向,大盘就会走弱。

2022年以来,由于宏观面下行的压力加大,大盘逐波走低的走势就是因为没有持续的热点。在这种背景下,大庄家会在前一个热点龙头个股强力拉板到位后,在大盘走弱出现一个小恐杀时启动行情,吸引大众的眼球,成为新一轮热点的大旗。至于日后几天大盘会走成怎样,大庄家已不在意了,如有大恐杀,也许会顺势调整一天,而后再连续大涨,自然就成为市场的明星。如此,既实现了坐庄的目标,也践行了国家维稳的政策,可谓一举两得。

三、庄家表演的时点

(一)大庄家

实力雄厚,本领通天,工具靓丽,担当使命。一旦启动行情,几乎跟大盘走势(包括大恐杀)没有关系,偶尔有影响,最多也就一两天,直至实现3~10倍的上涨目标,这是通天资本大鳄。如属于个股利好题材,启动与大盘时段无关;如属于政策利好板块题材,大多会选择在大盘恐杀开始之后启动,这符合热点切换节奏。

(二)中庄家

大盘恐杀开始后,部分个股保持强势走势,并蓄势待发;部分个股即开始拉板,因大盘连续恐杀,会有反复震荡。大盘见底企稳后,这些个股将开始连续拉升,此乃有备而来的强者。

(三)小庄家

大盘恐杀时段保持强势走势,大盘见底企稳后的第一周内,陆续开始拉板行情。这些小庄当属善于借势的聪明人。

(四)小混混

大盘见底企稳后的第一周之后,开始无序的表演,咬一口是一口,没有实力控盘,没有明确的目标,是混饭吃的主。

第069篇——2022年4月29日记

五时段实操坐标

打开指数 K 线,一眼就能直接感受到整体的一个构图。本年度大盘波动的节奏、区间和时段会有一个较为清晰的画面。打开涨跌排行榜就能直接感知当前的市场热度,结合当前四大指数运行的同步情况,就能对画面中无数隐形的庄家行为有所感知,对日后可能的走势有个大致的预判,并制定应对之策。

把大盘细分为五个时段指导操作,应该是安全理念至上、符合大庄家表演节奏的一种划分。把原点定位在"预期低位时段及可能出现的恐杀时段",是实操十分重要的决策基准。

在不同的市场环境下,五个时段会发生不同的演化。其中的某一个时段会放大或缩短,五个时段走完可能数月,也可能不足一个月。恐杀时段,大盘底部区位有时会演化为 ABC 三浪下跌,甚至走成一个完整的五浪下跌。在震荡平衡市中,则表现为大盘区位变化图二区比较温和的小恐杀回调。在结构性小牛市中,中期时段就会放大,通过阶段性几个单日恐杀来化解压力、增强动力(切换热点),继续推升大盘指数,以延伸中期时段的时长。在震荡盘跌市中,中期和高位时段就会很短、很模糊,甚至就没有。

根据大盘不同时段的特征选择不同的选股策略,在只是独行侠操作时,一个时段重点关注一种类型的构图,集中精力聚焦择优实施操作,应该是实事求是、切实可行、从容不迫的策略。

一、大盘恐杀时段

它包括大盘处在弱势盘跌低位时段及可能出现的恐杀时段。这必定是未来主流板块的孕育时段,是发现真正龙头的绝佳时机。

大盘低迷时段没有板块效应,机会聚焦在少数几个强庄股上,这是底部扎实、已放量拉板、大幅震荡的庄股——最好低吸时机,极有可能早期就追上未来的真巨超。

第一,少数构图完美,基本符合巨超条件的个股,实施单板次日的早盘追击策略。

第二,大盘低位恐杀的绝佳机会之一,是新股开板后的二浪低吸操作机会,特别是长期低迷的环境下出现的恐杀时段尤为如此。

二、大盘企稳时段

以前期强势股已补跌企稳、超跌股已强势反弹为标志,大盘已反弹3～5天后确认企稳时段。

第一,构图蓄势待发的中庄股会顺势开始表演。第二,超跌股反弹(大盘已跌无可跌之时)。第三,真巨超中途开板上车的好时机。

三、波段早期时段

以至少有连拉5板、有热点板块效应的巨超龙头出现为标志,当大盘确认是年内阶段性底部后,高位长期横盘的长牛股会启动真突破行情。

四、波段中期时段

板块热点已开始扩散,是"百花齐放"之时,此时极易让人眼花缭乱,因此需要聚焦。

第一,关注大盘在上行趋势中的小恐杀时点尾盘及之后的次日起板的个股。

第二,大盘大跌次日早盘是运用扫把理论的最佳时机,特别是大跌次日。

第三,如果结构性小牛市中期时段时间较长,一定涉及热点切换,后期就会出现"主力拉高建仓,回调洗筹,等待机会的节奏构图",择机走出更多操作性强的金银股和巨超机会。这类构图筛选的时间是从容的,关键是对大盘节奏和个股构图的认知。

五、波段高位时段

大盘上行面临压力,龙头已高位滞涨,热点开始加速转换,市场分歧明显加大。高位不空仓会受到时间和资金损失的毁灭性惩罚。判定相对高位之后,就要开始安排资金有序退出,宁可提前休息,也不可迟疑懈怠。这是下一轮操作的战略起点,应确保战略主动。

第一,大盘进入高位的前期,采用半空仓模式。具体操作是尾进早出,最长持股时限不超过60分钟。

第二,大盘进入高位的后期或在下跌浪震荡横盘末期该强不强的敏感时点,坚定尾盘空仓,严防次日低开低走泥沙俱下的风险。

第三,最优雅从容的做法是,提前进入空仓静观等待期。

六、实操聚焦类型

(一)真超

真超一定是受国内政策、国际环境或个股基本面的可表演素材所引发的强烈运作。国内往往会在经济环境不好时出台刺激政策,因此,也表现为在指数相对比较低位时发生,且会带来相对持续的板块效应。国际环境和个股基本面的重大变化,是突发的、是个体的,没有具体的时间限制。

(二)巨二浪型

巨二浪调整到位为主的低吸机会,是各个时段关注、选择、操作的最主要机会之一。

(三)金银股

金银股的低吸机会是各个时段关注、选择、操作的最主要机会之二。在大盘人气低迷时,数量较少,主要表现为个股机会。在大盘操作环境温和时,数量就多,既有个股独立行情,也有表现为板块联动的趋势性行情。

七、特别温馨提醒

第一,高弹性是一切选股的前提条件。

第二,大盘至少 3～5 个月的画面印刻在脑子里,时刻与预选目标个股对照,以求解读主力。

第三,五个时段都是大、中、小庄家和小"混混"先后登场表演的节奏。

第四,时点运用:周一、周五,神奇数字 3、5、8、13、21、34、55,月、季、1/3 年、半年,热点切换转换时点,出现巨超的时点。

第 070 篇——2022 年 5 月 7 日记

关于技术指标的思考*

一、K线

K线是股价的基本细胞,是最基本的表现形式。三根 K 线反映了接下来的趋势,四根 K 线是形态的基础。强势股票最显著特征就是天天都有能力创出盘中新高。

二、指标

牛市(股)的指标像老板工作——不知疲倦,高了还有更高,背离了还会再背离;熊市的指标像懒惰的员工;盘整市的指标像钟点工。指标的强弱是判断的核心依据;指标的背离而掉头的次数是非常有限的。

三、均线

均线代表市场成本,长期均线绝对不是花瓶,遇强力回调 60 日及以上均线将起到支撑作用。30 日均线是强弱分水岭,60 日均线是牛熊分水岭。用军队领导体现比喻很形象。

四、通道

通道是主力与散户资金博弈形成的,由主力主导构建通道。下沿主力接盘、上沿主力抛售,45 度通道最有效、最可信、最省力。

五、形态

形态是市场资金博弈过程中形成的痕迹,给人一种强烈的心理暗示,包括顺势形态和反转形态。通道和均线是行情持续的基本路线,是主线。形态服从均线和通道,是辅助。

六、楔形

楔形代表大方向中的反方向短期休整,是趋势中的配角。上涨楔形是看

---

* 参考王国强:《炒家 33 篇》,山西人民出版社 2012 年版。

跌形态,下降楔形是看涨形态。

七、钻石顶

钻石顶是常见的、容易辨认的典型顶部形态,由扩大三角形和收敛三角形两部分构成。前者表明市场极端情绪化,后者表明热情正在退却。

八、反转

波段操作要很重视反转形态。楔形出现最多,钻石顶可靠性最高,包含线大多隐藏在其中。包含线常常出现在底部或顶部,预示短暂平衡过后是惊涛骇浪。旗行是典型的强势突破形态。

九、跳空

跳空说明某一方势力处于极强的状态,跳空是难得出现的。只要出现了向上的跳空——突破缺口,就值得跟踪;一旦第二个缺口出现——中继缺口(测量缺口),强势格局就暴露无遗了,中继缺口越多,表明股票越强势。加之衰竭缺口,就基本涵盖了一只股票的主要成长历程。

十、天量

天量是市场热情达到极致的反映。成交量不能持续放大,意味着股价的推动力量已减弱。天价是大家都觉得贵的价格,大资金往往在大家还觉得不贵时已提前集中派发了(天量)。股价高点是惯性上涨形成的,即天量之后见天价。

十一、牛气

无论是牛市或牛股,一旦沾上牛气,就会出现上涨总远高于预期。前期是主力引导表演,一旦市场大众形成共识,就会产生一股巨大的市场力量,超乎所有个体(包括主力)的预期。高位的一两次利空很难对牛市或牛股构成直接威胁,顶着利空上行是牛市和牛股的常态。高点都在危险信号过后的放松时刻出现(滞后效应或反射理论)。

十二、"蟹味"

股市的上涨都是由赚钱效应引起的,随着市场规模的扩大,短炒热门股将成为常态。牛市不常有，牛股会常在。

十三、半九十

"最后十里路"是最关键时点——急跌或急涨。最后的时刻是超预期、最疯狂、最考验心理承受力的时刻。只有充分认识、准确处理这些信息，才是真正的强者。

十四、重势

顺势而为是最安全、明智的选择。上升势头是经过时间磨炼才形成的，一旦势头形成，就很难改变；同理，下跌势头也需要一连串利好配合才会止跌，特别是大盘趋势尤为如此。

十五、"黑白道"

中国牛市和熊市都是短暂的，更多的时候是牛皮盘整市。除了短暂的牛市炒业绩——走"白道"，其他时间都可以当熊市对待炒题材——走"黑道"。

十六、应变

牛市（股）的关键在于有没有气吞山河的胆量和气魄；盘整市的关键在于如何找到巨超；熊市的关键在于耐心等待——依靠"账号服刑"的外在力量克服人性的弱点。

十七、时间

空间和成交量固然重要，但时间在关键时刻总能提前揭示方向。小三角突破 5～8 天常见，上升或下跌 13、21、34、55、89 天常见，农历节气敏感。

十八、悟空

至尊宝不死，孙悟空就无法现身。如果把"悟"出来的东西强化再强化，那么简简单单的股市就呈现在你的面前了。

第 071 篇——2022 年 5 月 22 日记

巨超起板与大盘时点

大盘每天都有一批单板的个股,每天都花大量时间去跟踪、寻找日后的真巨超,试图在二板时就能进场,这是理想化的意愿。但是,由于人的精力有限(一天盘后只有 18 小时),因此,不太可能做到。是否有更主动、更高效的寻找路径呢? 根据庄家表演节奏及大盘走势的联动关系,从大盘强弱节奏的视角出发框定巨超时点,当巨超时段到来时,集中精力分析单板的个股,应该是一个比较聚焦的路径。大盘由弱转强、再由强转弱的节奏,不就是以真巨超为龙头带动相关板块个股走强转化为大盘的强弱节奏吗?! 但有一个很重要的细节常常被人们疏忽——真巨超起板时间会比大盘企稳时点早 3～5 个交易日,因为带动效应有一个传导滞后的时间差。

一、区间震荡市

在大盘整体处在区间震荡而非大牛市时,重点关注的时点是大盘开始走弱之时(需要 3 天 K 线确认)——从原有的真巨超已无力推升大盘开始,不是恐杀当日,至少在恐杀之前 2～3 天——大庄家事先并不知道是否有大恐杀,但可以确认大盘已走弱或已无推动大盘的上升动力,此时点正是大明星开始登场的好时机。

二、震荡盘升市

在大盘整体环境适合操作的震荡市背景下(见图 3—7),当大盘上涨一波(3～5 天)后出现上涨乏力之时(3～7 天),开始拉板表演是有志成为大明星的大庄家最佳的表演节奏,如 2022 年 8 月 19 日德龙汇能(见图 3—8)。

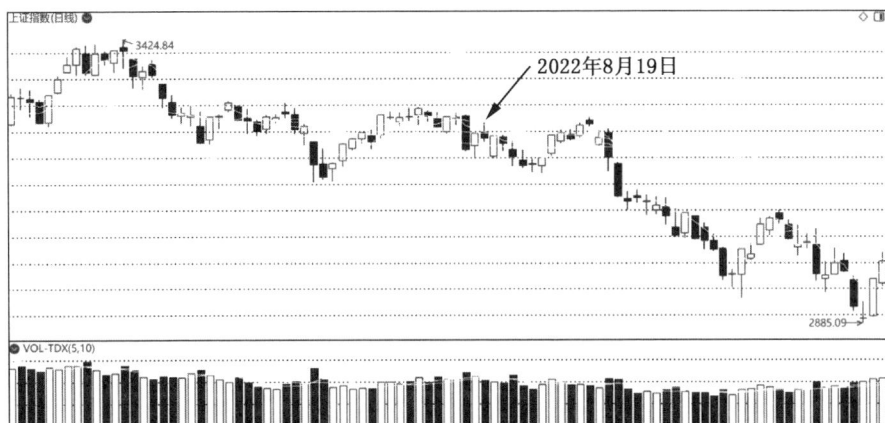

图 3－7　上证指数同一时点对照

图 3－8　德龙汇能局部日走势

三、弱势盘跌市

在大盘整体走势比较恶劣的盘跌势中,横盘后期大盘开始走弱之时,也是有志成为大明星的大庄家最佳的表演节奏。当然也有大恐杀开始当日及之后几天起板的真巨超。

四、结构小牛市

在大盘走成一个明显阶段性上升市时,恐杀的当日及次日早盘的相关个股表现成为庄家强弱的试金石,也是出巨超的时间节点。

五、周五敏感日

经验告诉我们,周五是大庄家起板的一个重要时点——周末有两天时间让众人研究关注,以吸引更多的眼球,为日后的表演汲取能量。

第 072 篇——2022 年 9 月 3 日记

塑造平稳心态

有实操体验的人都知道,平稳心态对实操影响巨大,但心态能否平稳与对股市真理的认知高度相关,没有正确认知,在瞬息万变的动态交易市场,平稳心态就无从谈起。在回看过往日记"投资年卡""大道至简""投资基本架构"等基础上,就如何塑造平稳心态做如下总结。

一、投资年卡之精选

(一)冲动交易
高预期和焦虑心理会产生交易强迫症,冲动性交易的后果会带来巨大的破坏性。"十二关键词"就是为了解决好选股、选时的重大问题,寻求自己好把握的、有取舍的适度交易机会。

(二)空仓状态
即使在可操作的时段内,空仓或小仓位状态也十分重要。一年空仓大半时间,无疑是一个高手。

(三)修炼定力
物随心转,境由心造,烦由心生。凡事不动心,静心入定,心静若水,无处不自在。

二、大道至简之精选

(一)修身
不抬杠,不希望,不玩命,不抱怨,不后悔,不假设,不遗憾,不乐观。培养反大众心理，塑造反大众视角。

（二）信心

知道事先设定并第一时间处理最坏的状况，知道落袋为安，知道持续小胜就会用时间见证大胜，应对变化能见招拆招，淡然置之。

三、投资基本架构之精选

（一）心境平和淡定——理性分析与操作的保障

心境平和淡定是化解等待焦虑的法宝，是适度预期的重要心理保障。根本目的是等待再等待好的时点，耐心再耐心寻找好的个股。

（二）能心境平和淡定的理由

一年有约 250 个交易日。如果预期年增值 30%，理论上理想的交易日有 3～5 天即可达到预期目标；再放宽 5～8 倍时间，有 25 个交易日应该也足够了——只要节奏把握好，目标准确，用 1/10 时间已很从容，还有 9/10 时间可以休息。

四、乘数效应的难

历史经验表明，要实现连续 20% 年复利增长，是一件非常难的事情，世界上没几个人能做到。乘数效应的难，在于高成功率和时间。

五、实业与投资

做实业 3～5 年能回本开始有收益，已是一件十分幸运的事了。投资等待 3～5 天或者 3～5 周是不是可以说时间短得很了呢？

六、力求成为秃鹫

保持安全，寻找目标，细心分析，耐心等待，把握时机。

七、最难的是等待

五等待或者十等待的内涵是忍耐并放弃时刻都有的机会，等待再等待适合自己节奏的机会。

八、十二关键词

等待、平和、理性、适度、舍弃、节奏、忍耐、从容、优雅、谨慎、保守、空仓——避免冲动性交易。

五个特定内涵解读

一、5％的特定内涵

第一,5％是强弱的分水岭,是十分有用的实操尺度。

第二,目标强于大盘处攻击时,设定 5％的空间 T＋0;目标弱于大盘处休整时,设定 3％的空间 T＋0。

第三,目标在 5％区间内震荡时,盘中千万不能开仓,极易被割韭菜。

第四,开盘冲高在 5％(特别是 3％)以内时,就不是真强势,T＋0 加仓就不能急于追入,可从容等待企稳低吸。

第五,高开快速冲过 5％是真强势,回踩就要快速 T＋0 加仓,要快要狠,回踩太多就有问题。

二、高手买卖节奏的参照

大众想买入时,能再等待 3～5 小时;大众兴奋想追击买入时,冷静卖出;大众不敢买或恐慌要卖出时,分批买入。

三、吊线板的风险系数

第一,吊线越长,见顶可能性越大。

第二,之前一字板越多,见顶可能性越大。

第三,前面连续多板无量,吊线放巨量,见顶可能性大。

第四,5～6 板之后是敏感时段。

第五,原有板数越少越安全。

第六,开吊越早,时间越短,次数越少越安全。

四、实盘简单化、程序化的逻辑

动态实盘太吸引人了,就像进了赌场和电影院,很容易入景入情——不由自主,情不自禁。只有眼睛和思维都离开盘面的思考才是理性的,因此实盘要遵循事先制定的条件简单化、程序化执行。

五、有节奏空仓和休息很重要

第一,实操是很费精气神的事,需要有节奏的休整。

第二,大盘的运行是有节奏的,也需要这样的休息。

第三,通过放空,对阶段性实操的总结,更有利于后续的实操。

第 074 篇——2022 年 10 月 3 日记

步步为营之战略支撑

一、规避风险

(一)关键时点提高警觉性

大盘向上运行一段时间且在相对高位指数不同步又开始走弱后(见图 3—9),面临着大盘是转强还是再延续弱势甚至进入大恐杀的关键时点时,要特别提高警觉性,加强对时局的敏锐分析。如果难以确定,那就停下脚步再等待一点时间,以大盘会走弱甚至恐杀作为优先心理暗示准备。

图 3—9 上证指数与个股时点对照

以 2022 年 12 月 19 日星期一为例,敏感周五三大指数都比较平稳,但创业板指数已创新低(见图 3—10),周末又有不少利好政策,因此本人以为周一大盘会比较平稳,从而做出了周一开始二次试手的准备。不承想,自己刚刚经历的"阳"体验很轻,但全国出阳率迅速发展,这一突如其来的、突发的全民性重大事件被庄家联盟放大利用,造成一周连续恐杀走势的结果。

图 3—10　创业板指数与上证指数对照

(二)防范化解大恐杀风险

在实操体系中,要把时段放在前置条件,但如何防范意外的超预期利空被庄家放大利用,导致大盘大恐杀,还是要格外提防的。万一正巧赶上了大恐杀,需要做的是把 T＋0 做成,不但能基本化解市场大震荡所带来的风险,反而成为保证主动盈利的契机。

(三)技术拐点的危险构图

短期均线将走平,量能不配合,技术指标已经死叉或面临收敛,面对这种危险的构图,一定要提前预判,并要果断行动了结持仓以规避可能的风险。

(四)个股瞬间恐杀的根源

在大盘走势疲弱的背景下,目标个股盘子偏大,市场主力想向上做盘,但人气上不来,跟风盘不济,个股技术构图面临变盘的节奏点,不上则下,最终造成主力之间相互厮杀。这种状况最近两次实盘中出现了 40％概率,是真实的高概率事件,要高度重视其中的风险和巨大的破坏性,以 2022 年 12 月 30 日恒大高新(见图 3—11)和 2022 年 12 月 14 日徐家汇(见图 3—12)为例。

图 3－11　恒大高新局部日走势

图 3－12　徐家汇局部日走势

（五）认知恐怖的风险

风险,恐怖的风险,可能会在几分钟时间内掀起惊涛骇浪,让一切灰飞烟灭,化为乌有。因此,当直觉发出怀疑的信号时,要立马提前行动,保护本金安全,任何时候都是第一位的。留得青山在,不怕没柴烧。

（六）空与选买卖的关系

空是对选的一种支撑,也是为了给选留出足够的时间。空也为等待最好的买入时点做好准备。当心态失衡时,当20％区间到达时,当思维散乱时,最好的办法就是立马卖了,放手空下来。空既是选、买、卖能够从容的基本保障,也是选、买、卖之间过度的转化器、调节器、加油站。

二、技术措施

(一)动态构图静态化

事后分析看到的是日 K 线构图,动态实盘看到的是动态分时构图。动态分时走势是一把双刃剑,让动态分时静下来成为静态构图分析,以指导实操是十分重要的功夫。千万要避免被动态的分时带走节奏。如果不处理好、运用好"若即若离",那么,容易在不知不觉中陷入主力的节奏。

把精力用在仔细观察分析分时构图的走势是十分危险的,必须保持与分时"若即若离"的状态。相信真正在攻击当中的个股,不会在一个点有太多的停留。一旦出现分时在某个点过多停留,就说明一定是有问题了,即可能攻击动力已散失,必须立刻采取果断行动。

(二)把总结转化为程序化信息

把经验总结分解成一个个具体的、固定的、完整逻辑关系的程序化信息,对指导实操意义重大。当某一情况发生时,就能快速提取相关信息,进行无思考的程序化处理,使实操能在强大的支撑体系中理性开展。只有把"求胜不求全"的哲理性语言转化为"一想、二看、三了结"这种盘口能运用的实操语言,才能够真正在实战中发挥作用。

以天地板为例,出现的条件应该是大盘超预期恐杀背景,目标个股已经是大明星或者志在成为龙头的个股。2022 年 12 月 30 日是年度最后一个交易日,大盘比预期强,主要热点在大消费,恒大高新早盘也很强,但也许正是热点在大消费而不在新能源(钠电池),不利于庄家的表演,所以最后走成一个大恐杀的走势。

(三)看事实论是否真强势

3~5 天都不见一个板个股,事实明摆着不是什么强势股,还担什么心怕踏空呢? 完全是无视明明白白给出的交易事实。

(四)庄家变招——再解"三五法则"

当你对一个目标个股的走势能连续 3~5 天准确判断时,以为你已读懂主力,其实这正是危险逼近的时候。主力庄家永远会想方设法变招应对散户,会以你实操的动作正好相反的方向运行,这就是主力运用"三五法则"变招的典型案例。

(五)领涨板块的实质

核心是领涨的龙头,而不是跟风盘。如果目标个股是领涨板块的落后者，还不如抛开领涨的光环，按照自身的构图决定取舍，否则极易被板块联动思维带入陷阱。一个领涨板块的目标，如果涨了不到 5% 就停下来，还走弱，不用找理由，一定是有原因的，要高度警惕，并随时准备出来。尽管一时半会儿说不清楚其真实的缘由（可能是节奏点不对，可能是多个庄家之间博弈等），也应该放弃机会而观望。

（六）超预期走势是常态

目标个股按"预期走势"走，说明你的判断是对的；按"超预期走势"走，说明你的判断是错的。小散是跟随者，主力才是主导者，只有小散大多数预期是错的，主力才能生存，因此，现实一定是大多数时间都是超预期的走势。当目标个股处在强势时，大多会超预期的强（分时、均线、攻击力度、开盘价、收盘价、最低价、最高价）；当目标个股处在弱势时，也会超乎预期的弱，这是市场运行的本质特征。

三、营造心境

（一）欲望是魔鬼

如果在实操过程中有了希望和想法，心中就会产生魔鬼。一旦市场没有按照预期走，甚至反向，心境就很容易失衡。这是人性，是必然的心理反应，是不由自主的，是无法控制的。

（二）接受弱者地位

当目标个股停止攻击，开始反复震荡，你是永远斗不过主力庄家的。主力庄家了解一切跟随者的状态，而小散户是看不清的。庄家总会有办法让你在最不该卖时绝望地把筹码卖了。你所能做的最好办法是一切先行一步（早一步卖了），避免出现被收割的后果。正视自己是弱小的，主力庄家是强大的。站在弱者的位置看问题、想办法、找对策。

（三）真正的无欲无求

心境平和淡定、实战精气神足都很重要，但还远远不够。我们要放下一切杂念，而最重要的是要跳出动态分时走势，真切体会心中无股，而以一个旁观者的心境评判决策，并迅速付之行动。只有这样，才能做到从容自如，优雅淡定，从而做出理性、正确的决断。

1. 节假日之前早早就开始根据目标个股的实际构图做出了断而从容休息。

2. 手中有大量的现金，一点不为市场波动所动，从不去想如果、假如、可能之类的词。

3.脑子里完全没有所谓的错过机会、踏空的概念。

4.资金在手中是最安全的,一动就面临风险,风险就意味着代价。

5.脑子里只有技术分析五要素、四价、技术指标、构图、股型,没有预期,没有盈利,没有亏损。

(四)好心境需要支持系统

好心境是靠有效的实操系统产生良好的结果而营造产生的。没有一个切合实际的实操系统支撑,好心境只能是一句空话。一旦操作系统出现意料之外的情况,心态开始失衡,最好的办法就是立刻停止一切操作,空仓远离盘面。其他的一切修炼都十分有限,毕竟大部分散户是普通人,无法超越人性。

第 075 篇——2023 年 1 月 11 日记

战略支撑

上篇"步步为营之战略支撑",从"规避风险"和"营造心境"两大视角出发,阐述了如何通过"技术措施"获得实操的战略支撑。但要把战略支撑直接运用到实战中,结合"简单+常识",还需要从更多的维度归纳总结、精简呈现。

一、自然法则

能量+空间+时间=波浪运动。向上需要持续资金推动,向下只要预期改变抛售——悲观预期一旦形成,就会出现自由落体式的大恐杀。

二、五个时段划分

从根本上把指数波浪运动进行了最小单元的划分,并系统解答了动力的来源、表现形式、内在规律。

真超是五个时段其内在动力传导机制的主线,是一面旗帜。根据引爆"三个特定条件"的不同,决定竞逐表演的时点不同,在不同的时点以同样的方式(举大旗、带人气)推升大盘。

三、时间维度

从实盘一天的几大关键时点到周一周五、节假日、月季、半年一年，从"三五法则"到神奇数据，从 3～5 时 3～5 天到 3～5 周 3～5 月，时间就像一面镜子，揭示着股市运行的内在规律。

四、庄家的难

第一，主力运作过程需要时间。

第二，庄家要接受年度考核。

第三，年度金股——高明的庄家我行我素，1 年做 1 庄。

第四，主流形成非一日之功，实则久久为功，退出绝非易事。

第五，找庄难、集筹难、竞逐难、出来难。

第六，真超——被监管核查是意料中的事。

五、高手尺度

第一，高手＝总能提前一拍(空仓＋等待＋布局＋优化)。

第二，高手＝主动放弃很多机会＝手中持有大量现金。

第三，心境平和淡定＝化解焦虑＋从容等待＋理性分析。

第四，没有预期——不设盈利目标，相信水到渠成。

第五，成功——简单的对的事情反复做。

第六，高手之高不在于大盘好时赚多少，重要的是大多数人亏钱时能赚钱或不亏钱。

六、散户优势

第一，散户唯一优势——机动、灵活，以"快"定乾坤。

第二，盘旋式打圈子＝运动中集中兵力打歼灭战、速决战。

七、实操支持

第一，实盘指令——越简单的指令越合理、更可行、好操作。

第二，组合投资——是一剂良方，能解决三大问题。

第三，盘前定策略，实盘无预期。

第四，制胜法宝——资金和股票，阴阳两极，左右两手。

第五,神奇数字——预先提示警觉。

第六,新高——是解放全体股东。

第七,黄金分割——揭示支撑、阻力。

第八,波浪运动＝时间＋空间＋能量。

八、实操冷静期

离开盘面转换思维,充分发挥在水中、在床上、在车里常常突发灵感、跳出一句经典来的思维特点,运用若即若离服务于实操。

九、"时"看"空选买卖"

空选买卖归结为一个"时"字(时间),大赢大亏后要(时常、经常)空＝休息＝休整心态＋市场调整＋热点切换;选之要在时点,买之要在适时,卖之要在及时。

空与选买卖的关系:空是为选留时间,空也为最好的买点等待准备;卖出时点出现、心态失衡时,立马走人,放手空下来。

第 076 篇——2023 年 1 月 15 日记

试手恒大高新有感

回望一年的总结,真正涉及实操的买卖少之又少,这是最终落地的环节,没有这样的体验就产生不了智慧的光芒。从 2022 年 12 月 19 日开仓恒大高新开始的试手过程,就是把整套理念落地、补缺的过程整理出来,见图 3－13、图 3－14。

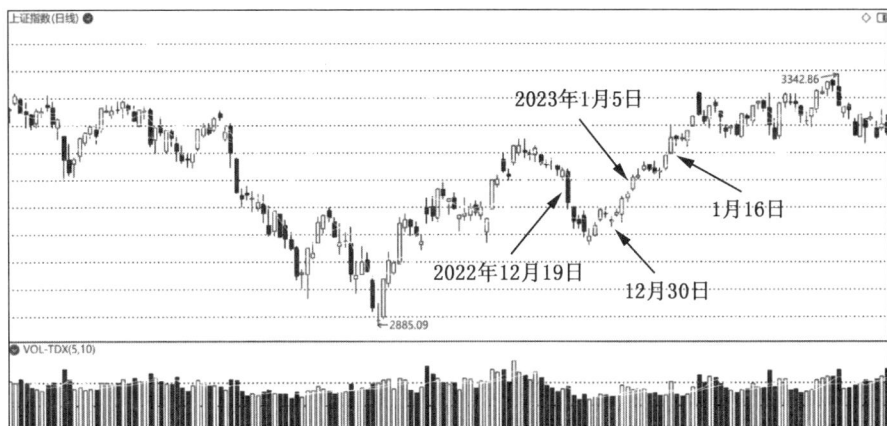

图 3-13　上证指数与个股时点对照

图 3-14　恒大高新局部日走势

　　这种试手的体验实在是太重要了,是那样的记忆深刻,是那么的惊心动魄。没有这样的体验,再好的思考也只能停留在理论上,实操还依然在人性的通道上狂奔不止,永远都实现不了真正的改变。相信不只是谁的问题,这是一个人性的问题(恐惧和贪婪)——时刻要提醒,动态实盘每时每刻、每分每秒都是一个与人性斗争的过程。要用深度的思考和丰富的总结,为此提供强大的实战保障,这个过程太难了,代价也很大。现在应该已接近蜕变的临界点,一定要走出这最后的一步,战胜人性,实现超越。

　　2022 年 12 月 30 日的体验,比赚几万要宝贵得多,有价值得多。也许正是天赐的特别体验,才能真正获得新生,把原本还是停留在思考环节的东西,获得真真切切落到实战中的契机。

一、先入为主的危害

2022年12月30日的实操(见图3-15),完全被主观先入为主的思想所主导,这太可怕了。就没关注早盘冲高8.45元差两分钱没有创前期新高,却主观认定会涨停收盘?居然挂单在涨停上安稳睡午觉。没有想过久盘必跌,也没有好好看盘,第二波攻击没有突破第一波的高点——这些是最基础的技术分析,都已抛到九霄云外去了。其实,还有一点很重要,这样的走势构图对照大盘走势,本身已明确说明恒大高新不是现在大盘攻击的主流龙头。当然,翠微股份卖得不好,应该也影响到了心境,其实心境已失衡,希望通过恒大高新来弥补。

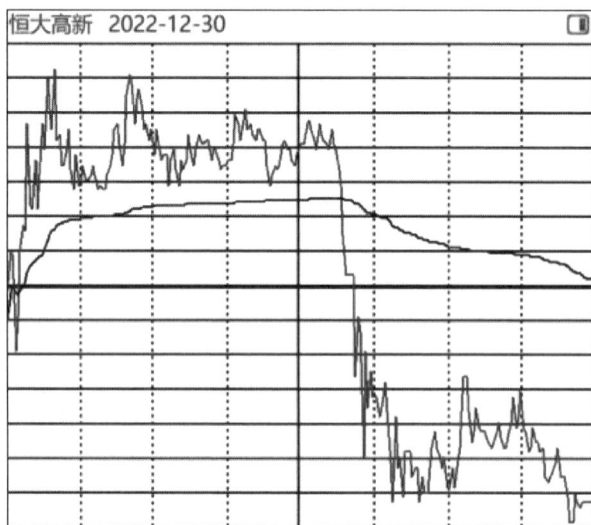

图3-15 恒大高新12月30日分时图

二、时点有节奏,买入待时机

辛辛苦苦忙了半个月,结果亏10%。没有这样的体验,就不能真切地理解如下几个经典理念的内涵:

第一,不要怕把钱砸在自己手中;资金在手中是最安全的,一动就面临风险,风险意味着代价。

第二，休息比什么都重要，不是好的节奏点，还不如休息。白忙乎半个月，反而蚀本，可见"耐心、等待、忍耐……"这 12 字的重要性。

第三，节假日之前早早就开始根据目标个股的实际构图做出了断，从容休息。

第四，保证本金安全是第一位的；手中有大量的现金，一点不为市场波动所动，从不去想"如果、假如、可能"之类的词。

第五，脑子里完全没有所谓的错过机会、踏空的概念。

第六，脑子里只有技术分析五要素、四价、技术指标、构图、股型，没有预期，没有盈利，没有亏损。

三、大开眼界的集合竞价

2023 年 1 月 5 日恒大高新开始竞价时接近跌停，再一秒一秒慢慢往上走，最后竞价结果是跌 1.9％。这个过程是所有持有者和准备参与者都看到的，可想而知，对当日早盘的交易心理和预期产生强烈的心理暗示，可谓庄家操盘手法凶悍无比（见图 3－16）。这也教育我们，在任何时候都要真真切切做好两手（涨跌停）准备，不是不可能，是一切皆有可能。股价开盘后快速回踩近 7％，从大构图来看，即使回踩更多一些，也是很好地把构图做扎实，并没有破坏大的上升通道（要大视野）。由此告诉我们，假如要预判就要预判到极限走势，用涨跌停的极限空间去思考，否则，预判就是不全面的、无效的，就会影响理性判断，就会带入强力的主观意愿。

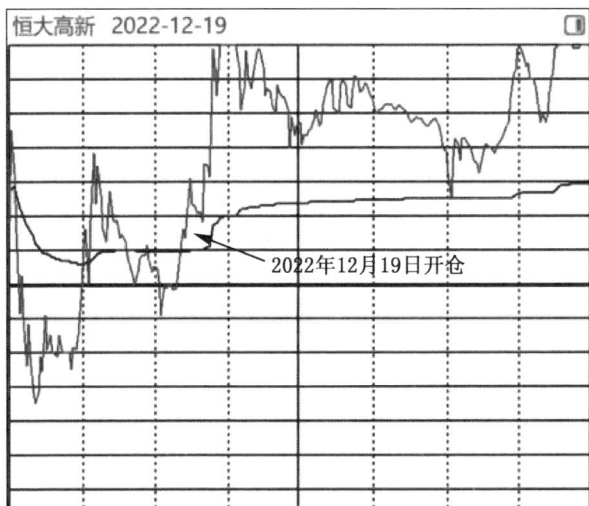

恒大高新 2022-12-19

2022年12月19日开仓

图 3－16 恒大高新 1 月 5 日分时图

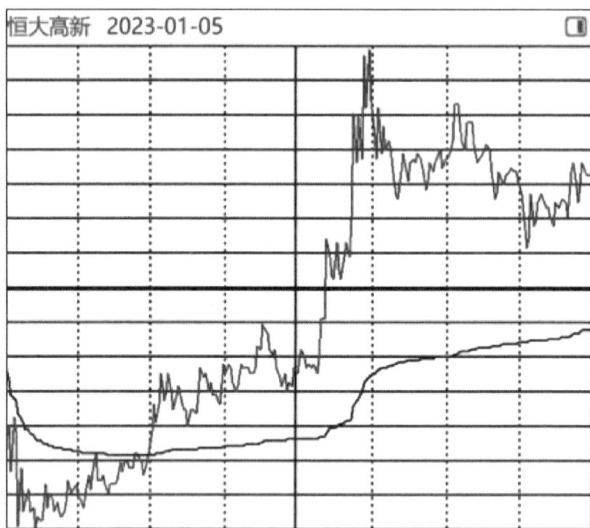

图3—17　恒大高新1月5日分时图

四、高位放量十字线

1月4日恒大高新在高位收了一个放量的小阴线,这是一个标准的可能变盘信号。次日早盘低开就是一个明确的不良信号(强势走势应该是高开)。在实操中,如果开盘第一时间卖一点(这种走势决不能加仓,只允许原持有筹码中卖一半),再在有空间的低位买一点(倒T+0),等冲高有空间后再多卖一点,这是真正运用技术的高手才能做到的。但对这种走势的深刻认知很重要,是经常会发生的构图走势,要把它刻在脑子里。

五、1月11日恒大高新走势有感

内心的希望和想法,也许正是所有散户的希望和想法,你想涨高了卖掉准备过年了,其他人也是如此。主力怎么办,难道让你舒舒服服称心如意地走,这是不可能的事。今天恒大高新以最差的方式完成交易,但我从来没有像今天这样面对大跌却依然轻松自如、自我嘲笑、好不开心。

第一,早盘开盘后低开在10日均线之下,明显应该做倒T+0的时机,却似乎很坦然了,觉得跌吧,多跌些,多取得一些体验和经验。

第二,从心理层面又一次加深了对"不能有想法,不能有预期"的重要性认识,否则把这种心理带到实操中却不知不觉,影响十分重大你却不知道,但寝食不安是实实在在的。最近几天内心在想,寄希望恒大高新能为试手一个月带来收获,就用于买什么……纪念什么……之后再开始实施全新的策略。这是典型的"有物有我"。

第三,在实操中,一旦主力攻击停止了,你就不要再有涨的希望了,只能做好两手准备:一是股价在此继续磨蹭;二是股价继续下沉甚至是跌停。

六、演示持仓T+0的未来

资金在持仓个股之间高效流动是高要求且大有学问可做的。

1月15日,恒大高新出现低位放量小阴线,这是一个明显的止跌信号。1月16日,如果能够把另外持仓目标部分资金卖出来,买入恒大高新事后证明是一个经典的持仓T+0操作(见图3-18)。这说明只要功夫深,操作得当,在自己的一亩三分地也可以做出大事。

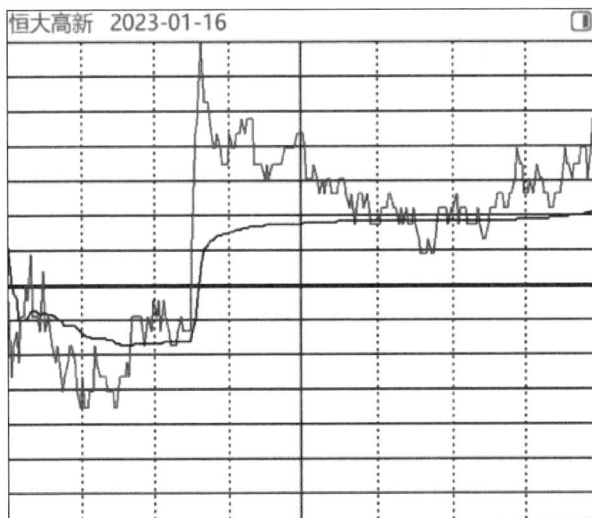

图3-18 恒大高新1月16日分时图

1月17日,恒大高新子公司注册完成公告,集合竞价曾是封板,最后涨2.5%开盘,四分钟冲高至8.5%回落(见图3-19)。当时的心态是中国科传躺平了,没有想到低开低走跌6%以上。事后看来,只要在1分钟之内卖了,再买入恒大高新都是大胜。这就要求必须在5分钟内做出决策,并在1分钟内完成两次操作,再过3分钟完成一次卖出操作。这是十分经典的一次没有完成的事后总结演示。这也再次证明集合竞价后5分钟的重要性,需要脑子高速运转,并做出操作决策。

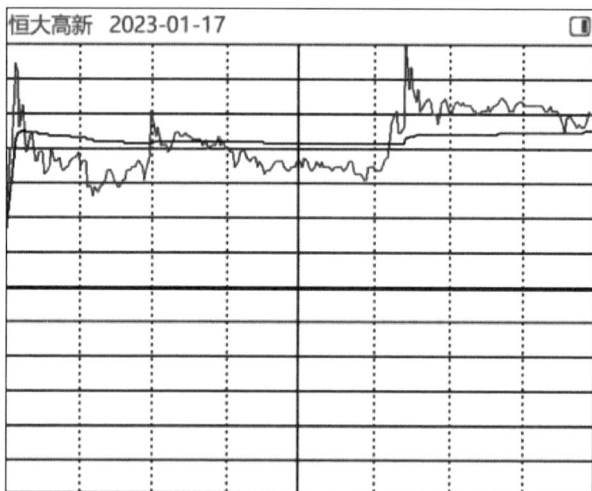

图 3－19　恒大高新 1 月 17 日分时图

第 077 篇——2023 年 1 月 23 日记

实战精气神

一、心境平和淡定

心境平和淡定解决了面对复杂市场环境应有的认知和心态,是保持理性的重要前提。实操要做出正确决策,需要有智慧。智慧来自大脑的活动,因此,保持最佳的精气神状态是实现目标的基本保障。

二、实操冷静期

实操冷静期是一种完美的设计,是激发智慧的一个重要渠道。在动态实盘中,没有时间冷静,因此在盘外安排时间和空间进入信息处理的"冷静期"是不二的选择。我们可以把美好的生活巧妙间隙安排其中,请大家务必重视,以丰富实践路径。

三、第一轮选优

第一轮选优面对繁杂的信息，依据众多经验总结，要在有限的时间内分析、判断、选择。这是个十分复杂的筛选过程，没有好的精神状态是难以体现智慧光芒的。

正因为第一轮选优信息繁杂、依据众多、难以厘清、极易遗忘，因此，用笔在白纸上记录目标个股独特的实盘交易事实和相关的推定是十分必要的。

四、实盘动态信号处理

实盘动态信号处理时效性极强，没有时间处理复杂信息，只有时刻保持清醒、警觉的精神状态，才能准确处理盘前选定的主要几个目标个股出现的信号，拒绝"闷头看"，禁止"无谓翻"。

五、保持若即若离

时刻提醒自己保持与市场若即若离的合理状态。采取具体的行动，确保自身能保持最好的精气神，最大限度体现筛选、锁定目标的智慧，采取果断、快捷处理实盘信息的行动。

六、优化作息时间

优化作息时间是体现智慧光芒的必要条件和重要保障。

第 078 篇——2023 年 2 月 3 日记

实操架构总纲
——谈"三五法则"的广泛运用

一、"三五法则"定总纲

资本市场是一个受多因素影响的复杂环境。在这个市场要生存，唯一的出路是把复杂问题简单化、模块化、程序化。通过 3 天实操模板和 3～5 天小波段,按照自己设定的节奏,在各个环节全面落实"三五法则",把复杂难解的问题变成自主可控、简单明晰的交易程序。

资本市场指数和个股都是遵循"三五法则"展开波浪运动的。在强势环境,一般连拉3~5天(少则1~2天,多则6~7天)阳线后就会收阴线,所有类型概莫能外,包括真超。弱势环境正好相反。简单的几连阳(阴)名词是直观、清晰可见的技术分析,对于落实"三五法则"是非常有用的抓手。

二、目标持仓时间

二浪回踩型2~3天,巨震推升型和蓄势形态型3~5天,最多延至7天。

三、实操起点的规范

不论是真超、二浪型、普通型、金银股,初次开仓都必须从实施3天实操模板开始。如果按预期发展,则过渡到3~5天,依据"三五法则"最多单次持有时间为7天;如果超预期走弱,则严格执行3天实操模板,绝对不能越红线。金银股和年度金股是在此基础上的反复操作——一个目标是一个庄家主导,庄家是人,不管怎样变招还是同一个人,因此,一定有一种气质和风格留在盘面。

四、资金持仓比例转换节奏

在时段管理体系的大框架下,结合"三五法则"的波浪运动节奏,强化3~5天持仓比例由重到轻的循环管理。特别是判定为阶段高位时段后,更要时刻警醒,提前做好降低仓位及空仓的安排。

五、高位时段的实操策略

高位时段的实操策略分为半仓谨慎操作期、尾盘空仓策略、空仓静观等待期三个阶段,详见"实战时段管理"。

(一)恐杀传递规律

大盘开始恐杀后的几天,运用"三五法则",根据空间和宏观环境的不同,恐杀时间会延续2~7天,被恐杀对象会因恐杀时间长短进行恐杀传递,从主杀到补杀——特别要谨防当日保持强势的目标次日及后续的补杀(温水煮青蛙式下跌),因此,在恐杀时段要求立刻空仓全部普通型目标。

(二)持仓或开仓的例外

可以部分仓位参与的是超强目标——不受大恐杀影响,是可以唯一主动参与规避系统性风险的策略。这也可能是下一阶段的主流。

试手十错

一、单板次日开仓

单板给的事实是"势还未起，型未构成"，曾记否？"宁可板上买，不可盘中吸"，这是早有定论的不当。不管是什么市道皆为如此。明知故犯，不可原谅。

二、双板次日开仓

双板次日开仓是有严格限定的，低吸只能在受大盘恐杀的条件下才能进行，前提条件是大势走"黑道"。

三、箱体三位不清

这是遴选"八不像"最为普遍存在的问题。有了"一张宣纸绘书画"，应该能比较直观意识到，如何避免此类问题再次发生。

四、二浪回踩不足

二浪型的基本条件是先拉 3～5 板，后再回踩 20%～30% 的空间，否则就不是强烈回踩了。此外，还有一个条件是量能要维持高度活跃，一旦缩量就会转化为危害极大的阴跌，无法脱身。

五、大通道的低吸

成败的关键在于主力运作时间长短的不同。这要看主力是否已有足够的时间完成运作。如果时间足够，又很靠近中期均线，明显缩量等，都是很危险的信息，要严防通道变轨，低吸极可能踩雷。

六、轻视排雷无策

有些短线交易者一直对开仓不符合预期的目标所带来的危害缺乏认知、缺乏重视、缺乏措施。有了"开仓次日的止损"就有了具体的对策，只要坚决、雷霆落实这一措施，实操第一大隐患就能及时消除。

七、无视板块效应

大势走"黑道"的板块效应不明显，凭经验一直无视板块效应。在大势走"白道"的市场，重视分类板块的强弱是极为重要的，对认知主流资金走向和目标遴选意义重大。

八、市道重视不够

根据不同板块联动的波浪运动，每隔1～2年大盘都会有明显的风格转换，从大市值到小市值，从走"白道"到走"黑道"，从重业绩到炒题材，不同市道主力就会采用不同的手法。只有清晰认知，高度重视，及时转化适应，才能成为胜者。

九、遴选未能重势

长期以来股票市场一直在谈"势"的问题。何为势？势就是基于大盘运行现有趋势构图及板块联动节奏所表现出来的未来最有可能的走势。因此，遴选的前提条件就是对这种趋势构图的认知、分析和判断，并据此推定未来的最大可能，开展遴选板块与股票。

十、时段节奏紊乱

大盘运行五时段已有系统总结，但实操中明显重视不够，特别是对"判定高位轻仓或空仓后大盘仍不跌"及"判定是低位后开仓但大盘仍然阴跌"的把握，往往缺乏最后一份坚定和忍耐——如能再坚持几天，就能真正成为一名与主力共舞的高手。低手与高手之间的差距有时就相差"几天时间"。

人生错误多，实操更如此。有随意的错，有冲动的错，有明知的错，有无知的错，最大的错是踩雷后没有坚决落实"开仓次日的止损"和"3天实操模板"。灵活机动的游击战，被庄家打了个伏击，久困其中，走入一个快速缩量阴跌的黑洞,此乃错上加错,不可饶恕。

第 080 篇——2023 年 3 月 25 日记

迟到的板块指数

受去年整体走"黑道"分类指数作用不突出的影响,一年多来,一直没有重视分类指数,甚至不知道板块指数是在"分类"中查找。因此,今年开始试手以来,走了不少弯路。这就是苦思独行付出的代价和应交的学费。

一、主营业务战略主线

不管是走"黑道"还是走"白道",分类板块指数的作用应该都是很重要的(如去年汽车和今年人工智能)。板块指数是正宗主营,是企业战略主线,是企业核心竞争力所在,自然应该是遴选和跟踪的捷径和重点。尽管也有外延扩张题材可以炒作,但这不是市场主流,特别是在走"白道"的市场背景下,更不被主流资金看好和重视。

二、板块指数揭示趋势

当有多个主流板块轮番走强之时,把分类板块指数走势当个股来解读研究,以此来推断未来 3～5 天是走强、调整还是蓄势。对重点跟踪的板块指数进行排序,对遴选和集中资金主攻未来 3～5 天走强的板块是很重要的一个指引。

三、基于板块指数遴选

有明显板块效应的目标遴选,应该以分类板块指数为主参照。通过这种参照的遴选,我们对认知该板块近期的整体走势、与大盘的强弱关系、遴选目标在分类板块中的相对强度等,都会有更加清晰准确的定位和判断,便于把最适时的目标遴选出来。

遴选目标最低要求是至少要有指数同步的强度,如果指数已高高在上了,还选一个刚底部起板的目标,这不是智障者吗?

四、强化板块指数对照

现在大盘指数已显著失真,只要适当的时候对几大指数进行对比判断即可。热点板块指数更能反映市场主流资金走向和热点板块强度及所运行的时段。因此,实操中应更重视分类板块指数的对照,以指导实操推断和判定未来的趋势。

五、轮动推升板块指数

一个板块的走强,一定有一个领头的龙头,只有这样,才能达到以最小的投入,撬动整个板块的人气,起到"四两拨千斤"的功效。一个龙头只能领涨1～3个月,如果一个板块能连续中期走强,一定是多个目标轮流接棒举大旗的结果。

六、紧盯板块趋势的洪流

分类指数由一批个股走势构成,是不可能被操控的,是能真正反映整个板块未来的趋势,因此其技术分析是可靠的、可信的。趋势一旦确立,短期就不会改变,因此,要特别重视、深究、紧盯分类板块指数的转折点。应该说,趋势确立后开始遴选、实操、退出都属于正当其时——个股表演会有时差,这给了我们实操特别好的、可用的时空特征。

七、规避风险最佳抓手

市场规模不断扩大,齐涨齐跌的时代已经过去,即使大盘走熊,也有热点板块寻机表演。因此,从分类板块指数出发遴选,从根本上解决了主动规避风险和尽可能高效利用有限的实操机会的问题。这是对市场认知的重大突破,也是聚焦实操切入点的最优选择。

八、定位实操体系起点

(一)每周遴选工作起点

分析排序分类指数,选定未来一周最可能走强势的5～7个分类板块,从中分别选出1～3个目标,作为未来一周实操的主要备选。

(二)挖掘独立走牛目标

在分类指数处在弱势时,更能发现已走独立行情的目标,作为年度目标重点收藏,并持续跟踪,研究其走成年度长牛行情的可能性。

(三)阶段性关注"半九十"

当某一分类板块指数连续走强 1～3 个月后,再与大盘运行机制实现耦合共振时,该分类板块会出现加速拉升,并形成"半九十"效应。

第 081 篇——2023 年 3 月 29 日记

极端走势的成因和觉悟
——从超讯通信实操体验说起

5 月 19 日,开仓超讯通信,殊不知 5 月 23 日竟然成为上证跌幅的冠军(见图 3—20),超讯成为唯一的跌停个股,事实上成为当日大盘大跌的引领者。尔后连跌三板,成为向下异动的问询对象,还会有比这更极端的走势吗?真是见了大世面。更为不可原谅的是,超讯通信 5 月 23 日早盘大幅低开后加仓,午后有机会在跌停开板时卖出没卖出,5 月 24 日还在跌停处加仓而不是清仓(见图 3—21、图 3—22),看来还在重复过去的错……

图 3—20　超讯通信局部日走势

有了这样极端的走势经历,还有什么可担心的呢?既然如此,还不如自始至终都去做龙头——天下人都知道的金股,哪怕是在做头时段也可以做,

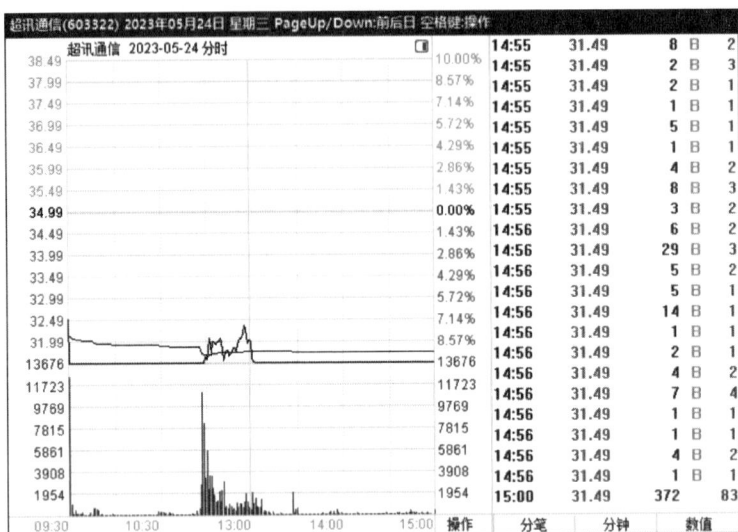

图 3—21　超讯通信 5 月 22 日分时图

大做特做,机会多多。这也正好体现了要做就做最强者。

一、极端走势成因类型

极端走势就是"炸弹构图"所指向的无痕迹逆转,说是无痕迹,其实是目标已出现了滞涨的信号,只是没有解读出其中的内涵。庄家借势做出一个诱多的构图往上做图,以吸引技术派参与接盘,一旦目标基本实现,就会覆手为雨,锁住你的筹码。不管是区间上边线做出向上的攻击态势,还是 B 浪蓄势构图做出准备攻击形态,都是为了诱多后的快速脱手和走 C 浪的继续诱空骗出低位的筹码。

如果会踩上极端走势的"雷",那么说明对大势没看清,没有搞明白什么时段抓一浪,什么时段做二浪,什么时段潜伏独立走牛,什么大势想金股,什么背景无金股,什么时段讲 3~5 浪。其具体成因有以下四种:

第一,大盘由弱转强初期,新攻击热点目标受大盘恐杀影响,主力顺势大幅洗筹,真正强者时常会走出天地板。

第二,目标所在板块前期是市场主流、现阶段已走弱,目标是小盘庄股相对板块较强,因启动较晚主力无法出走,通过二浪调整后做出漂亮的攻击态势,构图极易吸引技术"高手"切入,一旦主力筹码脱手达到目标,庄家从次日开盘就会主动先于大盘大幅低开,瞬间大幅杀跌甚至跌停,这是此类标的典型的补跌特征(如5月23日超讯通信)。

第三,目标个股在攻击初期(50％以内),主力充分利用一切外部负面因素,从涨停回撤到次日早盘大幅低开的20％区间内大幅震荡,以达到充分洗筹的目的。盘中动态看很吓人,但到日线收盘各要素仍保持完好的超强势攻击构图,如5月26日柯力传感(见图3－22、图3－23)。

图3－22 柯力传感走势

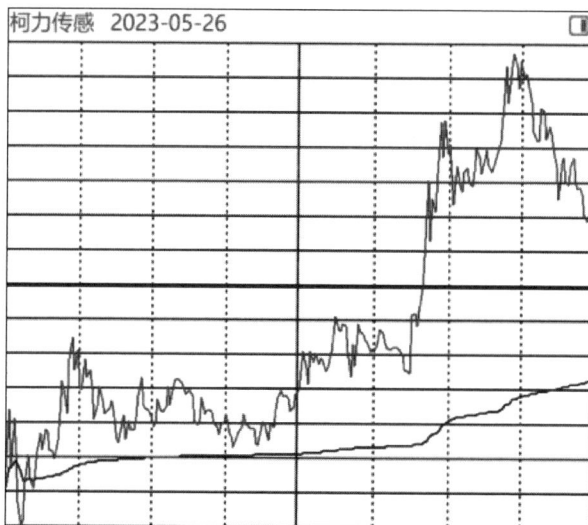

图3－23 柯力传感5月26日分时图

第四,判断预期中的高位箱体底部,实际演化为 ABC 三浪的 C 浪下跌或运用扫把原理进行底部再确认的清洗,如 5 月 23 日中船科技(见图 3－24)。

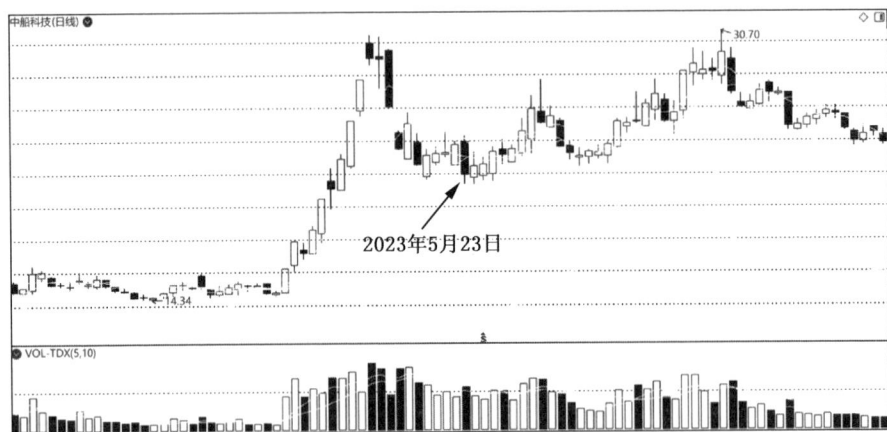

图 3－24　中船科技局部日走势

二、极端走势防范和觉悟

(一)遴选规避八不像

真正的金股本质上应该超出每一个参与者的预期,向上拓展空间。会踩雷遇上极端走势,说明锁定的目标不是真正的金股,是银股或铜股。遴选对构图未来趋势的判断是最重要的,可谓遴选定根基,根基不牢,地动山摇。

如果时下真没有金股,可买前期龙头做头部低吸节奏点的短差,只要能量还在,就可以参与,或者做蓄水池性质的底部强构图的低位低吸。走中间路线选择"八不像",是最糟糕最危险的。

(二)一浪金股是正道

一个新的热点开启后,看到好的目标快速封板了,千万不可求其次买入可以从容买的目标,而是应该紧跟、紧盯最强的目标。即便当日无机会买入,再等 1～3 天后早盘的机会,须知真正的金股 50％只是刚刚起步。

防范极端走势最好的办法,就是做一浪攻击形态,即使小仓位也是十分可观的。用小仓位,手中有大量的银子,内心不慌,即使主力翻手为云覆手为雨,也能从容应对。

做连板的真超与追求金股的终极目标是相统一的理念,必须坚持。底气就是手中有足够的现金支撑。理念是不看低点,看到有更高点才去买。

金股特别是连板型金股，早盘才是最好的切入时点，由于波动大，一定要分次买入，要做到随时可买可卖，进退自如。

（三）仓位布局的限定

打大仗都有一个总预备队，犹如陈赓干部团，平时都留着不用，定军心，稳大局，只有最关键的时候才派上战场。为了提高试手金股成功的概率，准备 1～3 个道具角色的目标，每一个目标只限"5％＋5％"开局。连板攻击的布局"1＋1＋1"，买入跌停的布局"1＋1"，手中有足够的资金，方能做到从容。

（四）资金蓄水池目标

在没有找到"天时地利人和"一样都不能少的、有金股基因的目标时，布局一个周线级别已强势、日级在低位转强的目标作为资金蓄水池感知市场，也是一种好的安排。

（五）前置性防范程序

极端走势是超预期的极端表现形式，最好的出路是在锁定目标之前，有一个前置性程序，回顾对照过往失败的各个构图，以规避重复过去的错误，在遴选的环节最后再加一个保险。

第 082 篇——2023 年 6 月 1 日记

平和清醒心理的实用

"心境平和淡定"是需要胸有成竹的认知和实力支撑的。在实战中，首先对市场瞬息万变的常态要有清醒的认知，脑子里时刻为"一切皆有可能"的走势准备着，特别是做好"灰飞烟灭""快速跌停"的心理准备，并为此做好仓位配比和足够资金的应对准备。

一、蓄势型低吸目标

认定是一个目标的低点才会买入。如果还有更低，那么说明认知错了，要严防"温水煮青蛙"式下跌，应该先行了结。至于什么时候涨，由主力说了算。早盘时刻第一优先考虑的是卖出——如果确定为意外惊喜，综合评判符合卖出条件，就雷霆了结、落袋为安，轻松离开盘面，以转换思考、平复心态。

只有否定之后,才能再言其他方案。

二、巨二浪型低吸目标

已经连跌 20%～30% 的目标,低吸一份,做好再跌的资金安排和心理准备,静观主力的表演应对施策,严守"3 天实操模板"和 3～5 天的小波段实操策略。在实操中,按照区间内目标或蓄势型通道对待,当区间目标已实现或已运行在蓄势型通道上轨时,就要充分运用在封板上潇洒卖出和遵守通道规则而雷霆出击。

三、追击一浪攻击目标

具有金股基因前提的一浪攻击目标,在创新高时实施追击。在实操中,按照区间内目标对待,当区间的目标已实现或 3～5 天限定时间已到,就要充分运用在封板上卖的潇洒和遵守"三五法则"的雷霆出击。如果其走势比预期好,则说明幸运中奖,平和接受踏空,后续再择机跟进。

第 083 篇——2023 年 6 月 12 日记

蓄水池和预开仓

"心想要低吸,实处半山腰"的成因,是基于目标会上涨的预期判断,比前高低了不少买入算是低吸了。但是,如果主力综合"天时地利人和"因素,完全有可能不向上攻击,而是温水煮青蛙式的下跌,一直跌到大通道下轨线是完全可能的,随随便便 5% 就没了,不仅蚀本,还耗费了时间。因此,非金股和非巨二浪目标要真正起到蓄水池的作用,一定要有而且只能是一手预开仓的过程,两手都太多了,目的就是要为目标真正阶段性低点找坐标。

一、预开仓

预开仓就是只买入或者保留一手持仓,以保证能真正感知主力动向的一种试探性买入或持仓。没有买入或持仓一手就没有锁定,也就没有评判的坐标。高位冲高卖出后留一手也是一种预开仓,目的是为下一次加仓做好跟踪准备。其具体标的包括蓄水池性质的低位目标和强力运作的区间高位目标两种。

"金股的起点"明确金股遴选从已实操目标开启,因此,当初步认定某一目标具有金股基因之后,就要抓紧择机预开仓,锁定有金股基因的目标,以便趁早进入。

二、资金蓄水池

资金蓄水池不做太多要求,唯一的要求是保证资金的安全保值和高流动性,有收获是意外的惊喜。已实操目标是资金蓄水池定位的前置限定性条件。这样的思路定位,在实操中完全可以在尾盘收盘前从容低吸。

经验告诉我们,到最后真正能赚钱的往往就是那不经意的低吸和潇洒的高抛,包括资金蓄水池所获得的意外惊喜。按照你设定的方式买卖,往往都是不太可能实现的——否则主力只能去喝西北风了。

第 084 篇——2023 年 6 月 13 日记

需反复强化的金句

一、用 3～5 年的视角看,为一个目标等待 3～5 天应该是很短的时间了,心态完全可以平和淡定。

二、"半九十"现象是普遍存在的,具体表现为强弱与正负两个方向,包括大盘和个股。一个运作了 1～3 个月、涨幅超过 50％的目标"半九十"现象必定发生,只是时间问题。

三、创前期大构图的新高,正是"半九十"时段的真正开始,这是与区间内目标实操完全不同的一种思路转换。

四、怕踏空是所有问题的症结,不怕踏空、没有踏空的标志是手中持有大量的现金。

五、真超是小概率事件,绝大多数目标都在 20％～30％区间反复震荡,这是对目标的最基本认知。区间内目标冲高能条件反射式地雷霆减仓或了结,这既重要,也是真功夫。

六、与庄共舞的基本保障和底气是手中持有足够的现金,随时应对可能的涨跌。

七、超预期的终极表现——不留痕迹、突然逆转、连跌三板,为此要有警觉和充分心理准备。

八、活跃的目标短期波动大于5%是大概率,此理能用好、做到位十分重要,是区间内目标的实操精髓。

九、超预期走势是主力生存之道——3~5天判断正确后,正是风险逼近之时——变招是主力必用的手法。

十、止损之难有三因,如今有了心理准备和应对措施,侥幸心理就成为雷霆出击的最后障碍。

十一、蓄势型构图务必要把"最后一扫把"放在重要的位置来考量,一切从有"最后一扫把"为出发点。

十二、用"三五法则"考察大盘连涨连跌天数,以实现轻重仓位配置循环。特别是早盘是否T+0加仓的阶段性转化,是重大的资金安全保护的战略性问题。

十三、完美主义者两大催化剂:一是早盘T+0早早卖出,二是大盘走弱节奏之时,越早了结越好,以应对系统性风险。

十四、独立走牛的弱势板块目标,可实操性强,是非重视不可的一种战略遴选锁定之路径。

十五、锤炼"雷霆出击"和"沉稳应对"两种风格共生,是一项十分重要的基本功,须每天强化。

十六、看事实论是否真强势:3~5天不见一个板不是强势股,不担心踏空,没有踏空,避免被假强势蒙骗。

第085篇——2023年6月16日记

落实若即若离

由于人性思维的天然惯性,加之有求的心理,面对动态极其吸引眼球、极易被带节奏的盘面,人的思维很容易跑偏,不知不觉人性的弱点就会充分暴露出来。这也是股市为什么在任何一个时点都有多空交易的内涵所在。

要打破思维惯性，仅仅依靠总结文本内容的强化，是不可能从容落实"三五法则"、避免溢出效应的。只有通过强制性转化环境，才能实现思维的转换，才能转换视角看待股市，从而做出更加理性的认知和判断。这种环境的转换不仅是物理空间离开盘面，更重要的是要让思维离开一定的时间，暂时忘却股市的一切，才可能打断思维惯性，再回到盘面时，才会有更清晰、理性的思路。其具体强制性转化环境措施如下：

一、普通个股补涨时

假如持有的目标是一个非主流热点的普通个股，一旦你感觉账面市值增长不错，有一点小小兴奋之时，恰恰就是该了结离开之机——说明市场热点已转换至补涨目标，行情随时可能逆转。

二、目标异常低开时

当持有的目标出现普遍异常低开之日，第一时间要想到大盘有异动，结合敏感时点和大盘"三五法则"运行节奏转换规律，不管三七二十一，先行雷霆大幅减仓，掌握主动，再在盘中或尾盘综合评判后视情况应对。

三、大盘事实走弱时

根据大盘"三五法则"转换规律，对照"领涨板块及指数"的日涨跌停数量的变化，结合对大盘趋势的判断，力求提前一拍做好持仓轻重的布局。特别是面临有走弱恐杀风险的时点，更要反复强化落实"实操战略起点""不怕把钱砸在手中""只要节奏准，有1/10时间就足够了"等警句。提前清仓离开盘面——这道槛一定要跨过，只有这样才能真正笑看股市，悠然自得。

四、实操情绪异常时

当打成了一次漂亮的歼灭战或者经历了一次非常煎熬的斩仓割肉之后，为了避免溢出效应的外溢，需断然离开盘面，营造环境，转换思维，平复心态，务必落地落实落到位。

五、主动营造环境

学校课堂已成为历史，听从他人安排即将过去，一个完全自我主宰的时代即将开篇。为了练就真功夫,实现自身价值,需真正把"无欲无求、体现价值"落到实处,通过主动营造环境(如写毛笔字、陪老妈等)的方式,切实落实强制性转化环境,打断思维惯性,回归理性评判,真正做到收放自如。

第 086 篇——2023 年 6 月 22 日记

构图十大陷阱

一、低位箱体

(一)脉冲式攻击

非主流目标趁主流调整之机表现 1～3 天后熄火待机。以南京公用为例(见图 3－25)。

图 3－25　脉冲式攻击(陷阱一)

(二)非主流波动高点

非主流目标借大势人气高涨,做出要攻击构图诱多,实为补涨,尾盘是了结之机而绝非切入之时。以鸿远电子为例(见图 3－26)。

图 3—26　非主流波动高点(陷阱二)

(三)低位箱体上轨

与脉冲式攻击相近,添加非连板攻击构图。以南京商旅为例(见图 3—27)。

图 3—27　低位箱体上轨(陷阱三)

二、高位箱体

(一)蓄势通道上轨

主流强势龙头半九十时机未到,次级蓄势通道上轨诱多。以德力股份为例,见图 3—28。

图 3-28　蓄势通道上轨(陷阱四)

(二)高位箱体上轨

前期强势目标处在高位箱体充分换筹待机时段,做出要突破箱体上轨的诱多构图。以天地在线为例,见图 3-29。

图 3-29　高位箱体上轨(陷阱五)

三、三浪诱多

(一)B 浪非三浪

主流非龙头目标一浪攻击直接到顶,把高位 B 浪反弹做出三浪攻击构图诱多,实为做 M 头。以铭普光磁为例,见图 3-30。

图 3－30　B 浪非三浪(陷阱六)

(二)诱多假三浪

与 B 浪非三浪意图相近,不同的是二浪在高位强势调整,做出金股基因构图诱多,走成高位震荡做顶。以翠微股份为例,见图 3－31。

图 3－31　诱多假三浪(陷阱七)

(三)创新高 M 头

主流非龙头目标一浪攻击后,在高位缩量震荡几天,再攻击创新高诱多,而后快速杀跌做成 M 头。以伟时电子为例,见图 3－32。

图 3－32　创新高 M 头(陷阱八)

四、两种特例

(一)下跌五小浪

庄家一浪攻击直接到顶,逐波走低构成下跌五小浪,做出 D 浪诱多。以航天晨光为例,见图 3－33。

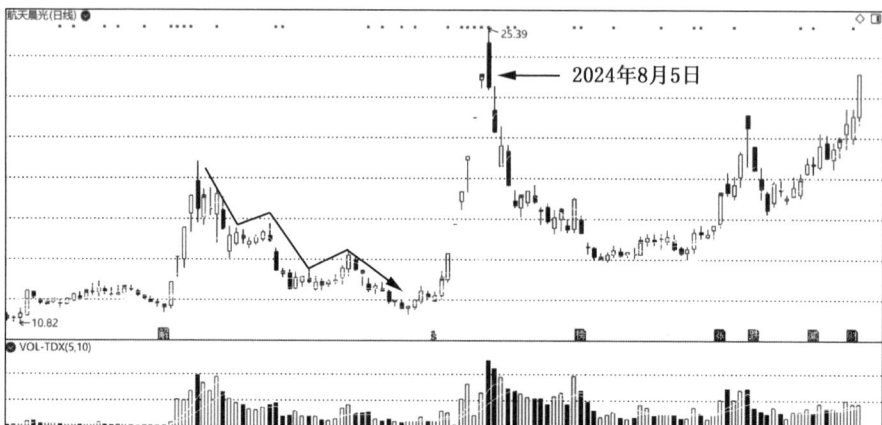

图 3－33　下跌五小浪(陷阱九)

(二)倒 V

庄家连拉数板后,在高位几乎没有停顿和出走的机会,一路下跌回到原点。以宇通重工为例,见图 3－34。

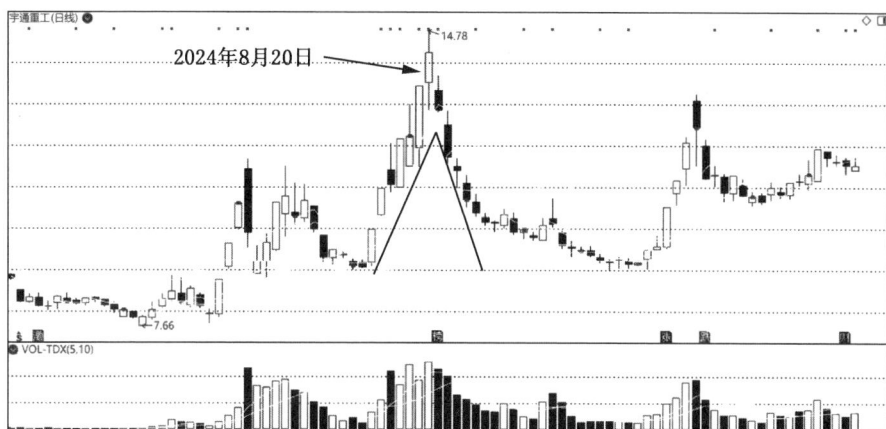

图 3－34　倒 V(陷阱十)

第 087 篇——2023 年 8 月 26 日记

有物有我的成因及后果
——任何时点都要考虑三种走向的可能

从 12 月 1 日开启经过 11 个交易日,东安动力实现了最大动用资金 55% 的增值。不断试错满一年,总算有了一次非常成功靓丽的试手体验,一举脱去了"没有做好真龙头"的帽子。这种体验十分宝贵,来之不易,意义重大,见图 3－35。

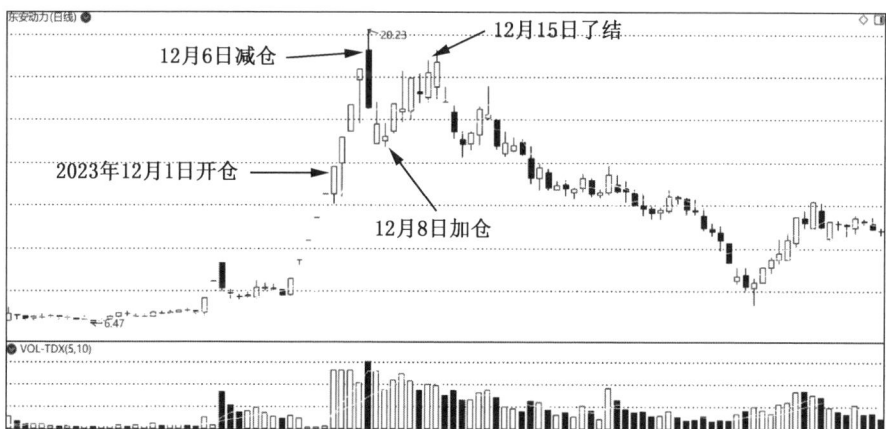

图 3－35　东安动力局部日走势图

周一决定周末去武当山,于是就开始谋划如何在有一次非常成功的试手基础上,了结手中另一个遗留的目标——高鸿股份,践行潇洒离开,为全新的开始做一个轻松的休整,资产总额回到一个整数。正是在这样的背景下,有了这种"有物有我"的想法,对遗留目标多次加仓,意在回本了结。事实是,不仅没有实现内心的期望,反而1~3天亏损扩大1~3倍(见图3-36)。这是一个典型的"有物有我"所带来的后果,警示意义显著,与年初的"买摇椅事件"如出一辙。

图3-36　高鸿股份局部日走势图

一、忘却"弱势不言底"

主观认为高鸿股份是小上升通道区间内目标,前期较强,大盘已连续向下休整3~5天,心想随着大盘企稳反弹,补涨1%~2%应该不成问题。事实是,大盘只是弱势反弹,目标也只是盘中做了1%~3%的瞬间反抽,随后又继续阴跌回落,次日又继续阴跌1%~3%,开启"温水煮青蛙"模式,实操已完全背弃"已经走弱的目标,唯一要紧的是止损"的信念。

二、"溢出效应"不自觉

东安动力的巨大成功所带来的溢出效应影响是不知不觉的。无意中相信了自己的直觉,放弃了理性思考,忘却了"区间内目标走向,只有你想不到的,没有庄家做不到的"实操原则。其根源来自"有物有我,有欲有求"心理特征,而不是随时准备对实盘涨跌"应对施策,见招拆招"。

三、"去弱留强"丢一边

高低手几天时间差异的实质是对大盘现有趋势的判断和对目标的认知定位——如果大盘处在极弱的环境时,只有强力运作的目标才可能有机会,其他绝大多数目标,不要去想补涨的机会,更要防范的是补跌的风险。绝不能用增加筹码摊平成本的方式妄想救出资金,这种做法十分危险。最好的对策是"去弱留强",走弱的目标及早了结,雷霆止损脱离苦海。

第 088 篇——2023 年 12 月 19 日记

千锤百炼铸利器
——融通后的觉悟(一)

一、开启逆向思维

(一)多想怎样亏钱
普通人看日 K 线的直觉取向是向上的动力和空间,往往轻视下跌的风险和概率,想的是如何赚钱,不想或很少想怎样会亏钱。只有多想怎样会亏钱,才能尽量少亏钱。

(二)多想下跌时空
为了应对纷繁复杂的市场,从哲学视角开启并不断强化逆向思维训练,一切从下跌空间和时间的最大可能开始审视,以应对施策。

二、逆向思维的密码是"逆转"

(一)分析大盘
现有特征几天＋逆转的概率＋做好逆转应对。
(二)板块热点
真超已运行几天＋做好逆转应对。
(三)零星热点
立足倒 V 走势＋做好逆转应对。

（四）盘面抓手

恐杀 6 类型＋构图 10 大陷阱。

前三点是"谋定基调和对策"的大纲,第四点是实盘的抓手。

三、股市的本质是"不确定性"

对散户来说,股市精髓用最精炼的语言表达有六种,分别是"时间空间能量""保持高机动""去弱留强""选买卖""节奏""少"。

（一）两手应对

股市唯一确定的就是"不确定性",即使是庄家也只能是诱导和主导,不能精准掌控走势。因此,最好的应对办法是像阴阳太极一样,一手有股票,一手有现金,如此才能应对自如。

（二）管好仓位

当大盘或目标走弱时,第一要务是降低仓位,重仓持有目标非常危险。

四、"赛前训练"的逻辑

（一）赛前热身

实盘 4 小时就像竞技比赛一样,它是一场与庄家斗智斗勇的较量。我们每天都要保持技能训练,这样真正临场胜算的把握就会变大。

（二）温习手册

根据持仓目标构图的阶段特点,每天盘前、盘后都要有重点强化系统文稿,并充分利用盘中间歇时间温习,一刻也不可懈怠。

五、强化视觉训练

（一）审视构图

以 3 天日 K 线为基准,依据"五要素＋KDJ",再加运行构图的斜率等要素,把认知融入画面。

（二）离开决策

我们既要避免过度参照前期构图所带来的遐想,又要避免过度局限在分时的强弱,以"是"或"否"主流攻击龙头为标准,做出理性评判和决策。

六、决定成败的核心是仓位

（一）仓位管理

什么时候什么目标配置多少仓位,是决定成败的核心。整体配置重仓?

轻仓? 空仓? 这是至高的学问,一切都珍藏在两年苦苦探寻的思想文稿中。

(二)加仓条件

仓位配置执行"1+1+1"内涵是基准,"强"是抓手,严禁"弱者"摊低成本是关键。

七、让资金动起来

第一,"高流动性"就是让资金充分动起来,冲高就卖出、破位就卖出,但可以分批次卖出。

第二,充分"动起来",不仅是三种走向的最好解读和应对,还能够不断强化积累雷霆出击的经验和体验。

八、若即若离和优势心理

(一)用好心理优势

若即若离就是要通过适度离开盘面,做出一个对大盘环境的理性评判,运用"9/10 时间可空仓"的心理优势,制定统领该阶段的战略定位、具体规划、明确限定、划定红线,用好"逆向思维密码",研制"谋定基调和对策",统领阶段实操。

(二)营造若即若离环境

制定若即若离环境的强制限定,营造神在山巅的意境,这是很难得的。若非如此,操盘极易迷失节奏,就难以做到理性决策。

九、谋定阶段大盘基调

第一,"谋定基调和对策"是离开微观盘面看市场的宏观思考、判断和谋定,是把大视角看清的大盘基调用于指引实操的具体表现。

第二,有了融通后由大及小的"谋定基调和对策"统领,才可以集中精力聚焦落地"实操三化"的本源。

十、"领涨板块及指数"是方向指引

热点板块的形成需要时间,只有连续记录并跟踪才能清晰。遴选真超目标一定是在有板块效应的龙头旗帜中,这种思路才是正确可靠的。"领涨板块及指数"是最好的方向指引。

十一、"分批次买卖"的依据

动态走势是不确定的,这是存在交易的前提。"分批次买卖"是可能的动态三种走势最好的解读和应对,特别是在趋势不明或明显调整时尤为如此。

十二、构图定型时段

第一,早盘定型——目标在蓄势时段、攻击时段。
第二,尾盘定型——目标由跌企稳、由功转震、下跌时段。

十三、周一开盘禁令

经过周末两天的休息,对庄家的认知已打断,找回感觉需要时间,限定周一开盘前 15 分钟禁止买入。

十四、"三化"的盘口实践

(一)处理预设信号
早盘开盘几分钟需要处理多个信息时,只能看多屏显示,哪个目标出现你预设的信号,就处理哪个信号。

(二)决策保持距离
保持距离的判断更客观、更清晰、更理性、更有效、更能落地"三化"买卖。

十五、早盘 3 分钟"去弱"的重要性

(一)抑制人性
"去弱"是反人性的,是一件最难的事。为什么做成功多个还不及一个亏呢? 就是早盘 3 分钟"去弱"做得很不好,这是问题的根源。

(二)反复训练
现有体系最要紧的是早盘 3 分钟"去弱",跨过这一关太重要了。出路只有反复强化、不断训练、战胜自我,在实操中做出来,才可能实现跨越。

十六、千锤百炼的路径

(一)跨越纸上谈兵
把所有总结提炼的经验和思想,全部落实到盘面各级 K 线构图中,成为盘面条件反射式语言,才有真正运用价值,否则就是纸上谈兵。

（二）练就直觉反应

在温习所有文稿时,一定要把每一个知识点反复和 K 线构图融合对照,并构建起"直觉体系",才能够真正实现见招拆招,步步全营。

十七、视觉训练"一中心两抓手"

（一）视觉训练的中心内容

练就持仓目标"走弱破位或冲高盈利"时,有"雷霆出击,闪电卖出"条件反射式的真本领,轻松潇洒,特别是"走弱破位,闪电卖出"尤为重要。

（二）练就真本领靠两个"抓手"

第一,恐杀六类型——在动态实盘中分分秒秒推演六种恐杀构图的可能,并随时应对施策。

第二,防止"十大"陷阱——是以过往构图为基准,结合动态分分秒秒恐杀六类型可能的走势,步步验证"十大"陷阱成立的条件,一旦"走弱破位"条件出现,就雷霆出击,闪电卖出。

第 089 篇——2024 年 1 月 23 日记

刻意练习[1]
——高手都是这样炼成的

心理学家研究发现,各领域的专家级人物如国际象棋大师、运动明星等,天赋的作用非常有限,后天努力非常重要。"刻意练习"是成为顶尖高手最强大的学习方法。

专家级水平是逐渐练出来的,有效进步的关键在于找到一系列小任务。在受训时,思想高度集中,按顺序完成。

第一步,制定科学的目标和训练计划,把目标精细化,把任务模块工程化,最后把每一个小知识点分解成颗粒化节点小任务。

第二步,不在恐慌区,远离舒适区,避免自动化,在学习区大量重复训练,

---

[1] 本日记参考(美)杰夫·科尔文著:《哪来的天才》,中信出版社 2009 年版。

接受痛苦,保持专注。痛苦代表在成长,每次训练都在进步,每天哪怕进步一点点,日积月累就会有质的飞跃。

第三步,获取持续高质量的有效反馈,保证方向和方法正确,因为要改掉一个旧习惯比养成一个新习惯更困难。

第四步,创建高质量的心理表征模型——在脑海里有一个"能直接看到的、具体直观的实际存在"的具象画面,由"概述、条理、归纳"组成一个具象模型。"事实是什么? 依据有几点? 应该怎么做!",在脑海里设计出简单的结构导图来表达复杂的事情,让抽象的事物具象化、可视化。

顶级高手遇到问题的时候,不仅仅凭感觉,在脑海里一定有一个心理表征模型,如金字塔原理、决策树、思维导图等,或者自己创建一个导图模型。

成就高手的学习是痛并快乐着的。只要运用这四个步骤刻意练习,在自己的领域苦练内功、反复强化,相信在不久的将来一定能成为顶级高手。

第 090 篇——2024 年 2 月 11 日记

如何成为清醒的人[①]
——清晰思考的 12 种哲学思维

一、集中注意力是判断的基础

注意力非常容易被看法和预期影响。集中注意力是清晰思考的关键一步。

二、质疑一切包括质疑本身

质疑的目的是为达到更高层次的理解和认识。清晰自己动机,避免被欲望左右行动。

三、推敲每一个步骤

细节决定论证的成败,仔细审视推理过程中的每个步骤,让思考过程既

[①] 本日记参考孙正聿著:《哲学通论》,复旦大学出版社 2023 年版。

严谨又合理。

四、遵循事实

遵循事实是实现清晰思考和有效推理的基础，在不确定性和复杂性中，力求做出更加明智和合理的决策。

五、使用准确的语言

使用准确的语言对于清晰思考和推理至关重要。明确定义用词是基础，防止模糊性的滥用很重要。

六、兼容并蓄，全面思考

跨学科整合是多角度思考的关键，重点关注细节（分析）和整体（综合）。

七、运用心理学

心理学帮助检验直觉，确保决策基于理性和证据，而非直觉。运用理智来管理和引导情绪。

八、捕捉重点

辨别什么是重点、哪些是琐碎且至关重要的技能，从局外人的视角看待问题，有助于提升判断能力。

九、保持谦虚

避免过分自信，保持平常心，保持幽默感，学会自嘲，接受自己的不完美。

十、独立而不是独自思考

遇到问题不应苦思冥想，应该接触各种观点，寻找解决方案，但要警惕群体思维的不利影响。

十一、把万物联系起来

给头脑留出时间休息和自由漫游，这有助于创新和非线性地理解世界。

十二、永不放弃

问题是永无止境的，学会接受不确定性，不应等待重大问题解决后才继续生活,要学会与未解之谜和疑惑共存。

第 091 篇——2024 年 5 月 10 日记

驾车与炒股

中国有几亿人持有驾照。马路上到处都是行驶的汽车,特别是最近十几年,会开车的人快速增长。老驾驶员会发现一个问题,现在年轻一代的驾驶员大多数车子开得并不好,驾驶技术远不如十几年前的老驾驶员。为什么会这样呢? 因为现在的道路太好了,从遍布全国的高速公路到延伸至农村的乡村道路,都是柏油马路,路况太好了,新驾驶员根本就没有机会经历各种复杂道路的体验和磨炼,驾驶技术自然也就难以提高。

中国股民大概与中国有驾照的人数差不多,就像学会开车应该是一件简单的事情一样,会炒股很容易。但要成为驾驶高手并不是一件容易的事情,真可谓"开车容易,开好车难";同理,"会炒股容易,炒好股难"。

懂车的人,在远处就知道是奔驰还是比亚迪,甚至晚上只需瞄一下尾灯便可以分辨出是哪个车系的哪一款。股票也是一样,不同类型的个股也会有不同的走势,同一类型的个股一定有共同的特征,而且是有规律可循的;同理,懂炒股的人一眼就能看出来不同股票之间的同和不同。

做股票就像驾驶汽车,在没有碰到真正的考验之前,高手和低手之间的差别根本看不出来,只有碰到了真正危险的关键时点,才会体现出完全不同的处置对策,才能分辨出是高手还是低手。

开车技术好不好,站在外面的人是看不出来的。高手坐在行驶的车内就立马知道这个驾驶员是高手还是低手? 同样的道理,股票也是如此。要成为短线实操高手,需要有一点天赋,更多的是要长期经历各种时段和形态的训练,最终形成一种图人合一、肌肉记忆、条件反射式技能。

第 092 篇——2024 年 9 月 27 日记

第四章

步步营垒：控制篇

　　控制贯穿短线实操系统的始终，从空仓起点到遴选、跟踪、买卖结束，每一个环节都需要控制，只有好的控制，才能保证实操系统的良性运转。从宏观视角出发，关键是要控制系统性风险，重点是要规避弱势环境的泥沙俱下和高位盛极而衰的风险，确保提前一拍实施空仓战略，避免"温水煮青蛙"的发生。其中，时间维度是做好控制的最可靠抓手。控制措施的落地，主要通过沙盘看大盘、板块和个股态势，利用直觉和理性分析动态信息，从而构建具象画面，使实操具象化，实现控制持仓与空仓之间的攻守转换。

震荡市之空卖

　　反复尝试，错速了断。错试寻常，乱麻刀斩。动态买卖，空仓常态。时间金贵，朝夕果断。

　　在震荡市中只有结构性行情。作为追随者，遵循自然法则，就是要顺应主力的操盘节奏，要摸准主力的操盘心理，要站在主力的视角思考盘面，要站在主力的视角执行买卖。

　　在选、买、卖整个操作过程中，遵循十百千万个理念和策略，在实战中仍会有这样那样的缺失，永远都无法达到理想的境界。唯有在卖的环节（特别是止损环节）做到坚决果断执行，才能真正不被错选所粘，不浪费时间机会，不煎熬身心，才能真正依靠少数好股实现持续而稳定的利润，才能真正做到复杂问题简单化,才能真正体味并践行大道至简,才能真正感悟并追寻大智若愚。

开仓当日形成书面分析,明确目标、空间、时间、止盈、止损具体位置并坚决执行——快刀猛斩乱麻,坚决果断卖出。

一、卖出基本原则

(一)特别提示
第一,"温水煮青蛙"式阴跌是投资的第一杀手。

第二,大盘走势不符合预期——早盘走强个股补跌是大概率。

第三,相信拉板是强烈的行动,不会拖泥带水。

第四,当日开盘 15 分钟很重要,要果断行动。

第五,大盘高位恐杀当日,全部个股坚决清仓,包括当日强势个股,准备所有资金迎接巨超的出现。

(二)优先原则
1.空间优先

起势早中期的个股可以持股 3~5 天,以空间为优先条件,目标达成之后或届时目标仍未达到,可考虑延后 1~2 天安排卖出。

2.时间优先

如果大盘已处于相对高位区间,特别是高位区间后期,已进入空仓谨慎操作策略时,要严格执行时间优先原则。不符合预期 15 分钟果断止损,符合预期 90 分钟止盈。

(三)挂单原则
目标个股按预期上涨后,不能给自己强和要板的心理暗示。始终对目标个股要有危机感,迫使自己去卖卖卖。卖出下单要坚决,以买五为基准直接下单,确保第一时间成交。

二、贰叁卖出策略

贰叁模式选股操作失败的个股,不要补仓,不考虑盈亏,越早了结越好。

(一)卖出依据
第一,个股所处的空间位置:底部、中部或顶部区。

第二,个股与大盘关系:强于、同步或弱于大盘。

第三,个股当时分时走势:3 浪、5 浪或 1 浪。

第四,个股 15 分钟、30 分钟、60 分钟线 KDJ、均线拐点。

第五,盘中最高(低)尾数提供的消息。

(二)卖出条件

第一,低开破位 5 日线开盘五分钟了结。

第二,高走不封板个股当日了结。

第三,个股最好次日了结,最多持有 3 天。

第四,波动小于 3%,且形态保持的个股持有。

第五,基金抱团个股放低预期。

(三)卖出时点

第一,低开个股受阻昨收盘价(冲冲冲,时刻准备着,卖卖卖)。

第二,高开个股受阻昨最高价(冲冲冲,时刻准备着,卖卖卖)。

第三,高走个股受阻前最高价(冲冲冲,时刻准备着,卖卖卖)。

三、巨超卖出策略

巨超模式选股操作失败的个股,采用同样资金救援的策略拉平成本,理论保本了结。

四、仓位管理策略

如果投资是不断试错的过程,那么仓位管理就是交易中最重要的一个环节,什么时候用多少仓位是交易的灵魂之一。没有机会时空仓,模糊机会时轻仓,首显转折点时满仓,以此把控好节奏,想不赢都难。

股市第一定律是不要怕把钱砸在自己手里。投资最精华部分是耐心再耐心等待机会来临,但不知道何时来临的大盘泥沙俱下的恐杀黄金时期。大盘波动的最高点在哪里,谁也不知道,但大盘是否处在高位还是有很多办法推定的。

大盘处在高位包括两个层次的内涵:一是上升通道中的高位区间;二是下跌通道中的反弹高点和弱势横向震荡末期。

(一)时段空仓策略

1.半空仓谨慎操作期

当判定大盘已处在相对高位区间中期时,采用半空仓模式进入空仓操作过渡时期。具体操作采用的策略是尾进早出,最长持股时限不超过 60 分钟。这样,一者可以试着抓取一些机会,二者可以减轻等待的焦虑。

2.全空仓静观休整期

当判定大盘已处在相对高位区间后期时,停止操作,严格执行空仓静观休整,直至大盘恐杀之次日止。

(二)尾盘空仓策略

空仓环节是投资第一要务,作为以巨超为主要目标的投资模式,尾盘空仓就成为实施该模式的前提条件。早盘巨超机会转眼即逝,没有资金在手,就不可能把握机会。

1.尾盘空仓条件

大盘在下跌浪中,处在相对底部区位,当出现下列条件之一时,要坚决执行尾盘空仓策略:一是大盘已震荡横盘1~3周,K线组合表现为大盘该强不强,因此严防下跌中继最后一跌;二是大盘已反弹至前阻力位时,本轮龙头个股已开板进入高位震荡;三是在贰叁模式备选股中,尾盘没有理想的目标个股。

2.尾盘空仓好处

尾盘空仓好处有三:一是确保资金安全;二是次日早盘容易发现并及时跟进巨超个股;三是敏感时点(如周五)避免消息影响带来小级别的泥沙俱下的风险。

第 093 篇——2017 年 2 月 9 日记

系统性风险的推定和应对
——以 2022 年 3 月 3—9 日大盘走势为例

系统性风险是由大盘内外部综合因素共同作用形成的。根据内外因作用理论,分析的视角应该从最基础的技术分析原理出发分析内因,结合外部环境对市场心理、经济实质性影响等综合因素推定系统性风险的系数,以此指导实际操作。

一、大盘内因分析

(一)热点板块

春节后开盘以来,以浙江建投和美利云为龙头的政策主导支持的东数西算行情至3月4日已运行4周,3月1日浙江建投已开始震荡(见图4-1),美利云至3月4日已连涨11天(见图4-2),短期都面临震荡,领涨大盘已缺乏动力和号召力。其他热点如油改、港口、医药等也风起云涌,但影响力和带动力明显不够。

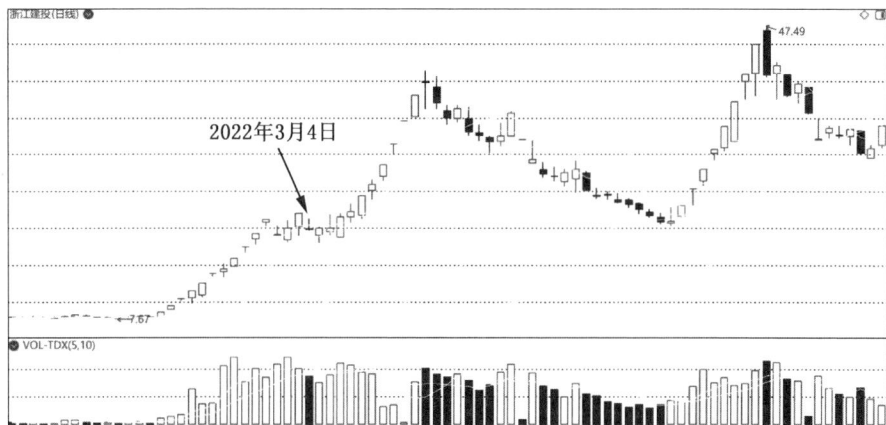

图4-1 浙江建投局部日走势

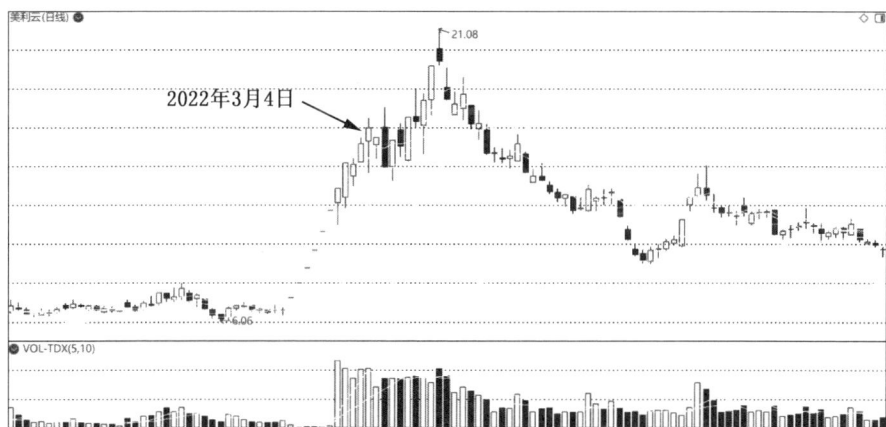

图4-2 美利云局部日走势

(二)大盘走势

节后4周即一个月来,沪市走成一个直角三角形(见图4-3),量能不温不火,3 500点压力明显。特别是3月1日大盘缩量收在30日线之上的次日,来了一个低开的包含线——该强不强,必有隐患。3月3日来了一个高开低走放量的阴线——明显追高乏力,有大资金在高位减仓。3月4日又来一个低开放量的阴线,更是一个不好的警示信号。更为重要的是,3月4日深圳大盘已创春节后的新低(见图4—4),这是一个强烈的破位信号。又是周五的敏感时点,理应高度警惕,指导实操就要严格控制仓位,这才算是把技术分析落到实处,行高明之举。

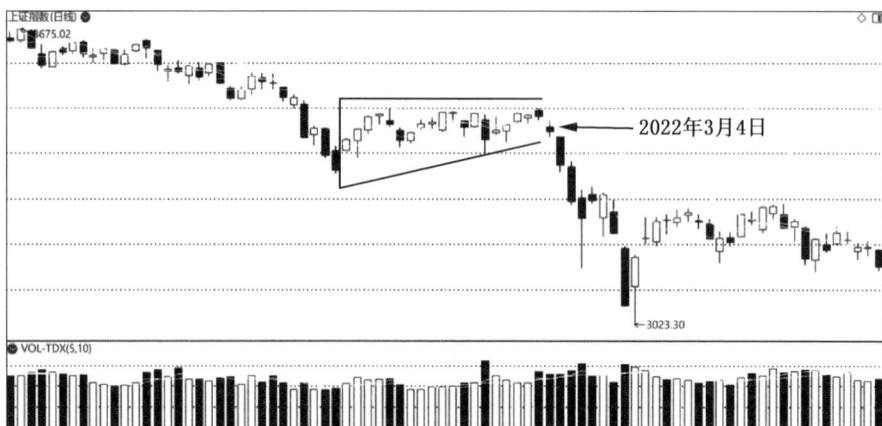

图4—3　上证指数与个股时点对照

图4—4　深证成指同一时点对照

二、大盘外因分析

(一)宏观基本面

国内 2022 年稳字当头,美国制裁不断加码。美国量化通货膨胀压力大,有加息的强烈预期,美股泡沫严重,有破灭的风险。宏观基本面综合评价是不确定、不稳定。

(二)俄乌危机

春节前大跌一个主要原因是市场担心春节期间会爆发战争。2 月 24 日俄乌战争爆发,市场出现了一天的恐慌即企稳。市场本以为一周之内能结束战争,但一周之后发现战争何时结束遥遥无期,这就增加了市场的心理压力。

(三)能源危机

战争本身加之美国为首的西方国家史无前例制裁俄罗斯,造成原油和天然气价格狂涨,让市场对通货膨胀和全球经济的预期明显看空,从而造成美股为首的股票大跌。

在上述内外因的综合作用下,市场通过周末的评估,选择了一致看空市场,从而造成了 3 月 7—9 日 3 天的大恐杀,比本人预期提前一周(本周末两会结束)。

三、系统性风险的评估要素

(一)横盘末端

横盘四周后,指数不同步(深圳指数已明显破位创新低)是系统性风险的强烈提示信号。

(二)强弱感知

通过量能和构图(不是 KDJ 指标)感知市场强弱。市场"该强不强,必有隐患"是最简单实用的评判大盘风险的依据。

(三)运行时间

平台已运行一个月有余,大量个股已炒了一大波,兑现压力大增。如果没有强烈的热点和增量资金的涌入,那么市场已经积累的风险无法化解。

(四)大佬思路

既然上升压力重重,还不如借外因之机把大盘砸出一个锅底后,再聚集人气,以腾出上行的空间。

(五)反射理论

把板块龙头的走势、大盘指数折射的内涵、外围宏观环境的状况结合起来,推高了大盘系统性风险系数。

为什么系统性风险会提前到来(原推测两会结束后发生)？这就是反射理论作用的结果。大盘弱势震荡——情绪就会比较悲观,系统性风险会提前;大盘强势上升——情绪就会比较乐观,系统性风险就会延后到来。

四、系统性风险和实盘操作

(一)风险意识

当综合判定大盘有系统性风险后,即大盘开启敏感时段,实盘操作要有底线思维,并要时刻做最坏的准备。

(二)强化节奏

大恐杀是一个大清洗的过程,风险极大,需要耐心地等待形势的明朗,理论上要求空仓。我们力求早感知大盘系统性风险,在大恐杀发生之前轻仓或空仓。

(三)时空运用

回顾 2022 年以来的跟踪,如果从头开始操作至今,近两个月已经可以做好多的操作了,节奏把握好,已经有很好的盈利了。按照时空理论,既然向上空间难以拓展,释放风险最好的方式就是向下挖坑。因此,放平心态,自然可以主动空仓调整心态以等待机会。

(四)适度参与

从实盘来看,即使大盘大恐杀,热点依旧(防守型板块,如药和酒),连板个股也不少。是不是与大盘目前所处的 3 月且大盘本已处在相对低位有关呢？ 还是现在的大盘(震荡市)环境都是这样的一种状况,还需要时间进一步来检验呢？

(五)国家力量

国有主导的基金在大盘需要维稳的时段一定会出手的,这是中国股市的特色,也是市场最好的稳定器,而出手的时机应该是短期风险已释放差不多之时。

五、风险应对五措施

风险总是来自一个你不知道的地方,通过构建组合分散个股的风险,通过仓位管理来减弱市场整体波动的风险。

风险不可控,但可以通过管理风险降低风险的损失,风险管理与投资体系密不可分。

（一）精选个股

如果你不愿意全仓买入它，就一股也不要买入。对于自己的每一个买入对象，都要查看资料，细细推敲，仔细琢磨。

（二）构建组合

不管如何深入研究，"黑天鹅"事件还是无法避免。一个完整的投资组合就可以化解"黑天鹅"事件的风险。合理配置组合，管控风险，不时地筛查，隔一段时间过滤一次。

（三）仓位灵活

资金与股票是你闯荡江湖的法宝，合理的运用才会有巨大的收益和良好的心态。最难的两个阶段：在疯狂顶部怎么空仓，在恐慌底部如何布局。

（四）计划交易

组合的配置与调控，是你所能控制的小环境，如重仓选择、错误调整、轻仓种类等。现金与仓位的配比，是你所要应对的大环境。

（五）执行自律

严守纪律的短线交易者比不守纪律的价值投资者要成功得多。有计划有准备的交易，总是能做到较完美的结果。但再好的计划，如果不能坚守原则，就形同没有计划。

第 094 篇——2022 年 3 月 13 日记

时间维度话实操

时间是人类用以描述物质（事件）运动过程的一个参数，是物质运动变化持续性、顺序性的表现，包含时点和时段两个概念。空间使事物发生变化有了可能。在能量的作用下，物质运动会产生不同位置的物与物的差异，位置的变化由"时间"度量。

股市运行的本质：在外部能量的作用下，随着时间的推移，运行的轨迹就会发生空间上的变化，从而形成千姿百态的波浪运动。波浪运动轨迹的每一个时点所体现的状态都会有特定的内涵。整个实操的过程是与特定的时间

(时段、时点)相关联的,时间是有规律的最大变量,离开了时间,一切失去了参照,一切无从谈起。

空间、能量固然重要,但个股差异巨大,难以形成统一的度量标准、尺度。时间是一个可直接度量的、一致的、清晰的变量,时间在关键时点总能提前揭示方向。

从时间维度回望过往积累的经验就会惊奇地发现,几乎所有与实操相关联的总结,都是基于时间、时段、时点的视角而展开的。可见,只要从股市运行实质——时间、空间、量能三个要素出发,紧紧抓住其中最稳定的变量——时间,就抓住了股市运行的基本规律,抓住了牛鼻子。从时间的视角去认知、分析、判断股市,心态自然会平和,休息就成为乐趣,等待也变成了习惯,选、买、卖就有了节奏,纷繁复杂的股市就变得真简单了。

一、塑造平稳心态,认知感知节奏

(一)频繁交易危害

"一个月出击一次""一年有大半时间空仓""持币时间大于持股时间",表面看是强调休息、等待的重要性,实质是要等待一个好的、安全的切入点。历史经验表明,要实现连续20％年复利增长是一件非常难的事情,难就难在要实现高成功率。频繁缺乏节奏的操作,必然会损兵折将,若不及时止损,就会深套其中,这样既浪费时间,又消耗心智,还坏了心态,造成实操的恶性循环。

(二)做好时间对比

20％看起来应该是一个不高的目标,只要节奏点踩好,一次就可能完成,其他绝大多数时间都可以休息。因此,有必要用做实业3～5年有回报已很庆幸的视角去度量3～5天、3～5周等待时间的短,来平复内心对时刻都有机会的冲动和焦虑心理,学会从容放弃更多似是而非的机会,耐心而无需忍耐,平和而不是克制,使等待好机会变得自然而然,真正做到心境平和淡定。

(三)认知真正机会

那种"好的、安全的、有强力感觉的"个股构图不是常有的,甚至几个月才有,一年有2～3次操作机会,也就足够了。有了这样的一种认知,心理预期就放低了——心态自然平和了,焦虑冲动情绪也自然就没了,等待忍耐也就自然了,分析筛选也就更理性了。

(四)提升思维量级

在这个快速发展的世界,把眼光放到未来3～5年,和你有共同想法的就会很少,因为很少有人愿意做如此长远的打算。正是这种思维量级的跃迁,能帮助我们过滤掉绝大多数对手。

二、解读辨析时段,巧用减法选优

(一)时段聚焦目标

在五个时段的整体运行架构中,每个阶段最多选定 3～5 个实操目标,围绕着这 3～5 个目标做反复盘旋式打圈子,这是非常确定的事。因此,所有的筛选过程,就是一个不断使用减法的过程。

(二)遴选跟踪等待

运用减法,千里挑一去选择几个目标,需要时间、等待、忍耐、舍弃,最后留下符合节奏点的目标个股是等待、忍耐、谨慎、保守、空仓得到的回馈。

(三)紧盯热点龙头

精力有限,懂得取舍,用好减法,集中精力锁定热点龙头,紧盯第一是不二的原则("做最强"落到实处),耐心等待一两天或三四天——等待可操作机会的到来。

(四)力求构图完整

为了提高解读辨析力,确保实操高成功率,目标构图完整很重要。多一天的走势就多一分完整度,需要耐心等待一定的时间。

(五)由时间给答案

时间是最重要的变量,时间会给出全部答案。为什么技术分析难?为什么散户错得多?因为散户想在短时间内做出判断,并最好从头做到尾,从年头做到年尾。世界上哪有那么理想化的事,多给点时间,几天后构图不就更明朗了吗?准确率不就更高了吗?这样的操作也就更从容了。

三、摸准主力节奏,等待切入时点

(一)等待好切入点

最难的事——等待的内涵:忍耐并放弃时刻都有的机会,等待再等待符合自己节奏的"好的、安全的、有强力感觉的"个股构图机会。

(二)耐心等待尺度

短线操作靠等待,知道如何等待最有感觉的时候进场,这是成功的秘诀。"等待"已做好的衡量尺度:持币时间大于持股时间;已跳出小散思维,已踩准与庄共舞的节奏点。

（三）等待共舞节奏

要实现高成功率的持续盈利，就要做到与庄共舞，按照庄家的进场节奏切入。有了这种认知，就知道等待切入节奏点的重要性，就能够推定要等待多少时间，需要等待多长时间。

（四）高手进场时点

买入时点强调"多数人看来最危险的时候"，说明当波浪运动轨迹走成这类构图时，正是散户"不愿买、不敢买、想出来"的时点，也正是庄家要进场的时点，是高手参与的好时点。

四、求胜不求全，卖出必果断

果断的实质是要解决买、卖两个环节的执行力问题，重点是卖出环节的执行力问题，最主要的是执行止损时的果断问题。我们要求做到理性、从容、优雅的姿态接受亏损，面对失败，迅速止损。没有预期，没有价格，不抱希望，只有信号，只有指令，只有行动。求胜不求全，故而易胜能胜。

"求胜不求全"的核心要义是要坚定落实"四走定防御"——主动走、提前走；强制走、快速走。"温水煮青蛙"式的被动深套，小资金就失去了唯一的优势——机动灵活，那一切经验、理念、措施、策略就会沦为空谈。

五、其他时间妙用，尽显多彩世界

（一）实盘关键时点

竞价后 5 分钟、开盘后 15 分钟、收盘前 30 分钟的内涵：主力会根据打造日 K 线图的需要，引领散户塑造思维定势，又要不断换手提高平均持仓成本。

（二）实盘时间关联

实盘关联的时间有：五个时段、已走几天、"三五法则"是否适用、周几、距节假日几天、农历节气、月份。

（三）敏感周五

大盘环境平稳友好时，周五是大庄家起板重要时点；大盘环境弱势看空时，周五就会加大恐慌的氛围。

（四）指数敏感

大盘走弱、某指数破位、向下恐杀的当日，是阶段选优的重要时段，逆势走强是重点目标；如反复走弱，不要找理由，只看结果，保持谨慎，做好再恐杀的准备，盘中耐心观察，等待尾盘再做决策。

（五）神奇数字

神奇数字是基于波浪运动的敏感时间节点的运用。小三角突破 5～8 天常见,上升或下跌 13、21、34、55、89 天常见,农历节气敏感。

（六）时间优先原则

波浪运动到一定时间后,结合五个时段和构图,考虑到风险已积累、实盘已走弱,要采取主动提前退出或减仓操作原则。

（七）真超起板时间

比大盘企稳时点早 3～5 个交易日,先知先觉,引领大盘。

（八）庄家表演节奏

庄家利用"三五法则"的大盘节奏择机表演。大盘弱势盘跌时,可能 20 天左右有一个大庄家表演的节奏;大盘强势推升时,可能三五天就有一个大庄家登台表演,而中小庄家则不停轮番跟随表演。

（九）ST 表演时段

4 月底 5 月初是被 ST 时段,向下恐杀。10 月份开始是准 ST 赶考时段,为了避免被 ST,可以有很多想象空间的故事可讲,就像医药板块会在无热点可做之时表演一样。

（十）年度金股登台

已在过去近一年的时间内积蓄上升能量,12 月很可能会提前启动来年的大行情。

（十一）时间的长与短

时间总是按照自身的轨迹一分一秒地过去,对每个人来说都是同等的,是公平而固定地给予。所谓的长与短,是基于个体期望诉求和度量视角的内心感知。当回望已逝的时间时,你会觉得时间过得很快,不够用,谓之短;当内心需要改变现实困境时,你会觉得时间过得很慢,很煎熬,谓之长。

第 095 篇——2022 年 10 月 18 日记

止损止盈

资本市场风云变幻,世事难料,超预期发展是常态,紧抓已发生的事实,迅速果断处置,不去想象、不做推测,步步为营。我们要把每一次操作,当作一次抽奖的活动。假如开仓及次日开盘不符合预期,早盘立马走人。

一、做好实操认知准备

(一)超预期走势是常态
3～5 天判断准确,正是危险逼近的时候,庄家会设法变招应对散户——超预期走势是主力生存之道,有超预期强或超预期弱两种。

(二)欲望是魔鬼
实操中有了希望和想法,心中就会产生"魔鬼"。有了心魔,心境很容易失衡。这是人性,会不知不觉而无法控制。

(三)完整预判市场
预判到涨跌停极端走势,把两种走势都镌刻到画面中去。

(四)三次超深呼吸
每个实操动作之前必须要有至少 3 次超深呼吸,以应对焦虑的身体、平复心境、挖掘智慧。

二、止盈要少想快做

(一)短期技术拐点警觉
短期均线向下拐点前1～2天,就要高度重视逆转的可能,应该按照会发生逆转的要求做好 T+0 或果断了结。

(二)涨停板止盈
为什么事后看来在相对高点 T+0 卖了(即使在封板时卖)都是对的多呢?因为大多数目标个股都是跟风涨。

(三)20％区间主动止盈
按照 20％区间主动止盈、优雅地在封板上止盈,是最美的实操体验。短期实现 5％～8％是超级盈利。

(四)强势转弱势卖
强势股天天创新高,不创新高就了掉。

(五)避免挂涨停单
有预期很不好,如能成交则封板是大概率事件,就不是好卖点。挂单一定要低几分钱才是正道。

三、止损是断指求存

（一）止损是实操体系的保护伞

高流动性是体系的枢纽，止损是高流动性的后盾，是实操体系良性的保护伞。

（二）为什么止损这么难

第一，心里没有准备。超预期最差情况发生时，内心惊恐、不知所措。

第二，缺乏应对措施。承认失败是反人性的，非要有强制性的措施不可。

第三，抱有侥幸心理。破位开盘事实发生后，脑子里想的是本来红的怎么就绿了？希望能转红再卖，却不去、不敢、不愿想一旦转弱，还会有更大的下跌风险，要再转强是需要下跌空间和时间的。

（三）开仓次日止损条件

第一，次日早盘低开可以接受，但半小时不能突破前日高点，就不符合强势的特征，是危险信号，切不可 T＋0，应断然止损了结。

第二，再看看、细斟酌、老纠结、抱希望，那么又回到从前的老路，一切成为空谈。

（四）日级变盘节奏快下手

当面临日级技术变盘节奏构图时，如果错过攻击第一高点，充分准备第二攻击点立刻了结，越快越好。

（五）坚守强势原则

已出现"停止攻击的事实信号"——当日没有创新高，次日早盘半小时内一定要坚决了结，绝不拖泥带水。

（六）开盘止损节奏

当日开盘价超预期最差时，反抽后迅速了结止损。

（七）止损挂单原则

直接低挂三挡，力保第一时间成交。

（八）由弱转强需要时间

事实确认已不强时，断然了结。

第 096 篇——2023 年 2 月 10 日记

时间纵横全局

从实盘一天的几大关键时点到周一周五、节假日、月季、半年一年,从"三五法则"到神奇数据,从 3～5 时 3～5 天到 3～5 周 3～5 月 3～5 年,时间就像一面镜子时时刻刻都在照射着、揭示着股市运行的内在规律,彼此呼应,互相提示。

一、多维度看时间内涵

(一)三五分钟内涵

具体买卖点,特别是冲高卖出点往往就是苦等三五小时没有动静,离开三五分钟却错失了极佳的了结机会。这种机会可能三五天就只有一次,一旦错过就会极大影响后续的整体运作,这就是三五分钟对超短线的重要意义,要时刻警醒,始终如一。

(二)三五小时内涵

三五小时是超短线波浪运动下跌、企稳、蓄势、攻击、停滞五个环节转化的最基本时间单元。当日线还是原有趋势时,分时可能已做出转化的走势准备,也就是说,分时会早于日线三五个小时反应而改变趋势的节奏,这对实操有重要指导意义。

(三)三五天的内涵

第一,大盘和个股涨、跌、调整三五天后,都要做好随时反转运行的准备。

第二,对应大盘节奏,在目标持仓量上,做好三五天从重仓到轻仓再到空仓的节奏转换。

第三,三五天空仓后,如果实际大盘运行比预期强,更要有耐心等到恐杀的到来——即使再强的市场也会有盘中强烈的恐杀。遇上此类走势,极易犯错,需高度警觉,必须确保在恐杀之后再开仓,切切避免被动重仓参与恐杀。

(四)三五周的内涵

第一,对于超短线主力来说,三五周已足够完成整体运作,如若参与此类小盘放量庄股,要有行情结束的心理准备。

第二,对于中线主力来说,三五周已完成第一波攻击,并已形成后续运行的基本通道架构,为参与中线实操提供了基本构图。

(五)三五个月内涵

主流资金一旦开始运作,至少要运作 3～5 个月,长则 6～8 个月,这个规律对于遴选具有战略指导作用。举例说明,当年度时间走到 3 月时,主流资金在主流板块中运作已 3 个月有余,并将继续运作,特别是在走"白道"的市场背景下,尤为如此。此时,从底部刚刚启动的个股中找机会,肯定不是主流,不管是打游击还是为后续的战略布局,这是遴选的大误区。

(六)三五年的内涵

只有用长视角看,才能对有节奏空仓、轻仓、重仓变得有战略定力,让实战三五天的等待变成从容而优雅,让实操的心绪变得收放自如。只有用三五年的大视角看,才能化解三五周(至少三五天)空仓等待的焦虑心情。

二、聚焦重点时间维度

把以上六个时间维度放在一起对照,对落实休息、重仓、轻仓、遴选,把握主流和关键时点,提供了全维度、多视角的比较分析,相互支持,互相印证。

(一)三五天是最基本的时间单元

股票市场时时都有机会,对于整天专注于市场的人来说,等待三五个小时都觉得很难熬了,况且是三五天、三五周? 为了解决这个反人性的心理问题,必须要把三五年每年 20% 的复合增长目标放在优先思考的位置,以此来获得三五天如何从容处置安排的心理暗示,以获取宏观指引——安排其他适当的事情,以主动转移视线,实现强迫远离市场,等待恐杀之后的阶段布局机会。

(二)三五分钟的黄金时间

超短线实操为什么风险大? 是因为对选、买、卖每一个环节都要求很高,特别是买卖点,都是三五分钟的黄金时间,提前或者错过三五分钟,实操就会从主动转化为被动,从盈利转化为亏损;反之,如果各环节都处置配合很好,就会产生惊人的复利奇迹。

集合竞价后的三五分钟是谋划资金 T+0 的关键时点,现场对框定的目标(包括持仓及准备新开仓目标)逐一进行设想、优先排序。

(三)年 20% 度量实操频次

年增长 20% 粗看是一个不高的目标,只要节奏点踩好,3～5 次即可,休息时间多多。但事实远非如此,原因有二,一是频繁交易,二是遴选不精。改变的对策是:

第一,用做实业 3～5 年有回报已很庆幸的心理度量 3～5 天、3～5 周等待时间的短,来平复内心冲动、焦虑心理,学会从容放弃,耐心而无需忍耐,平和而不是克制,使等待好机会变得自然而然,真正做到心境平和淡定。

第二,久久为功做遴选,智慧落在实盘前。

第 097 篇——2023 年 3 月 17 日记

系统控制

股市初看机会多多,实质是风险与陷阱无处不在,踩雷容易中奖难。由于一年中可操作的节奏点和目标都是有限的,因此,允许犯错,但不允许犯方向性的大错。

股市是什么,简单概况是"时间、空间、能量""保持高机动""与庄共舞""选、买、卖""节奏""少"。实操的起点是减,筛减的依据是战略定位,目的是简化聚焦,落实由繁入简。

股市既太丰富多彩、太复杂多变、太能吸引眼球了,又极易迷失方向,偏离战略定位。哪怕做了深入研究,反复强化,还会常常犯错,甚至出现自己都不可原谅的错,因此坚守初心是一件很难的事。相对于股市的汪洋大海,独行侠只是一叶扁舟,极其渺小,因此,要成为胜者,就必须落实一致性原则,每天都要提醒自己,对照战略定位进行审视、修正、纠偏,通过系统控制使自己清醒,保持战略定力,确保决策和行动都在战略正确的方向上前行。

一、起点控制

(一)"实操即战争"

一动就面临生死考验,作为弱势一方要有超强的忍耐和定力,反复推演,等待再等待最佳开战时间。一旦开战,就要聚焦瞬息万变的每一个细节,雷霆处置突发情况,充分发挥高机动性的唯一优势,在运动中集中优势兵力打速决战。

(二)"实操完整流程"

从宏观背景到微观程序,共分九个步骤,全面展示了每实操一个目标要系统考虑、落实的具体环节。亮点是增设了模拟开仓——预开仓,把连续跟踪做得更实,为锁定目标提供了更真实感知的依据。

（三）"实操基本逻辑"

与"实操完整流程"基本相同,亮点是高位提前空仓——市场已庞大,3～5天出现一次恐杀已成为常态。当大盘出现该强不强或者盛极之时,要雷霆处置标的,实现空仓或轻仓,早一步做好实操战略起点准备,耐心等待必定发生的恐杀。

（四）"实操架构总纲"

不论是连涨连跌天数、持仓比例轻重循环、目标持仓时间,"三五法则"都是普遍适用的。在各个环节全面落实"三五法则",就把复杂难解的问题简单化、模板化,使实操变成自主可控、明晰精准。

二、遴选控制

（一）"基于大势的遴选"

遴选有一个标准化流程——六步骤,有一个基于大盘时段的节奏。遴选是一个久久为功的连续过程,要看大势,行大道,系统谋划,切切不能草率选定,更不能匆忙开仓,否则,步步被动,后患无穷。

（二）"由繁入简"

大明星是超越一切的超级存在,涨50%作为遴选的起点,淘汰了大多数目标,避免了假强势陷阱,实现了由繁入简,是获得真经的第一步。增加中小明星是大明星战略的候补和丰富,但要时刻清晰,终极目标是每年1～2次、3～5倍的金股和真超。

（三）"定位类型,呈现画面"

把九小类构图归纳为三大类型是一次经典的总结。把短期蓄势待变型定位为"非现阶段主流",就明晰了遴选聚焦的目标,是遴选划分的一次重大飞跃。呈现画面的觉悟,精辟地阐明了对目标未来走势构图预设的重要性——心中无成竹,何来绘从容。

（四）"一张宣纸绘书画"

身体灵感出智慧,框定区间分为箱体和通道两种,箱体是次,通道为主。20%区间是基本定位,具体包括15%～100%,宣纸大于30%时,要划中位线。一张宣纸框定区间,明确三位置,作品自然只能在宣纸上创作,不能越边线——为非"半九十"时段目标的卖出,定了基调,使实操变得简单、可执行。

三、跟踪控制

(一)"迟到的板块指数"

板块指数是最可靠、最可信、最实用的指数,是遴选目标、锁定目标的最重要参照和工作起点,是挖掘独立走牛目标的火眼金睛。依据攻击趋势确立后,开启实操节奏就正当其时。

特别提醒,当某一分类板块指数连续走强1~3月后,在与大盘运行节奏实现耦合共振时,要阶段性高度关注"半九十"效应的到来。

(二)已实操文档跟踪

盈利越多的已实操目标,越说明实现了与庄共舞,越要重点跟踪、盘旋操作。

(三)"半九十"专题

"半九十"现象是普遍存在的,要时刻提醒,坚决避免负向的"半九十"发生——掉入无量阴跌的黑洞。耐心等待、连续跟踪、时刻关注正向的"半九十"效应,一年中能否中大奖,获得超预期的回报,就看金股"半九十"机会的把握了。

四、买卖控制

(一)"高低手的差距"

实操的成败往往是3~5天,有时甚至是3~5小时切入时点差异所决定的,其核心是节奏点,前提是要清晰定位目标类型。区间内运行目标要等待恐杀强支撑点,区间外运行目标要拿出气吞山河的气魄和胆略。

(二)"白道金银股的开仓"

它包括小明星和中明星开仓七种形态的节奏点,以及具有大明星金股特质的目标尚运行在非"半九十"时段的开仓。

不论是大、中、小明星,当大盘攻击走势与其形成耦合共振时,都会有一个"半九十"时段,只是大小区别而已。

(三)开仓次日的止损

这是踩雷之后极其重要的排雷战略措施,是"去弱留强"第一准则的具体实施方案,是保持高机动性、避免掉入黑洞,保证战略主动的战略保障。如果措施具体到位,这不仅意义十分重大,更是开悟标志性的大事件。

(四)"三天实操模板"

它是因巨二浪强烈回踩型而生,为"高成功率、高机动性、高弹性目标3~

5 天小波段实操"提供了具体的模板,为应对开仓次日极端走势发生做了巧妙设计,为从容实施"三高"3～5 天实操战略定位,发挥小散唯一的优势,提供了强力的技术保障。

(五)"一张宣纸绘书画"

明确三位置,为非"半九十"时段目标的卖出定了基调,使实操变得简单、可执行、有纪律。

第 098 篇——2023 年 4 月 16 日记

空仓是战略
——为何空仓如此重要

股市运行规律是波浪运动,要把握股市运动的脉搏,关键是把握恐杀之前高点的空仓。如果每一次实操是一个战役,遵循波浪运动规律是战略,那么空仓就是一次战役的休整,是能否把握波浪运动规律战略的一个关键节点。空仓是战略的起点,也是战略的基础,更是战略行动的重要前提。

一、战役是战略手段

战役是根据战略需要,在一定区域和时间内所进行的一系列战斗的总和,是达成战争战略目的的主要手段。战役结束,就要做到刀枪入库,放手离开,总结经验,休整待战,这是战争基本原则。

二、空仓是战役休整——理念落地

证券投资战略也是通过一个个战役来实现的,也包括谋划、实施、休整。休整就是通过空仓的实际收兵,以达到真正离开盘面、重新审视、感知市场、寻找节奏。哪怕是只有 2～3 天的小战役,也要十分严肃对待,严格走完整的流程,一不小心将后患无穷。一个普通的目标,一旦目标由强转弱,少则 3～5 周多则 3～5 月才能转强攻击。这也是接受并落实"金股一年有 1～2 次就足够了""不怕把钱砸在自己手中"理念的具体行动和策略。

三、智慧的笨办法——提前一拍空仓

系统控制的核心是在踩准大盘节奏的前提下，准确把握目标运行节奏。弱势一方是很难准确做好的，唯一的笨办法就是提前一拍空仓——这需要超强的忍耐和定力，等待再等待好的时机。这是落实高机动性的具体措施，也是实现大开大合的起点。

四、笨办法的逻辑——战略措施

热点切换往往是在大盘恐杀之后开始的。如果没有彻底的空仓，提前一步空仓，那么随着大盘的恐杀，原有持仓多半是走弱的，不仅被动地要花大量精力跟踪分析，还可能蚀本影响心境，为此就没有精力，也没有心气和底气开辟一个新战役。即使是阶段性好机会出现，也会因为手中持有筹码又不及预期，难以做出冷静、理性、果断之决策。

五、高机动性的内涵——收放自如

如果明天有要事需要处理或者旅游，明天早晨可以立马清仓、潇洒而去，这才是真正意义上的收放自如。这是心境是否完成超越的一种体现。

第 099 篇——2023 年 6 月 30 日记

系统控制指令

所有的理念和策略只有最终落在两个画面（K 线图和分时图）上，成为基于两个画面静态分析的依据和动态分析的执行指令，才能在"有理、有利、有节"的战争三原则的基础上，完成目标遴选、锁定和买卖。

动态实盘 4 小时要紧紧围绕这个体系时时调用、环环相扣、层层推理，通过执行一个个指令完成实操。其他的一切都是为了更好地落实这个系统，包括中午吃饭、午休、锻炼等，绝不容许盘中有丝毫分心，甚至悠闲去另寻他事。

强化记忆已实操目标的分时图，锤炼"雷霆出击"和"沉稳应对"两种风格共生，都是十分重要的基本功，是每天必修的功课。

一、起点控制指令

(一)空仓是战略行动

战役是战略手段,空仓是战役休整,这是战争基本原则,须严肃对待,严格执行。身为弱势一方最智慧的"笨办法"——提前一拍空仓,真正做到收放自如,这需要超强的忍耐和定力;否则,就没有精力、心气和底气把握新机会、开辟新战役。

1.高手尺度

总能提前一拍空仓,主动放弃很多,持有大量现金,一年至少有 1/3 时间空仓。

2.时段是前提

向上资金推动,向下自由落体。真超是风向、是主线、是旗帜。

3.恐杀风险

灾难来自高位和低位两级的系统性风险,以及个股炸弹构图掀起的惊涛骇浪,这会让一切灰飞烟灭。

4.优势心理

预期年增值 30%,理论有 3~5 天交易即可达到预期目标,月出手 1~2 次已足够了。

(二)强制转化指令——落实若即若离

第一,非主流板块补涨(账面浮盈快速增加)时;

第二,大盘及目标普遍异常低开时,且耦合大盘五时段节奏;

第三,经历目标的意外惊喜或意外恐杀,为避免溢出效应;

第四,上证指数已涨跌(连阴阳)3~5 天,加 1~2 天,又 3~5 天时;

第五,大盘高位出现该强不强或者盛极之时。

上述情况一旦发生,不管三七二十一,皆要清仓或轻仓。

(三)"三五法则"指令

大盘或目标连涨或连跌(连阳或连阴)3~5 天后,都是开启逆转指令的关键时点。这是"实操架构总纲"之魂,是短期波动节奏、轻重仓位转换之精髓,实操难点和重点是可能会延后 1~2 天所需要的忍耐、等待和坚信。

对策 A 卖出要提前一拍果断行动。

对策 B 开仓、买入要特别警醒"再忍耐、慢一拍",以免被动参与不确定的休整时段,甚至可能最后一刻参与恐杀而倒在血泊中。

对策 C　持币与持仓 3～5 天完成一次"重仓、轻仓、空仓"的转换节奏,要成为自觉遵守的一种习惯。

(四)大盘时段认知

依据热点延续或快速轮动的特点而应变施策,是认知行情的必修课——与"锁定战略方向把握"是一个问题的两个方面。

第一,热点延续——当主流热点进入"十为半"时段时,市场资金就聚集热点龙头连续攻击,其定势就会超出市场预期;

第二,脉冲轮动——当主流退去、酝酿新热点时段,各路庄家就会登场竞技,表现为"领涨板块指数排序"变化频繁,个股以一日游为主。

(五)放弃幻想,雷霆了断

已技术破位走弱的目标是"温水煮青蛙"的开始,任何时点卖出都是对的,因为从见底到由弱转强不知是猴年马月,现有体系是不可容忍的。因此,高位一旦出现破位,放弃幻想,雷霆了断,是战略起点之大事,要从骨子里激发魄力、排除万难、付之行动。

(六)乘数效应的辩证法

乘数效应是根据波浪运动规律,进行选、买、卖的实操,以实现与庄共舞的财富持续增长。时至今日,对"选、买、卖、空"单项的认知已充分,但还需要强化的是彼此组合的时空、节奏问题,需要一份心境平和淡定的智慧光芒——空仓战略化,遴选程序化,锁定标准化,卖出简单化。

(七)"慢才是快"的哲理

从未来 1～3 周而不是 1～3 天向上趋势的视角出发,是一种不急于求成的慢要求,这才有可能实现稳定的乘数快增长。越想快就越容易踩雷,往往是蚀本又耗时,结果当然是慢增长,"快就变为慢"。

高级的实操不应该是每天忙忙碌碌、高度紧张,而应该是"慢中得快""优雅从容"。

二、遴选锁定指令

(一)涨 30%～50% 是遴选起点

落实"由繁入简",聚焦 3～5 倍涨幅和"半九十"预期的"超级存在"的大明星(金股)。白道市中间新热点切换高度关注"三板池",以 6 月 30 日的浙江世宝和兴民智通为例(见图 4—5、图 4—6)。

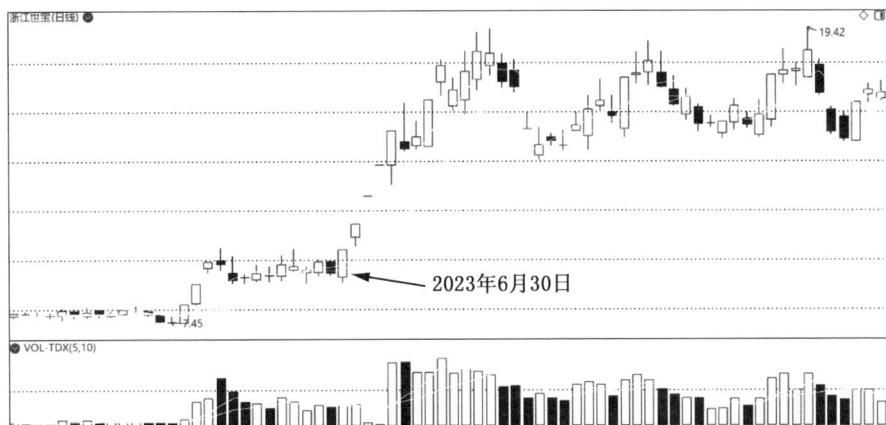

图 4—5 浙江世宝局部日走势

图 4—6 兴民智通局部日走势

(二)已实操池挖金矿

从"金股的起点"开始,"已实操挖矿"已不再是遴选的补充,而是成为遴选金股的中心,是"战略落地"中"金股基因尺子"兑现的主战场。

动态实盘不断翻阅的目标聚焦"已实操"和"预开仓",最多再加个"自选股"。

(三)遴选之画面感

遴选的标准是未来 1~3 周目标是向上趋势,而不仅仅是 1~3 天的走势。因此,遴选画面感呈现的基石是把周 K 线(强势待发)作为最优先的支撑性技

图 4—7　上证指数与个股时点对照

术分析,只有这样,日 K 线画面构图才更有底气,趋势判断才更加可靠。

真正的高手是指,在脑子里有大盘波浪构图,不同时段对目标个股有一个不同的基本构图标准。

(四)是否真强的依据

3～5 天有几板,震荡大于 5% 有几天,每天"四价"、能量、KDJ 如何,突破前高距离,是否主流热点,能量聚集但空间不大,等等。但是,不要被"K 线的颜色""短线小视角均线构图力度"所蒙骗。

(五)一浪遴选六原则

第一,有构图流畅的,不选复杂的;

第二,有多一板的,不选少一板的;

第三,有价高的,不选价低的;

第四,有量大的,不选量少的;

第五,有主流的,不选非主流的;

第六,有先于大盘走强的,不选与大盘同步的。

(六)锁定战略方向

坚守"一时一聚焦"的原则,其核心是热点延续还是新热点切换的问题。

第一,坚信一个主流的形成,非一日之功,绝不会轻易退潮,结合板块指数,高度关注"十为半"的黄金时段;

第二,如果出现大盘大幅回调,前期主流普遍出现高位放巨量恐杀,就要想到可能的热点切换,至少可能是短期阶段性切换。

（七）预开仓池之"预开仓"

目标进入预开仓池开启 3～5 天的连续跟踪,这是最为重要的节点,要深入、要敏锐、要细致。其具体细节要在"预开仓"中连续记录、连续跟踪、多花时间。

（八）月度遴选是必修课

每月一次对活跃板块的整体翻阅,并选出 3～5 个中期最强、最有可能走成大明星的目标,是遴选的基石,是战略实施的必修课。

（九）重视独立走牛目标

独立走牛的弱势板块目标,可实操性强,是非重视不可的一种战略遴选锁定之路径。

三、买卖执行指令

（一）战略实施"三铁律"

第一,"开仓次日的止损"是"去弱留强"准则的具体排雷措施;

第二,"三天实操模板"是每一个战役实施最基本的保障范本;

第三,"金股的起点"明确规定首操的铁律,为避免初次实操的风险增添了一个护栏。

严格执行上述之设定,是保证战略顺利实施的"三铁律"。

（二）早盘 3～5 分钟第一要务

早盘开盘真可谓瞬息万变、冰火两重天,正负向操作乃天壤之别。

1. 看集合竞价

先回答现有趋势已有几天,如有异动,新开仓就要十分谨慎,以保证随时清仓的主动。

2. 对策

不管何种形式的开盘,第一要务是卖出,想的是何时点卖出——红色高开卖可快,买要慢一拍;绿色低开卖要迅速果断、雷霆出击,买还是要慢一拍。

只有极少数真超和"十为半"时段热点攻击龙头才是例外。

（三）"三点三线"划红线

画面感的实质就是对目标未来走势路径有一个区间框定范围。要义是"三点三线"——下(支撑)线、中位线、上(压力)线及(突破)转化。

1. 核心一

要画出底线,这是生命线、终止线、高压线、不可触碰的红线。每天开盘前都要在构图中划线做一次修正定位,以便时刻提醒、清晰明确,触碰即止,守护体系。

2. 核心二

金股是小概率,但一旦发生就要转换思路,运用与区间内目标完全不同的划线、节奏和手法。

(四)完整预设之内涵

不论集合竞价是平、高、低开,都要有涨跌停可能的准备,实质是看主力做盘的意愿和节奏点。

第一,高位敏感点——重点做好恐杀跌停的实操准备;

第二,转强节奏点——重点做好攻击回踩分时支撑的实操准备;

第三,开仓两步骤——准备锁定开仓,说明目标预期向好,随时有可能向上攻击,也有可能继续回踩清洗,因此,在盘中分时强支撑点确认时,先开仓5%锁定,另留5%严格遵守最后5分钟视实况应对。

只有到收盘前5分钟才可以说日K线基本定局,相信在这之前一切皆有可能。

(五)恐杀六类型

三种低开型(快速、震荡、反抽跌停)和三种高开型(震荡走弱、尾盘恐杀、高位十字星)。

最优对策:一旦出现走弱苗头时,不管三七二十一,断然雷霆了结,因此提前"打开交易窗口"是重要的保障措施。

(六)三浪开仓的基准

在目标保持"四个半基准"的前提下,在箱底已有封板为标志,再等数日强烈回踩时,就是最佳三浪开仓时点。

(七)"半九十"开仓基准

主流热点如果前期运作属于不温不火且盘子相对较大,一定要坚信该类目标"半九十"时段会到来。尤其经过5~7周大幅缩量调整且前期高位没有特别被动放量的目标,更要特别重视、紧跟,确保适时搭上超级存在的高速列车,如天地在线、云赛智联、人民网就是最好的佐证。

(八)区间界定与适用

涨幅小于50%界定为区间内目标,战略定位是"锁定目标+基本收益"。适用是指"沉稳"与"雷霆"。

1. "沉稳"适用

区间内目标买入要耐心等待"惊恐落下才张嘴"；区间外目标卖出按"三五法则"择时在封板时潇洒减仓。

2. "雷霆"适用

区间内目标通道上轨(封板)闭着眼、无思考卖出；区间外目标买入，一旦目标向预设方向发展时，要快要狠。"雷霆"简单化：少看、少想、少深入，遵循第一直觉判断，突破天生性格枷锁，刚毅果断出击，实现快速拉升、停顿秒杀。

(九)"动态推定之决绝"

在了然当日K线"四价"、量能的基础上，要做到以下六点：

第一，依据最简单有效的技术分析。

第二，强化冲高"分批次卖出"的条件反射行为。

第三，比较前后最大量能增减变化。

第四，多想不利因素，少计较1%～2%的得失。

第五，认定穿头破脚是极其危险、敏感的信号。

第六，变招是主力常态，K线不会简单重复，相信"事不过三"。

用动态分时及5～60分钟线的构图，综合推定目标动态时点表现为强或弱的结论，据此在5～30分钟线内付诸雷霆实施。

(十)首操力求短平快多

金股就在身边、在手上，但极易迷失。防止迷失的办法只有一个，在有限的时间内尽量多锁定，降低预期、缩短首操时间(最多3天最好2天，包括封板)，尽可能多地让有金股基因的目标，进入已实操池。

(十一)"早盘卖出的战略意义"

一是"早盘T+0卖出好处多多"是"两化一高"流水作业的基本要求，能成就惊人的奇效。二是当大盘面临变盘的大动荡时段，早盘卖出更能体现出重大战略意义，是在最短时间"化危为机"、规避系统性风险的最高境界。

(十二)与庄共舞的全部内涵

落实"理想的T+0模式"，把握涨跌的全部机会。

1. 不动用资金T+0

这包括冲高后卖1/2回踩买回，低开反抽卖1/2尾盘买回(倒T+0)，如此最多一天可做四次。

2. 动用1/2资金T+0

巨二浪型"三天实操模板"之次日动作。

3. 动用1/1资金T+0

金股、真超及短期强力运作目标。

T+0是现有实操体系十分重要的战略安排,是大幅波动目标最大的可挖掘资源,潜力超乎想象。倒 T+0 是十分重要的应对主力的手段,是与庄共舞内涵的一部分。

(十三)开仓必读

1.开仓第一要务

等待再等待"好的"(已起势),"安全的"(已跌到位)时点,散户"三不"时刻买入。切入时点十分重要——5%盈利是大胜,5%波动是大概率。

2.开仓基本原则

攻击型必须是攻击的起始点,回踩型必须是强力回踩足够多,蓄势型必须是攻击线加缩量回踩。

3.重温一个事实

在多数情况下,开仓价远不是最低价,这说明不够耐心。休息比什么都重要,不是好的节奏点,还不如休息,以保证本金安全。

第 100 篇——2023 年 7 月 5 日记

拒止"温水煮青蛙"

温水煮青蛙之手法是主力是否合格的基本要求,否则很快会被金主所淘汰。不要说是新手,哪怕是一个老江湖和专注研究的智者,一不小心,一天不强化,甚至犹豫片刻,就会陷入"温水煮青蛙"之困局。回望过往,真是让人脊背发凉,伤及信心。

一、困局成因与定位

极其丰富多彩、变幻莫测的动态画面,就像一面哈哈镜,"十有八感知",因此,基于画面的认知判断常常出错不足为奇。不论是所谓的高位低位、通道支撑、量能保持,都是相对的、动态的、双向的、可上下的,主力甚至会根据散户动态实盘的变化,被动做出与之意愿相反的变招应对,以求生存。这些博弈双方的力量对比、悬殊地位、明处暗处,决定了困局本身就是市场存在的前提条件,没有困局就没有市场,"水至清则无鱼也"。

二、散户命运与归属

众所周知,散户生存理论有多种方式(长期、短期、追击、潜伏),条条大路通罗马,事实也确有成功者。正因为看似有如此多的路可走,就更表现为"机会多多,梦想乐园",让更多的散户前赴后继,撑起资本市场百年兴盛。也正因为道路众多,可选择的方式也多,"一把尺子量天下",始终如一的人就少之又少,其结果正好"在忙忙碌碌的行动中,变换尺码、迷失方向、丢失优势"而主动伸脖被割,从而成就主力意图。

三、拒止要超越人性

"温水煮青蛙"的教训不可谓不深刻,现状不可谓不惨烈,认知不可谓不到位,但为什么拒止就那么难呢? 因为这是反人性的,是自我否定的过程,而且还没有时间让你慢慢转换,必须迅速雷霆行动,迟缓一刻否定自我的难度就会成倍增加,就越有可能眼看着蒸笼被盖上,却无任何反抗行动。

四、拒止是关键枢纽

整个体系的构建,从少到多、从薄到厚,再由面及深、由多及精,最后保留"雷霆出击"和"系统控制纲要",粗略翻阅便知,主体是解决"空、选、买、卖",整个体系的关键枢纽是能否拒止"温水煮青蛙"。一旦这一痛点解决好了,设定的系统就能良性、高速地运转起来,发挥乘数效应;一旦陷入"温水煮青蛙"的蒸笼,就整体掉进温室效应,不但不能发挥体系高流动性的优势,反而成为一个无底的黑洞。

五、拒止是战略行动

遴选是战略,空仓是战略,拒止也是战略。提升"拒止"的战略地位,就是要在战略的高度认知拒止"温水煮青蛙",每天反复强化再强化,让"关键枢纽"成为乘数效应的催化剂。

第 101 篇——2023 年 7 月 8 日记

关联·映照·把脉

——寻找热点延续或切换的节点

"水在月光中，月在水光中。"事物之间是普遍联系的，不仅关联，且相互映照。在瞬息万变的证券市场，找到这种关联和映照的具体抓手是十分重要的节点。有了几个节点，就可以把诸多零散的信息点关联起来，由点及线，串线成面，形成路径的基本画面，以期走出一条把脉通道。

一、"三点三线"划红线、把脉动

大盘趋势向上或走弱是由一个个具体目标的资金聚集或退出所造成的。每个板块的龙头是该板块的旗帜和风向，尽管对大盘指数影响可能会有一个滞后效应，但龙头的走向为"提前一拍"的预见者提供了最好的参照物。

实操目标"三点三线"框定标尺中实时反应的动态变化，是一个具体的考察点，是盘面分分秒秒实时信息的展示和体现。及时把盘面的信息与板块、大盘关联，就能映照出是延续预判的趋势，还是该板块开始走弱，从而推定市场主流资金是延续或转向新热点的动向。这是最及时、最真实、最敏感认知市场脉动的点。

先前已提及"推定主流运行时段""预判后续主攻方向""锁定重大方向把握"等，但如何实现对热点延续或切换的准确判断，靠"了然于心""坚信非一日之功"是不够的，要有一个目标实盘走势具体的信息来印证——目标实盘是在"三点三线"的框架内按预期运行还是已触碰红线走弱，要以此为事实依据，推定热点延续或转换，而不是空洞、不可量化的臆测。

系统决策信号直接来源于"三点三线"之红线一点，这是市场主流资金动向的信号灯。因此，"创新低"已不再是简单的止损问题，至少说明该板块目前走弱已不再是主流资金主攻方向，自然是不管三七二十一，要先行了结，以确保资金安全。认知到了这个层面，拒止"温水煮青蛙"就会自觉通过"开仓次日止损""创新低当日择机了结""不创新高就了掉"来实现雷霆了结，以实现资金的高流动性，而真正落实收放自如。

"破解卖下手难"精气神固然重要，但这还远远不够。更重要、更可靠的依据还是"三点三线"，这个是规矩、是纪律、是军令，按规则办事，军令如山。这恰恰从根本上解决了"以秒为计，没有时间考虑"的问题——不需要考虑，不允许考虑。

要用"三点三线"来证明是准确有效的市场信号，前提是目标个股是所在板块中最有代表性的龙头个股。

二、非热点大盘股底部异动把脉

一个非热点大盘股在底部已涨 30%～50%，且连续大成交量换手，在主流专家并不看好或者没有太在意时，市场关注度低，"小散"自然参与也就少。这恰恰是彰显功力、独立判断的重要时点，有预见性，有先见之明，才能真正看透超级主力的意图，从而实现准确把握与庄共舞的机会节点。这么大的盘子，这么大的成交量，又在底部启动，不是通天大主力，谁会有如此之气魄呢？这正是通过关联、映照来把脉热点切换的一个重要节点。以金科股份和荣盛发展为例（见图 4－8、图 4－9）。

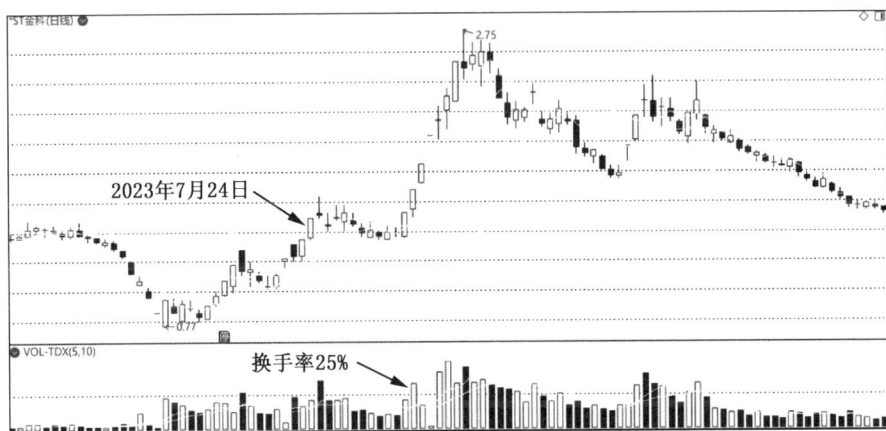

图 4－8　金科股份局部日走势

图4—9　荣盛发展局部日走势

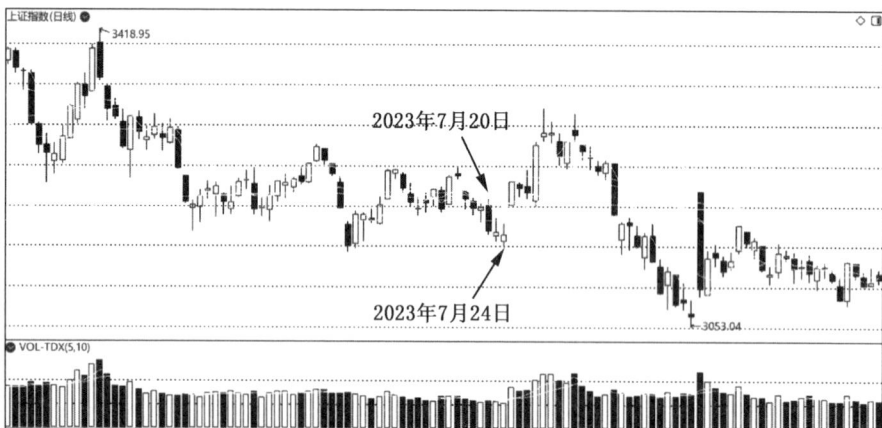

图4—10　上证指数与个股时点对照

三、政策、波浪、时段、板块、机会

政府政策出台需要时间、需要广泛探讨,这就为资本大鳄或者说准国家队联手在某一板块的某一目标或几个目标进行各种形式的布局提供了信息和时间。等待政策催化剂的出台,开启高举高打,创立一个新热点,带动整个板块启动,开启波浪运动。这既实现了政府的意图,也实现了资本盈利,是双赢局面。

大资金在资本市场可以掀起大风大浪,通过具体目标的运作,主导、引导一个新的板块热点,以推动形成整个市场趋势。大资金进来的目的是盈利,要让散户在高位接盘。这就需要一个反复洗脑的过程,非要花功夫不可,其中最重要的是需要时间和空间的转换。

"需要时间和空间"事实上就决定了龙头要完成退出,绝大多数至少要走成一个三浪,最差也需要一个"一浪＋M头"才可能退出。作为"一叶扁舟",最好把握的当然是三浪,而且把握三浪的机会,也就抓住了主升浪,这是整体系统决策的关键。前期可以试手以感知市场,但一刻也不能离开这个"战略三浪"。

四、攻击、新低、安全、高流动性

目标攻击时段走势的基本特征如下:低点不断抬高,三天两头有冲板的动作,开始冲板快速回落,很快又会再次攻击。冲高回来的目的是测试上档压力,以实现充分换手清洗筹码。整体构图是越走越强,当你觉得会跌时,次日就快速开始攻击,走势往往比你想象的强。庄家的手段是逼空,目的是拉出空间,以掌握主动出货。

"不创新低"是实操的底线,是基本原则。一旦创新低,就要在当日反弹的高点先行了结。每次开仓都要有一个最低点的红线,一旦破了此点,当天一定要止损了结。"温水煮青蛙"的第一步就是创新低。要真正做到收放自如,随时可以离开的前提就是要拒绝低点下移。

五、庄家运作四环节——万变不离其宗

关于股市,可以用很多词汇来表达其意,如战争、赌博、游戏、与庄共舞等。不管表演过程多么让人眼花缭乱,形式多样,但本质就是底仓吸筹、拉升洗筹(诱空)、快速拉升脱离成本区、做好看的构图吸引散户上桌(诱多),主要筹码一旦实现退出目标,就原形毕露,不再粉饰盘面,只要一有机会就砸盘,走成"温水煮青蛙"式的构图,最后不计成本清仓。

第 102 篇——2023 年 8 月 12 日记

抓大放小守正道

——从战略视角定位"空、选、买、卖"

就像读一本书,先是概览再细读,领会其深意后再跳出来去品味其精髓。经过一年的深度哲学思考,加之半年多的实战反复总结,现在应该是要经常跳出来看清大势、抓大放小、上一台阶、悟点禅意的时候了。

不论是依据"阴阳太极""自然法则",还是"波浪运动""战争规律",实操都是通过时间、空间、量能去审视热点有无、热点延续、热点切换,并以此来判断大盘和目标所处的时段,以做出"空、选、买、卖"的决策。具体来说,就是因时、因势做出"现金和持仓"这两大法宝配置比例的适时转化,在确保本金安全的前提下,实现分母不断变大的增值效应。

"空、选、买、卖"何为大?"空"是大,是战略的起点;"选"是大,是战略的支撑。何为小?"买"是小,是战役起点;"卖"是小,是战役结束。"卖"也是大,因为直接关联"空"。"空、选、买、卖"是一个闭环,没卖就难空,没有选就难买好。

一、"空"是大

"空仓是战略"回答了为什么空仓那么重要,"空仓的关联"回答了为什么高手十分重视空仓。空仓是"高效机动多配置"的前提,空仓是"收放自如"的条件,只有空仓"久久为功之遴选"的价值才能体现。

二、"选"是大

"遴选至简筑根基"授入选资格证,坚守"就等龙头,非龙头不做",总结过往最大的问题是没有紧跟龙头做。遴选是实操的起点,从众多目标中要锁定几个大势向上的目标,这是久久为功的过程,非花大气力不可。

三、"买"是小

买是一次战役的开始,不同时段、不同目标有不同对策。"震荡市"要求铭记"恐杀落下始张嘴,斤斤计较重如山",而"主升浪"则要求快速追击。买的具体点是很难做到完美的,好在卖有一整套的应对措施。

四、"卖"既小又大

卖是一次战役的结束，瞬息万变难求全，要少想、雷霆、简单化，故谓之小。"卖难下手"是现实的挑战，关乎"滴水成河"的大；拒止"温水煮青蛙"是能否掌控"空"这个战略起点的关键，故而"卖"谓之大。

五、禅意悟正道

如果"抓大放小守正道"再要提升，只有细品儒家的"无所为而为"、佛家的"善护念，离诸相""应无所住，而生其心"，才能以此悟禅意、寻正道。

第 103 篇——2023 年 8 月 13 日记

空仓的关联
——为什么"真正的高手十分重视空仓"

对空仓的认知和心态是真正检验"打明牌的弱者"对股市运行规律、节奏把握的一面镜子。时至今日，才真正领悟到"真正的高手会有大量时间空仓"。

一、遴选锁定需考究，匆忙上马害无穷

市场处处是风险。如果不是久久为功发现的未来 1～3 周趋势向上的遴选目标，不是"好的、安全的"节奏点，还不如休息空仓，因为匆忙上马，十有九亏，不仅蚀本、耗时、吃力不讨好，还影响心态、打击信心。

二、庄家凶残如巨浪，小舟轻微早回港

庄家能带团队坐庄，必定是有两把刷子，更何况有资金优势，又处在暗处，对"打明牌的弱者"行为了然于胸，要掀翻一叶小舟，可谓小事一桩。弱者，唯一的办法是"感觉不对，早早回避"。

三、久久遴选扎根基,存有瑕疵皆放弃

深刻理解"一年有 3~5 次就足够了",才能真正明白"遴选目标之锁定"点点滴滴严格执行之重要。当预选目标"存有瑕疵"时,会发自内心、自然而然放弃眼前层层遴选之目标——因为内心非常清楚,"一动就意味着风险""没有好目标,不如休息"。当你内心确定完美构图没有出现时,唯一正确的做法就是耐心寻找、空仓等待。

四、金股使命扛大旗,逆势启动是前提

肩负扛大旗使命的金股,无论如何应该在大盘转势之前,已经率先启动了,后知后觉的连板目标根本不值得博弈。空仓是能否提前一拍布局,跟上新热点龙头的基本要求。

五、泥沙俱下无完卵,自由落体在预期

自由落体开始是不知不觉的,一旦加速再动手就晚了。要实现战略主动,就必须提前一拍空仓,不惜错过一些机会。从大局来看,不仅必须,也非常划算,因为这既规避了可能的泥沙俱下,保证分母不受损,还掌握了新热点节奏的主动权。这是"打明牌的弱者"最重要的战略思考、措施、行动。

第 104 篇——2023 年 8 月 26 日记

空仓战略的特定运用
——震荡市背景下的空仓战略

"空仓是战略"强调空仓是实操的关键节点,是战略的起点,是战略的一部分,是战略行动。但在震荡平衡市的市场背景下,空仓战略的运用就与其他市场环境有诸多不同。

在"螺蛳壳里做道场"的震荡市背景下,"真正空仓,暂离盘面"已不再是战略的重点,空仓战略的重要落脚点是执行"五五方略",快速空仓,快速转换,预设目标要降低预期(3%~5%),有机会冲高就迅速了结。动作要快要

狠,快速锁定盈利,让资金处在空仓再战的安全状态。后续再视遴选准备与大盘节奏情况,依照"流水作业",择机再战,从而在有限的交易时间和交易空间内提高资金的配置效率。

老江湖都有这样的体验,某一目标突然出现超乎预期的大幅拉升,正当你开始兴奋,有点"想入非非"之时,瞬间已回落 1％～3％,且逐波回落了,后续再冲过此高点就不知是猴年马月了,甚至可能就是短期甚至是年度的最高点。

如果对持仓目标早有定调(非龙头、跟风盘),心有预设,就能在此关键时刻雷霆出击,而无暇"想入非非"。如此,将是实操理念落地的重要突破,是震荡市实操脱胎换骨式的新生,所带来的良性乘数效应将超乎想象。

当然也有可能正好遇上小概率的目标主升浪,因此而踏空,这就要欣然接受,从容优雅置之。

第 105 篇——2023 年 9 月 8 日记

攻守转换的密码
——构建"三大类目标"的转换机制

"一时限一类"把五类目标归纳为"三大目标",对实操进行了清晰界定。"一时一主线"是动态的、不断演化的,具体转化的时点是不可测的。因此,有必要建立三大目标之间的转换机制,这样才能保证当转换信号出现时,从容应对、及时转换。这种转化机制主要包括以下四个密码。

一、确保区间内目标随时能退出

持仓区间内目标的基础要求是"化解焦虑,感知盘面,基本保障",并承担攻守转换的"资金蓄水池"战略任务。因此,对区间内目标最大的要求是"资金安全、确保没有下跌空间"为前提,这就反向要求在选择切入点时十分重视"斤斤计较",用战略大旗约束区间内目标的开仓机制。

二、建立 56 个行业代表连续跟踪池

区间外目标的机会是在动态中快速演化的，一天一个样，三天大变样。特别是主升浪目标有很大的隐蔽性和突然性，这就需要为每个板块龙头专门建池（包括已实操池），花大量的时间连续跟踪、预判、感知"半九十"信号，"坚信、坚定、坚守"一定会到来的机会。

三、关注阶段性出现真一浪机会

要实现乘数效益的初心，必须实施进攻战略——把握阶段性出现的两类区间外目标机会，尤其是一年仅有的几次真一浪目标——唯一值得放下一切追寻的机会。

没有区间外目标机会时，稳做区间内目标。一旦区间外目标机会出现，就要保证随时可以从区间内目标退出，而聚焦区间外目标。

四、动态实盘合理分配看盘时间

执行 3～5 天 3％～5％"五五方略"的区间内目标，无需太深入，最好少看盘，只要在视线之内即可，预期一到，闭眼了结，真正实现"高效机动、多配置"，更有可能"简单出奇效"。细致盯盘反而容易迷失方向、变化尺度、犹豫不决，偏离"五五方略"的精髓。因此，动态看盘的精力分配应该是"照顾区间内目标，盯紧区间外机会"。

第 106 篇——2023 年 9 月 28 日记

交易八宝

交易的核心——优化单子。

交易的灵魂——最坏设计。

交易的本质——处理信号。

交易的困难——耐心等待。

交易的实质——买卖趋势。

交易的精髓——没有观点。

交易的灾难——系统风险。

交易的视角——没有价格。

第 107 篇——2023 年 10 月 19 日记

沙盘看风云
——市场脉动的画面展示

全部 56 个行业板块涵盖了整个战争区域,一个板块划定一个战区,板块中的一个目标是该战区的一个军事要塞。当某一目标向上攻击,就形成了该战区的一个战事新热点;当某一目标向下撤退,就形成了该战区的一个战事消退点。主攻龙头的海拔高度(强度)和战区其他目标战事跟进的广度(联动),决定了现阶段该战区在整个战争中的地位。以此类推,构成整个军事沙盘的战争态势。

当一个目标发起攻击时,运用军事沙盘俯视战区,就能在脑海中呈现出该目标在全局战事中的地位,判定是真龙头或假龙头,从而冷静、果断应对施策。

作为坚定的多方战略部队,当然是紧盯多方占据压倒性优势的军事要塞,择机参与战事,分享胜利的成果。

军事沙盘战争态势的构建要素主要包括如下五个方面:

一、大盘所处时段

波浪运动是由一个个"五时段"链接而成的连续运动,不同的股市特征会有不同时长的演化,但规律清晰、不会改变。实质是大中小庄家基于大盘的区位特点和外部因素的配合情况,对具体目标有序开展表演的过程。因此,任何时候都要对大盘所处区位有清醒的判断,从而感知板块原热点延续、新热点酝酿、新热点表演。

二、主攻目标概况

(一)目标所属类型

三大类目标细化到"遴选 3＋3 画面构图",要明确区分,分别应对施策。

(二)目标个性特色

股本大小、成交量、价格区间、主营特征、概念想象、板块排序。

(三)目标所处时段

依据"四字经"判定当前目标所处的时段,对短期 3～5 天走势有一个区间框定,以便有节奏实施 T 行动。

(四)"五要素＋KDJ"+"构图十大陷阱"

(五)"主升浪 6＋2 前奏"＋典型案例

三、目标庄家特质

明确此庄家特质是长庄还是短庄,是逼空走势还是震荡推升,是大庄控盘还是众庄共舞。

四、目标板块构图

目标所在板块指数的构图强度。

五、板块联动情况

板块其他目标是否联动跟进。

第 108 篇——2023 年 10 月 25 日记

直觉与理性①

——《大脑深处》话"下意识、有意识、潜意识"

大脑神经系统的可塑性是终生的。我们永远可以相信自己的大脑,无论

---

① 以大脑认知为主题的《大脑深处》是央视 2023 年录制的科教片。本日记是《大脑深处》的观后感,是对股票实操所需要"直觉和理性"的有感而发。

在什么年龄、不管做什么，只要有意识地重复练习，都将对我们的小宇宙产生举足轻重的影响。

大脑会对我们周遭的一切事物做出自己独一无二的构建，每个人的世界都在自己的大脑中。感知是大脑功能的第一步，通过大量反复试错来形成直觉，这是人类大脑工作的底层方式。利用大脑的这个特性，人类可以形成强大而快速的直觉决策能力——每个行业顶尖人才所需具备的能力。

视觉会产生错觉，看不是眼睛说了算，而是大脑才是其中的关键。当外界的信号进入眼睛、耳朵等感官时，大脑内的感知风暴才刚刚开始。由于人脑有一个自动的倾向性，受情绪、潜意识、直觉的影响，有时会产生视觉错觉。

人类的活动，有时需要凭借直觉（下意识）快速决断，有时需要理性分析（有意识）深思熟虑。正因为眼睛感知的快速决策会出现误导和偏差，所以需要有深思熟虑的理性决策来加以控制。如何从容适时运用直觉和理性，也许就是人的智慧了。

睡眠对记忆很重要，只有良好的睡眠，才能保存长期的记忆。做运动时大脑的活动是非常复杂的，因此，运动无论对身体、大脑还是防衰老好处多多。

"大脑深处"让我们知道，要提高"三意识"能力，以下三点是十分重要的。

一、增加场景记忆

建立资料库，重要资料重复输入、反复学习，眼耳并用，图文对照，以增加大脑场景记忆。

二、塑造积极心态

保证睡眠与运动，化解消极情绪，使积极心态成为潜意识，成为支配我们行为的直觉习惯和超感。

三、重复强化意识

影响意识最重要的是"重复"，不断想象、不断确认、不断暗示，大量地重复，随时随地重复。

第109篇——2023年12月2日记

"温水煮青蛙"成因及对策

——对拒止"温水煮青蛙"的补充

一年来试手的主要问题之一在于没有拒止"温水煮青蛙",其中信达证券(见图5—11)、特一药业(见图5—12)是典型代表,而且持有时长达50~75个交易日,不仅蚀本,还白白浪费了极其宝贵的时间。

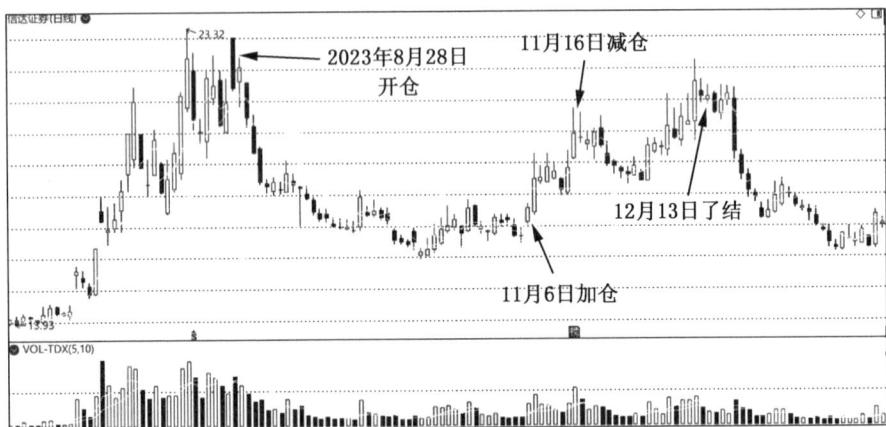

图 4—11　信达证券局部日走势

图 4—12　特一药业局部日走势

关于拒止"温水煮青蛙"的重要性 7 月份已有专题总结,但之后仍然发生信达证券等在续走老路,为什么拒止那么难呢?

一、"温水煮青蛙"的成因

(一)遴选目标非龙头

在遴选目标时,只是看到目标自身构图"好看",没有把目标放在板块及大盘的大环境中考察、分析、对比,特别是疏忽了"补涨"和"补跌"的内涵。补涨——说明选定的目标并非强力攻击的主流龙头,补跌——是非主流龙头目标必然的归宿。且不说是弱势大盘环境下的恐杀有其一份,就说即使在大盘相对平稳的环境,补涨的目标也必定会加入补跌的行列。

(二)有物有我陷错觉

对一个目标有了看起来不高的具体想法,就会产生赌博心理,潜意识选择"把向上 $1\% \sim 2\%$ 的可能当必然"实施,无意中就相信了自己的直觉,而放弃了理性思考,从而陷入错觉。这不但会丢失"弱者不言底",还会产生盲目自信的溢出效应,从而忘却作为追随者时刻处在极易被割"韭菜"的危险处境。

(三)没有严守方程式

由于区间内目标震荡空间小,做 T 难度大,实操中没有落地"四种 T 手法""三不原则""休整日早盘的卖""开仓次日止损";没有严格执行 $3 \sim 5$ 天 $3\% \sim 5\% \times N = 5 \times (5\% + 5\%) + 50\%$,滥用 $(1+1+1)$;没有强化落实散户唯一的"机动灵活优势",错失了盘中锁定利差的机会。

从与庄共舞的理念出发,只有把期货 T 理念全覆盖运作目标,才可能真正把涨跌都转化为机会,才可能通过实操过程制度设置,从根本上杜绝单向压注,提供"无物无我、步步为营、心境平和、见招出招、进退自如"的土壤和环境。

二、拒止"温水煮青蛙"的对策

(一)高度警惕当强却弱

当目标"当强却弱"时,低开哪怕一点点,开盘时也要高度警惕。如果 $5 \sim 15$ 分钟逐步走弱,分时图出现第二次创新低时,务必止损了结。

(二)避免早盘 T+0 匆忙买入

目标个股当日小幅低开,逐波下跌,明显走弱时决不能加仓,要是做反了,就十分被动而无计可施。这种走势尾盘借大势不好加速下跌,走成一个破位的大阴线可能性极大——遇到这种走势,早盘没有及时了结,下午就很被动了。

第 110 篇——2023 年 12 月 18 日记

弱势风险篇
——融通后的觉悟(五)

一、弱势环境定位

(一)支撑不可靠
回踩靠近均线不能迅速拉起的均线支撑是不可靠的,宁可相信不破不立。

(二)弱势不加仓
走势越弱的目标,越不可尾盘加仓,次日早盘低开是大概率。

(三)背离是积蓄
技术背离是做多力量在积蓄,不等于马上反弹。

二、极弱环境下的补跌

(一)内因缺人气
极弱环境的内因是市场缺乏信心而人气低迷,没有持续的板块效应,只有小庄家在打游击。

(二)轮跌是常态
超乎想象的补跌是该阶段的显著特征,今天涨停明天就可能是跌停,任何强势个股无一例外,一切皆有可能,而且可能性极大。

三、完整的恐杀

(一)轮杀是规律
大盘在底部弱势条件下,前期所有抗跌目标都要轮流杀一遍,才是杀无可杀,才有可能形成逆转。

(二)补跌才可靠

漂亮的构图一定要经历恐杀考验后才是可靠的,补跌是必然。

(三)"绿柱"看变化

恐杀落下的盘面语言是出现不断加长的"绿柱",直至缩短。

四、强弩之末

(一)空间已够多

前期大幅拉升的目标,短期已强回踩足够多。

(二)时间已够长

在前期龙头已调整足够多空间的基础上,又有了足够长的时间,加之庄家仍未退出,又有大盘配合恐杀。

五、防超短庄陷阱

(一)时空(时间与空间)

在目标构图"五要素+KDJ"保持强势的背景下,回踩或上攻的空间和天数是判断陷阱和防范陷阱的重要抓手。

(二)巨量震荡要防范

连续巨量、反复震荡的目标,特别要防范超短庄的陷阱。

六、被低估的"温水煮青蛙"

对高效机动多配置体系来说,区间内目标的"温水煮青蛙"被严重低估了,哪怕是10%的资金,也会有不少的缩水,更重要的是消耗了时间,重新配置变得被动且难以取舍。要避免"温水煮青蛙"就要严格执行"1357定理"清仓模式。

七、大盘五时段之特殊两时段

(一)寻底弱势时段

要特别强化弱势不言底。既然大盘整体走弱,一定有其内在的逻辑,有你不知道的原因,因此,我们要有大盘"温水煮青蛙"式下跌的心理准备。

(二)结构小牛时段

此阶段要特别强化主流板块的龙头,不要轻易退出,强势股不轻易言顶。

八、加速度规律的内涵

(一)借机清洗再加速

庄家隐蔽完成建仓,但启动后"天时和人气"没有与"地利"形成共振,就会出现拉几天又大幅回踩,之后再择机加速演化。

(二)拉高建仓再加速

质地较好的目标庄家要控盘坐庄,或者突发利好需快速控盘时,只能拉高建仓,再通过恐杀达到清洗的目的后,再加速拉升。

九、能量逐级传导规律

(一)能量传导有规律

目标的走势是由每一笔具体的连续交易积累而形成的,不论是能量聚集或衰退都是从 1 分钟 K 线开始,逐级向 5 分钟、10 分钟、15 分钟、30 分钟、60 分钟和日周 K 线传导。

(二)逐级传导是精髓

每个下一级交易所积累的正、负能量会直接反映到上一级 K 线强弱的变化。这种分析过程是提前预判趋势保持或逆转的技术分析之精髓。

(三)能量靠时间积累

时间是重要变量,共振是关键要素。能量加速度和递减规律在各级 K 线强弱变化的表现,需要时间的积累,万物相通,规律不变。

十、谨防股评风险

(一)谨防低估的风险

有些大盘分析师喜欢用隐晦的词汇表达风险,特别是大盘在低位弱势时,不会有强力悲观的评判和警示,由此可能容易低估目标下跌的风险。

(二)"砖家"的反向参照

当大盘超预期时长走弱时,要提高"名人观点"被反向利用的风险意识,千万注意独立思考,防范相关目标的补跌风险。

十一、精准认知系统性风险

(一)系统性风险间歇性发生

现有的市场特征,天天有结构性交易机会,大部分时间都没有系统性风险。只有在大多数庄家预期之外，出现极弱的大盘环境时，才会出现泥沙俱下的系统性风险。

（二）高手很重视系统性风险

"极弱大盘环境"就是在底部反复震荡盘跌，反复该涨不涨，就会引发一致看空的心理，从而造成多杀多。对 95％的目标具有极大的杀伤力，不仅温水煮青蛙式下跌的目标会有超出想象的下跌空间——跌入地下室，近期强庄股也会大幅补跌。

第 111 篇——2024 年 1 月 20 日记

战略心空量化向导
——谨慎能捕千秋蝉，小心驶得万年船

心境的重要性贯穿"空、选、买、卖"始终，战略空仓环节更需要"登高远望"的心境——体"禅意悟正道"，行"无所为而为"。

一、严防系统性风险

（一）认知系统性风险

系统性风险阶段性出现，极端恐杀风险也许一年没有一次，一旦遇上就是致命的。因此，只有厚积战略心空的底蕴，才能保证在任何情况下都能掌握战略主动。

（二）系统性风险有两类

一是高位盛极而衰（板块见顶或大盘见顶），二是低位泥沙俱下（弱者挖坑和强者补跌）。

二、战略心空的内涵

（一）心空是乘数效应的屏障

波浪运动的核心是"节奏"，把握节奏的关键是"心空"。战略心空是乘数效应的屏障，乘数效应的公式是"安全＋效率"——"安全是前提、效率是结果"。保安全就是保乘数效应，没有安全就没有乘数效应。

（二）心空是谋局的关键枢纽

战略心空是"提前一拍谋大局"的关键,是掌控主动的战略起点,决定战略全局。只有提前一拍空仓,才能"保证资金安全、避免盈利缩水、提高时间效率、踩准新机会点",从而实现谋大局。

三、落地战略心空

（一）心空主要依据

把四大指数和56行业板块指数作为一个具体的目标,以敏感信息(如雪球爆雷、触及平仓盘、政策解读)为抓手,运用技术分析原理,谨防专家误导,相信事实,独立判断。

（二）心空最佳节奏

在"普涨盛极"和"反复显弱"之时,提前一拍空仓,离开放飞心灵。当恐杀开始时,回归盘面开始跟踪遴选,准备再战新龙头。

（三）练就心空真本领

做到休息、运动、心境"三位一体",营造若离环境,构建第三视角。

（四）战略空仓时长

记录每一次的空仓时间,以审视节奏把握能力。一年实际交易时间50周,要保证每年至少5～7次,每次3～7天＋的空仓时间——正好与每年把握5～7次主要机会,实现融合统一。

（五）弱势节假日

越是弱势市场,越要提前至少一周离开过节。

（六）弱势风险篇

极弱环境下的补跌—大盘特殊二时段—完整的恐杀—能量逐级传递规律—认知极弱大盘环境。

（七）空仓的关联

高手十分重视空仓,曾有经典《七言律诗》做了完美解释。

（八）空仓是战略

把"空仓笨办法——提前一拍"说透了,并反复强化,使空仓成为"阶段常态、习惯动作、自觉行动"。

第112篇——2024年2月7日记

具象画面构建与运用

在短线实操系统模型中,"止损"是一个触碰红线的具体点,直观明确、时效性强,需要极端恐杀的具象画面强力惊醒。"心空"是规避系统性风险的特定安排,需要大盘历史恐杀的具象画面指引。"遴选"是"慢工出细活"的环节,需要构建"三点三线"区间具象画面以便取舍。"锁定"是遴选的最后一步,是量化的提醒和限定。"做T"最需要具象画面支持,构建目标的具象画面是完成"预"——凡事预则立,为后续"做T"提供具体实施的根本遵循。

"一年深耕几个目标"能否落地实现预期,关键是在"遴选"和"做T",尤其以"做T"的潜力最大。要做好T,最需要练就"深耕"真本领,通过"刻意练习"形成具象模型中一个个可视的具象画面;要做好T就要在"三点三线"范围内,每天做好"三种走向"及最大可能走势的具体预设,并根据动态发生的事实不断修正各种可能性,为实盘做T提供可遵循的具象画面。

具象画面是基于"自然法则、波浪运动、心理诱导"规律的具象化。构建具象画面的主要依据如下:

一、宏观基本判断

(一)聚焦系统风险

重点关注高位盛极而衰,低位泥沙俱下。

(二)目标所属类型

九小类构图运行特征不同,应分别应对施策。

(三)庄家操盘特点

长短庄、大小庄、巨量均量庄、逼空震荡庄,其特点不一样。

二、目标分析依据

(一)目标个性特征

股本大小、成交量、价格区间、主营特征、概念想象、是否龙头。

(二)目标所处时段

依据"四字经"判定目标所处时段。

(三)能量变化依据

加速度、强度递减规律,能量逐级传导规律。

（四）日线主要工具

时间、空间、量能、K线、均线、KDJ、构图、四价、前高前低、缺口、除权、板数。

（五）分时主要工具

分时黄线、量能颜色（长短）、板块排名、相对大盘强度、分时缺口，它们的指示意义十分重要。

（六）三种走向预设

分时"恐杀六类型"、日线"防十大陷阱"、炸弹构图。

（七）三天视角预判

昨天、今天、明天是最基础的K线组合预判。

（八）卖出基本原则

其基本原则有卖出123、三化卖出、1357定理、三不原则、二大催化剂、事不过三法则、不创新高、包含线。

第113篇——2024年2月22日记

实操具象化

——把颗粒化节点投射到具象画面中去

追随者的真优势是1～3周20％（3～5天3％～5％）就足够了，关键是把握3～5天加速度的节奏点。做庄者的真劣势是少则3～5周涨50％，多则3～5月3～5倍方可退出。动态3～5小时盯盘很难熬，事实是实操时间的基本单元是3～5天，看清这一点并转化为平和的心境，是理性的开端。

一、划定"三点三线"

当一个目标进入锁定计划之时，对目标未来"1～3周20％（3～5天3％～5％）空间"就要有初步的构图画面。当目标锁定之后，第一步是划"三点三线"——框定后续执行实操的边界和红线，这种画面3～5天修正一次。

其具体有两种划法：一是锁定点附近即为下边界红线，这类划定对"开仓次日止损"要求极高；二是锁定点是三线的中位线，为回踩趋势线留有一定的空间。这种划线意义重大。

（一）划出可视坐标

为"加速度、强度递减、仓位转换"找到了可视的坐标和时空依据,也为"做 T 和止损"划出了红线和止盈线。

（二）保证能谋大局

为保证"不陷入、不沉迷",执行"提前一拍谋大局"、规避逆转风险、促进高效流动、接受小概率踏空,提供了具象化的提示。

（三）保障定理落地

为依据"三五法则",分时分解落地"1357 定理",实现 3～5 天 3%～5% 的目标提供了具象画面。在"加速节奏"时重仓配置,在"强度递减"后开启"两大催化剂"模式,实施有节奏变化的高抛低吸。

二、预判坐庄手法

第二步对目标所属类型有一个基本定位——大明星、小明星、普通族,并用"四字经"定义其所处的时段——不同类型、不同时段、主角配角,对"调整时空"分别给予不同的宽容度。

目标所属类型是一步步走出来的,事先要做出准确预判很难,只能力求做大明星——追星。在实战中往往不可避免会遇到小明星和普通族,这就要依据对庄家手法的感知,对后续实操做好转换应对的准备。

三、节点关联和推理

（一）警示强度递减

"防十大陷阱和恐杀六类型"是"强度递减"后出现逆转的警示和具体表现形式。

（二）推导时长差异

在不同的时空条件下,不同类型的目标节奏转换时长不同。"锁定确定性、适时转换仓位、做 T、攻击停顿闪电卖出、雷霆与沉稳"要在"三天日 K 线、三五法则、1357 定理、加速度、强度递减、四字经"的节奏构图中推理、判断,因时、因形、因势分别应对施策。

（三）落地去弱留强

"去弱留强"的关键是要判断是弱还是强——是正强还是末强。第一步是结合近三五天日线走势节奏,再根据动态分时表现出的强弱特征,判断是真强还是末强或已转弱;第二步依据"该强不涨则为弱,似弱不跌则转强"的原则,执行去弱留强。

（四）追求少用止损

如果能"提前一盘谋大局",那么止损支点、防倒 V、恐杀六类型、防九大陷阱就应该少用甚至不用。实操最好能落地"止损支点"只是有备无患,备而不用。

（五）节点综合推理

依据综合节点的关联,推理形成"事实是什么,依据有几点,应该怎么做"的具象心理表征模型。构图定型时段是早盘或尾盘,只是其推理呈现的一种结果。

四、分时的特殊地位

（一）动态分时静态看

一切实操都在分时动态中完成。为了提前预判,就必须把分时及当天可能形成的日线作为一个参照,即"用静看动"。再结合连续几天的日 K 线、大盘及其他时间节点可能的影响,才可能在停止交易之前对当日的走势,做出更接近事实的实操安排。这是最精准高效的实盘推理过程。

（二）"事不过三"辨意图

为了实现诱导的目的,庄家常常会连续两天用相近的方式开盘,但不会出现 3 天简单重复——事不过三法则。这是落地早盘 3 分钟重要的决策依据,尤其是连续第三天出现低开或该高开而低开时走向反向的概率极大,要结合目标所处的时空和能量三规律,快速决断,雷霆出击,不能凭空猜测。这正是执行"早盘两大催化剂"策略,落实"休整日早盘卖"的关键节点。

六、聚焦落地两动作

把颗粒化节点投射到具象画面,其最终目的是落地两动作——买和卖。具体如何买卖、何时买卖,相关的点点滴滴都聚集在"止损支点和做 T 支点"中。其中,"简单出奇效"等之"成爷之道"尤其要每天强化,力求高效落地。

第 114 篇——2024 年 5 月 11 日记

第二部分　因势乘便：实操篇

构建"心空选买卖"短线实战系统

　　第一部分"抟泥成器"所属的理念、定位、支撑、控制篇从多维度、多视角揭示了股票短线投资的众多底层逻辑，并给出了运用到具体实操的思路、策略和措施，为战略实施提供了厚实的基础准备。实施环节就是要运用这些思路、策略和措施指导实操，通过具体股票的选、买、卖，执行短线投资的战略。在具体实操中，要把理念转化为一个个可实际操作的、具象化的工具，在战略定位理念的指引下，有序开展遴选和买卖。依靠"刻意练习"练就的真功夫，共同支撑起由心空、遴选、锁定、止损和做T五模块所构建的短线实操系统，统领短线投资战略的实施。

第五章

成竹在胸——实操之准备

从实盘底层逻辑出发,以"心空、选、买、卖"为具体抓手,构建短线实操系统模型,就让复杂的实操系统,变成了一个直观明了、完整呈现实操流程的具象画面,用于指导具体的实操。通过盘前、盘中、盘后的具体要领和实操系统目录,指引实操各环节的具体工作落地落实。运用各类技术工具分析,跟踪动态的变化,以不断修正预期,调整应对之策。这就为具体实操提供了一个系统的宏观指引,也为微观具体实操环节的精准遴选、买卖决策、雷霆处置,实现短线实操过程的"流水作业",提供了完整的系统保障。

巨超之选买

投资大师的共同特点是固定的投资风格、简单有效的方法和严格执行,正所谓"一把尺子走天下"。究其本源就是一个"定"字,此乃佛理之最高境界。选股是投资的起点,是投资成败和效率的核心。

投资是一个不断试错的过程,因此,一要不停地试,二要试就试最强的群体。以当日预期双板为操作起点,才能体现主力已拉开表演的序幕,才能真正解读主力的意图,才能真正提高资金的时间效率。

真正有实力的强庄,经常会选择在大盘恐杀之后启动个股大行情。具有巨超条件的双板及当日有望实现双板的个股,在任何时候都是少之又少,因此,需要坚定信念,盘后集中收集分析,早盘重点跟踪,特别是开盘阶段,要紧盯盘面,及时做出决策。

龙头是大旗,是标杆,是脉络,是缩影,是太阳! 龙头就是龙头,主力资金深度介入,短期是出不了的,要善于紧盯龙头做。

临门一脚——遵循二八原则,重点跟踪,严密筛选每个文档3~5天来特别是大盘恐杀时,仍保持独立强势的个股建立潜力巨超档案,集中跟踪,做到沙里淘金。

一、资金管理

资金管理包括仓位管理和风险管理两部分。仓位管理是交易中最重的一个环节。什么时候用多少仓位是交易的灵魂之一。风险管理主要包括止损和止盈。

交易系统中最关键的因素是盈利的时候和亏损的时候投资额的大小,管理学常识和历史经验证明,证券市场95%的利润来源于5%的交易,因此,在实战中要大胆试、要反复试,要允许试错,通过仓位管理来实现整体大赢。

二、仓位布局

动态中的选买,资金的准备是第一位的。要随时做好买入和保护的资金准备,就必须随时卖出股票,做好空仓的准备。空仓是一种常态,常态的空仓才是真正紧跟主力节奏,远离散户思维。

经常使用尾盘空仓,寻找次日早盘先行走强个股,这是相对容易且更安全的操作策略。这正是践行自然法则之操作精华。

铁律一　资金分6份,单个开仓资金限1份,在3~5只目标个股中流动。

铁律二　做巨超先开仓1份资金,另1份保护,如次日符合预期再加1份,最多2份资金。不符合预期,说明操作失败,另1份资金要耐心等待数日后的救援机会。

铁律三　再有资金,操作低吸文档中的个股,执行二三操作模式,作为一种主动性的救援资金准备,随时卖出为巨超服务。

三、阶段策略

第一阶段:恐杀之后1周时间,只做巨超,越早越好,晚一天就有可能直接吃套,每波行情也就1~3只巨超。

第二阶段:错过了巨超,只能做前期巨超个股的超跌低吸或做长牛个股低吸。

第三阶段:停止一般盘面操作,等待大盘恐杀,但如有强势长停复牌个股,可考虑部分参与。

四、大盘预判

大盘当日分时走势对还没有体现出巨超的个股影响巨大,因此,选买时,一定要对大盘目前所处的阶段及当日的走势有一个定位和预判,特别要空仓等待提防盘中的巨震,只有恐杀后,强者才会真正浮出水面。

哪怕在一个上升通道内,恐杀也是常有的事,强庄选择在恐杀之后启动,符合拉开表演序幕的市场心理特征,因此,恐杀之后锁定最先启动的目标是第一时间能否抓住巨超的关键。

没有巨超表现的大盘,就不是一个好的操作环境,离大盘恐杀也就为时不远了。因此,紧盯巨超龙头,视其动态为第一参照,如有异动警示、高位震荡、停盘核查等都可能是行情转折(换)的重要信号,实盘要高度重视。

五、选买顺序

(一)常规选买

第一,优先精选当日长停复牌有实质重大利好的个股,依据构图和主力情况选买。

第二,重点关注昨日收盘精选双板及单板已修正的巨超潜力股,通过“次日精选”跟踪观察,实现选买。

第三,关注昨日单板精选个股,以有望实现双板为宗旨,依据量能合理、稳健推升、5%以上能稳得住的原则,严防冲高回落的假巨超,即便是涨停买入也强于次日。

(二)大跌选买

第一,特殊板块,如西藏板块、稀缺产业(如蓝宝石)。

第二,次新板块,估值降低,3~5个板就打开了。

第三,超跌板块,前期有多板,主力未出且超跌。

六、选股路径

选股路径包括追强路径和低吸路径。

(一)基本条件

第一,巨超定义:股价潜在连续涨幅在50%~200%。

第二,巨超条件:停牌数月＋双板(已有双板或盘中有望实现双板)＋概念引爆点(定增、举牌、重大重组、特殊股本结构、高送转、更名、脱帽)＋大盘低位共振。

第三,基金限定:基金越少越好,最好没有基金。

(二)选股体系

已有双板及部分有一板的个股,要对其1年以来的走势全面分析解读,预判其成为巨超的概率,以便集中资金主攻。

1.小处着手

股价走势图形提供了一切信息,细节决定一切,需要在近3个月无数细节中解读主力意图,关键看有没有能力解读。

2.大处着眼

用审美的视角感受近3个月乃至1年整体构图已经有强大的冲击力。

(1)基本情况:股本、国资、实际流通。

(2)技术态势:1年、3个月、1个月构图。

(3)主力运作:基金、区位、时间、成本。

(4)心理剖析:最高(低)价位。

第115篇——2016年7月9日记

实操策略之精要

一、实操六个动作

试盘、开仓、加仓、减仓、止损、止盈。

二、实操关键时点

早盘开盘后、实盘运行中、尾盘收盘前符合预期买入,不符合预期卖出。

三、实操基本原则

(一)复杂盘面简单化

盘中只关注自己的头寸,简单、及时、坚决执行场外制定的策略。

（二）追求高成功率

保持高流动性、高机动性，充裕的现金流，每份资金月出手一次就够了。

（三）盘旋式打圈子

带足干粮快跑路、多跑路，反复操作。

四、实操冷静期

离开盘面，转换环境，对照手册，冷静评判。

五、实操买入原则

（一）追击真超

按照几种设定的预案条件快速行动，避免快思考、临时做出决策。

（二）低吸操作

根据"三五法则"节奏耐心等待、等待、再等待一个合理的、一个安全时点的买入价出现。

六、实操卖出原则

卖出环节无思考，坚决执行信号。

七、神奇数字运用

3、5、8、13、21神奇数字的实操运用，尤其是"3"的运用值得重视，在三浪操作中，2板之后（大涨第3天）、3板之后的早盘都是敏感时点。

八、巨超卖出指导之精要

第一，真超仍然符合一浪走势时，留有底仓是必要的，即使当日做个T+0也可。

第二，二浪调整期，卖出应改为主动止盈策略，学会优雅地在封板上挂单。

九、实操卖出经验之精要

第一，修炼心态：无喜无悲，无物无我。

第二，大盘走势不符合预期，早盘走强个股补跌风险极大。

第三，开盘15分钟和临近尾盘，是解读主力的重要时间窗口。

第四,优先原则:早中期时段空间优先,高位时段时间优先。

第五,个股与大盘强弱对比很重要,有几天时间信息更可靠。

第六,关注四价、二位、量能,时刻准备卖出行动。

十、其他之精要

知彼知己、交易八宝、巨超开板后的操作指导、巨超综合分析、组合配置的妙和要……

第 116 篇——2022 年 9 月 7 日记

聚焦三类目标的实操细节①

把技术八大类选股进行系统归纳整理,是一个完整地认知市场机会的过程。当资金量较小又没有团队的条件下,聚焦三类典型目标已足够了。这种安排是主动舍弃之后的简单,非常有利于缩小范围、节约时间、集中研判,尽可能体现出智慧的光芒。聚焦真超、二浪和金银股,已是反复思考过的问题了,要做的是坚信、坚持和坚定的问题。其他类型是这三种类型的演化和拓展。

实操是从具体的追击或低吸开始的。依据实操经验,只有已入驻建仓的个股,次日早盘在相对低位的攻击过程中,才会有真正意义上的实操追击过程,力求实现 T+0 的目标。更多的实操其实都是"低吸",只不过是前收板价之上的低吸,还是大幅回踩 5 日、10 日、20 日、30 日线之上的低吸,是收盘时日 K 线已成型时的低吸,还是次日早盘配合大盘弱势低开之时的动态低吸。这是低吸所要重视的。

无论是追击还是低吸,追求的都是散户"不敢买"的时点和构图,是散户"恐慌"的时点和构图,是散户"想出来"的时点和构图。

一、巨超的追击和低吸

(一)定位时段

大盘走弱、恐杀时段一定是重点,还有小牛市中间的热点切换时点。

---

① 该文是"五时段实操坐标"中"实操聚焦类型"三类目标如何具体实操的深入、细化和综合。

（二）盘后收集

全部二板及以上个股进行分类排序,做好操作预案,作为次日备选。

（三）盘口多试

有一个就试盘一个,有多个就参与多个。分别及时买入试盘,以博取平均概率。不停试,小额试(每次限 5％)。

（四）聚焦真超

真超是真龙头,是大盘人气热点的风向标,真超极少,因此要时刻跟踪力求一浪参与,确保参与三浪操作。

（五）足够耐心

越是多板个股,越要耐心守候,等待开板可操作的机会,可能需要一两天甚至三四天。

（六）成交量

真超 3～6 板开始放量 15％～25％常见,30％～50％也不少见。

（七）准备失败

要有强大的心脏,足够的耐心,要有天地板的心理准备,特别是恐杀时段,尾盘随时可能阴阳板(20％)。

（八）新股破发

大盘开始恐杀之后至政府发出维稳信息,期间新股一浪归为巨超跟踪管理是必要的。新股破发,是市场低迷的结果,也是紧随机会之所在。

二、巨超二浪低吸

低吸的要义是遵循"三五法则",等待、再等待"好的""安全"的买入时点。"好的"就是已经起势,短期就能盈利;"安全"就是下跌空间有限,对应的止损点设计也比较简单。

（一）大阴次日早盘高开

如果大阴次日早盘高开,事实上就演化为扫把原理运用了。时点是在开盘的几分钟,时效性极强,效率最高,事先须有明确的预案,特别需要有优先排序的安排,否则临盘极易错过好时机。

（二）大阴次日早盘低开

如果是大盘无量走弱且伴有大恐杀的时段,而关注的对象又是相对底部启动的目标,那么当目标大幅回踩时,甚至已回踩至年线位置时,这样的目标是可以在早盘顺势低开掉头向上之时,在预设的区间,主动出击"买套"

的——当时的构图会比较难看,但总体气势已起,区间支撑稳固,应该是"好的""安全"的买入时点。

可做的高难度低吸应同时具备的条件如下:

第一,大盘处在恐杀时段;第二,目标个股在大盘走弱之后起板;第三,已底部起板,至少已双板,多一板就多一份强度;第四,受大盘恐杀影响,非个股原因,顺势主动回调大清洗,没有冲高放巨量的动作;第五,预设低吸位置在10日均线之上(越靠近5日线越好),或者在两点上升趋势连线且也在年线之上。

(三)个股企稳型低吸

不管是大盘强势还是弱势,都可以在尾盘从容低吸。

三、金银股研判依据

(一)金银股研判依据之一

1. K线特征

沿10日均线推升,一定表现为K线稳步抬升,向上可以连拉几板,但回调至10日均线即企稳再拉起,坚守10日均线。

2. 能量特征

启动时放量,后期相对缩量推升,显示长牛特征。

3. 对照构图

经常对比大盘的构图和个股的构图,就能清晰地发现个股明显强于大盘,已开启了独立上行的行情。

(二)金银股研判依据之二

常言道"一而再,再而三",这是反复强化的"再三法则"。在一个极短的时间内,某目标拉板走强出现明显回踩后,很快再次拉板走强创新高,这说明主力做盘意愿强烈,是择机低吸试盘参与"再"的时点。如果在短期内,出现明显回踩后第"三"次拉板再创新高,说明主力志在高远,要高度重视——是第一时间研判金银股的依据。

第117篇——2022年9月23日记

动态实盘基本要领

时段是前提,选股定根基;时点有节奏,买入等时机;

盘前定策略,实盘无预期;信号给依据,卖出显神威。

一、目标预设条件

"冷静期"后重现智慧光芒,开盘前准备好有明确预设条件的若干目标个股备选。

二、心境和精气神

在心境平和淡定中,把精气神带到实盘中来——避免冲动交易,力求高成功率。

三、当日时间关联

五个时段? 已走几天? "三五法则"适用? 周几? 距节假日几天? 农业节气? 月份? 神奇数字!

四、当日走势预判

前日走势(强、平、弱),当日预期走势(延续、转化)——特别是要对恐杀和小恐杀的走势有预案。大盘不同的走势,市场提供入场的时点是不一样的。

五、实盘重要时点

(一)竞价后 5 分钟

对预选目标实操时效紧迫性进行排序,依次是可能巨超、大阴高开、大阴低开、平收高开、大阳低开。

(二)开盘后 15 分钟

围绕构图"最强"原则,聚焦、紧盯、锁定"追击巨超、大阴高开、大阴低开"三类目标。

(三)收盘前 15 分钟

技术强势、正处在节奏点上的平收金股(包括独创新高)的低吸,用好单日扫把——顺大盘恐杀大幅收低、预期次日高开高走的目标。

六、关注宏观背景

大盘人气指数高时,对外围政治、经济、环境不敏感。当大盘人气低迷时,外围市场的任何风吹草动都是敏感因素。此时段第一时间收集新政策导向是十分重要的事,关乎战略布局主动,特别是原有热点已没有动力,面临热点切换的重大时点。

第 118 篇——2022 年 9 月 25 日记

小波段战略布局

"战略上的稳和战术上的拼"是资本市场应遵循的基本战略定位。所谓战略上的稳,就是要确保资金整体安全的前提下,采取小额分散、多点试盘的方式,在大盘恐杀时段布局,以备可能随时到来的转势。掌握战术上的从容出击,实现战略主动——实质是小波段操作起点的战略思考。

在恐杀后期,"大盘已跌无可跌"一旦被庄家广泛认可,不管原有技术构图如何差,蓄势待发的庄家就会纷纷开始拉板。当发现一批个股已封板之后才开始布局就晚了。而匆忙行动,会被动不已。

一、大盘筑底阶段布局

大盘从走弱、恐杀,到跌无可跌是需要一定时间的。这种磨底的特征如下:

第一,一批个股已走成一个底部攻击形态后受大盘恐杀影响强力回调至启动点附近;第二,金银股已调整至理论支撑位;第三,超跌股底部已强烈背离——KDJ 强是重要的辅助筛选指标。

因此,在这些个股中反复筛选 1~3 个(或 3~5 个总量 5%)在相对低位提前主动布局试盘——主动买套,是十分重要和必要的。一是大盘已跌无可跌,但并不确定何时启动逆转。有了这种布局,当走势发生逆转时,就能第一时间感知这种变化,随时转化为实操买入,掌握战术上的主动。二是"主动买套"的要义是,在恐杀时段市场人心惊恐未定之时,只要选定的目标到了预设点位,不管技术构图如何,主动试盘买入,并要做好被套的准备。

有了这种布局,就能切身感受庄家的动静,从容应对随时可能发生的逆转。把试盘用于重大时段的实操,使之成为战略转化枢纽的关键一步。

二、聚焦三类目标布局

选择三个不同类型的目标(年度金股、金银股、超跌股)布局,目光就会聚焦,思考才能深入,从而避免走马观花。当然,这种主动买套不是无原则的,实操的止损依然要严格执行,还要进行阶段优化增减。

三、做好两手准备布局

一手持续跟踪巨超,随时准备出击以博取平均概率;一手主动战略布局,力求挖掘波段稳定从容的机会。这"两手"是阴和阳的协同配合,是快和慢的节奏韵律,是太极精髓的具体实践。

此乃"聚焦三类目标实操细节"后两类目标实操细节的深入,是"时间多给点低吸机会"的具体落实,更聚焦、更可操作、更有前瞻性——把实盘的宝贵时间让渡给巨超和单日大阴。

第 119 篇——2022 年 9 月 28 日记

盘旋式打圈子
——小波段战略布局的补充说明

利用"三五法则"盘旋式打圈子,是见招拆招运用的具体实现路径,是一种常态设计。当清仓数月之后或者原本就没有参与的巨超类超跌股,再参与实操,需要有战略层面的认知,才能引起足够的重视,把理念落实到具体的实操中。

一、持续跟踪真超逻辑

品牌效应(明星)+5%成交量(人气在)+主流形成非一日之功+退出绝非易事+非把余热炒完绝不会轻易退出。

二、把脉金股真超节奏

年度巨超、年度金股本身就是最大的热点素材,天天摆在你的面前,供研究、认知、分析。难在节奏点把握,特别是主升浪过后,如何充分利用大盘调整的机制,等待大盘调整已基本到位、人心思涨时,开始拉升,这才是细活,这才是实操的关键。

三、四季度关注重点

在一个财务年度的后期,临近年末时,往往已很难再有多少靓丽的故事可讲了。那么,年度内原有的龙头巨超已调整充分,号召力还在,一旦大盘企稳,人气开始聚集,只要有人一点火,立马就可以燃烧起来。有了这样的认知安排,即使没有时间跟踪新的巨超,也可以从容在原有巨超中找到小波段战略布局的目标,假如想偷点懒,也算是找到了偷懒的理由。

四、认知量能递减规律

正如真超刚启动时是引领大盘走势,随着时间的推移,量能和号召力在不断减弱,因此,在与大盘同步性上,就会从引领、同步到之后跟随的转化,直至躺平不跟,开启阴跌模式。这也是庄家做盘能量消耗的完整过程。

第120篇——2022年11月6日记

流水作业

一、短平快实操理念

事实证明,持有筹码时间越短,处理起来就越干脆,越能体现高机动性、高流动性。持有筹码时间越长,时间成本越高,心理成本越高,越难以割舍,处理起来越困难。这是人性,一般人无法超越,但我们不做一般人。

二、搭建若即若离平台

用大量时间紧盯目标个股分时走势,看得太细反而会妨碍对大局的判断,是一种浪费时间、耗费精力的苦差事,吃力不讨好。最好有两个显示屏,持有筹码开盘前有一个预设的安排,实盘只要眼睛余光能照顾到即可,这是真实到位的若即若离。

三、短平快理念支撑

当有了短线技术选股相当功力的条件后,实盘就可以把大量时间用于选股,一旦认定有适合的目标就可以行动,特别是尾盘可从容低吸(早盘主要是二浪回踩和真超)。

让庄家用于表演割韭菜的道具回归道具的本质,不投入情绪和情感。把每一次操作,当作一次抽奖的活动。假如不符合预期,次日早盘立马走人,如符合预期,赚了就走,绝不久留。持有时间一般在 3~5 天。

一定要实现这样一种短线操盘目标,参与时可以快速切入,要停手时可以立马空仓走人。

四、短平快生产流水线

把实操看盘、选股、买卖做成一条生产流水线,快速流动,高效运转。这种设计就在事实安排上不用花太多的时间思考买卖——让实盘无思考落到实处,让实操买卖变得简单化、程序化。

五、实盘每天工作内容

第一,早上开盘前浏览银河资讯、某某评论等,并做必要的摘录。

第二,开盘前思考完善目标个股预设条件。

第三,盘中重要时间节点看目标个股分时构图强度。

第四,盘中利用"若即若离"时间进行选股,看相关理论总结。

第五,实施买卖的前置条件——考虑大盘背景、周期时间,翻阅步步为营精要,强化理论指导。

第 121 篇——2023 年 1 月 17 日记

KDJ 与选买卖

画面感、趋势感、节奏感是一个整体的概念,实操动作需要有一个具体的指标作为主参照才有抓手。KDJ 是一个敏感指标,作为超短线实操的抓手应该是不错的技术选择。

需要说明的是,从整体大区位、大视野出发,在做出买卖的方向性决策后,KDJ 只能作为具体实操节奏点落地的一个辅助性工具——一个具体的抓手,避免本末倒置。

有了这样一个辅助设计安排,也就间接解决了关于节奏点具体怎么抓的问题,明确了目标重点要盯盘的时段(早盘、午盘或尾盘)。

一、遴选

以周 KDJ 为主、以日 KDJ 为辅的设计安排。

二、开仓

以日 KDJ 为主、以 60 分钟 KDJ 为辅的设计安排。

三、了结

以 60 分钟 KDJ 为主,以 15 分钟 KDJ 为辅的设计安排。其中,连续放量震荡上攻的目标,60 分钟 KDJ 第二次背离的高点,是了结的一个重要参照指标,有效概率挺高。

四、T+0 买入

第一,15 分钟 K 线快速回踩 60 或 120 日均线,KDJ 形成低位金叉时是买入节奏点。

第二,15 分钟 K 线连续蓄势后,KDJ 已金叉处在强势攻击区,是买入节奏点。

五、T+0 卖出

第一,15 分钟 KDJ 在低位,股价突然大幅拉升时,再结合 5 分钟 KDJ,是卖出的节奏点。

第二,15分钟在高位将形成死叉时,再结合5分钟KDJ,是卖出的节奏点。

第122篇——2023年2月5日记

实盘决策系统

开盘前明确前5分钟聚焦某一个目标,集中精力,重点实操。

一、看盘程序

(一)大盘与目标强弱
黄线与白线相对关系,目标个股与大盘相对强弱关系。

(二)目标属哪种形态
弱势、蓄势、强势、超强势(巨超或真超),是否可能出现已点燃的炸弹构图(出现强烈向下逆转的构图)。

(三)目标分时强弱节奏点
由强转弱、由弱转强、保持强势、维持弱势、超级强势。

(四)目标敏感拐点
5、10日线拐点情况,是否同步?实盘高低点与昨日高低点相对关系。

(五)目标构图与位置
个股处在框定区间内的什么位置,是否属于3天实操模板。

(六)要素量化分析
量能、KDJ,分时、日、周K线图,画趋势线、压力线,最高价、最低价。

二、实操决策

第一,单一目标评判和决策:风险系数大小,是坚决了结、放心持有、T+0买入、T+0卖出哪一种?

第二,持仓目标之间资金流动性决策。

第三,是否适合新开仓。

三、技术支持

（一）实操是抽奖活动

按预期发展，是幸运中奖——不忘预设初衷；超预期走弱，有应对方案——3天实操模板。

（二）怕踏空是所有问题的症结

买入——迫不及待，往往追高，丧失主动；卖出——犹豫不决，错失良机，流程停止。

（三）实盘决策须聚精会神

充分调动，片刻不离，非轻松摇椅。

（四）强弱分水岭

涨5%是十分有用的实操尺度。

（五）早盘T+0卖出好处多多

第一，早早资金到手，有更多时间从容遴选，资金持仓之间机动配置。

第二，是否真强，开盘5～15分钟已排名登榜，不能再有空期待。

第三，等尾盘卖，需要花大量时间盯盘，费时不讨好。

第四，尾盘T+0卖出是最不好的安排——比早盘高往往就不是好卖点（或者早已不是高点了，错失了冲高停顿，60秒了结机会）。

第五，唯一例外——3天实操模板次日强力回踩的T+0，卖出可延至下午两点左右。

第123篇——2023年2月6日记

雷霆和沉稳

一、沉稳应对

（一）开仓冷静期

当选定一个目标准备开仓时，需要离开个股，对照手册，冷静思考，至少需要一小时冷静期，以力求理性决策，低位开仓。

（二）模板次日 T＋0 卖出时间

开仓次日做出强烈回踩再加仓后，当天的 T＋0 卖出，可以延后至下午两点，需要耐心沉稳，这是 3～5 小时强弱转化节奏所决定的。

（三）坚决杜绝盘中高位开仓

快速冲高（包括封板）回落是买入的最大陷阱——真正突破拉升是没有机会让你从容买入的，能买入大概率就是追高了。

二、雷霆了结

（一）模板第三天高开冲高回落

快速打到昨日最低点，是典型的穿头破脚，反抽昨日收盘价，火速了结。

（二）模板第三天破位低开

最差预期开盘破位，反抽 5、10 日线附近，是仅有的逃命机会，越弱反抽的高度越小。

（三）开仓次日面临包含线

开仓次日低开是弱势，极大可能是一个包含线。当股价反抽运行至昨日收盘价时，要雷霆出击。事先低一分挂单是不错的安排。

（四）运行接近区间顶部

当目标运行接近 20％区间顶部时，如果其他要素也处于不利状态，降低预期，火速了结。

（五）短期均线拐点或走平

当日 5、10 日线其中一条或两条向下拐点或走平，早盘 5～15 分钟内，每分每秒都有可能惊涛骇浪。

（六）重心下移的敏感 K 线

低点、高点其中一个下移或两个同时下移，除非封板收盘，否则都是转弱的强力信号，收盘前果断了结。

三、雷霆加仓

（一）模板次日强烈回踩

目标开仓后，次日开盘在预设范围之内的强烈回踩加仓，要雷霆出击，坚信其他的问题开仓时已考虑周全，不再多虑。

（二）T＋0 加仓快速落下才张嘴

一周赚 1％一年就赚 70％，乃滴水成河——张嘴的时间一定等待快速掉下来之时。

(三)真超快速加仓

开盘后越是快速走高,特别是涨 5% 以上时,事实证明是强,就越要快速加仓,要快要狠。

四、雷霆减仓

(一)盘中快速拉升时的减仓

持仓目标在盘中快速拉升过程中,只考虑 T+0 卖出,要雷霆出击。不考虑加仓——真正突破拉升是没有机会让你从容买入的,能买入大概率就是追高了。

(二)模板次日 T+0 卖出

开仓次日实现强烈回踩再加仓后,当天 T+0 卖出,延至下午两点——时机一到,具体实施雷霆出击。

(三)蓄势形态严防最后一扫把

大盘整体走弱时,蓄势目标当日温水煮青蛙式下跌 3%～5% 是轻轻松松的事。目标在走弱 3～5 小时节奏当日低开,早盘 15 分钟要雷霆减仓。

第 124 篇——2023 年 2 月 9 日记

实操基本逻辑

一、高位提前空仓

市场已越来越庞大,运行已变得越来越复杂,3～5 天出现一次恐杀已成为常态。当大盘出现该强不强或者盛极之时,就要雷霆处置,实现空仓或轻仓。最好提前预判,早一步做好实操战略起点准备,耐心等待必定发生的恐杀。

二、开启遴选跟踪

遴选是久久为功的筛选,每天都在做。当已落实空仓或轻仓之后,根据近 3～5 天领涨板块的主线,把工作重点放在已初步遴选目标的跟踪备选,等待恐杀之后的机会点。

三、试盘锁定开仓

在明晰大盘五个时段所处位置的前提下,当大盘出现像样的恐杀之后,尾盘或次日早盘,根据重点跟踪目标的特点锁定目标,选择试盘开仓(普通型)或直接开仓(真超)。最好所有的新开仓都安排在(小)恐杀之后。

四、开仓次日关键

开仓当日收盘后要对目标进行一次再体检,如发现目标不符合预期的强势,则次日早盘更要在开盘后第一时点雷霆落实"开仓次日的止损"。

即使体检没有发现问题的目标,次日早盘也要高度警觉,如不能在半小时创新高,就要做好走成包含线的心理准备,收盘前果断了结。

只有大幅低开 5% 以上的巨二浪型才有预设中的 T＋0 买入,其他类型目标低开概不考虑 T＋0 买入,万望切记。

五、三天模板护驾

三天实操模板因巨二浪特点而产生,是应对极端走势的绝招,要时刻牢记,巧妙运用。如果开仓次日平开或者稍有低开即走高,亦可视大盘环境不加仓,直接获利了结——做成 2 天实操模板。

该模板的理念为追击真超失败提供了处置方案,还完全可以扩展至所有新开仓的目标。

六、聚焦中奖目标

雷霆排雷后,就要聚焦中奖目标,集中资金和精力,通过反复 T＋0 综合运用,重点运作 3～5 天时间。

第 125 篇——2023 年 3 月 18 日记

实操完整流程

动态实盘空盯盘有百害而无一益,智慧落在不盯盘的看盘。功夫主要体现在对动态实盘的不断修正,从宏观到微观,从思考到实操。

在实操中,只有及时跟进预设——冲到什么点位、跌破什么点位时,做出相应的实操,才能真正落实雷霆处置,因为意识决定行动。没有预设的思考过程,决策时必然犹豫不决,片刻一过,黄花菜凉了。也许这就是有时操作难下手的最根本原因。

实操完整思考过程如下:

一、定位市道类型

定位市场所处的市道类型,是牛市,熊市,还是震荡平衡市。

二、主流资金动向

市场主流资金的主攻板块有哪些? 运作时长是多少?

三、大盘所处时段

当前大盘整体构图处在五时段的哪一个时段?

四、遴选目标起点

遴选目标的坐标起点是恐杀或小恐杀之后的节奏点,等到空仓或轻仓后,根据遴选目标的坐标起点,开始遴选若干目标。

五、预设开仓条件

预设开仓条件的设定,要等待大盘恐杀后开启锁定目标。

六、模拟开仓条件

连续跟踪拟锁定的金股目标1～3天,真超和标准巨二浪型跟踪1～3小时,临场自主定夺。

七、正式开仓形式

正式开仓分为试盘开仓 5％和一次性开仓 10％两种。

八、开仓次日设定

第一要务是处理不符合预期的金银股，按照"开仓次数的止损"雷霆处置；真超和巨二浪型目标进入"三天实操模板"程序，严格落实。

九、中奖目标安排

当目标走势按预期发展时，幸运中奖。目标实操进入 3～5 天集中资金的速决战模式，充分运用 T＋0 模式保证机动性和主动性。

第 126 篇——2023 年 3 月 22 日记

查漏补缺

一、总则补齐缺漏

第一，高位宁可提前空仓休息，等待恐杀之后的节奏点。

第二，3～5 天持仓比例由重到轻转换。

第三，炸弹型构图要随时防范惊涛骇浪，灰飞烟灭。

第四，定位类型，呈现画面——胸中无成竹，何来会从容？

第五，强势的基本原则：低点不断抬高，每天创新高。

第六，高手与低手的差距——几天甚至是 3～5 小时时间。

第七，运用事不过三法则，对 3～5 天大盘分时走势分析，是预测当日盘中走势的一种比较直观的方法。

第八，走白道的目标，初级的技术分析往往会反向做，更有效的是周级的趋势和日级收盘的指标保持强势。

第九，要成为真正的高手，必须要在脑子里有大盘波浪构图，不同时段对目标个股要有一个基本构图标准。

二、遴选的优先排序

第一,预判即将或刚启动半九十行情的金股(走白道)。

第二,预判可能成为真超、连续巨量、均量、连板目标(走黑道)。

第三,巨二浪强烈回踩型,预判可能走成金股的目标。

第四,金银股构图架构已基本成型的热点板块试错寻宝目标。

第五,普通二浪型强烈回踩的热点板块目标。

第六,划定区间内运行,保持高弹性、高活跃度的目标。

三、预开仓和开仓

第一,模拟开仓跟踪:正式开仓之前增加预开仓,是感知目标、等待节奏的重要优化措施。

第二,开仓要规避假强势,选散户"三不"时刻买入。

第三,3～5天实操切入时点太重要,目标质地是次要。

第四,集合竞价出来后,第一眼看大盘是否有异动,如有,开仓要十分谨慎,以掌控随时清仓的主动。

第五,3～5天实操开仓基本原则:攻击型必须是攻击的起始点,回踩型必须是强力回踩足够多,蓄势型必须是攻击线加缩量回踩。

四、开仓次日最敏感

第一,开仓次日,低开反抽看日K线图,方便直观感知反抽压力。

第二,去弱留强为第一准则:开仓次日不创新高就了掉。

五、卖出雷霆出击

第一,主角与配角:卖出了结以5%作为攻击和蓄势的评判依据。

第二,准备了结之时,启用一分钟图。

第三,攻击一旦停顿,就不要再抱希望,需雷霆了结。

第 127 篇——2023 年 4 月 5 日记

早盘时刻的命题

一、"完整预设"到跌停

不论集合竞价是平、高、低开,都要有走高走低的心理准备,特别要有走向跌停的心理准备,大幅低开者尤为如此。"完整预设"从如果跌停怎么办开始。

二、最差集合竞价对策

当集合竞价出现大幅低开走势时,处在高位的目标,最好的策略是在开盘之前已打开交易窗口,并以明显低于开盘价的报价在开盘后的几秒钟内点击,力求及时快速清仓了结,后续视情况再定夺是否回补。

三、攻击时的买入

当集合竞价出来后,做好随时买卖的心理准备,正式开盘前打开交易框,做好买卖的一切准备,价格要留有一定的空间,一旦目标走势朝预设的方向发展就点击确认。已初显金股迹象的目标高开攻击时的买入尤为如此。

四、非金股买入晚几分钟

对于还没有充分展示金股特征的目标,主力往往会看大盘再定策略,因此,早盘买入至少要晚几分钟,也就是等基本构图形成、主力意图明确后才能行动。可能会因为晚几分钟失去一些差价,但避免了因方向不明时博弈心态的进入,造成更大的损失和无计可施的躺平后果。

五、动态推理"交易事实"

"交易事实"分析推理是具体的、动态的、叠加的、综合的,需要根据不同时点发生的情况跟进,连续分析、不断修正判断。

六、体现智慧的两大催化剂

短线交易完美主义者体现智慧光芒的两大催化剂:一是早盘 T+0 早早卖出好处多多,二是极端低开走势出现时越早了结越好。

七、买卖战术方案简单化

买卖是战术问题,一旦某一目标当天预设方案确定后,就要付诸实施,之后也不再关注,否则受盘面影响很容易改变原方案,这是买卖之大忌。

第 128 篇——2023 年 6 月 1 日记

动态推定之决绝

看事实是否真强势或已显弱势,动态的分时整体构图最直观、最主要、最有效。"开仓次日的止损"是底线。

静态技术分析在遴选目标时发挥重要作用,但要实现"高机动性、高流动性"的战略目标,关键是要在实盘中落实"技术分析"并做出决策。因此,在动态实盘波动巨大、瞬息万变的环境里,要充分、及时、连续记录动态发生的技术信号,综合推定目标动态时点表现强或弱的结论,并据此作为动态实盘之决绝依据,迅速决策,在 30 分钟内付诸雷霆实施。

一、用数字说话

滴水成河用数字说话:一周赚 1% 一年赚 70%,一天赚 1 000 元一年赚 25万元。在动态实盘中,只有把理念转化为具体的盈利数字,才会产生强烈的共鸣,使得每一次冲高都能强化为"分批次卖出"的条件反射行为。

二、关注攻击量能

分时攻击时的最大量能是检验主力意图的重要手段。与前一次攻击量能比,如果是增加的,则说明主力攻击意愿趋强;如果量能比上一次减少,则说明主力攻击意愿趋弱,很可能此高点就是当日的最高点,须快速了结。

三、预期要保守

内心设定的预期应该相对保守,多想不利因素,多想不及预期差的可能,少计较 1%～2% 的得失,超预期走好权当是意外惊喜,欣然接受可能的踏空。

只有这样的认知前提,在动态的实盘中,才有可能断然雷霆出击。意识决定行动。

四、用好"三五法则"

"三五法则"在实盘强弱转换中的运用中很重要。日线是由分时组成的,从分时到日线量能的聚焦和强弱转化有一个过程,这个过程 3~5 天一转换就是实操买卖出击的具体依据。

五、用最基础技术

最为基础的技术分析最简单有效。在实盘中,强者总是低点不断抬高,高点不断向上,才形成一个向上的分时强势攻击趋势。如果盘中出现低点之后又有新低,就要高度警惕,做好再创新低的一切准备。以 6 月 19 日利通电子为例(见图 5-1、图 5-2)。

图 5-1 利通电子局部日走势

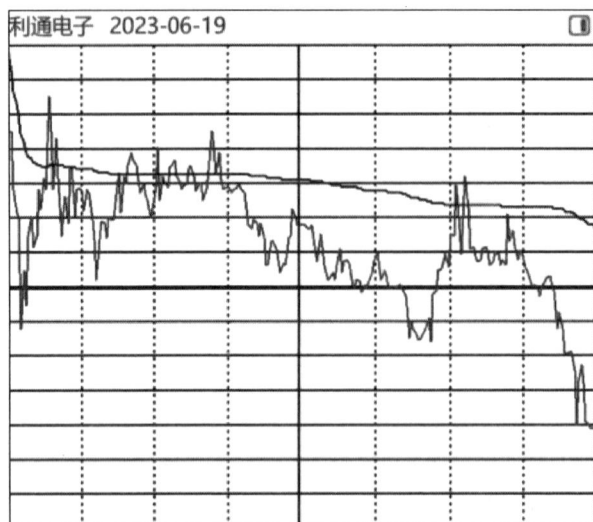

图 5-2 利通电子 6 月 19 日分时图

六、金股推定办法

金股"超级存在"的正反两个推定视角:真正的金股只是少数,有金股基因的目标较多,在实操中,有金股基因的目标也同样应该表现为超级存在;假如一个有金股基因的目标,在大盘比较平稳运行时,还强烈回踩,就反证该目标不是金股,至少现在不是。

七、实盘危险信号

穿头破脚是危险信号:不管是先上穿或先下穿,尤其是先下穿一分,再快速穿头冲至封板附近,如果盘中逐步走弱,尾盘收在低位,这就具有极大的欺骗性,就要高度警惕次日恐杀。以 6 月 20 日创新医疗为例(见图 5-3、图 5-4)。

图 5－3　创新医疗局部日走势

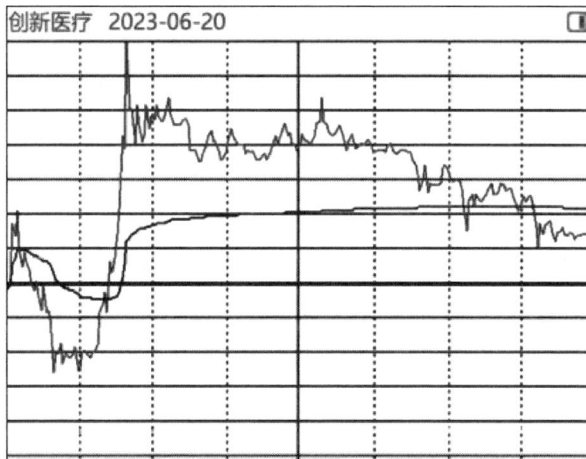

图 5－4　创新医疗 6 月 20 日分时

第 129 篇——2023 年 6 月 23 日记

五要素＋KDJ

"两个画面"是由时间、空间、量能、构图、均线、KDJ 所构成的,其中 KDJ

是一个相对独立、比较直观、十分敏感的指标,简单且实用。以 KDJ 构图形态作为基准条件,把五要素与 KDJ 对照分析、相互印证、综合推理,就会得出相对客观的判断,可以指导实操。对于要保障基本收益、要参与非真超实操的普通人来说,五要素＋KDJ 的技术分析必须磨炼过关,做到熟练运用。

一、日 KDJ 最常规使用

金叉向上、多头排列的多头趋势,三值皆在 50 以上为强势。作为非真超类目标,三线多头排列大多数维持 3～5 天,最多维持 10 天左右,因此,把握时点很重要,晚了就是风险。只有极少数真超类金股才有可能维持 20 天左右。

二、选、买、卖之 KDJ 运用

第一,遴选:以周 KDJ 为主、以日 KDJ 为辅助。
第二,开仓:以日 KDJ 为主、15 分钟 KDJ 为辅助。
第三,了结:以 60 分钟 KDJ 为主,15 分钟 KDJ 为辅助。
第四,T＋0 买卖:以 15 分钟 KDJ 为主,5 分钟 KDJ 为辅助。

三、B 浪而非三浪

连续放大量的目标,二浪回踩足够多,三浪反弹时间(3～5 天)、空间(20％～30％)都有了,但日 KDJ 仍在低位弱势区,需要高度警觉可能是 B 浪反弹而不是三浪。

四、间歇放量小盘股

放量突破箱体的目标,时间(3～5 天)、空间(20％～30％)都有了,即使日 KDJ 仍表现为多头强势,但随时都有逆转的可能,尤其是间歇放量小盘股大幅缩量时,更要高度警惕。

五、日 KDJ 空头排列可参与的条件

第一,一浪足够强,二浪回踩足够多,三浪已走成 3～5 天向上的蓄势构图;
第二,量能始终保持均衡,一浪没有过度放量,高点没有被动放量;
第三,无论如何 K 值都应该大于 20。

六、锁定开仓前置性条件

确定日 KDJ 是多头强势构图早期，周 KDJ 金叉运行 3～5 周进入强势区，处在引而未发状态。如果日 KDJ 属于空头排列又有意锁定开仓，就必须认真审视第五点"日 KDJ 空头排列可参与的条件"。这是避免落入陷阱的一道护栏。

第 130 篇——2023 年 7 月 12 日记

向下逆转的信号及对策

一、向下逆转的信号

（一）关注突发事件

前期主流热点龙头出现打击市场信心的"爆雷事件"，早盘直奔跌停，从而带动该板块多数个股大跌。

（二）分析 K 线组合

大盘处在多空分歧严重的爬坡阶段，近几日 K 线组合可知大概，十字星、小阴小阳、缩量勉强收新高等。

（三）早盘集合竞价

早盘集合竞价感知到"该强不强"，普遍超预期低开，一片绿色恐怖。

（四）关注板块指数

开盘后 3～5 分钟重点关注分类板块指数排序。如果前期主流热点跌前，大权重板块涨前，可以确定当天是十分危险的信号，十有八九目标会出现"温水煮青蛙"走势——主力且战且退的收尾阶段。

（五）关注龙头走势

不论是大盘或个股，如果在相对高位感觉到有做图的痕迹留下，都是逆转的危险信号。如果处于主力强运作阶段，则一定是痛快淋漓——涨时让你追不上，跌时让你吓破胆。

二、向下逆转的对策

结合手持目标的集合竞价,以及所处的板块和自身构图特征,遵循"去弱留强"原则,雷霆了结在先,静观市场演化在后,尾盘因势而动。

第 131 篇——2023 年 7 月 13 日记

破解卖下手难

"实战精气神"已表明实盘动态信号处理时效性极强,没有时间处理复杂信息,只有时刻保持清醒警觉的精神状态,方能在极短的时间内果断应对施策。

"雷霆出击"已判定"止损难下手是没有准备、缺乏措施、侥幸心理""冲高难下手是怕踏空,卖是反人性的"。我们就心态和认知做出了清晰明了、朗朗上口的全面概括,并有明确具体的应对步骤,不可谓不全呀。

回望几年前"卖出窗口管理"已经做了今天看来都不错的总结,说明认知层面也就这个样了,加之今年以来更为深入的实操思考,已无必要再苦思冥想、刨根问底。当务之急是把现有的内容更聚焦、更有效、更清晰、更熟练运用于实战。

把认知转化为"卖下手快、狠、准",没有捷径可走,只能是多记、多练、多实践,熟能生巧。

一、临战思维调动

开盘前 30 分钟设置活动身体的节目,温故"早盘时刻的命题",增添神在山巅的意境,把一天中最好的精气神调动起来,汇集在开盘后黄金时间及其他需要行动的时点。

二、加强心理暗示

时刻提醒自己——机会天天有,只要遴选功力深,踩准节奏,一年仅有几次机会就足够了,大部分的进进出出、小亏小赚都是一个把脉市场、筛选金子的过程。强化再强化"落袋为安"和"本金安全"。

三、强化战时仪式

开盘0~15分钟关键时间及其他需要买卖时点,人要站立起来,用仪式展示关键时点的特殊性,以显著区分其他时段,充分调动"战时决策"的精气神。尤其超短线首操的卖是系统运转的关键枢纽,更应该提前进入"站立仪式"。

四、落实排雷措施

"开仓次日的止损"系统说明了"去弱留强"的战略意义,并给出了五点具体的雷霆措施,需反复强化成为条件反射的迅速行动。

五、刻骨恐杀类型

三种低开型(快速、震荡、反抽跌停)和三种高开型(震荡走弱、尾盘恐杀、高位十字星)。一旦出现走弱苗头,不管三七二十一,断然雷霆了结。

六、指令决定行动

要在以秒为计的时间内,做出正确的反应并雷霆处置,没有时间想,更不可能深入,只能按照固定设置的程序指令行动。须知,资金安全在手才是真的好,即使错了,也大可优雅应对。

第132篇——2023年7月15日记

"三点三线"照乾坤

为什么有了"雷霆出击""首操的铁律""开仓次日的止损""拒止温水煮青蛙""早盘时刻的命题",关键时刻思维短路,依然屡错屡犯?因为这些内容还没有完全转化为具体的、明确的、在动态盘前能立刻感知、可执行的指令。

一、"三点三线"感知市场脉动

大盘趋势向上或走弱是由一个个具体目标的资金聚集或退出所造就的,

特别是板块龙头的表现尤为突出。实操目标"三点三线"框定标尺中实时反映的动态变化,是一个具体的考察点,是盘面分分秒秒实时信息的展示和体现。及时把盘面的信息与板块、大盘关联,就能映照出板块趋势延续或可能转向新热点的动向。这是最及时、最真实、最敏感认知市场脉动的点。

二、"三点三线"划定熔断红线

画面感的实质就是对目标未来走势路径有一个区间框定范围。要义是"三点三线"——上、中、下三点延伸出下(支撑)线、中位线、上(压力)线及(突破)转化。

(一)核心一

要画出底线,这是生命线、终止线、高压线、不可触碰的红线。每天开盘前都要在构图中划线做一次修正定位,以便时刻提醒、清晰明确,触碰即止,守护心中的交易体系。

(二)核心二

金股是小概率事件,但一旦发生就要转换思路,运用与区间内目标完全不同的划线、节奏和手法。

三、"三点三线"确保系统良性

系统决策信号直接来源于"三点三线"之红线一点,是市场主流资金动向的信号灯。因此,"创新低"已不再是简单的止损问题,至少说明该板块目前走弱,已不再是资金主攻方向,自然是不管三七二十一,要先行了结,确保资金安全、系统良性高效。

第一,认知至此,"拒止温水煮青蛙"就会自觉通过"开仓次日止损""创新低当日择机了结""不创新高就了掉"来实现雷霆了结,以实现高流动性,真正落实收放自如。

第二,"破解卖下手难"精气神固然重要,但这还远远不够,更重要、更可靠的依据还是"三点三线",这是规矩、是纪律、是军令,按规则办事,军令如山。这一铁律从根本上解决了"以秒为计,没有时间考虑"的问题——不需要考虑,不允许考虑。

第三,用"三点三线"来证明是准确有效的市场信号,前提是目标个股是所在板块中最有代表性的龙头个股。

盘前要领

一、一优先,三支撑,三要领

二、思想、心理、语言共铸王者气——精气神

三、"登高远望"之"修心境、现底气"

四、优势心理支撑心静、心定、雷霆出击

五、周 1％,年 70％;月 5％,年 60％

六、定位区间内或区间外目标

七、用好"攻守转换的密码"

八、空是大,是常识,是能耐

九、"温水煮青蛙"是最大的障碍

十、把当天的重要资讯转化为"关键词"

十一、近日了结的目标

这是要重点跟踪的对象,要果断"从地板上站起来"。

十二、弱者的战争战略

战略上要稳,战术上要拼,在运动中集中兵力打速决战。

第 134 篇——2023 年 11 月 25 日记

盘中要领

一、早盘

第一,"早盘时刻命题"之 3～5 分钟。

第二,"开仓次日止损"关键是果断认错。

第三,"休整日早盘的卖"。

第四,早盘卖出两大战略意义。

第五,早盘是突破追击好时点,气吞山河、要快要狠,客观依据、事实说话。

第六,早盘是二浪低吸好时点,空间判定、强弩之末。

二、午盘

第一,尾盘是区间低吸好时点,主观判定、强弩之末。

第二,尾盘是企稳低吸好时点,斤斤计较、要慢要稳。

第三,大盘平稳个股活跃,补涨目标靠近区间内上轨,尾盘无量走高,是卖出好时点,次日低开低走可能性极大。

第四,早盘攻板或创新高的目标,至尾盘已回落,说明仍是区间内运行,是卖出的好时点。

三、盘中(共享)

第一,"实盘动态之决绝"。

第二,攻击停顿,不抱希望,雷霆出击。

第三,盘前定策略,实盘无预期,避免临时决策。

第四,"时间纵横全局"(6+5)。

第五,照顾区间内,紧盯区间外。

第六,不容分心,不许悠闲。

第七,区间内目标买入,恐杀落下才张嘴。

第八,落入阴跌的黑洞是最大的错,不可饶恕。

第九,越简单的指令,越好执行、越高效。

第十,龙头是强弱的晴雨表,时刻关注其动向。

第 135 篇——2023 年 11 月 26 日记

盘后要领

一、次日对策

第一,大盘所处五时段。

第二,持仓目标用足"四字经"。

第三,经常翻阅分类指数。

第四,高度关注龙头强弱的线索。

二、目标遴选

第一,充分、完整、落地、落实基于"主流＋龙头"的"做足龙头功,非龙头不做",实质是咬定"正高速运作的龙头＋主升浪预期的目标"。

第二,最大的问题是没有紧跟龙头做。

第三,创新高是贯穿始终的主线。

第四,认定空是大,选是大。

第五,用行动落地遴选战略。

第六,遴选防"十大陷阱",用好"五要素＋KDJ"。

第七,遴选重视平和心境的潜能。

第八,遴选向勘油探矿科学家学习。

第九,遴选无需超人智慧,需冷静和耐心。

第十,久久为功做遴选,智慧落在实盘前。

第十一,"看明白"需花费很多时间,是遴选的前提条件。

第十二,"双表举纲"之遴选优先顺序。

第十三,遴选时间80％,走完整程序。

第136篇——2023年11月27日记

实操系统目录

一、基础大背景

(1)"宏观资讯"。

(2)每天专家观点及关键词。

(3)"领涨板块及指数"。

(4)"谋定阶段大盘基调和对策"。

(5)记录"战略空仓时长"。

(6)记录并盘前、盘中接续温故五大支点向导。

二、实盘子系统

(1)"持仓目标基本分析"。

(2)"持仓目标每天盘后"。

(3)"动态实盘随笔记录"。

(4)"盘后绘制目标分时图"。

(5)"实盘数字化指引图"。

(6)每天强化"立足应对倒 V 专栏"。

三、遴选子系统

第一,盘后遴选封板目标。

第二,阶段使用选股器。

第三,适时翻阅自定义分类池。

第四,阶段调整 56(56 个行业)代表池。

第五,结构小牛建主流热点池。

第六,结构小牛跟踪龙头轨迹。

第 137 篇——2023 年 12 月 13 日记

再话"心空、选、买、卖"
——融通后的觉悟(三)

如果坚守只做高速运行的"主流龙头",那么"空"就不再是问题:一是小盘庄股攻击表演是一种"超级存在";二是五五方程式设定 50%资金是高机动的半空仓状态。同时,把做 T 理念运用到实操中,让涨跌都转化为机会时,"心"自然平和安定了。

我们一般很难解决的"心、空、选"和防"温水煮青蛙"的痛,现在都迎刃而解了。解决了"两大问题"(非龙头不做、防"温水煮青蛙")后,留下需要持续优化和提升的就是"买和卖",深抓做实"两个支点"(保持攻击目标做 T、踩雷破位目标止损)。

"心空、选、买、卖"也可以用图 5—5 高度概括。

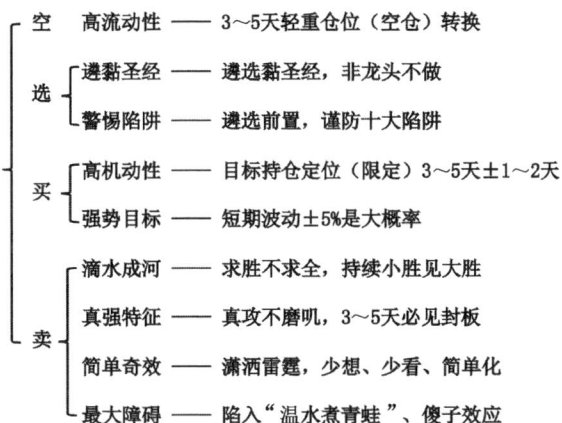

```
    ┌─ 空   高流动性 ─── 3~5天轻重仓位(空仓)转换
    │
    │       ┌─ 遴黏圣经 ─── 遴选黏圣经,非龙头不做
    │   选 ─┤
    │       └─ 警惕陷阱 ─── 遴选前置,谨防十大陷阱
    │
    │       ┌─ 高机动性 ─── 目标持仓定位(限定)3~5天±1~2天
    │   买 ─┤
    │       └─ 强势目标 ─── 短期波动±5%是大概率
    │
    │       ┌─ 滴水成河 ─── 求胜不求全,持续小胜见大胜
    │       │
    │       ├─ 真强特征 ─── 真攻不磨叽,3~5天必见封板
    └─ 卖 ─┤
            ├─ 简单奇效 ─── 潇洒雷霆,少想、少看、简单化
            │
            └─ 最大障碍 ─── 陷入"温水煮青蛙"、傻子效应
```

图 5—5 "心空、选、买、卖"思维导图

一、遴选大局观

即使遴选坚守只做高速运行的"主流龙头",要落地选好龙头、踩准节奏并非易事。这需要深厚积累,需要反复强化,需要温故而知新,需要登高远望,需要无欲无求,需要心境平和,需要恢宏气势。

五大类目标归结为"真一浪、主升浪、区间内"三大类。真一浪聚焦五浪、三浪、M 头,主升浪限定 6+2 前奏构图。

二、实盘买卖的基本遵循

(一)十大工具

"五要素+KDJ",四价、前高、前低、缺口、除权、分时、周线、板数。

(二)早盘 3 分钟

第一优先从"卖出"开启思考,做好三种走向预设,打开交易窗口备用。

(三)三五法则

仓位轻重转换、时点提前和延后、高低手差距、周线视角、K 线组合、T 模式加仓、方程式注解、大盘涨跌、时间(6+5)、雷霆与沉稳。

（四）双向规律

运动"加速度"规律，强度"递减"规律。

（五）"四字经"内核

坐庄的原理是变招，手法是魔仙，结果是超预期。用好吸、洗、拉、出"四字经"，就能看到背后的实质。

（六）三种走向

任何一个动态实盘时点，都要考虑上、中、下三种走向的可能，方能应对自如，尤其对"恐杀六类型"要了然于胸，3～5 天一强化。

（七）三天视角

昨天、今天、明天是最基础的 K 线组合预判，是拒止"温水煮青蛙"的保险丝。

（八）三年话长短

用实业 3～5 年盈利是幸运看"等待 3～5 天"，细品"空仓、节奏、耐心"。

（九）终极考验

依据"十大工具"，结合"三种走向"，预判实盘构图，实施盘中分批次做 T 模式，实现与庄共舞。

三、实盘买入与卖出

（一）买入

1. 开仓冷静期

开仓意味遴选战略落地，是风险的开端，是时间、精力、资金的投入，是重大战役的开启，设定离开盘面 30 分钟冷静期是固定程序。

2. 锁定三部曲

一看板块指数，二定所属类型，三防"十大陷阱"。

3. 开仓三不时点

散户"不敢买"突破时点；区间内"不愿买"难看的低点，散户"吓出来"恐杀的低点。

4. 开仓最后依据

静态遴选目标常有几个，开仓最后一关、最为客观的依据是通过一定时间观察、感知"动态分时"的事实（跟踪"预开仓"）。难以取舍时，可以两个目标试手以求概率。

5. 做 T 两类型

做 T 理念是挖潜的关键,顺 T 相对习惯,倒 T 运用少、下手难,今后要反复强化实践。

（二）卖出

1. 三大支撑

思维调动、心理暗示、战时仪式是"破解卖下手难"的三大战略支撑。

2. 三化卖出

震荡与逼空、低吸与追击占比类似(9/1),相信多数走势是震荡 K 线,卖出要少想、少看、简单化、快行动,3％～5％预期一到,闭眼了结。

3. 三点三线

目标在大部分时间都适用"三点三线照乾坤",要强化框定边界,严守触碰即止。

4. 两大催化剂

早盘卖出五好处;弱势大盘免遭泥沙俱下。

5. 恐杀六类型

低开(快速跌停、震荡下跌、反抽 5 日线下跌),高开(封板尾盘恐杀、冲高下跌、震荡下跌)。

6. 卖出 123

冲高卖(止盈)"一想二看三了结",低开卖(止损)"一低二抽三了结"。

7. $3 \times 7 = 21$

不论是整体异常低开,还是目标触碰红线,不管三七二十一,先行雷霆大幅减仓或清仓掌握主动,后续再定夺应对。

8. 三铁律

严格落实"休整日早盘的卖""开仓次日的止损""首操的铁律"是战略保障,尤其第一律是潜力的洼地。

9. 三不原则

破脚目标不加仓,通道上轨不犹豫,穿头破脚不过夜。

第 138 篇——2023 年 12 月 31 日记

构建短线实操系统模型

日记"话'心空、选、买、卖'"概括了股票实战中的最关键五个字,并对如何协调彼此之间的关系,实现实操系统的良性运转,给出了具体的应对措施。近两个月来,一直在思考如何把短线实操系统提炼为一个直观的、具象化的模型,结合实战体验,最终形成(战略)心空、遴选(支点)、锁定(支点)、止损(支点)、做 T(支点)五模块构建的短线实操系统模型(见图 5－6)。

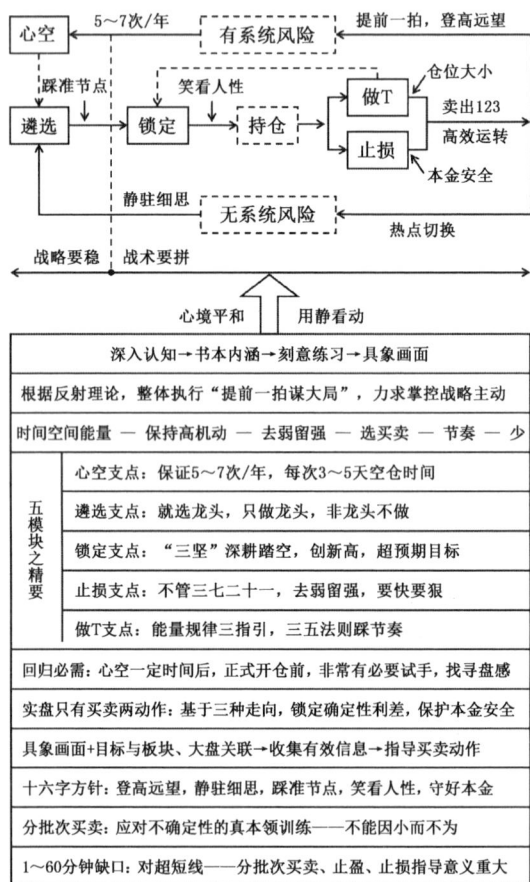

图 5－6　短线实操系统模型

三种走向，工具应对

——工具箱动态实盘落实"去弱留强"

早盘三种竞价出来后，根据大盘和目标运行构图情况，还有 5 分钟时间预判真假涨跌。不同的目标构图处在不同的运作时段，看清其当天的真实意图所需时长也大为不同，少则 1～3 分钟，多则 5～15 分钟。还有一种极端走势是当天逆转——先涨后跌或先跌后涨，要胸有成竹，防患于未然。这是实盘对"做 T 和止损"的统一管控视角。

一、当持仓目标动态实盘朝正向发展时，第一步是确认领涨或跟涨

（一）持仓领涨

加仓要快要狠，卖出可慢一拍。当日收盘时才能确认以日线为准的主力意图，如何确认可参照执行"三五法则"和"1357 定理"。

（二）持仓跟涨

重点关注是否突破昨日高点，不创新高就了掉。即使创新高，也要关注前高的压力和缺口。攻击停顿，闪电卖出，3～5 天 3％～5％已是一个月预期，应该很满足了。

二、当持仓目标动态实盘朝负向发展时，第一步是确认领跌或跟跌

（一）持仓领跌

主流热点、高速运行的目标领跌，要快速启动"止损支点"模式。

（二）持仓跟跌

关注 1 分钟缺口，不能快速回补，形成压力，冲高了结。回踩不创昨日新低企稳后可以加仓。低开创新低，但不破趋势线，并快速拉起攻击，亦可加仓。低开 5～15 分钟没有创新高，开启"休整日早盘的卖"，尾盘考虑倒 T。

三、工具箱主要工具

（一）日 K 线图主要工具

防 10 大陷阱、5 日线不下穿 10 日线、不创新高就了掉、创新高回撤要防

逆转、三天视角、"三不原则"、"1357定理"是极限、优势心理、二大催化剂。

（二）分时构图主要工具

三大支撑、竞价量能看强度、分时缺口、分时黄线、量能颜色（长短）、前高前低、恐杀6类型、真超早尾盘3分钟去弱、非超早盘5～15分钟、休整日早盘的卖、真功不磨叽、锁定确定性、分批次买卖、卖出123、三化卖出。

第140篇——2024年4月7日记

深化"流水作业"

——交易机会如雨后春笋，源源不断

最近遴选的辉煌科技、三祥新材、万安科技都不错，但具体实操环节做得并不算好，不仅盈利缩水，耗费精力，吃力不讨好，还错过了新热点节奏，浪费了宝贵的交易时间。由此，再次想到了"下跌无空间、3～5天3%～5%、1～3周20%"，想到了"1357定理""三五法则"，想到了如何深化"高效运转、流水作业"。

一、深化具体要点

第一，动用资金的T限定在开仓前1～3天股价在中位线之下时，一旦加速并向上轨运行时，严禁动用新资金，但可以做正向的倒T。高位加仓是造成盈利缩水的最大隐患，一定要杜绝。

第二，三点三线框定的区间是20%，具体可根据对目标评估的深入，做出5%～15%的不同预期设定，并执行回撤2%～5%止盈安排。

第三，当目标的股性和止损红线心中有数后，落地若即若离。把主要精力放在遴选新目标——从遴选到锁定布局，需要时间和精力。审视战略心空，真正落地三化卖出，锁定确定性。

第四，宁可踏空，也要坚守次高点了结，最好是预设高点了结，如此就能大大发挥早盘两大催化剂的作用。

第五，眼睛向内，只盯着自己资金的安全和效率——乘数效益，笑看了结后目标走向，并跟踪应对。

第六,只要大盘平稳,没有大面积跌停,就不用顾忌大盘和板块的短期波动,按照自己的流水作业,稳步推进。

二、深化重大意义

第一,有高水准遴选,把握目标 3～5 天强势节奏,通过流水作业,让"滴水成河,一口一口吃,取其一瓢"落地,实现简单出奇效。

第二,主力做盘手法千变万化,深入分析要付出巨大的精力,结果仍然是 50％概率,把握 3～5 天转强的趋势最高效、最确定。

第三,3～5 天正是热点切换的节奏,构建有限时间、限定空间的流水作业,为高效踩准热点节奏提供了框架设计安排。

第四,把精力花在动态分时的盯盘,会极大影响理性决策,极易破坏心境平和,无谓消耗精力——就像入了魔穴,完全被盘面所控制,经典总结一概无法用上。

第五,为什么"主动走、提前走,攻击停顿、雷霆出击"很重要,因为错过了不仅盈利缩水、耗费时间,还会因不可回避的强烈反差对比,诱使心理失衡甚至崩溃,非盲目了断难以平复心态。

第 141 篇——2024 年 5 月 18 日记

动态修正预期

——凡事预则立,不预则废

目标遴选预期主流龙头,并适时锁定,实际按预期发展,一切就简单了。但现实是,不如意事会常有,目标往往遴选的是普通族,锁定时点不当,实际运行又不符合预期。根据动态分时的不断演进,如何及时做出预判、修正预期,适时雷霆出击才是真正的考验。

锁定之时划定的"三点三线"是一种预期设定,只能作为参考。真正有实操意义的是,根据动态分时的不断演进、收盘后的日 K 线、KDJ、均线、量能,做出修正后的预期"三点三线"构图,以指导后续买和卖的实操。

一、真强的标志

"低点不断抬高,每天创新高,均衡放量",动态修正预期以此为基本原则。用最简单的"工具箱主要工具",以 3 日 K 线为基准,推定是正强或末强,是加速度或减速度,据此做出 A～E 不同预期的实操安排。

二、修正目标定位

根据动态分时的演化,接受预判错误,不断修正预期。把目标类型定位为"大明星、小明星、普通族",具体预期包括:A. 10%～15%、B. 5%～10%、C. 3%～5%、D. 保本、E. 止损。在动态修正预期中,明确目标类型定位后,根据"一致性原则"才可能据此付诸行动。

三、重视普通族

一旦修正预期,目标定义为普通族时,具体预期就归类为 C～E。锁定确定性,预期冲高了结,"次高点"尤为关键,并时刻关注盈亏平衡价,坚决执行浮盈回撤止盈 1%～3%原则。

四、实盘关键节点

集合竞价、前 3 分钟、早收盘前、午开盘时、尾盘 3 分钟等都是关键时点。对于预期 C～E 类目标,为了资金安全,动态 4 小时一刻都不能真正离开盘面——可能恰恰离开几分钟,就错过了时机,陷入被动,且步步被动。

五、宏观大视角

不盯盘不是无事可做,而是要把更多的精力放在更宏观的大视角,在若即若离的心境下,去审视重大消息、大盘节奏、热点板块、运行时长等,以指导对目标预期的修正。

六、警觉系统风险

当目标运行不符合预期发展时,不仅要迅速调整预期,时刻准备应对,更要敏锐意识到大盘已经走弱,至少面临 1～3 天调整的系统性风险。

七、乘数效应坐标

每天重温做实业 3～5 年能盈利是幸事,年 20%复合增长率是高手。有了这样的定位和心态,就会高度重视资金安全和战略空仓,真正从容看待、把握和等待好机会。

第 142 篇——2024 年 5 月 26 日记

第六章

抽丝剥茧——实操之遴选

　　遴选的开端要以多维度审视大盘,大视角判定大盘所处时段为前提,分析的基准要以大盘走弱节奏为坐标原点。有短线实操价值的目标共九大类,重点是咬定五大类,最终归结为三大类。其中的核心是紧抓金股和真超,运用以五要素为主抓手的基础分析和各种原理,通过综合判断、分析、推理、筛减,实现去粗取精,去伪存真,找到最适合动态时点的目标。遴选系统模型就是对这一过程最直观、清晰、完整地呈现。当遴选能真正做到"携术追星,化有及无"和"与强者为伍"时,离"遴选得道"也就不远了。

选股路径管理

短线个股涨跌与现有基本面没有关系,实盘交易基因决定未来趋势。

一、实战选股路径

实战选股路径有以下五种。

(一)超强低吸

它包括分时追强和日线低吸。阶段最强个股强烈回调之后是低吸好机会:一是符合吸引力的自然法则;二是短期主力无法出走,仍需震荡走高,甚至可能是巨超的最后一跌;三是主力恐杀引导散户卖出换手,自己回补。

（二）通道低吸

个股处在长期底部区域,基本面已发生逆转,明确有资金入驻,并已构成扎实的上升通道,回到通道下轨时是低吸的好时机。

（三）强庄低吸

小盘老股和次新股都是强庄股,炒作优势突出,特别是走独立行情,缩量推升个股,低吸是主力操盘节奏。

（四）次新追强

次新股几乎就是庄股,炒作优势突出,任何时候都要高度重视次新追强的机会,特别是大盘低迷开板时段。

（五）巨超追击

历史数据说明,巨超只有在大盘市场底部,人气低迷且第一时间能判断时才可能追强买入,实战中是难之又难,一年只有几次机会,不能强求,只可随缘。

老股常常盘子较大,难以控盘坐庄,大盘环境好时,主力不会让散户在低位上车,即使有机会上车,也常常是陷阱。只有大盘恐杀之后,人心惊恐未过,散户很少敢动手且急于出来,才是追强好时机。

二、文档选股内涵

（一）阶段最强

至少有 3 天的交易结果证实是目前整个市场最强的前 15 名。无论是何种龙头,中间都有很多上车机会做差价。最核心最重要也是最见功力的是如何逐个、逐日、连续、对照比较,反复看图,换位主力,在 15 强中选择 3 只目标股,先试盘再择机分批介入。

一是追随大盘大旗的动态;二是用最少工作量最快收集龙头;三是粗看危险实则最安全;四是实现最强低吸成为可能;五是便于推定大盘实战时段;六是符合最多一两天调整的规律。

（二）当日大阴

分为高开大阴和低开大阴,可从盘中和盘后速选。在实战中"二八现象"造成小盘股大跌,当日沪指当弱而强,预期指数次日能延续强势时,是极好的操作机会。其具体可分为大阴当日低吸和次日高开低吸。

（三）小波段

长期底部老股和巨幅回调次新已完成底部构筑(已突破颈线形成多头趋势,或至少有双板放巨量已回到低位,指标已强),中期上涨空间至少 50％以上目标个股作为整个实战计划的轴心,成为资金保值的安全池。依据大盘背景有序流向阶段最强和当日大阴。

三、指数选股适用

(一)上证指数主导市场共振

早期以主板为主,后期以次新为主。

(二)上证指数主导市场背离

以主板老股为主。

(三)创小指数主导市场背离

以创小次新为主。

第 143 篇——2015 年 10 月 3 日记

巨超历史经验

一、成为巨超的基本条件

成为巨超的基本条件有两个:一是主力已经控盘——有足够的时间在足够的低位吸入足够的筹码;二是基本面反转——业绩反转或有足够好的故事可讲。

二、正负能量需时间确认

启板 2~3 天早盘开盘时的大量能很难分辨是正能量还是负能量,只有通过分时图才能体现出技术构图,才能判断未来走向。大盘时段背景很重要。

三、空间需均衡能量推动

巨超需要持续均衡的大能量推动,因而有足够的上升空间,如 2~3 天量能放大很多,往往是量能衰竭的体现。日换手可以是 8% 或 18% 或 28% 或 38%,但需要持续均衡量能。

四、时间空间量能需共振

是否巨超需要至少 3 天时间才可以确认,且第三天必须强势收盘,量能持续均衡。

五、二浪调整时间

二浪调整时间高位平台最多两周,少则 1 周。更大级别的操作如第一波已涨 100％,可能调整四周至 30 日或 60 日线再起一波。

六、碎步推升模式

底部开始缓慢碎步推升阶段,用 20 个交易日,小成交量(2％～4％)推升50％,再持续连板加速拉升。

七、老袖珍股

主力之前已吸筹完毕,等待大盘恐杀,当日按原有节奏毫无变化,不涨也不跌,次日开始拉板,利用大盘之后的平衡状态,7 天完成 50％的拉升操作,换手率每天 20％～40％。

八、袖珍新股

受大盘恐杀提前开板换手 60％,休整一周后开拉创新高,再强势震荡 1周后,连续大幅盘中震荡(27 个交易日有大半涨停,涨幅大于 8％),持续保持30％～48％的高换手率,20 个交易日沿 5 日均线走,只有 1 天小破 5 日线。

九、分时支撑确认

如果高开 7 个点以上,早盘分时构图没有走成支撑突破时,绝对不能参与,因为这种走势更多是陷阱。

十、均量低吸

从空间来看,如果量能均衡,那么在昨板的附近参与风险是小的。

十一、大阴高开

最好的走势是大阴次日高开高走。

十二、龙头是大旗、是标杆

主力资金深度介入,短期是出不了的,要善于紧盯龙头做。真正巨超跟大盘没有关系,或者最多是 1 天影响。

十三、单板精选跟踪

依据量能合理,稳健推升,5%以上能稳得住,分时低点不断抬高的原则,严防冲高回落的假巨超,即便是涨停买入也强于次日。

十四、追强好时机

历史数据表明,巨超只有在市场底部,大盘恐杀之后,人心惊恐未过,散户很少敢动手且急于出来时,正是追强的好时机。第一时间能判断决策,才可能追强买入,实战中是难之又难,一年只有几次机会,只可随缘,不能强求。

十五、巨超基本特征

第一,真正的巨超志在高远,充分控盘,拔高到预期点位后,希望吸引大众广泛参与,产生赚钱效应。分时一定走势坚决,关键技术点位一定会坚守;日线只允许盘中调整,最多通过 1 天低收来调整技术指标,次日一定是强势再起。

第二,在大盘恐杀之后率先启动的巨超,刚开始启动的前二天几乎是没有机会参与的,这也符合主力不想在底部让你参与的想法,也向市场展示了拉升的气势,以吸引大众的眼球。但因大盘不好,3~4 天还是有很多机会上车的。

第三,越是志在高远的主力,3~4 天给予的机会就越少,即分时走势很强,不会等待太久,因此,实战中要坚决,动作要快。

第四,连续拉升后,开盘 7%以上更容易带来盘中巨震,开盘 5%以内快速拉升封板可能性更大。

第五,真正的巨超会有很多的机会上车,即使第一波错过了机会上不了,也有足够的时间让你思考,等待第二波甚至第三波的机会。

十六、量能很重要

量能是一个很重要的做盘和看盘指标,主力会很重视开盘后交易量的做图。如量能很快接近前一日交易量,很容易快速拉升封板。

第 144 篇——2017 年 2 月 3 日记

巨超分类及操作策略

强力运作,翻江倒海。举手涨停,放手跌停。常规分析,苍白无力。主升浪后,放低预期。

一、巨超分类及特征

（一）真巨超
5 连板及以上的个股。它可以分为一浪、三浪、五浪三种真巨超。

（二）真正巨超
真巨超二浪调整收盘价不破 10 日均线,即展开三浪攻击的个股,简称为真超。

（三）真次巨超
真巨超二浪调整收盘价破 10 日均线后,即开展三浪攻击的个股。

（四）假巨超
2～4 连板的个股。

二、操作策略

（一）真正巨超
真正巨超是真正的龙头,是大盘人气、大盘节奏及热点转换的风向标。任何时候都是极少的,要时刻跟踪,力求参与一浪操作,确保参与三浪操作。

（二）真次巨超
第一波难以参与,重点是跟踪关注二浪企稳后的三浪攻击机会。根据大盘时段和节奏,既可做企稳后的低吸,亦可做突破短期均线后的追击。由于二浪跌幅较深,三浪要放低预期,速战速决。

（三）假巨超
作为发现有波段操作价值个股的筛选对象,可以连板 2～4 个,这说明一定是有主力运作的。实操中做巨二浪正好会与真巨超类有时间差,以丰富选股操作的层次。

三、参与真超一浪操作的实现路径

(一)思考大盘

目前是否处在巨超时段,是否已经出现巨超。

(二)盘后收集

全部二板及以上个股,作为次日备选。对全部个股分类排序,初步分析具有巨超条件的个股,并做好操作预案。

(三)次日盘口

根据大盘可能的当日走势,结合同类板块个股的强弱,聚焦最强的个股,等待预案条件的出现。

(四)足够耐心

等待开板可操作的机会,可能需要一两天,抑或三四天。

(五)第一次开板

第一次开板是最好的机会,亦可能是一浪仅有的机会,但事先一定要有预案设定,才可能做到从容应对。

(六)明白一个道理

第3、第4、第5板参与既可能是正合时宜,也可能是一浪的顶部。因此,临场准备要充分,感觉状态很重要。

四、参与巨超超跌反弹

巨超浪型走完后的超跌反弹机会,非常考验技术分析能力,要特别谨慎。只有出现下列条件时才能做:第一,个股已出现技术指标强烈底背离,在无量阴跌的背景下,出现了少量的放量,并出现了"破位"后的尾盘可低吸;第二,有深幅回调、第一次封板之后回调至原点的尾盘可低吸。在做好止损预案的条件下,以博次日或周 K 级的超跌反弹。

第 145 篇——2017 年 2 月 17 日记

巨超开板后的操作指导

一、均线支撑分类

均线支撑可以分为六类:A(最低价不破 5 日线);B(收盘价不破 5 日线);C(最低价不破 10 日线);D(收盘价不破 10 日线);E(最低价不破 20 日线);F(收盘价不破 20 日线)。从 F 到 A 强度不断上升,这是主力意愿的直接体现。A 和 B 类亦可归为一浪,C 至 F 属于二浪之后的操作。

二、执行试盘策略

执行 5% 试盘操作策略有两大好处:一是感知个股主力意愿,分批切入;二是寻求平均概率,多试分散风险。

三、越强风险越小

只要开板第一时间分时低点切入,3 天内理论盈利机会是大概率的。但对分时图走势要有强大的心脏,要有足够的耐心,尾盘随时可能给一个阴阳板。

四、不同预期分类

根据 F 至 A 不同强度,分别给予 10%~20%~30% 的不同预期。经常采用封板止盈的策略是必要的。

五、启动时点的构图

底部构图越平越好,主力成本清晰,受关注度少,主力易控盘。有些表面看价格不高的个股,其实已走一年的上升通道,股价已涨约 80%,这类个股主力难控盘,涨幅受限。

六、大盘时段是土壤

大盘平稳运行、个股活跃的时段,预期就可高一些。大盘运行不好甚至处在恐杀时段,预期就要放低点,什么情况都可能发生。

七、概念板块的热度

政策面、大盘环境、大众认可度直接影响到板块龙头个股的表现强度,对应不同的预期操作策略。

八、神奇数字的运用

结合所有分析要素,重视神奇数字(3、5、8、13⋯⋯)的实操运用,尤其是"3"的运用。在三浪操作中,二板之后(即大涨第 3 天)及 3 板之后早盘,都是神奇数字的敏感时点。

第 146 篇——2017 年 3 月 4 日记

选股五类型

一、富有弹性的明星股:散户不敢买,高抛低吸

第一,基本面持续景气,业绩大幅增长;

第二,盘子适中,10 亿～20 亿股,流通性强;

第三,走势极富弹性,5％以上涨幅经常发生;

第四,基本不顾及大盘,完全按照自己节奏走;

第五,日成交保持均衡,延 5 日线推升;

第六,大量基金均有配置。

二、底部扎实的潜力股:散户不愿买,耐心低吸

第一,处历史低位,基本面将发生拐点;

第二,盘子较小,适合控股,有多月资金入驻痕迹;

第三,间歇出现多次低位涨停,散兵坑图明显;

第四,已多月在低位震荡,但已多月未创新低;

第五,周线技术指标已明显走强,分时指标在低位;

第六,基金越少越好,券商和社保可以有。

三、通道下轨的白马股:散户常错买,节奏低吸

第一,基本面良好,走明显的上升趋势;

第二,走了一个有操作空间的上升通道;

第三,是真正的行业龙头,是大盘人气的风向标;

第四,需要的是节奏和耐心,更要严防构图结构的改变;

第五,周线技术指标是切入的重要参照;

第六,买入时点特别重要,要耐心等待分时的小恐杀点;

第七,有50家以上基金的抱团。

四、超级强势的龙头股:散户无钱买,分时低吸

第一,经历一波泥沙俱下的恐杀之后,大盘已有半月扎实筑底;

第二,底部已有长期(6个月以上)沉寂的板块开始联动拉升;

第三,该板块对市场有足够的影响,规模有足够的容量;

第四,细看最先拉起的龙头,已半年未创新低,主力准备充分;

第五,龙头先于大盘1周开始转强拉板,气势如虹;

第六,盘子适中,价格适合,业绩优良;

第七,基金较少,10家以内,是基金默契型强庄股。

五、二浪结束的强庄股:散户已追买,分批低吸

第一,基金越少越好,最好没有基金和券商;

第二,盘子较小,适合控股,业绩一般,市盈率不低;

第三,至少连续双板,成交量适中,最好10%以内均量;

第四,主力成本清晰,不论是挖坑还是底部平台;

第五,构图在历史低位,基本面必有潜在利好。

第147篇——2017年7月6日记

真超选股

真超是真龙头,是大盘人气热点风向标,非常稀少,要时刻跟踪力求一浪参与,确保参与三浪操作。

一、定位时段

大盘走弱、恐杀时段一定是重点,还有小牛市中间的热点切换时点。

二、盘口多试

有一个就试盘一个,有多个就参与多个。分别及时买入试盘,以博取平均概率。不停试,小额试(每次限 5％)。

三、足够耐心

越是多板个股,越要耐心守候、等待开板可操作的机会,可能需要一两天抑或三四天。

四、成交量

真超 3～6 板开始放量 15％～25％常见,30％～50％少见。

五、准备失败

要有强大的心脏,足够的耐心,要有天地板的心理准备,特别是恐杀时段,尾盘随时可能阴阳板(20％)。

六、新股破发

大盘开始恐杀之后至政府发出维稳信息,其间新股一浪归为巨超跟踪管理是必要的。新股破发是市场低迷的结果,也是紧随机会之所在。

七、认知牛股

第一,面对牛市(股)最缺气吞山河的胆量和气魄;第二,强势的显著特征是天天有能力创新高;第三,龙头引领大盘、聚集人气,必定先于大盘启动。

八、单板个股强度排序

根据开盘价、封板时间、能量、缺口的大小、早晚、干脆（或犹豫）判断强度排序，是最简单实用的方法。

九、真超与假超的分水岭

连续拉升 4～5 板后，出现放巨量大震荡的十字星（或阴线），次日早盘是决定其真假超的分水岭。

第 148 篇——2017 年 8 月 7 日记

巨超与成交量

一、均量推升

均量推升是指从头开始相对稳定的量，如一开始为 8％或者 18％或者 28％。而当行情启动后，一个显著的特点——换手率连续均衡是股价持续推升的关键。但个股差异较大，7％～50％之间都有——震荡推升类成交量可以小一些；连续拉板连续放大量，拉升空间更大；碎步推升类允许上涨放量、调整时减量。

二、连创新高

巨超的另一个显著特征是最多允许一天的调整不创新高。如果连续 2～3 天高位巨量震荡，是一个危险的信号，要高度警惕，快速了结。

三、真超量能

主力普遍策略是每日持续换手率一般在 15％～25％，当然少数也有 30％～50％的大明星。在持续震荡拉板的过程中，持续的高成交量是上涨的能量源泉，是好事。但在实操中要重视流通盘大小，袖珍型的个股容易出现无规律逆转，把握难度大。

四、变量警示

如果前 3 板是一个量级,后 3 板是放大 1 倍以上的量级,说明主力吸引眼球目的已达到,已有足够空间和出手机会,行情很容易立刻逆转下跌,这也说明个股基本面不支持大幅做高。从底部构图也能够看得出构图仓促不完美,主力介入不深。

股价在连续拉升后的 4～5 天突然放巨量,收十字星或高位巨阴或封板不坚决时,风险极大,务必警觉。只有次日高开封板才能证实是正能量。

五、一字板数

从历史经验看,除涨幅 5～10 倍的个股,受基本面突发消息影响,第一波允许有连续多个一字板外,如广宇发展(见图 6－1、图 6－2)。但大多数情况下,一字板多的个股到开板后连续 2～3 天的高位巨量震荡(而不是连续拉升)后,很容易见顶。更多好的巨超一字板极少,从底部拉板开始的 2～3 天就持续均衡放量,连续拉升。

图 6－1　广宇发展局部日走势

六、主动止盈

成交量一定有主力对倒做出来的量,但主力的目的还是要吸引大众散户和小机构投资者参与进来,在热闹中把高位的筹码让给这些可怜的投资者。为了不成为最后的接盘侠,高位操作一定要放低预期,学会在图形还预示能

图 6—2　上证指数同一时点对照

涨时,提前了结。

第 149 篇——2021 年 12 月 17 日记

真正的金股
——以吉翔股份为例

在所有可选择的操作模式中,沿 10 日均线上行的长牛股,是最容易发现、最方便做高抛低吸、最安全有效率的可操作目标个股。以吉翔股份为例,1 月 7 日起板,连拉 4 板后开始沿 10 日均线走势模式,一直在三板池中震荡推升,印象深刻(见图 6—3、图 6—4)。

一、能量特征

4 连板发起冲锋号后,有 20% 的放量,但后期开始不小于 5% 的相对缩量震荡推升,盘面显示主力已控盘。

二、标志均线

1 月 7—28 日,不管大盘多么恐慌杀跌,只有 1 月 28 日一天(牛年收关

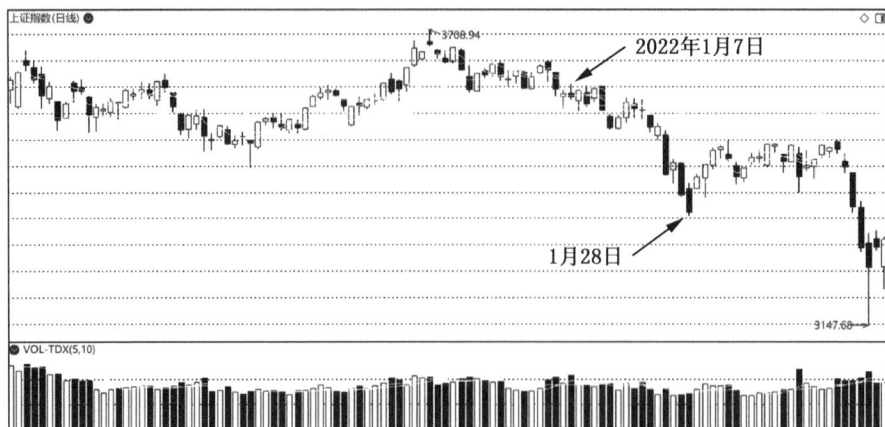

图 6—3　上证指数同一时点对照

图 6—4　吉翔股份局部日走势

日)收盘价比 10 日均线低 3 分钱,明显把 10 日均线作为控盘的生命线(盘中只有 2 天在交易过程中破 10 日均线),5 日均线没有死叉 10 日均线,最多只是靠近,10 日线保持流畅。

三、弹性极大

近 30 个交易日中有 10 个涨停板,震荡超过 5% 的高达 25 个交易日,几乎让人难以想象,如参与高抛低吸将是何等壮观的神操作呢。

四、技术指标

KDJ 的 K 指标一直在 50～100 范围内运行,藏而不露。

五、发现途径

事后看构图自然容易直观,但如何早意识早发现是个大学问,要高度重视。

(一)K 线特征

沿 10 日均线推升,一定表现为 K 线稳步抬升,向上可以连拉几板,但回调至 10 日均线即企稳再拉起,坚守 10 日均线。

(二)能量特征

启动时放量,后期相对缩量推升,显示长牛特征。

(三)对照构图

经常把大盘的构图和个股的构图进行对比,就能清晰地发现个股明显强于大盘,这说明该个股已开启了独立上行的行情。这项工作十分重要,是锁定目标、早期介入的信心来源。

第 150 篇——2022 年 2 月 15 日记

单板入池挖矿

单板入池是个人综合能力的一种检验,特别是大盘环境还很不好时入池的个股,一定有其内在强大的能量。通过 1～2 周的走势,其构图就基本可以判定主力的能力和意愿,加之个股的基本面分析,就能从容锁定目标。

一、袖珍成长

今年行情是由低价股反转开启,袖珍型中价股能入池是凤毛麟角。特别有必要深入研究思考连续放量震荡盘升的、特殊亮眼的个股,以为后续热点切换和全年的操作做准备。

举例 1——海辰药业。

1月11日起板,大盘处于相对低位,主力已开启新年的行情。由于后期大盘跌幅仍大(见图6-5),且其他巨超类个股反复登场表演,所以一直在走震荡行情,等待时机:一是春节后,以浙江建投为龙头的基建板块已表演两周;二是个股项目获备案消息配合,从2月21日周一开始连板的行情。该股属袖珍型医药股,在所有入池个股中非常特殊、特别亮眼,是创业板极少入池的,本人印象深刻(见图6-6)。

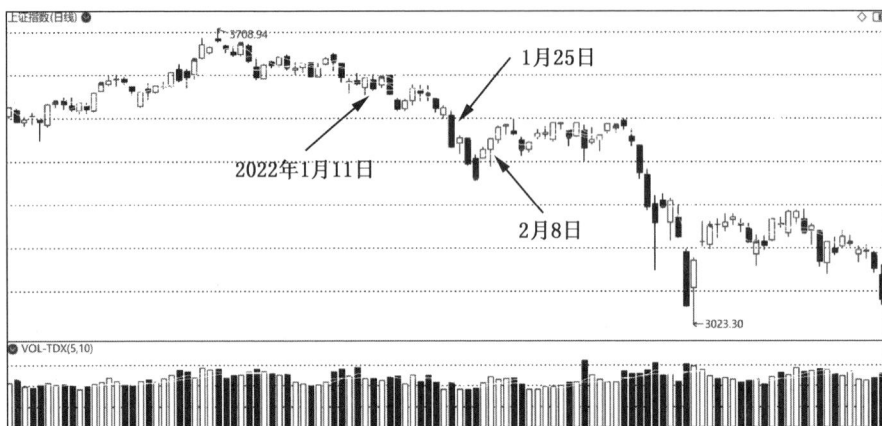

图6-5 上证指数与个股时点对照

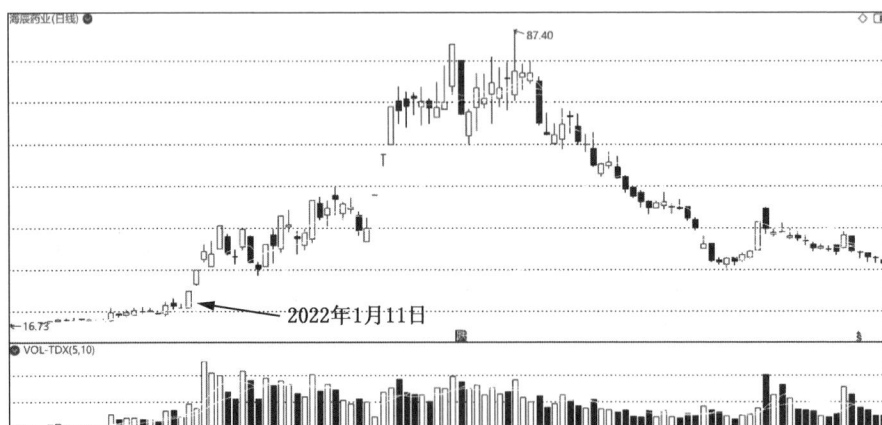

图6-6 海辰药业局部日走势

举例2——竞业达。

1月17日起板,是大盘破年线后次日起板的个股,主力是有备而来。由于属袖珍软件类个股,主力选择了之后没有涨停的震荡盘升模式,非常专业、老道,技术指标也顾及甚好,中规中矩。同样,在所有入池个股中非常特殊、特别亮眼,是中小板次新股极少入池的,本人印象深刻,一直看好(见图6—7)。

图6—7 竞业达局部日走势

二、藏而不露

少数单板入池的个股,也就只有一个单板,或者把构图做得非常难看、似是而非。在深入研究后就能发现主力已搜集完毕,只等时机——国家政策正式出台的时点(大主力是有通天的渠道的,早就知道政策的内容了),时机一到,连板拉起。这类主力凶悍老辣,只有高手才能看透,属于政策主流板块。

举例1——佳力图。

1月25日拉板入池时,本人就感觉到通过近一年来的底部运行后,主力已明显控盘,只是当时没有深入研究。构图非常难看,完全打破传统技术分析,以及个股基本面所谓的利空。其实,就是在等国家政策出台的时点。流通盘2亿股正好,股价16元偏高,需等大盘回暖时机(见图6—8)。

举例2——依米康。

近一年来只有2月8日一个板,也就是一年一次入池的机会。在之后的7天都在板上横盘震荡,两次摸新高9.06元回调,上一次的高点在2021年8月3日的9.05元,就是一分钱新高,做盘也算是做到家了。起板前一天还做了一次近十个点的小恐杀,太关注短线技术的人,最后时刻就一定会被扫地出门,够狠的吧? 这就是战场(见图6—9)。

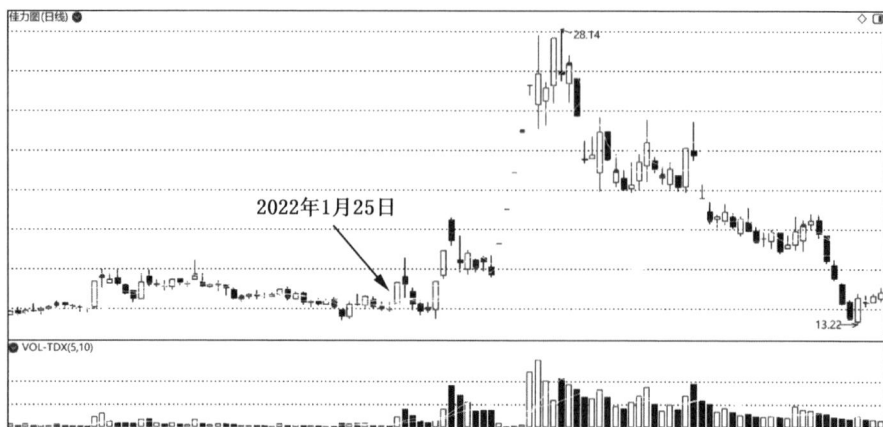

图6-8 佳力图局部日走势

图6-9 依米康局部日走势

三、主流热点

与国家政策相对应的行情,才是正统的板块性热点行情,会有更可持续的板块效应。在大盘相对低位早期启动巨超,明显是低价股个股的反转行情,热点板块并不明显。只有大盘企稳、人气回暖后,有了政策的配合,才会开启有政策支持的、有高成长的中高价股的个股和板块行情。

第151篇——2022年2月23日记

懂得舍弃的减法

一、浪型股—锁定第一—紧跟真龙头

浪型股包括真正巨超的一、三、五浪股。在市场相对低位时,连拉 2～3 板个股比比皆是,巨超类个股操作瞬息万变,精力有限,需懂得取舍。集中精力分析锁定概念板块内的龙头,用好减法,耐心等待可操作机会的到来,紧紧锁定第一名是不二的原则("做最强"落到实处)。有大政策背景的热点,建专门股池连续跟踪,锁定前三。

二、明星股—构图超强—细微处对比

明星股即"真正的金股",是实战中年度牛股的重要发源地。一般只是起步时连拉几板,之后超强势震荡,筛选过程可以很从容,少则一周,多则一个月甚至两个月。筛选时,"三 K 组合"和大盘构图对比分析是最为基础重要的。试盘操作应该是最好的筛选手段之一。

三、低吸股—关注内涵—最耗费精力

低吸股包括巨超类超跌、年内新高、袖珍成长、年度巨超,由于面广量多,要依据"三度"(短线指标强度、概念板块热度、个股基本面厚度)做好减法,层层筛减。要有足够的耐心,花足够的精力。

四、潜力股—恐杀时点—时效性最强

在起板之前,底部潜力股是很多的,难以筛选。只有当恐杀当日尾盘逆势拉起和恐杀次日早盘高开高走,才会显山露水,才是切入底部潜力股的黄金时点。在实战中,运用"扫把理论",高度重视恐杀次日早盘高开高走的个股,再结合个股整体构图,重视前日恐杀时个股关键点位的支撑及量能情况分析。这是锁定潜在巨超的绝佳黄金选股途径,特别是大盘企稳、人气回暖后的低位时段。

第 152 篇——2022 年 3 月 4 日记

巨超综合分析

一、表演时间

连板一浪走势的巨超一般 15 天内见高点;连板三浪走势的巨超大多 15～25 天见高点,平均是 20 天;连板完整五浪的巨超最多 45 天见高点,涨 10 倍,如九安医疗(见图 6－10、图 6－11);震荡推升型巨超见高点时间长短差异大。

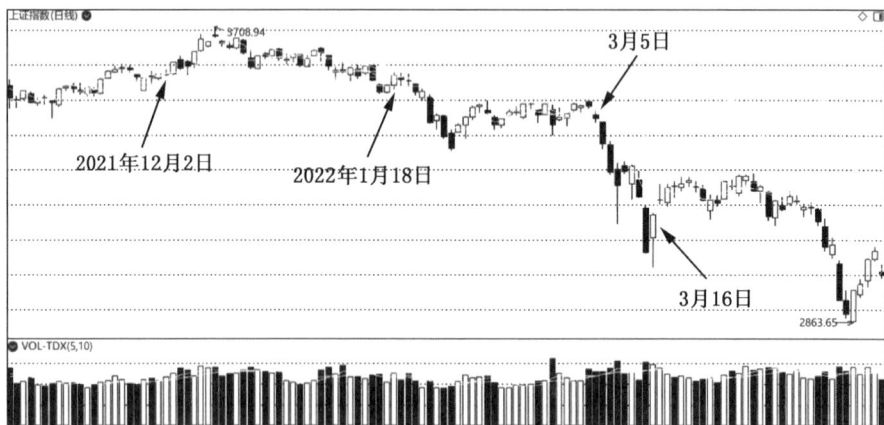

图 6－10　上证指数与个股时点对照

图 6－11　九安医疗局部日走势

二、时间关联

2022 年 11 月 10 日以来的行情平均 2～3 天出现一个巨超。2022 年后阶段性出现巨超更多一些,这说明大盘震荡平衡市时,同时大量启动行情是少数。每天只关注 1～2 个已双板的个股,重点跟踪分析是可行的、从容的。这说明巨超之间的行情一定是有重叠的,不是你方唱罢我登场,而是你先登场我后登场。

三、维稳时段

大盘出现政府不愿看到的大恐杀后期,政府会通过关联基金启动有国资背景的、有政策支持的大盘低价股来实现维稳又盈利的双重目的。3 月 16 日启动天保基建(见图 6－12),是基建还是房地产? 可以让人联想,自然就容易吸引眼球,从而实现维稳的目的。

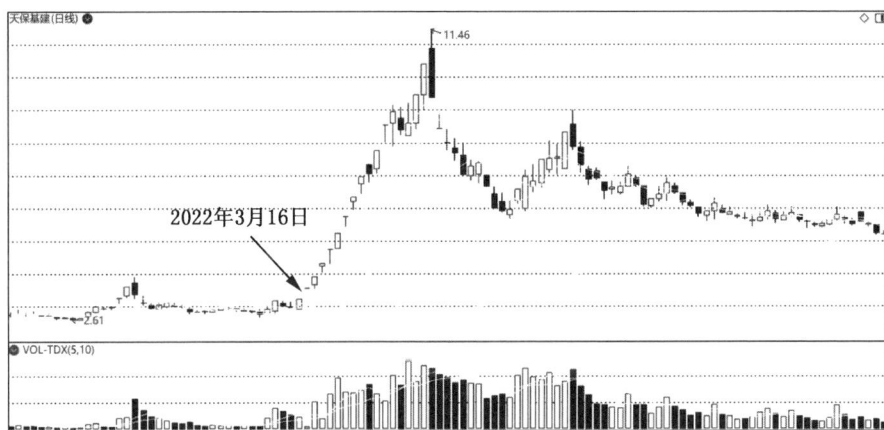

图 6－12 天保基建局部日走势

四、大盘关联

现在市场已明显是重个股的结构性行情,操作更加简单,系统性风险对个股的影响已经出现分化,不再是泥沙俱下。有消息面支撑的个股一旦启动表演(特别是防御型个股),就会不受大盘连续大恐杀的影响,而开启独立大行情。3 月 2 日启动的中国医药是典型,3 月 4—15 日大盘跌了恐怖的 12%,中国医药 10 天拉 9 板,太让人惊叹了(见图 6－13)。

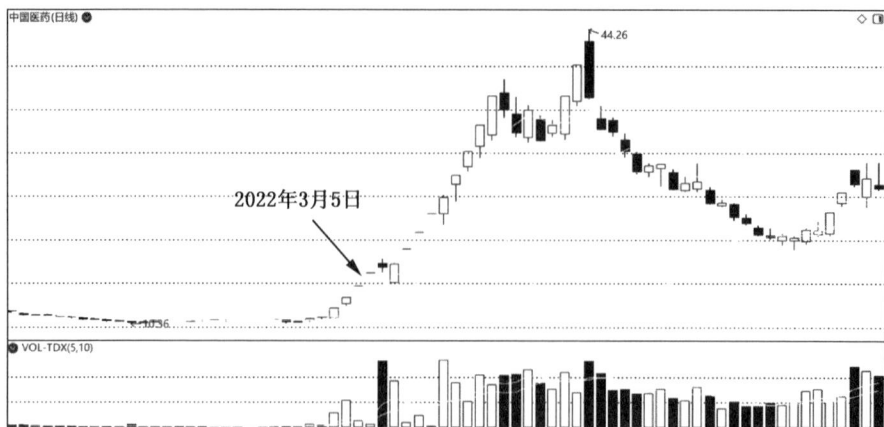

图 6—13　中国医药局部日走势

五、启动逻辑

相信真巨超主力已做好筹码掌控的充分准备,只是在耐心等待最佳的启动时机。相关因素包括大盘强弱情况、大盘所处的区位、政府政策出台时机、个股消息面情况。有些是可控的,有些是不可控的,因此,就会出现巨超前后不同时段登场表演的逻辑,也为从容参与多个个股操作提供了更大的可能。

第 153 篇——2022 年 3 月 23 日记

选股从大盘走弱开始

当大盘在一个低位大区间震荡波动时,即使有阶段性的局部板块的小牛市,56 个板块其中大部分板块仍处在底部低位区间运行。在这样的市场背景下,大盘开始走弱有三种情况:一是弱势横盘末期走弱;二是区间震荡高位滞涨后开始走弱;三是结构性小牛市的主流板块已开始走弱。

大盘开始走弱,说明原有热点动力已经枯竭,主力庄家一定会在底部运行的板块中挖掘可操作的新目标,盘面就表现为有一批底部的个股开始拉板。由于大盘指数处在一个震荡下行的走势,时不时还会出现一次小恐杀,甚至会演化为大恐杀。因此,底部开始拉板的个股会表现为反复拉板杀跌的大震荡,这正是布局其中目标个股最好的低吸时机。目标个股处在底部,即使操作失败,下跌空间也极为有限;即使不是真巨超,也有更多盈利出局的机会。

一、宏观背景

国内扶持经济的政策明确且力度大,国际环境复杂,经济下行压力大,由此构成一个纠结矛盾的宏观背景。

二、底部异动

前期主流板块已明显走弱,大盘失去了方向,开始震荡盘跌,各路庄家趁机开始表演,表现为多路出击的个股拉板。由于刚开始还没有表现出亮丽的外衣,加之大盘指数难看,人气不旺,很难做到连续拉板,需要震荡推升。

三、庄家手法

大盘盘跌其中的小恐杀日,庄家会借势大幅回调,以求不断换手提高平均成本。此乃老道、稳扎稳推之手法。

四、选股起点

从大盘走弱开始作为选股的起点,是从根本上跳出散户思维的实战路线,是战略方向的改变,是恐杀时段作为操作原点理念的进一步完善。

五、推定市道

如果从大盘走弱、恐杀、企稳后,没有走成一个阶段结构性的小牛市,仍然是小区间震荡,说明大盘热点板块带动效应不强,难以聚集人气,市场表现为个股行情。企稳期内完成布局就很重要,否则就只能做二三模式的预期了。

第154篇——2022年9月2日记

技术选股之精要

在理念篇中有"再悟技术分析"和"恐杀的危与机"两个专题。为了把这些理念具体运用到股票遴选中,有必要对两者再做提炼。

一、再悟技术分析之精要

(一)时间

封板时间就是庄家的意愿,早一刻起板就早一步显示强势,早一天起板就强一个级别。

(二)回调能量

回调能量对低吸选股十分重要,重点是关注主力是为了卖出还是为了吸筹?是主动回调还是被动承压?

(三)板数

封板强度就是庄家的实力,多一个封板就多一次强化。

(四)构图

图形角度(斜率),均线力度,区位态度(四价、阻力位、支撑位、创新高),周日共振度,流畅干脆度,底部厚实度,量能放大度,这些都是构图的重要方面。

时间是最重要的变量,时间会给出全部答案。为什么技术分析难?为什么散户总是错的多?因为散户想在短时间内做出判断,并企图从头做到尾。世界上哪有那么理想化的事,多给点时间,几天后构图不就更明朗了吗?准确率不就更高了吗?操作也就更从容了。

二、恐杀的危与机之精要

(一)指数低位恐杀

指数低位恐杀是巨超时段,"扫把理论"将发挥极大的效用。从大盘走弱开始直至大恐杀时段,都是运用"扫把理论"的关键期。盘后重点关注跌幅大但不跌停,且分时是有序震荡盘跌、个股构图没有破坏、技术指标仍处在强势区间的个股。恐杀次日早盘开盘后走势很重要,可操作性也很强。

（二）上行趋势恐杀

上行趋势恐杀属小恐杀，往往是单日的恐杀。这是巨超开板介入的时点，是热点切换的时点，是个股强弱的试金石。强势个股是否保持强势次日早盘见分晓。恐杀当日后期及次日新起板的个股也值得高度重视。

（三）恐杀是一面镜子

多一天恐杀就多一次筛选和强化的机会。不管是原有目标个股的加仓还是新开仓个股的介入，平时修炼的忍功和能耐就是在等待恐杀时点的到来。

第 155 篇——2022 年 9 月 4 日记

年度金股(一)

举例 1——大理药业。

2021 年度首次出现亏损 4 000 多万元，民营家族控股 25％，总股本 2.2 亿股，每股净值 1.87 元。2021 年 2 月 4 日出现很多年来的最低价 6.52 元，经过 10 个多月的横向震荡，2021 年 12 月 24 日连拉二板开启行情，行情启动价为 7 元/股。没有受到大盘走势的影响，年度大通道沿 60 日线走独立行情，做了五波行情，分别涨了 30％、50％、60％、50％、50％，放量在 10％～15％，缩量在 1％以内，单板 8 次，连拉 2 板 5 次，连拉 4 板 2 次，连拉 6 板 1 次。截至 2022 年 7 月 22 日，达到年内高点 20.2 元，运行时间 6 个半月，涨幅 3 倍左右。由于振幅巨大，如节奏掌握得好，参与操作将是数倍的涨幅收益（见图 6－14 和图 6－15）。

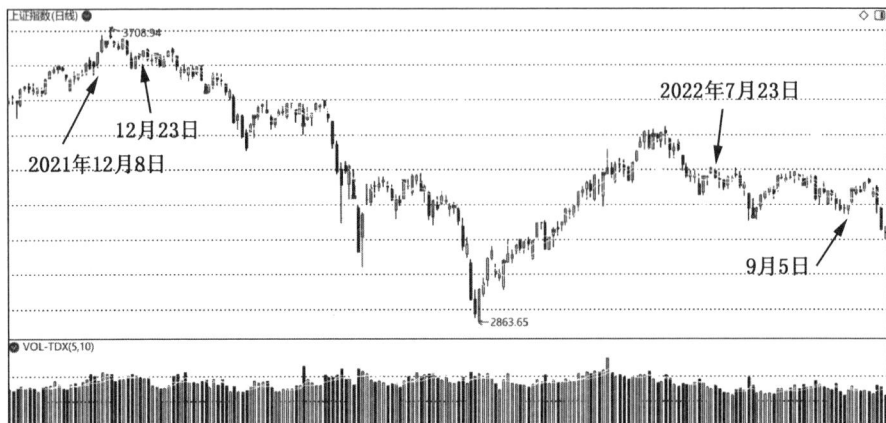

图6－14　上证指数与个股时点对照图

图6－15　大理药业局部日K线

举例2——贵绳股份。

我国最大的专业钢丝绳生产企业之一,连续多年盈利稳定在3 500万元左右,贵州国资控股25％,总股本2.45亿,每股净值5.96元。2021年2月9日出现很多年来的最低价5.21元,经过10个多月的向上震荡(涨50％),2021年12月23日开始拉板震荡盘升,启动价为8元/股。年度大通道做了三波行情,第一波涨了1倍,大盘环境不好时,阶段性随大盘连续阴跌破年线,第二波涨了1倍,第三波涨了1倍。上涨放量15％～20％,阴线放量15％～25％共10次(感观上是放量巨阴,很难看),缩量至2.5％以内。单日涨幅

7％以上(包括涨停)19次,连拉2板5次。截至2022年9月5日31.31元高点,运行时间8个半月,涨幅4倍左右。由于不同阶段运作手法变化较大,属于先反复震荡,后大幅拉升型,如果不是从主力年度运作的角度看,很难长期跟踪操作(见图6—16)。

图6—16　贵绳股份局部日K线

举例3——广东鸿图。

主营汽车零部件,广东国资控股18％,总股本5.29亿,每股净值9.27元,2021年度业绩大幅提升。2021年2月3日出现很多年来的最低价5.25元,经过10个多月的向上震荡(涨48％),2021年12月8日开始从7.8元/股连拉3板启动年度行情。年度大通道做了两波行情,第一波涨了1倍,大盘环境不好时,阶段性随大盘连续阴跌破年线,第二波随汽车热点涨了4.7倍。上涨放量10％～15％,缩量至2％以内。单日涨停8次,连拉两板5次,连拉3板2次。截至2022年7月22日37.08元高点,运行时间7个半月,涨幅4.5倍左右(见图6—17)。

图 6—17 广东鸿图局部日走势

从上述三个典型案例的综合分析,对年度金股所具有的特点做如下总结,以启发日后的年度金股遴选和操作。

一、积蓄上升能量

目标个股在启动行情之前,已开始很多年历史新低之后至少 10 个月时间的震荡筑底或者震荡攀升走势。这说明目标个股已在近一年的时间内不断积蓄了上升的能量。

二、股价相对较低

在积蓄能量的过程中,不管是横向震荡还是震荡推升(涨 50%),启动行情时的股价都在 7~8 元。

三、年底提前行动

主力庄家都在 12 月(广东鸿图是月初,其他两个在月底)起了一个大早,启动 2022 年度金股行情,准备充分,真可谓"不管东西南北风,我自独行尤从容"。

四、讲故事有猛料

个股业绩大增的广东鸿图有国资背景,盘子稍大,运作起来更正统些。贵绳股份,业绩平稳,有国资背景,盘子适中,易于控盘,哪怕注资酒业讲了一年是不实信息,照样可以让人们自己想象未来的故事。大理药业首次亏损,盘子适中,其他基本面尚好,尽管跟新冠药没有关系,但易于控盘的特征,依然可以有无限的想象,真可谓"资本市场本质就是真真假假,主力说有故事就有故事"。

五、表演手法各异

三个庄家选择了三种完全不同的手法。广东鸿图盘子较大,业绩优良,选择比较老到、传统的走法;贵绳股份业绩平稳,选择比较标准的浪形走法;大理药业业绩首亏,最没有故事的目标,庄家选择了最凶狠的反复大涨大跌的手法。

六、有三个共同点

一是第一波涨幅较小(30%～100%),二是股价弹性极大,反复出现封板、连板的走势;三是运作时间在半年以上(6.5个月、7.5个月、8.5个月)。

七、基本逻辑不变

见历史新低后已筑底10个月以上,股价在8元以下,盘子较小(特别是炒无中生有概念类),基本要素安全,最好有一些亮点(如国资)。一般由小庄家独立运作1年,年底开启次年行情,换手率较低,运作时间半年以上,量能变化大(大至20%小至1%以内),震荡推升,阶段性会顺大势深度调整,随大盘企稳,低位吸筹修正指标,再展开轰轰烈烈的一波或几波行情。

八、有感一:与是否主流关系不大

8个月一路走来,对此3只个股印象颇深。它们既不是前期大热门"东数西算、地产、物流、能源等",基本面看不出一点特别的名堂,也没有走成巨超那么靓丽,但给人的感觉就是很活跃、很强。新能源汽车热点引爆是在5月底6月初,其实广东鸿图之前已走了一大波行情了。这说明是不是热点板块并不重要,重要的是一定要参与有庄家强力运作的长期底部启动的目标。

九、有感二:年度视角出发考察

年度金股是在年度巨超、真正金股、独创新高股基础上的一种提升。这说明从年度财务视角出发,审视个股运作是选股战略正确。除了年度巨超、真正金股、独创新高股这种有典型特征的走势之外,还可以扩大到主力年度常规运作的目标个股,选择高度活跃的从长期底部开启的年度长庄目标个股。

第 156 篇——2022 年 9 月 6 日记

选股八大标的

一、真超追击

第一,一、三、五浪的追击机会;
第二,二、四浪的低吸高抛机会。

二、巨超低吸

第一,真次巨超二浪分时完成 ABC 三浪下跌后的低吸机会。
第二,真次巨超二浪日线完成 ABC 三浪下跌后的低吸机会。
第三,真次巨超二浪日线完成五小浪下跌后的低吸机会。
第四,真次巨超超跌后长期底部横盘再转强的低吸机会。
第五,假巨超超跌后再转强的低吸机会。

三、年度巨超

第一,真超主升浪走完后的超跌机会。
第二,真超主升浪走完后反复走强的机会。

四、真正金股

第一,沿 5、10 日线走的金股。
第二,沿 20、30 日线走的银股。

五、年度金股

第一,半年左右完成运作的金股。
第二,半年以上完成运作的金股。

六、独创新高

大盘见底前在高位区间横向震荡,大盘见底启动行情后,同步开启突破行情。

七、底部低吸

大盘走弱时,长期底部运行的目标反复放量拉板震荡后出现个股低吸机会。

八、扫把追击

不管是巨超放量巨阴,还是底部无量巨阴,次日早盘高开高走都是强烈追击的好机会。

第 157 篇——2022 年 9 月 9 日记

扫把原理及运用

扫把原理的庄家心理:一切已准备就绪,只等启动时机,利用大盘弱势、人气低迷最后一次大清洗;或者行情已启动,正巧遇上大盘恐杀,借机清洗一下,减轻上行压力。

扫把原理的适用范围:大盘底部恐杀时段已启动的庄股;大盘上升途中当日大恐杀,底部蓄势待发个股趁机表演,实现热点切换。

一、正扫把原理

巨超正式启动拉板之前,经常出现“无量涨停＋次日大幅摸高放大量的阴线＋连续多日逐日缩量破所有短中期均线”的走势,多数 5～15 个交易日、少数 15～30 个交易日后启动巨超行情,这种走势构图称为正扫把。

正扫把原理内涵包括以下七个方面:

第一,符合巨超的基本条件。

第二,竞逐表演时点还需要等待一定的时日。

第三,筹码收集已基本到位,可以开始试盘。

第四,无量封板测试抛压情况,大多只是单板,有时可能出现双板。

第五,摸高放量收阴,进一步测试前高的压力,同时实现清洗换手。

第六,此后多日逐步缩量阴跌,连续跌破中短期均线,构图难看,意志不坚者最后时刻被扫地出门。

第七,至此,一切准备就绪,只等几日修复,即可启动巨超行情。

参见 7 月 1 日奥维通信(见图 6—18)。

图 6—18 奥维通信局部日走势

二、单扫把原理

蓄势待发或已启动的庄股利用大盘恐杀的机会,最后一次无量杀跌,次日即迅速拉起启动行情,甚至是直接一字板开启巨超行情。

单扫把原理内涵包括以下三个方面:

第一,最后一扫把现象是普遍存在的,超过 5 成的个股会以此方式启动行情。

第二,内在规律是恐杀之后,次日切换新热点,符合热点切换的要求。

第三,只要次日收回起板,整体构图仍然是完美的共振起点,同时又起到了技术指标修复的作用。

参见 7 月 14 日日出东方(见图 6—19)。

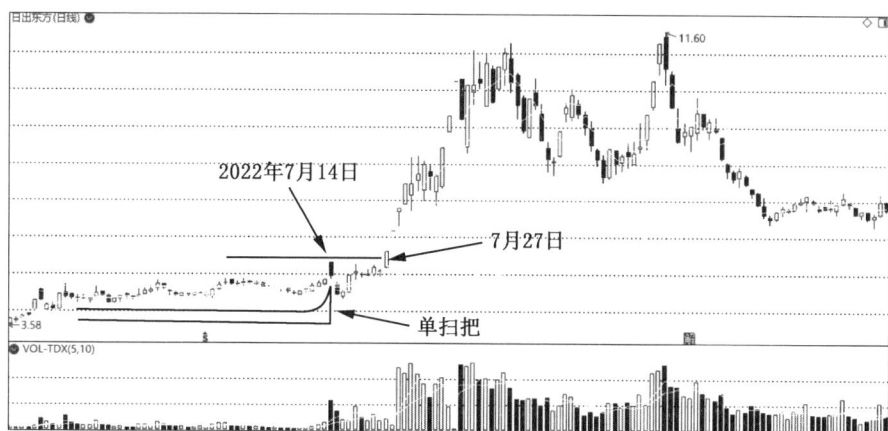

图 6—19　日出东方局部日走势

三、天地把原理

9 月 6 日双成药业开始走成 13 个交易日的天地把,跌破所有均线(包括年线),但没有跌破五个月前的低点,与大盘走势比较一致。从庄家做大构图来说,是做了一个大双底,符合做巨超的大构图要求,其背后的故事是某产品通过生产许可(见图 6—20)。

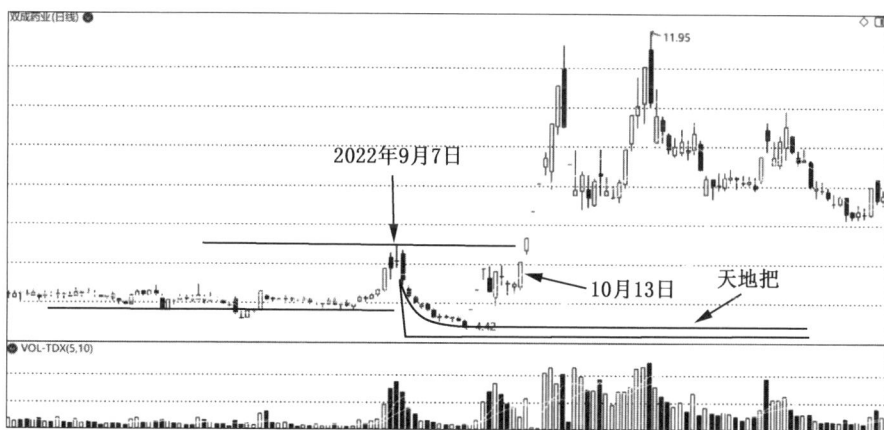

图 6—20　双成药业局部日走势

天地把原理的内涵:

庄家一定事先已知道有关信息,只是在等待公布时间。充分利用大盘人气低迷的机会,实施一次让散户绝望的、不由自主地在最后时刻被扫地出门的极端走势。

第 158 篇——2022 年 9 月 17 日记

巨超再思考

一、巨超建仓方式

巨超是特定时段下、突发信息素材(国内、国际、自身)而引发的放量拉升、强烈表演的个股。按照不同背景条件,建仓方式包括"低平长""拉高巨震""拉高平台""快速启动,盘中巨震""天地把运用"。

二、巨超与大盘节奏

巨超是与热点切换、巨超时段、大盘节奏相互作用的产物,是特定背景条件下演化的一面旗帜。庄家会充分利用当时动态的走势,顺势或逆势大清洗,以实现提高跟风者平均持仓成本的目的。

(一)个股节奏与大盘节奏

庄家实力越强,有明星效应,目标越会按照自己的"三五法则"节奏展开表演,即可能会逆势大清洗。庄家实力一般,作为后来的跟风庄家就会直接受大盘节奏的影响,即更多会顺应大盘节奏清洗和拉升。这是根据不同对象对理想切入点的重要思考,也是耐心等待最佳切入点的心理分析依据。

(二)切入时点

切入时点是实操的终极考验之一。正因为巨超是在特定条件和特定环境下的产物,因此,在起步阶段就会因动态走势带来切入的理想时点,包括最佳切入点、次佳切入点、第三切入点等。对于追随者而言,只能尽量发挥智慧的光芒,做好失败的应对准备,并果断行动。

(三)参与节奏点

在实战中,双板和三板次日早盘是更切合实际、更好把握的最佳切入时点。每天盘后庄家都会"复盘"分析制定次日操盘计划,其依据无非就是顺势

(逆势)高开(低开)高走(低走)的排列组合。其具体的策略必定是大盘背景、神奇数字、日K线组合、量能、技术指标等因素综合考量的结果。其宗旨是根据推升的节奏安排策略——不断重复大家都熟知的构图,但并不是简单的重复,以期引导小散踊跃买入,使小散户形成思维定势而实现高位顺利退出的战略目标。

三、特定构图的意义

(一)持续均衡大量的意义

这是真超的前提条件。高换手率平均成本才会不断提高,盘面所承受的抛压才能化解,才会有持续推升的动力;反之,如果不是个股基本面的重大利好,庄家却走成连续无量一字板,就要严防"竭泽而渔",参与风险极大。

(二)分时支撑确认的意义

当庄家开始表演时,操作实盘痕迹就是分时构图和量能,这直接反映了庄家的意愿和实力,也是动态解读庄家的途径。我们需要连续观察每天的构图和量能变化,以求发挥智慧的光芒。其中,分时次低点确认支撑后切入是一个通常的技术运用。

(三)新高的意义

大家都是胜利者是何等的幸事,没有了解套的压力,拉升应该比较轻松,如果滞涨,则说明主力无高远意愿。

(四)流畅的意义

构图流畅成本就清晰,就没有做差价的机会,这需要有足够的拉升空间才能实现退出的目标,也是判断可能成为真超的重要依据;反之,如果反复拉升做差价,形成不流畅的构图,拉升空间往往就会有限,也说明庄家实力和表演素材都不够亮丽。

四、动态实盘的关注重点

(一)早盘开盘重点关注对象

少数有强烈感觉的单板,主要是关注关键时间节点的2～3板目标,还有已连续多板龙头个股的持续跟踪和随时可能到来的决策。

(二)开盘价大有讲究

如果连续拉升后开盘7%以上不能快速封板,那么更易带来盘中巨震,甚至形成当日高点。如果开盘5%以内,就更易走成震荡快速拉升封板。

（三）昨板附近参与风险小

个股已双板,但受大盘影响次日平开或低开,这是切入的一个好时点。如果是高开冲高回落至昨板附近情况就完全不同了,此走势说明这不是一个好的参与机会,说明持续攻击走势尚未形成。

五、提前一拍主动止盈

（一）有筹码的巨超尾盘管理

对于已参与其中的巨超,当走至神奇数据日时,敏感的当日尾盘是要时刻紧盯的时点,严防尾盘突发逆转,并随时采取应对措施。

（二）求胜不求全——封板主动止盈

高位及调整浪操作要放低预期（20％）,要学会在图形还预示能涨时,优雅地操作而提前了结,以避免成为接盘侠。

六、4~6 板放巨量敏感

收板、十字星、大阴都是真超和假超的关键时点,要有高度敏感性,次日早盘就能见分晓。如果在极短的时间内高开高走,立马证明是真超,要有心理准备,依照预设方案迅速行动;反之,一浪见顶。

七、真超会坚守靓丽的构图

真超是真正的大明星,一定会有强力的赚钱效应,才能吸引更多的人参与接龙。一个日 K 线就是一天的表演剧,无论中间的剧情是如何跌宕起伏,关键技术点位一定会坚守,收盘一定会给出一个靓丽的日 K 线图;反之,如果量能和分时走势明显不符合预期,就要果断了结。

八、走势越强风险越小

真超刚启动的 1~2 天几乎是没有机会参与的,这也符合主力不想在低位让你参与的想法,也向市场展示了拉升的气势,以吸引大众的眼球。即使有机会,在真真假假的众多封板个股中也难以分辨谁才是真超,要提高准确率只能再等时日。第 3~4 天都是有机会上车的,越是志在高远的真超,3~4 天给予机会的时间就越少,即分时走势很强,不会等待太久。

不同的市场背景、不同的引爆素材、不同的庄家手法,提供的机会是不同的,其中一字板是强力的指引信号。下面以涨幅 5~15 倍的三个典型为例分析说明。

(一)九安医疗

九安医疗是个股劲爆素材(检测试剂)。第一次好机会是第 4 天在封板处反复开板两小时,之后就是 5 个一字板,第 10 天才走成一个换手率 25%、振幅 10%、收跌 2% 的"大阴棒"(实际是一个小阴线),这是一个很重要的信号。第 11 天再放巨量封板时,走势就完全明朗了,且参与的机会很多,但有多少人会有这样的智慧和魄力呢,毕竟已经涨了 1.5 倍了(从 6 元涨到 15元),有谁能想到此后还能涨 10 倍(见图 6—21)。

图 6—21　九安医疗局部日走势

(二)中通客车

中通客车是在大盘开始走小牛市的背景下,因宏观政策(汽车消费)而引爆。第二板是一字板,第 3 天提供了一个几分钟的低吸好机会,之后再走三个一字板,第 7 天提供最好机会,先快速封板,之后在 7% 以上区间震荡 45 分钟。之后还连拉 7 板,参与的机会天天都有,距离高点还要涨 2 倍(从 8.3 元涨到 28 元)(见图 6—22)。

(三)浙江建投

浙江建投是在春节后开盘,因宏观政策(东数西算)借题发挥而引爆的,是友好型提供机会的庄家。第三板是一字板,第 4 天放量 26%,在正负 4% 区间震荡 3 小时后直线拉升收板,提供了一个极好的机会,之后机会多多,考验的是智慧和魄力(见图 6—23、图 6—24)。

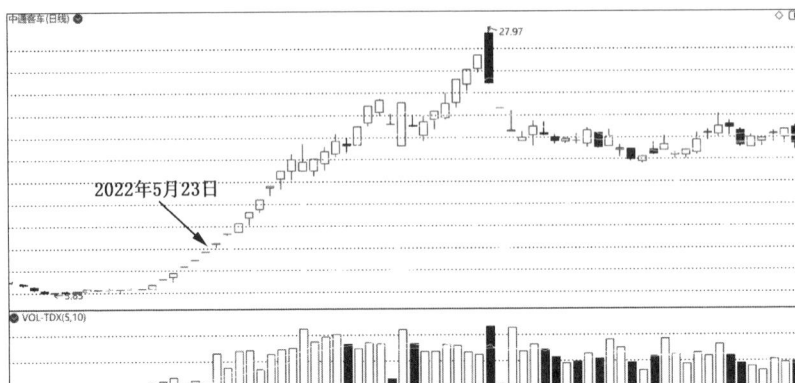

图6—22 中通客车局部日走势

图6—23 浙江建投局部日走势

图6—24 上证指数与个股时点对照

真超的蛛丝马迹

大盘筑底三部曲：走弱、恐杀、维稳。当原有的热点开始降温，又没有新的热点跟进激发人气，大盘必定走弱，甚至出现反复恐杀走弱，当大盘回撤到一定的位置后，就有了可做盘的上升空间。当政府维稳信号发出时，可怜的小散还惊恐未定，各路大庄家都已开始谋划：下一个热点聚焦什么？市场有可能推荐谁来举大旗？……真超酝酿已在繁忙的决策会议中开启。

真超一定是底部筹码已收集完成，受国内政策、国际环境或个股基本面三者之一的可表演素材所引发的。在指数相对低位、好的实操时机到来时，各路大庄家就会充分挖掘其中靓丽素材，争相讲出其生动的故事，引领大盘人气聚集，形成相对持续的板块效应，推动大盘向上波浪运动。

一、前瞻分析——挖掘素材，推测主线

前瞻性分析是挖掘素材，推测主线的重要前提。当大盘人气低迷筑底时，外围的任何风吹草动都是敏感因素。第一时间收集新政策导向、整理近期宏观背景素材是十分重要的事，关乎近在眼前的战略布局。找大庄家谋划新热点的蛛丝马迹，就是依据"宏观环境最易引起共鸣的主线"——对 56 板块中今年已炒的、多年未炒的、跌无可跌的、已底部拉板的个股归类、分析、排序，做好组合配置的安排。有了一个范围的框定，在单板入池环节就能有这种判断和思考，以期提前一点时间对真超有个预判，便于聚焦决策而果断行动。

二、残酷竞逐

真超形成非一日之功，实为久久为功，非常之不易。登台表演绝非报名排序，而是争取"天时、地利、人和"的残酷竞逐。要实现竞逐胜出，可能要等待数月，甚至半年、九个月。

以竞业达为例，2022 年年初就有行动了，8 月 22 日又有一次行动无功而返，爆发表演机会到 9 月底才真正来临。

正是这种残酷竞逐表演机会的过程，留下了事后被人称之为试盘的痕

迹,形成了两种扫把原理的构图。这也进一步解析了扫把构图对实操的重大指导意义。

三、底层逻辑

一是基本面逆转,跌得足够透,底部构筑平台足够长。二是正值业绩爆发成长的上市两年次新股。三是宏观背景重大利好板块,能够引起共鸣。

四、真超特质

越是志在高远的真超,开始越是没有机会参与的,这也符合主力不想在底部让你参与的想法,也向市场展示了拉升的气势,以吸引大众的眼球。如果3~4天给予的机会越少,分时走势很强,那么,说明内在动力越强,因此,在实战中要坚决果敢,动作要快。

五、敏感单板

当巨超时段到来时,结合宏观背景分析,集中精力分析单板的个股,应该是一个比较聚焦的路径。

真超起板时间会比大盘企稳时点早3~5个交易日,因为带动效应有一个传导滞后的时间差。至于是不是恐杀当日起板并不重要,因为大庄家事先也不知道大盘是否有大恐杀。

六、构图流畅

如果构图流畅,那么成本就清晰,就没有做差价的机会,主力需要有足够的拉升空间才能实现退出的目标。这是判断可能成为真超的重要依据——志在高远的真超不屑短差的蝇头小利。真正强者,常常出其不意,不留痕迹,不鸣则已,一鸣惊人。

七、敏感周五

周五是一周交易的收官之战,是画周K线的收笔之作。一个热点往往只能领涨一周,周五就成为热点切换的敏感时点;反之,过去一周受外界影响巨幅回调的巨超类个股,下一周会有一个补涨的机会,结合周K线指标,可能周五就会有所行动,甚至直接拉板。

在大盘运行环境相对平稳或恐杀后期,周五是大庄家起板的一个重要时点——周末有两天时间让众人研究关注,以吸引更多的眼球,为周一的表演汲取能量。

八、明朗周一

如果因担心近期有不利因素影响,过去一周大盘走势疲弱,当周末靴子落地或利空出尽之后,周一就可能成为庄家开始表演的重要时点。

九、敏感时间

重大节假日前后,如果正巧是大盘走弱恐杀需维稳时段,那么放假前已拉板的个股及节后开盘开始拉板的个股都要重点关注,尤其是原走势保持流畅、不露声色的大盘个股突然拉板时,更要高度关注。

十、维稳时段

大盘出现政府不愿看到的大恐杀后,政府会通过关联基金启动有政策故事可讲的大盘低价股来实现维稳又盈利的双重目的。因此,当大盘股(10亿流通股以上)出现一字板或在底部涨停,就要高度重视——相信大盘股不会轻易拉板,背后一定有大庄家在听从政策指引,以提振市场人气。

第 160 篇——2022 年 10 月 22 日记

选的流程及心境

由二十几个文档构成的选股系统,几乎是技术选股的全部了。要把这个系统高效地运行起来,证明有效,以实现初心,正确认知各文档的内涵,熟练走好选的流程是第一位的。

复杂的系统会出现很多初选目标。在有限的时间内,如何从众多目标中选出具体要实操的一个目标,是对智慧的极大考验。特别是独行侠,更需要时刻塑造好的心境,保持精气神,以提高效率,以期焕发智慧的光芒。

一、五大分类内涵

初次筛选入库可以快点、多点,再次五类分选时就要慢些,要有停顿,要用远近的视角分别观察,特别是当日扫把和潜力巨超,时效性强,更要深入,要有预设条件,要有一些分析记录。

低吸流程对画面感要求高,分析的顺序是先整体后局部,先前期后近期。追强的目标已高速运转,分析的顺序是先短期技术细节,后看整体的构图画面。

(一)当日扫把

收集当日技术保持强势的大阴,为次日早盘速选高开的个股准备。

(二)二浪低吸

二板以上已回踩个股的收集,特别是10日均线以上的强势回踩个股。

(三)一周备选

周末收集下一周可能的节奏点个股,包括金银股、年度金股、超跌股、准ST股等。

(四)潜力巨超

收集1～3板符合真超基本特征的个股,为实操充分准备预设条件。

(五)领衔巨超

现实的龙头(包括大盘低位时的次新股)是预期的真超。

二、强化选的心境

第一,过往更多关注的是买卖过程的心境平和、淡定,疏忽了选股过程的心境问题。

第二,塑造心境以达到最佳的精气神,保证选股过程的高效十分重要。

第三,现实身体焦虑的状态是明摆着的,为了强化选的心境,务必要多做深呼吸,反复暗示自己,让心境塑造落实到位,把心静、平和、淡定运用到选的环节。

第四,现已积累关于选的经验,特别是要让画面感在选股流程中体现出来,是需要心静、平和、淡定的。

第五,让心静、平和、淡定成为选、买、卖过程中自然而然的第一步,成为条件反射,成为自觉的行动步骤。

第 161 篇——2022 年 12 月 11 日记

步步为营之遴选目标

如何把构图最强的个股选出来,需要耐心等待切入的时点,如果两次试手都没有做好,就需要再聚焦,改变视角而重点突破。功夫要落在选字上,要有久久为功,要有耐心和坚持,力求"不鸣则已,一鸣惊人"。

匆忙上马实操,一定不是正道,结果必定是消耗时间、耗费精力、得不偿失。目前还没有把一年来苦苦思索的遴选策略用出来,还是停留在选取"四平八稳"的老路上。

选股定根基,根基不牢,地动山摇。没有厚实的根基,就不可能建成高楼大厦。选股的过程就像选育种子的过程,需要一个漫长的历程,只有选出优质的种子,才可能长出茂盛的庄稼,获得大丰收。

选股时要从大盘构图出发推演未来一个时段最可能演化为主流的个股和板块,选股特别是想要选中龙头股时,需要优先从全局的视角思考、观察和遴选。

一、遴选支撑

(一)分析主流资金

首先分析大盘运行阶段(本轮行情主流资金目标目前运行区位),只有走完整个浪型并开始走弱后,才可能出现新的主流(核心是聚焦有强力攻击的大构图)。如果有几个主流板块在轮动攻击,就要对几个主流的节奏点分析是一浪、二浪还是三浪?其主要目的是想找准后续的主流。在选取目标时,要顾及近期热点,展望热点延续性,这是非常有必要的。

(二)选定目标条件

选定目标的基本条件是高弹性(常有封板)、大构图已形成攻击态势的目标。要充分体现机动灵活,通过 T+0 化解开仓不足的错误,从而实现高成功率的战略定位,以尽量减少止损了结的次数。

(三)目标定位明确

当选定一个目标准备实操时,优先要明确的是定位,是强烈回踩型、区间震荡型、还是强烈攻击型? 首先,不管是三种类型的哪一种,都把目标个股定位为 20%区间,预期 10%的收益。其次,当目标个股超预期走强后再调整预期,按真超进行实操。即使错过也坦然接受,毕竟真超是小概率事件,可遇不可求。如果先入为主,内心就把目标当真超看待,就会改变心境,影响基本的操作判断,造成错失卖出的好时点,造成一环扣一环的被动连锁反应。

(四)画面感——看大构图定选股根基

只有反复比较才能体会到怎样的画面才可以定位为真超(强烈攻击型,至少3倍以上)。目标个股还在底部(即使30%的区间,没有突破前高依然是底部),连前高都没有攻克,怎么可能是真超? 从大小视角、空间和能量的维度对比冲击力是十分重要的。只有比较才会明白,什么才是气吞山河的走势,什么时候才开始谈论气吞山河。真正的画面感不仅体现在日线构图的大气势上,也在动态分时构图中展示出攻击时快速拉升、震荡时巨幅波动,几乎没有久盘的过程,须知有久盘必跌的道理。

(五)主角和配角之别

当下主角和配角表演的节奏是完全不同的,需要应对的策略也完全不同。主角是3~5天才有间歇性的大清洗,而配角则是3~5小时就会发生大清洗。因此,在选定目标开始时,就要判断定位目标的角色地位,这是一切实操的前提条件,从根本上决定实操的思路和应对策略。

(六)选股画面感形象是具体的

选股以日K线所构成的画面为主参照,用上升斜率为主要线条是最简单、直观的,斜率越大,则攻击的强度越大。

二、选股三大类型

选什么样的股,直接关乎实操策略的制定,是十分重要的前提条件。选择的目标可以归结为三大类型:一是真超——强力攻击型;二是多数目标——普通攻击型;三是真超二浪——强烈回踩型。定位不准,就会想入非非,实操就可能会失误。想法多了,操作就无法进行,T+0就难以实施。强力攻击型与普通攻击型(强力回踩型)T+0的思路是完全不一样的,因此,分清是什么类型的股,是实操的前置条件。

(一)真超——强烈攻击型=极弱时段+多板个股

真超不是天天有的,要找到一个好的真超,好的切入时点是要等待一两天甚至三四天的。这就要求在实操安排时,要留有足够的资金,要耐心等待、放平心态、从容等待切入的时点。近一年来重点研究的是真超(需要气吞山河的气魄),但近两次试手都没有这样的对象,说明还没有把选1+N真正优先融入实操系统中来。

(二)二浪——强烈回踩型＝一浪超强＋回踩够多

二浪回踩 30％ 是重点要狙击的目标。快速回踩 30％ 空间足够大了,也说明一浪涨幅足够惊人,是真超,主力一定已高度控盘,短期是出不来的。二浪 30％ 回调是最强低吸切入的良机。除了二浪超跌 30％ 不能看 KDJ 指标外,一般攻击型构图 KDJ 强对实操指导意义重大,是选股的最后金筛子。

(三)大众——普通攻击型＝低位企稳＋下周强势

作为普通攻击型个股,我们看到的好像无序、不可测的动态分时走势,对于老道的操盘手来说,其实背后是会照顾 5～60 分钟的构图,把技术分析的各要素(四价、压力、支撑等)在实操中体现出来。这对于解读主力意图和分时未来走势是一个重要的工具。主力会根据对大盘指数走势及交易氛围的判断,把自己的交易思路通过分时的走势留下痕迹,我们需解读其走势状况。

年度金股型真超有别于标准浪型(平地爆拉式真超),如西安饮食(见图 6—25)、黑芝麻(见图 6—26)。这需要单独建文档,要长期连续跟踪,没有这样的视野和坚持是不可能踩到最佳启动点的,这是一种战略的安排。

图 6—25 西安饮食局部日走势

图6—26　黑芝麻局部日走势

第 162 篇——2023 年 1 月 8 日记

遴选目标

选股定根基,根基不牢,地动山摇。

磨刀不误砍柴工,功夫要落在选字上,要有久久为功选一股的劲,避免不三不四、不上不下、不强不弱、不长不短的"八不像",要把最强构图的目标选出来,力求"不鸣则已,一鸣惊人"。

为了强化记忆,方便遴选工作开展,有必要对"步步为营之遴选目标"提炼概括、补充完善。

一、选股基本程序

（一）大盘时段区位

大盘所处的时段和区位、热点板块,权重和权轻板块与大盘走势的关系。

（二）目标定位明确

三大类型目标都定位在 20％区间实操。对 20％区间内切入时点所处的位置、预期可以上升的空间、最差下行回踩的底线三点所形成的完整构图要胸有成竹。

(三)看大构图定选股根基

只有反复比较画面,才能体会什么才是气吞山河的走势,什么时候开始谈论气吞山河。

(四)用 KDJ 初选有预见

备选是为了未来一周的实战,需考虑动态的变化,即 KDJ 已强但不一定很到位,修正后可能就是好目标。

(五)选股具体的画面参数

选股是以日 K 线为点所构成的画面为主参照,以上升斜率为主要线条是最简单、直观的,斜率越大,攻击的强度越大。

二、选股三大类型

选什么样的股,直接关乎实操策略的制定,是十分重要的前提条件。

(一)真超

强烈攻击型=极弱时段+多板个股。真超不是天天有的,要找到一个好的真超、好的切入时点是要等待一两天甚至三四天的。

(二)二浪

强烈回踩型=一浪超强+回踩够多。快速回踩 20%~30%空间足够大了,是真超,主力一定已高度控盘,短期是出不来的。

(三)大众

普通攻击型=低位企稳+下周强势。买入时点很重要,买入价格要计较,更多应该考虑尾盘、小恐杀时点。

三、选股技术支持

(一)落实 1+N 选股

做真超也要等待走势明朗后再切入,二浪选股是重点目标。

(二)看事实判断是否真强势

难见一个板不是强势股,不担心踏空。看图选股时重视板数和实际区间,避免被假强势蒙骗。

(三)主力超短线坐庄

用 4~5 周时间在 40%~50%空间反复放大量震荡就可以完成超短线坐庄的目的。2022 年已收录文档的数万字文稿是选股技术支持的强大保障,要从中汲取营养和灵感,但一定不是市场的全貌。不同大盘背景市场提供的机会构图是不一样的。只有根据不同时段的构图灵活做出筛选,才能练就更高级的能力。

第 163 篇——2023 年 1 月 13 日记

年度金股(二)

以绿康生化(见图 6—27)、棒杰股份(见图 6—28)为例:流通盘分别为 1.5 亿、3.7 亿,启动价分别为 12.5 元、5 元,主营是农林牧渔、纺织服饰,启动时间为 7 月底、9 月底。下述内容补充"年度金股(一)"的内涵。

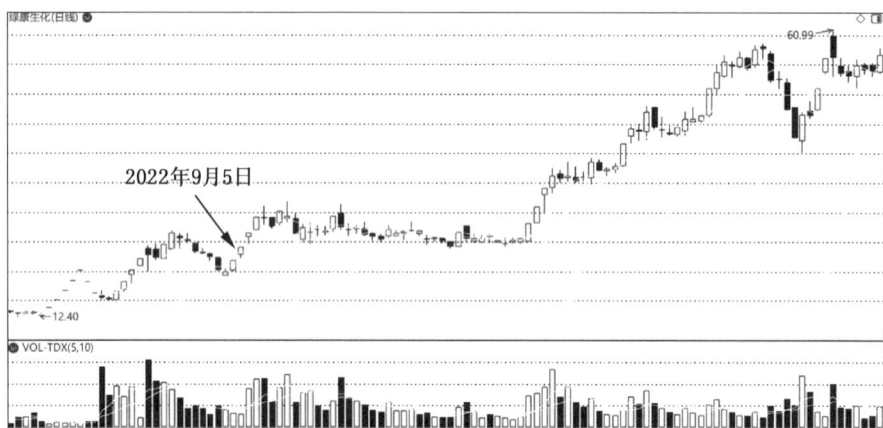

图 6—27 绿康生化局部日走势

一、回答了上篇的疑问

年度金股有 6~8 个月运作足够了,下半年确定还有一批年度金股会表现出来。

二、冷门主业有欺骗性

年度金股就是庄家独立运作的个股行为,千万不要被冷门主业蒙蔽了双

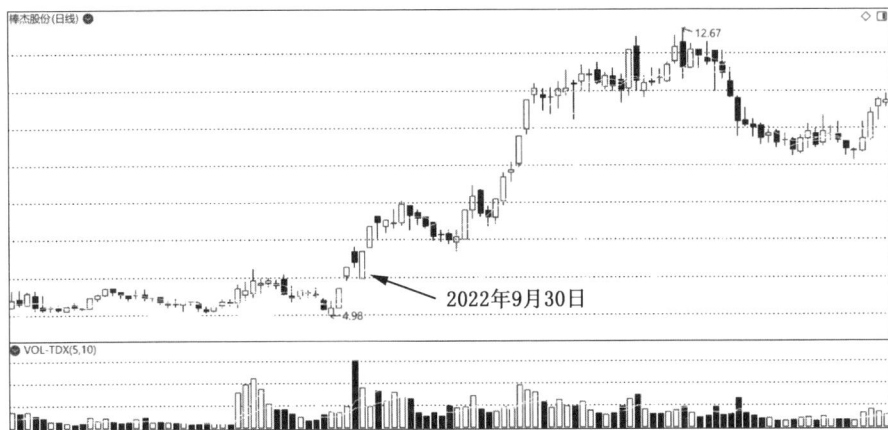

图 6—28　棒杰股份局部日走势

眼,不注意极易被一眼淘汰。

三、运用反向强化求证

主营冷门个股能走强、反复走强,但主营板块没有联动跟进,说明只是个股行情,反向证明该股一定有自己的故事可讲。

四、基本面情况同上篇一致

股本适中,基本面尚可,流通盘 20 亿元左右。

五、成交量偏小,放缩量变化极大

这一显著特征也说明关注度不高,庄家要出来也不容易,且也不急于出来,志在长远。这也是判断行情能否延续的重要依据。

六、解读构图十分重要

年度金股的庄家一定会留下"奇""特"的走势,让普通人敬而远之,或者不屑一顾。高手之高就在于能解读其中之要义,这是坚定信心、重点跟踪的重要依据。

解读构图是选股的核心环节,非花大力气不可。这需要心境平和淡定的心态,需要直觉,需要精气神,需要智慧的光芒。我们务求慢工出细活,要耐心,要细致,要看大图,还要看小图,要看日 K 线,还要看周 K 线,还要看成交量,还要看均线、看年线。遴选时,当失去了感觉,立马放下休息,不做无用功,一定要保持极佳的状态,对预备目标逐一审视,走进庄家,感知庄家,与庄家交心。

第 164 篇——2023 年 1 月 26 日记

蓄势形态运用

一、大构图和小构图

构图有大构图和小构图之别。数月甚至更长的构图是大构图,反映的是未来中期趋势,只能作为遴选目标的背景和支撑。几天至几周的构图是小构图,反映短期的运行趋势。现在 3～5 天的流水作业,是依据小构图开展实操的。

二、小构图是遴选根基

实操战略定位是做 3～5 天 20％区间的小波段。在实际操作中,从大构图视角出发,为了实现高成功率,常常会选到小构图处在 10％区间的小上升通道,这种通道其实就是六种形态中的蓄势形态。蓄势形态是遴选目标的重要土壤,二浪和大众低吸型遴选大多会选到这类目标。

三、蓄势形态的特点

(一)形态确认标准
二浪型以 30、60 分钟构图转强为准,大众型以日 K 线组合转强为准,由弱势转化为蓄势形态。
(二)蓄势延续时间
二浪型蓄势形态转化为强势攻击,可能 3～5 小时完成。大众型从蓄势转化为强势攻击,可能 3～5 天甚至几个 3～5 天完成。
(三)冲高试盘次数
大众型蓄势会有几次冲高回落清洗的动作,蓄势时间越长,冲高回落次数越多。

（四）蓄势时间常超预期

大众型目标蓄势形态往往时间超过预期——假突破次数多。

（五）假突破陷阱

看着量能、KDJ、K线已形成共振，粗看是很好的切入点，而一旦切入，突然又回调了——假强势。其实质是竞逐表演时机还未到，或者技术指标修正还需时日。

四、蓄势形态的运用

（一）蓄势通道内

大众型蓄势形态每一次冲高都是T＋0卖出的机会，绝不是T＋0买入。通道时间越长，这种机会越多。

（二）蓄势后期

可能会突然拉升6％～9％之后又快速逐波回调，次日再继续回踩破短期线甚至通道下轨——"扫把原理"。

（三）相信"扫把"会出现

真正突破之前，相信会回踩通道下轨——出现最后一"扫把"，清洗筹码、修正指标，而实操要做好回踩的预设准备。

（四）不能封板仍是蓄势

哪怕是冲高到涨停，也要严防再次回落，只有无量封板才能确认是真正的突破。

（五）严防"温水煮青蛙式"单日下跌

当大盘调整配合时，"温水煮青蛙式"单日下跌5％是轻轻松松的事，早盘往往被迷惑。而实操遵循3天实操模板，严格落实执行。

（六）转为强势的标志

当目标个股放大量攻击，快速拉升5％以上，封板收盘才是真正意义上由蓄势转化为强势的突破形态。

第165篇——2023年2月11日记

基于大势的遴选

一个目标的实操过程，从表面上看是"选、买、卖"三个字，其实是一个复杂的谋划、遴选、决策过程。因此，每一次实操都必须站在战略的高度，从大势出发，自上而下，系统谋划，逐级推进，反复斟酌，严密遴选。

任何形式的草率选定，匆忙开仓，都是无视风险的鲁莽，是对时间的一种犯罪，破坏了整个实操体系的良性运转，真可谓一步轻率，步步被动，后患无穷。

一、大势造风格

不同的年份会有不同的概念和主题，表现出不同的炒作风格，这是市场规律。大势看清后，遴选配置的框架就要照此紧跟主流热点。如果不顾大势，必将谬以千里，事倍功半。

2022年市场的主题是炒题材——"走黑道"，一个阶段竖起一个标杆，造就一个主流。2023年的主题是国资重估＋人工智能——"走白道"。在遴选目标随笔中，写有"春节前已有低价大盘绩优股启动的迹象，强势的软件板块会是上半年主线之一吗？"事实证明，一个多月前的判断是正确的，只可惜没有对此足够重视。

二、时段出节奏

大势不管是"走黑道"还是"走白道"，市场运行都将基于时间、空间、能量的自然法则进行波浪运动，通过大盘波浪运动和备选目标运行节奏相互印证，感知等待符合节奏时点的切入，是实操的关键第一步。

三、遴选定根基

大势不管是"走黑道"还是"走白道"，遴选主要三类目标其中的真超和二浪型是基本不变的。所不同的是第三类金银股，在"走黑道"市场中以小盘庄股为主；在"走白道"市场中大小绩优蓝筹都有，特别是大盘蓝筹股，一旦启动就不会轻易地逆转——在一定的时间内也方便判断和参与。

（一）遴选最忌讳

遴选是一个久久为功的连续过程，要看大势、行大道，前瞻谋划，而不能等到要用时,才去匆匆几小时选定。

(二)遴选标准化

在大势造风格的框架下,依据大盘运行节奏,开启遴选标的流程,运用"宣纸"裁定区间,定位目标"八类型",对照经典文档,锁定目标等待开仓。

(三)遴选的节奏

大盘阶段性高点出现滞涨后,持仓量已降低或空仓时,是遴选的开启时段。通过大盘恐杀考验的目标,才是下一波的希望所在。

四、突发利好后的遴选

受政策影响,大盘向上逆转的盘面信号出现后,关键就落到如何聚焦具体目标的遴选。

(一)提前一拍启动者

先于大盘转势之前走强的目标固然是重点之一,但这里要分两类:一是从底部走强的新板块目标个股,这是重中之重,因为这可能是新的龙头;二是原有的老热点板块目标先于大盘走强,该类目标一定要注意"三五法则"的节奏问题,谨防大盘走好时进入调整的节奏。

(二)顺势启动者

转势信号出现后,在底部目标做出强力反应的逼空个股中,要重点关注和把握3～5天后上车的机会,并结合大构图来推定是否可能成为近期主攻的目标。

第 166 篇——2023 年 3 月 3 日记

遴选普通型目标常犯的错误

普通型目标是指除真超和巨二浪强烈回踩型之外的几乎包括其他全部六大类型的目标。由于种类繁多,演化复杂,视角可变,遴选时极易犯错,往往会选出"似强不强,不低实高""想着要低吸,实处半山腰"的目标。常见的错误有如下几种:

一、轻视周级指标

把眼睛盯在极易被主力诱导利用的日线、分时技术指标,没有优先重视周级别指标形成的大势。真正的高手应该是在周级大势刚形成"箭在弦上,不可不发"之时,在分时出现散户"三不"时点时切入。

二、轻视表演时间

任何一个目标从登台表演到谢幕退场,都有一个时限,短则3~5天至3~5周,长则3~5月至6~8个月,主角(主流)自然时间长,配角则时短(一日游)。由于时间跨度大,目标个体运作时间差异极大,如不高度重视,极易混淆出错,特别是高位箱体尤为如此。

三、轻视空间框定

任何一个目标构图都有几种空间框定的视角画法。充分利用"一张宣纸绘书画",就能较好地框定区间,找准"三位置",而避免犯低级错误。

四、轻视当下主流

普通型目标不同于真超和巨二浪型,其自身的构图是不能反映是否市场主流。特别是在"走白道"的大势环境下,备选目标只有符合主流的要求,才能起到事半功倍的效果。

五、轻视高位量能

当备选目标属于前期有一波强力攻击之后,出现高位放巨量后回踩的构图时,要仔细查看日K线图当日的放量点,分析做图的意愿,判定是主动回调,还是被动承压不顾成本清仓,以此来推定主力是否长庄,是否还会做第二波。

第167篇——2023年3月5日记

"半九十"专题

"半九十"来自中国俗语"行百里路半九十"。这是强调做事到最后阶段咬牙坚持的重要性,也是反射理论的中国式表达,是对群体行为结果的一种更直观、更形象、更强烈的提示。在资本市场中,当某一趋势走向最后即将发生逆转时,这种现象会普遍发生,但逆转之前会有一个超乎绝大多数人想象的延续时间和空间——最后的疯狂。如果透彻理解、运用到位,就能从容应对,并产生巨大的效能——获得超额收益或规避恐杀风险。

一、大盘低位"半九十"

当时"半九十"只提出了问题,没有深入思考,欢迎读者集思广益,共同补充完成。

二、板块低位"半九十"

当时"半九十"只提出了问题,没有深入思考,欢迎读者集思广益,共同补充完成。

三、板块高位"半九十"

当时"半九十"只提出了问题,没有深入思考,欢迎读者集思广益,共同补充完成。

四、蟹味真超"半九十"

当时"半九十"只提出了问题,没有深入思考,欢迎读者集思广益,共同补充完成。

五、无量阴跌"半九十"

目标个股一旦大幅缩量,就说明主力资金已离开或者正在准备战略性建仓。作为追求高流动性、高机动性、高弹性目标的小资金来说,无量阴跌是破坏性极大的最差走势,是最不能容忍的事情。

六、真正金股"半九十"

3～5天小波段和三天实操模板是试错寻宝、探求金股的过程,并能确保资金成本的基本平衡。一年中能否中大奖,获得超额、超预期的回报,就看金股"半九十"机会的把握了。

第168篇——2023年4月5日记

遴选战略落地

近半年来,在去年纸上谈兵的基础上,在实战中苦苦思索,总结了丰富的实战经验。正因为丰富,从去年的宏观思考又落入了今年繁杂战术细节的困惑,从恒大高新到超汛通讯十几个试手目标一路走来,还是在重复着过去的错。究其原因,尽管也有战略定位、思想和方向的思考,但还是陷入战术细节的总结,没有真正把战略方针落实到战略行动——真正实现战略定力,落实一致性原则,用一把尺子量天下,不怕把钱砸在自己的手上。随着实操体验的积累,越发感悟到前人这几点总结的精辟。

什么是战略正确?基于证券市场的战略正确就是紧紧聚焦并把握了大趋势——事物发展方向,尤其是目标个股不可避免地升或跌,"趋势与遴选"对此有系统的阐述。把实操的具体动作"选、买、卖"用战略的视角审视买卖点位只是战术层面的策略问题,遴选目标才是投资的战略问题。一旦想明白这个战略战术之区别,就会大大提升遴选的战略地位。

既然"选"是战略的大事情,因此,战略重心就应该放在"筛减、跟踪、遴选、锁定"这一久久为功的战略行动中去。这一过程本身并不需要多么超人的智慧,只是一个比较、分析、判断、推理的过程,需要聚焦、坚守、耐心,常人都能做,只是需要反复提醒,以强化落实这一战略目标。

既然遴选是战略问题,就需要有前瞻性的思考、准备和跟踪。过往一旦清仓或空仓后就无事可做,心里就在等大盘恐杀后再找目标,这是完全错误的心理。特别是已走成大通道,后期可能走"半九十"的目标,是需要连续跟踪的。

用什么量天下,就用金股基因这把尺子,因为金股代表了一个时段的主流热点,是大趋势,是超越一切的超级存在。因此,当做金股的战略落地后,恐杀要避免实操的时段就变得更短了,这也恰恰降低了预留闲置资金的机会成本。

战术是多变的,一切都有可能,因此无论如何都是不可能穷尽的。实操战术层面的买卖策略就不能求全,以避免陷入战术迷茫的困局。

第 169 篇——2023 年 5 月 31 日记

已实操挖矿

当持仓目标破位后,要以断指求生存之残酷进行止损。这是必然要面对的现实,也是不可避免的事,否则这个世界都是你的了,不要有这种奢望。需要平和接受、冷静面对,并做好后续跟踪,适时准备再战。正因为有了后续挖矿之安排,也为第一时间雷霆了结提供了心理支持,使残酷的止损不再心痛,使冲高快速卖出变得从容,而资金时间效率更有保障。

一、高度重视底背离

缩量目标雷霆了结,这是避免"温水煮青蛙式"下跌的大事和要事。进入已实操池后,目标就成了自己"一亩三分地"的主,天天都在自己的眼皮底下。当出现明显的底背离技术特征时,就需要高度重视,特别是出现多次底背离而又是当下热点板块目标时,尤为如此。毕竟是自己连续跟踪的目标,已有了前期实操的参照,心里会很踏实,盈利是必然的,只是一个时间问题。

二、从地板上站起来

雷霆了结之后,发现主力并没有继续杀跌,而且杀跌当日的低点往往成为之后收盘的最低点。这说明是主力的扫把清洗动作,必须坦然接受错判,并要快速转换思路,继续连续重点跟踪,及时、大胆在低位开始布局。

三、连续大成交量

如果无量阴跌是杀手,那么保持大成交量的目标就要重视,尤其是属于当下热点板块的小盘庄股(如天地在线)。相信只要完成了彻底的换手,有了足够的回调空间,主力就一定会充分利用"天时、地利、人和"而做足行情,毕竟坐庄不易。行情是否结束的重要标志是成交量。

四、技术指标强者

技术指标尤其是 KDJ 是多变的,但当构图和能量都保持良好的条件下,在目标按计划了结后,如果 KDJ 指标能在高位强势区保持多头攻击态势时,一定要充分重视,而且这种调整时间往往会很短,甚至一两天就可能转头向上攻击了(如人民网),时间一长 KDJ 也就走坏了。

五、反复创新高者

一个已实操目标了结之后,至少两次创新高,而且有解放前期巨量套牢盘的创新高,即使未来近一个月反复震荡甚至做出偶尔一两天跌破强弱分水岭的 30 日线,也要高度重视,其很大的可能后续会演化为"半九十"走势的超级金股(如中国科传)。在实战中要结合板块热点、目标在板块中的强者地位、大构图、量能等要素综合分析判断,择机参与,万万不可让大鱼漏网了。

第 170 篇——2023 年 6 月 3 日记

金股的起点

"由繁入简,聚焦金股"理念要坚守、坚定,但如何设定实现的路径值得深思。

金股是一步一步走出来的。遴选金股从强烈运作的目标开始是确定的,因此,大概率会遇上大幅波动的目标,一不小心就很容易陷入十分被动的境况。为了掌控主动,又能从容参与早期强力运作的目标,就必须制定规则,既能以最大限度规避大幅波动的风险,又能最大限度锁定明星级的目标。

首先,新开仓目标,不管是何种类型,都首先要严格按照 3～5 天区间小波段实操定位。常规在 3 天内了结,2 天能盈利了结更好,最多不能超 5 天,这是铁律。哪怕是保本甚至略亏了结也是一大收获,因为该目标已进入已实操目标池,成为有坐标、已感知、在视野的一个猎物,更容易、更方便跟踪其未来的发展。

其次,金股遴选从已实操目标开启——金股实操起点的前置限定性条件。有了新开仓 3~5 天的一次完整实操过程,然后再作为一个旁观者,审视就会更加理性,更能准确地做出判断,以期真正搭上金股的快速列车。如果目标卖出后其走势比预期的好或者正按照预期的方向发展,说明该目标已幸运中奖,欣然接受踏空的事实,后续要重点跟踪,择机跟进。

最后,确定金股的走势及切入特征。一是走势比预期强。目标走势总是比你想象的强,这种强连续跟踪后证明更多的 K 线是强于大盘,大清洗只是单日的事,明明看着强烈回踩带来市场恐慌,次日转身迅速封板攻击又起。二是不断地创新高。这是标志性的重大节点,但创新高不等于就是"半九十"金股,创新高后 1~3 天的走势,决定了后续是否演化为金股的最后狂飙。三是超级存在。金股基因目标进入"半九十"时段的低吸高抛,要抓住 3~5 小时级的调整和切入节奏,这完全不同于非金股区间内目标 3~5 天的思维模式。"扫把"出现后,次日早盘高开高走的目标,是最为重要的追击对象,哪怕是小试追击封板,也是非常值得和必要的。

第 171 篇——2023 年 6 月 11 日记

遴选至简筑根基

从几个月前的"由繁入简"到"勘挖之路""遴选战略落地""金股的起点",再到近期的"遴选目标之锁定","系统控制指令"之遴选锁定指令,"量化水瓢"之水瓢遴选,对遴选已有很丰富的内容要求。但这些内容还没有完全聚焦、明确,需要有进一步说明框定,以便集中精力而高效遴选并锁定目标。

一、遴选目标之框定

第一,任何一个目标要进入实操,都必须具有 1~3 名金银铜牌的资格,不管是从传统行业板块出发,还是从概念板块出发,都要有这张入场资格证。这既是实操遴选的底线,也是红线,不可逾越。

第二,从理论而言,56 个板块一年做 56 个目标就够了,这有点夸张,最多也是增加概念板块 1～3 名的龙头目标。但要做就做龙头是没有错的,始终要坚持、坚信、坚守"就等龙头,非龙头不做"的理念。

第三,坚持 30%～50% 为起点(包括独立走牛),小波段至少 1～3 周的完整构图。

二、遴选久久用功

第一,遴选视角是未来 1～3 周向上趋势,而不被是否靓丽的 1～3 天短期构图所蒙蔽。

第二,把反复遴选目标的时间花在不断论证 1～3 名龙头资格是否依旧? 表现如何? 是否有新的目标冒出来? 这才是把精力用在刀刃上,把"遴选至简"落到实处。

第三,对每一个 1～3 名龙头目标都要做个股基本面情况的分析记录,并阶段性地跟进、跟踪分析、预判未来走向。

三、难以显著区分龙头资格时的取舍依据

第一,在没有用 3～5 周走势的事实证明大盘股已成为该板块龙头之前,有小盘股目标,不选大盘股目标。

第二,净资产小于 1 的目标,原则上不碰。

第三,依据"五要素＋KDJ"之优劣综合评判取舍。

四、例外特权

已实操池目标作为例外处理,不受该主题约束。

五、经验教训

半年多来,最大的问题就是没有紧跟龙头做,花大量的精力遴选挖掘其他的个股,大道不走、自寻捷径、自以为是,结果是吃力不讨好。

第 172 篇——2023 年 8 月 5 日记

咬定目标五大类

弱者要逆袭只有参与强力运作的目标,或者中奖底部守株待兔式的目标,没有第三条路可走。第三条路是热点开启之后,开始寻找龙头之外的目标机会,这是普通大众的常态做法。但事实证明,这不可能实现乘数效应,能小赢已是万幸了。

近 20 个月以来,设定"金股起点、勘挖之路、首操、小波段、3～5 天 3％～5％、1～3 周 20％、30％～50％为起点、授 1～3 名资格证、量化水瓢、体系二大范畴"都是围绕如何更有效参与强力运作目标不断优化完善。现在唯一要做的是进一步咬定"大弹性、超强势、强力运作"的目标类型,并始终如一、坚守执行。如果没有合适的五大类目标,唯一正确的做法就是耐心遴选、空仓待机。

一、真一浪

追击真一浪(预期龙头的第一浪)首先要做的是放下其他的思考和操心,最好的办法是空仓。集中精力从三板开始,结合大盘背景推演最强的一个目标,最符合巨超条件的目标,不是 1～3 名,而是唯一的旗帜。宁可晚一拍,也要等待走势的进一步明朗。

追击真超限定的仓位是"1+1+1"30％以内,其他资金最好空仓待机,一个一个做。这有利于减轻压力、放平心态、集中精力。

二、巨二浪型

把握旗帜回踩后的机会,紧跟巨二浪型是第一优选,目标还可以放宽至板块前三名——强力运作的目标。巨超主力要高度控盘,退出需要时间,做 M 头是必须,还可能走出三浪的惊喜。3 天实操模板是基础,还有可能走"三点三线"通道,回踩不碰 20 日线。

三、封板三浪

封板三浪适用震荡推升型巨超,通过较长时间的二浪调整后,在 30 日或 60 日线以上获得支撑转强并直接封板后锁定。其具体有两种跟进模式:一是不回调,直接开启逼空拉升,适合直接追击,该类目标往往二浪调整蓄势时间较长;二是在回踩后低吸。小盘股庄家往往会再次回踩调整1~3天,在保持上升趋势的前提下,采用"扫把原理"做出一个难看的阴线后,再反手开启上攻。

四、三板平台

三板平台是主力拉高建仓、洗筹待机进入主升浪之前的时段,是普遍发生的一种建仓构图。"三板"是一种基准判断,具体会有20%~30%空间的多种构图产生。平台构建的时间是由市场热点转换的契机决定的,也许庄家自己也说不准,只有待机行动。

从统计来看,平台时间1~9周皆有之,最强的一种是调整1~3天后直接演化为大上升通道,如津投城开、天房发展(见图6-29、图6-30)。弱势板块独立走牛目标也包含在这一建仓构图中实施。由于平台时间长短差异极大,实战中需要单独建立文档跟踪,最好趁早收集至"已实操池"中。

图6-29　天房发展局部日走势

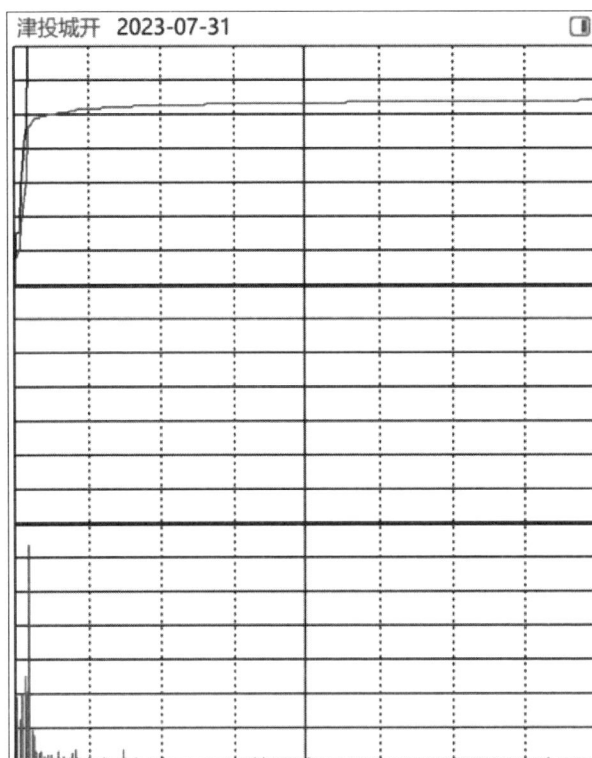

图 6－30　天房发展 7 月 31 日分时走势

五、金股

近 20 个月体系构建的主线就是不断强化如何聚焦再聚焦金股。金股并非全年皆有,也许半年,也许在科创板,也许每年第一季度才是黄金时段,但作为追求的终极目标,是要反复强化、经常提醒的,一刻也不能忘记初心。

金股比较复杂,类型包括大中小明星的"半九十"、主升浪时段,一般基准是三浪不破 30 日线,五浪不破 60 日线。

回望过往 8 个月的探索历程,惊讶地发现,符合"五类型"的目标并不多,真是汗颜,真可谓"想一套振振有词,做一套续走老路"。为什么落地"五大类"这么难呢? 其原因有如下几点:

第一,新热点是从大盘弱势开启的,如果没有在大盘走弱之前空仓,面临如何被动处置筹码的难题,根本无暇顾及跟踪新热点。

第二,追击巨超风险大,往往措施和对策准备不足,落地"气吞山河"很难,犹豫片刻机会就错过了。

第三,错过追击机会,越想抓紧寻找机会。由于巨二浪型是1～2周以后的事情,往往就在"八不像"中找寻目标以平复焦虑心理,这就正好落入了"老套路"。

可见,大盘走弱之前空仓是多么重要,牵一发而动全身,"空"才是真正的战略起点。只有落实"遴选至简筑根基",咬定排名第一的龙头,才能真正获得战略主动。

第 173 篇——2023 年 8 月 27 日记

"选"之精髓
——咬定五大类,做足龙头功

一、遴选的限定

基于"量化水瓢"未来 1～3 周 20％空间取其一瓢,再用"五五方略"细化到 3～5 天 3％～5％执行。说来容易做到难,这需要反复验证、比较、排除,而后是坚信、坚定、坚守。

二、咬定目标类型

非五大类不看不选,除非已空仓待机,否则放弃真一浪。

三、遴选基本程序

一是五大类,二是符合"五要素＋KDJ",三是符合"三五法则",四是周 K线构图强势。

四、均线划底线

用好 5 日线、10 日线、20 日线、30 日线、60 日线,坚信 30 日线支撑强市、60 日线支撑牛市,坚守 60 日线以下不碰原则。

五、遴选的核心

实现时间、空间、强度的平衡。

六、"选""买"必隔离

核心是"选"要咬定真龙头,要持续跟踪,否则一定会漏网;但买入的时机需要等待 3～5 天甚至更长。

七、五大类遴选的难度

第一,真一浪、巨二浪、金股都是最容易被发现和收集的;

第二,封板三浪只要坚持每天收盘后翻阅一遍涨停板,就能及时发现并收集;

第三,三板平台构图演化复杂多样,时间长短不一,需要花大量时间收集、跟踪、比较,这是遴选的重中之重。

八、分辨逆大势庄家

任何大势环境下都有庄家强力运作,这说明有部分小盘股庄家会选择大盘弱势时登台表演,遴选需知晓其特质。

九、历史经验教训

半年多来,最大的问题就是没有紧跟龙头做,花大量的精力遴选挖掘其他的个股,吃力不讨好。

十、30%～50%是起点

落实"由繁入简",聚焦 3～5 倍涨幅和"半九十"预期的"超级存在"的大明星(金股)。在白道市中间新热点切换时,高度关注"三板池"。

十一、重视表演时间

目标登台表演都有一个时限,短则 3～5 周,长则 3～5 月至 6～8 个月。以此为参照,是防范陷阱的重要视角。

十二、遴选金股真超

"勘挖之路"及之后的"已实操挖矿""真超选股""巨超综合分析"等是遴

选"金股真超"的经典之作。

第 174 篇——2023 年 9 月 2 日记

主升浪 6＋2 前奏
——金股主升浪"前奏"的典型构图

个股主升浪包括与板块指数同步的龙头、与板块指数不同步的龙头、独立走牛目标、三板平台目标四种。不管庄家如何掩饰，主升浪之前都会留下"主升浪前奏"的痕迹，只要对各种典型构图有基本的认知，一旦实盘出现就能敏锐觉察，从而有信心付诸行动。

一、"高位箱体勺子"起飞

恒为科技属 IT 板块，但没有追寻与板块指数同步，而是选择了独立主升浪。自去年 11 月 1 日突破年线后，一直缩量震荡上行，6 月 19 日开启 57％的拉升之后在 30％高位箱体运行 9 周，再经"高位箱体勺子"起飞。此目标一直在遴选视野之内，但总是嫌弃缩量不亮眼，未能足够重视（见图 6－31）。

图 6－31　高位箱体勺子起飞

二、勺子＋平台再起飞

当时日记只提出了类型,没有举例说明,欢迎读者集思广益,共同补充完成。

三、"扫把"次日反包起飞

在调整的末期,打破所有的传统技术支撑,但时间只有一天,次日即反手强攻,封板或大涨开启主升浪。鸿博股份4月21日(周五)借大盘高位大恐杀跌停,用18天走完五浪调整,4月24日(周一)开启新一波主升浪(见图6—32)。

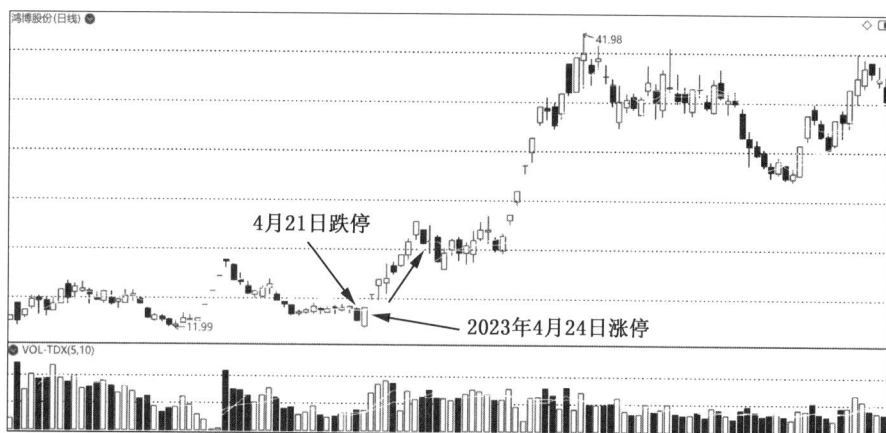

图6—32 扫把次日反包起飞

四、"破位双勺子"再起飞

当股价靠近30日线或60日线时,往往会先破位休整几天后,再试盘上攻甚至会再回踩,走成"破位双勺子"后再起飞,如4月26日至5月17日金桥信息破30日线(见图6—33)。

盘子较大、股价偏高的龙头往往会演化为上升通道型震荡推升,而非连板主升浪,浪潮信息3月20日至6月20日两波主升浪最具代表性。

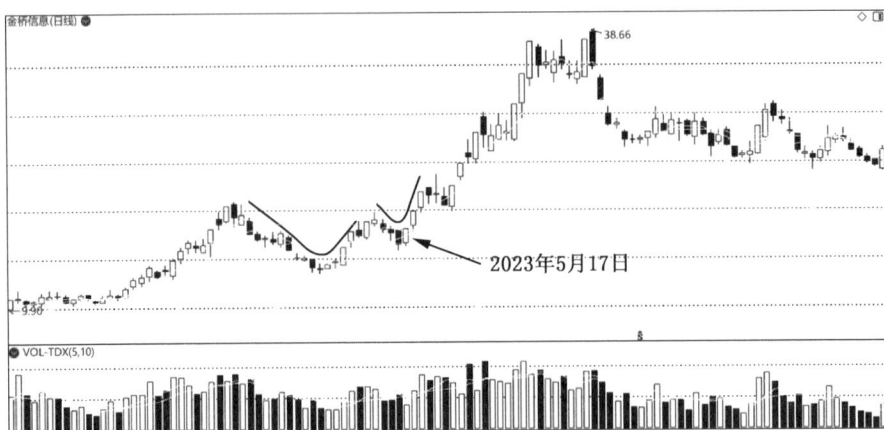

图 6—33　破位双勺子再起飞

五、突破前正"扫把"起飞

中国科传 7 连板后,在一个 60 日线以上、50％区间运行两个多月圆弧底,创前"正扫把"新高后再走一个月的高位箱体,突破后做一个"类三板平台"调整 1 周后,真正开启延 5 日均线攻击的分时准 5 浪,完成 150％主升浪出现最高点,而后做一个 M 头结束主运作。这是中字头,总股本为 8 亿股,实际流通为 2 亿股,11 家机构参与,小量(1.2％～10％)运作,特别有耐心的 6 倍金股的案例。其主升浪的前奏几乎运用了上述多类手法,是真正的典型案例(见图 6—34)。

图 6—34　突破前正扫把起飞

六、缩量碎步推升起飞

大热点板块也有特例,个股在结构牛市阶段走缩量碎步推升,板块趋势结束之后的某一时点开启主升浪。

通信板块是今年的大热点,2 月初上破年线后三浪上攻,6 月 20 日见高点,8 月 15 日已大幅回调至半年线。

中贝通信 2 月初突破年线后缩量碎步上行,是一个无名小卒,但到 6 月 20 日已涨 50%,板块见顶之后开始活跃。8 月 15 日开始 15%放量登台表演,从而开启主升浪。这是典型逆板块走势的特例,也许绩优、华为、6G 是一个理由(见图 6—35)。

图 6—35 缩量碎步推升与起飞

七、封板开启三浪起飞

注:当时日记只提出了类型,没有举例说明,欢迎读者集思广益,共同补充完成。参照当时时点的上证指数,见图 6—36 所示。

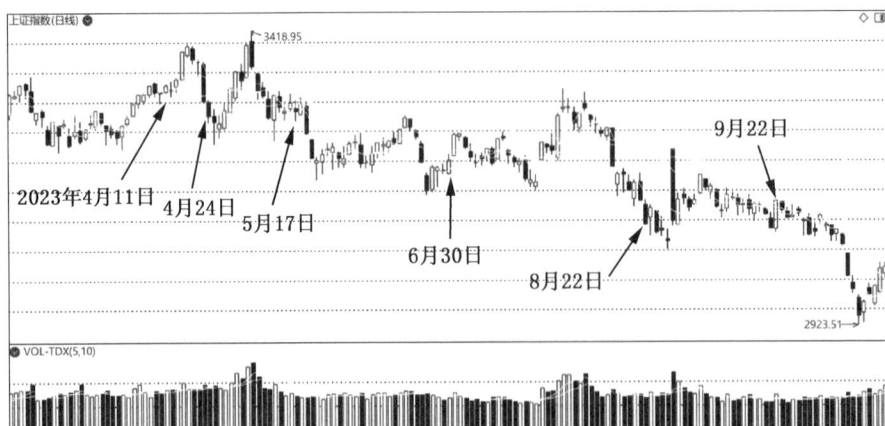

图 6—36　上证指数与个股时点对照

八、三板平台蓄势起飞

以浙江世宝为例（见图 6—37）。

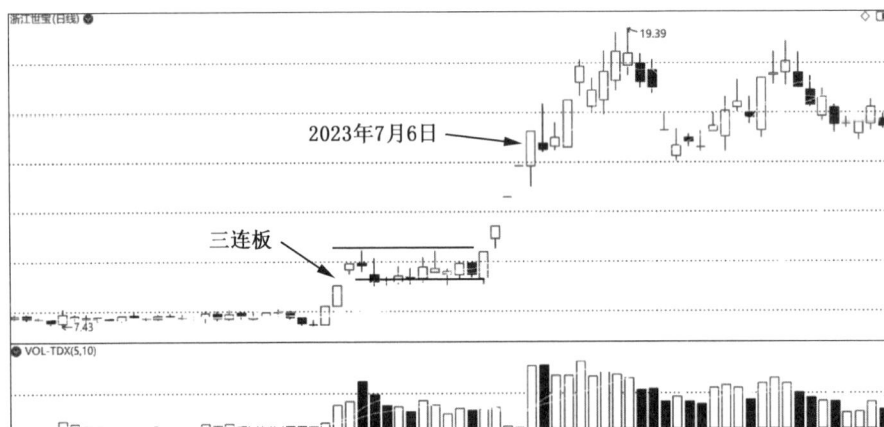

图 6—37　三板平台蓄势起飞

第 175 篇——2023 年 10 月 2 日记

遴选之要

——落地"一时一主线，一时限一类"

回望过往 10 个月的探索历程，最大的问题是没有紧跟龙头做。符合"五大类"的目标并不多，真可谓"想一套思路清晰，做一套续走老路"。为什么咬定排名第一的龙头这么难？"咬定目标五大类"用三点做了回答，道出了其中缘由。

"抓大放小守正道"认定"空是大，选是大"，要坚信、坚定、坚守"只做龙头，就等龙头，非龙头不做"。

一、遴选限板块龙头

第一，普通板块只遴选一个龙头入"56 代表会"池，少数大热点板块关注前 1～3 名入"板块龙头"池。"久久遴选功夫"求证龙头地位是否依旧，而绝非另寻"漂亮构图"的新目标。

第二，"目标五大类"是基于 30％～50％、保持强势的龙头，"三板平台"是有"正角强度"的持续放量"独立走牛"目标。

二、深耕从踏空开启

很少目标、更少时间会出现"踏空"，特别是创新高、解放全体股东的踏空一定意在高远。这样的目标务必要成为一年内最重要的、连续跟踪的目标，入"碎步＋准三板"池。尤其是年初、年末出现"踏空"，更要重视，很可能是当年或次年的龙头金股。

一年只要深耕几个"踏空"目标，就一定是大胜者。一叶小舟所需"承载"是有限的，要避免走马灯式的遴选，力求"聚焦几个龙头，管好自己的一亩三分地"。

三、看图核心预未来

(一)预未来，立根基

毛泽东比别人强，是因为比别人看得远。"凡事预则立，不预则废。"靠什么预，胸有成竹方可预。何为"预"，基于大盘能预测"五个时段"的延续和转换，基于遴选和持仓目标能预设未来走势构图。

按表演角色不同，攻击目标有五种未来预期可能的构图：超级龙头预"五浪",明星龙头预"三浪",主流跟风预"M 头",借机短炒预"倒 V",趁热打劫预"扫把"。

(二)谋战略,抓龙头

时刻牢记遴选是战略,创新高是重点。深刻领会"照顾区间内,紧盯区间外"。久久为功聚焦"预期"五浪、三浪、M 头,规避倒 V 和"扫把"。

第 176 篇——2023 年 10 月 29 日记

构建一时一主线模型

"咬定目标五大类"和"选之精髓"强调"咬定五大类,做足龙头功","主升浪 6+2 前奏"概括了主升浪的主要类型,"遴选之要"进一步明确落地"一时一主线,一时限一类"之操作方法。为了更清晰呈现三个层次遴选目标之间的逻辑关系,有必要构建一个体现三层次关系的"一时一主线模型",见图 6—38。

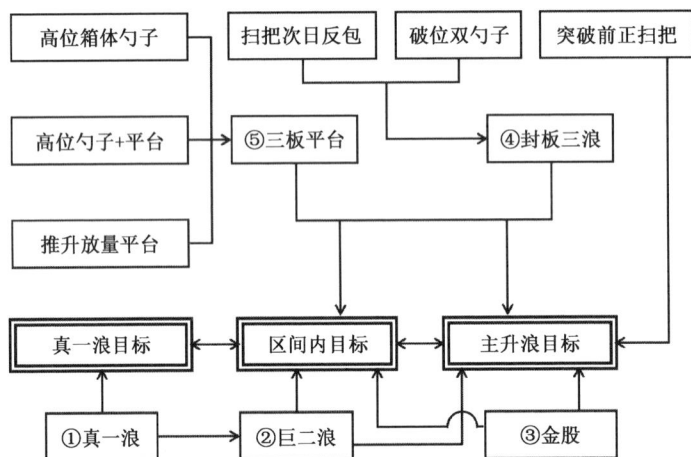

注:

1. 区间内目标——低吸三构图:预期主升浪+下跌无空间。(1)预期向上 20%,区间内的构图(低位平台,低位通道,高位平台)。(2)预期向上 20%,巨二浪构图。(3)预期主升浪,6+2 前奏构图。

2. 区间外目标——追击三构图:涨 30%～50% 为起点+突破创新高。(1)3～5 板连续放量,预期真超。(2)突破创新高,预期主升浪。(3)金股调整浪末期封板,预期主升浪。

图 6—38　一时一主线模型图

第 177 篇——2023 年 11 月 8 日记

构建遴选系统模型

"一时一主线模型"直观、完整地呈现了遴选目标构图之间的逻辑关系，但没有把这种关系发生的大盘背景和战略理念展示出来。为了全面体现遴选的战略地位，有必要在战略理念的指引下，构建遴选系统模型，把遴选战略放在大盘不同的运行阶段去考察、去定位、去实施，见图6-39。

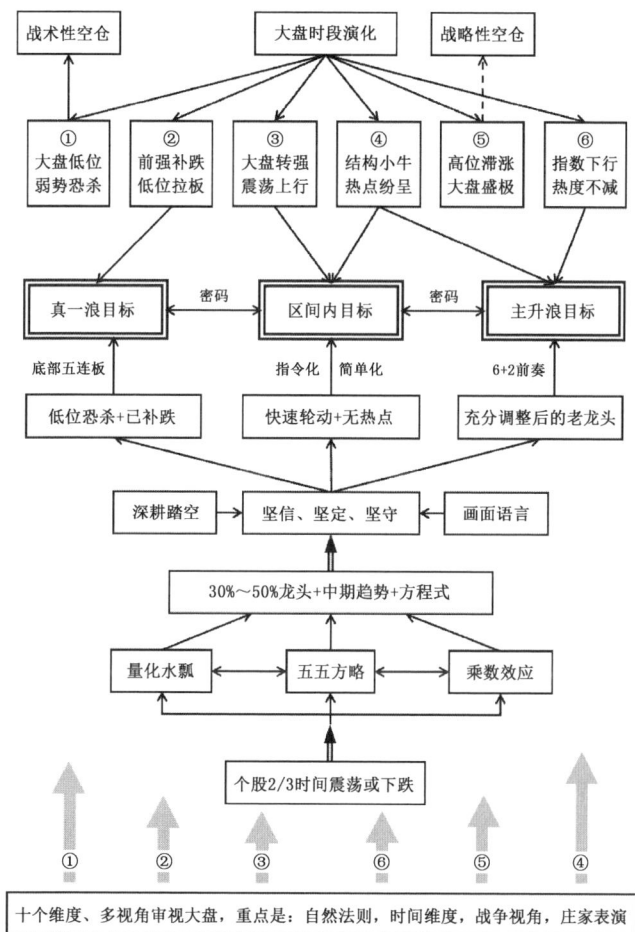

图6-39 遴选系统模型图

目标遴选篇
——融通后的觉悟（四）

一、自创遴选体系是真优势

（一）用好遴选体系

高机动、高流动是散户的唯一优势，有了苦心探索、自主构建的遴选系统模型的加持，找到节奏点的目标已不再是难事。

（二）保证资金流动

为了充分发挥独有的"两大优势"，需要反复强化落地的是"卖出123"，让资金安全并高速流动起来——不管是盈利的或走弱的目标，都要迅速行动、雷霆了结，以便支撑系统高效地运转。

二、遴选真超的三个标尺

（一）原龙头已乏力

现有龙头运行已进入高位震荡，市场需要新的板块龙头出现。

（二）关注转强板块

拟锁定的潜力真超目标所在的板块的"领涨板块及指数"已连续多日处在前列。

（三）细品"遴选之要"

细品"遴选之要"文稿系列，判断目标是否符合潜力真超的条件。

三、主流攻击龙头的内涵

（一）有联动效应

"主流"一定有板块整体联动走强，能起带动引领作用的旗帜性目标称之为龙头。如果板块指数没有明显走强，又没有一批相关目标跟风炒作，就不是主流龙头，只是独角戏，只能观望。

（二）紧跟领涨者

有"主流龙头"就有超级存在的真超，第一名自然是要坚决追击的目标，哪怕等上一两天甚至三四天，也要死等，坚守非龙头不做。

（三）严防短炒者

没有板块联动的龙头就要特别小心——说明该阶段的大盘背景是极弱的状态，所有目标包括已连板构图极其漂亮的目标，都随时可能面临无底线的杀跌，其中一部分小盘庄股会借机挖坑清洗或收集筹码，待机再战——防范倒 V。

四、真超的大盘背景限定

（一）大盘弱时，单龙独舞

在大盘仍然在底部弱势时，而新热点的认同发展需要时间。在此背景下，龙头只会有一个，其他漂亮的龙头模样只能算是跟风，一旦有风吹草动，极易大幅回踩，再行攻击就不知是猴年马月了，而且风险极大。2024 年年初电气板块清源股份与茂硕电源是比较典型的案例，见图 6－40 和图 6－41 对比。

图 6－40　清源股份局部日走势

图 6－41　茂硕电源局部日走势

（二）大盘强时，群龙共舞

当大盘人气回暖，板块形成结构小牛趋势时，新热点已得到市场认可，在此背景下，龙头就不只有一个，会出现多个龙头先后登场表演局面。

五、超级存在

如果坚守自己的"只做龙头"体系，那么，大盘的涨跌、核弹利好等因素，其实与实操没有直接关联。我们主要精力要聚焦解读"构图各要素"所蕴含的庄家做盘的意图。

六、强庄股的特征

（一）逆势登台表演

为了吸引散户的眼球，强庄股往往会选择大盘不好时开启登台攻击表演。

（二）借机清洗休整

强庄股往往会选择大盘平稳日进行清洗——打破一些支撑、引发小恐杀，以达到换手的目的，又会在关键点位之上企稳，保证不会发生集体看空，也不让高位脱手的筹码有太大的做 T 空间。如关键技术点破位，就要放弃幻想，雷霆出击。

七、大盘极弱环境下的交易机会

大盘极弱环境只有 1%～5% 的目标有交易机会，遴选要十分谨慎。

（一）真超是首选

正处在一浪攻击时段的近期真超（该板块的第一名）最安全。

（二）巨二浪目标

"大三板前高无放量巨阴"，现以底部放量转强的目标，也是机会。

（三）独立走牛目标

已运行数月"碎步推升"而保持高成交量的独立走牛目标，非传统意义的、有板块联动的热点龙头，最容易被疏忽。如龙头股份（见图 6－42）、莲花控股（见图 6－43）、中贝通信（见图 6－44）就是经典案例。

图 6－42　龙头股份局部日走势

图 6－43　莲花控股局部日走势

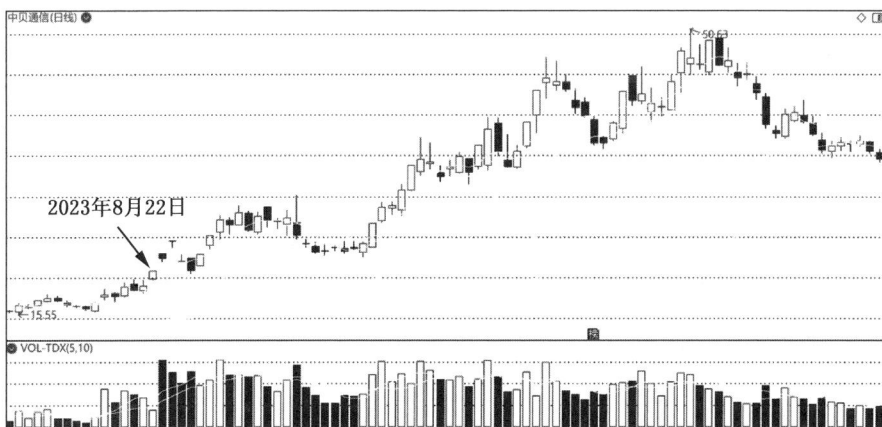

图 6－44　中贝通信局部日走势

八、真超与金股的区别

(一)真超的三大特征

一是股本较小为好,庄家易于控盘;二是股价较低,可炒作的空间较大;三是启动前有隐藏吸筹痕迹,而没被市场关注。

(二)金股的显著特征

连续放量、反复走强、独立于大势。话分两类:一是标准型金股。沿5日线、10日线攻击,超级强势,需要控盘,股本不会很大。二是超级型金股。大盘弱势时,抱团独立走牛,股本较大,已数月强势运作,成为市场一道独特的风景,但大多数人不会相信此类目标能有大行情——逻辑是大市值加速度规律。

九、抓主要矛盾

第一,资金重点配置龙头真超为主,非攻击目标最多开仓一只。

第二,人的思维能力有限,一时只能聚焦一个重点目标的实施,早盘开盘3~5分钟和尾盘收盘的关键时点尤为如此。

第三,"去弱留强""立足应对假龙头"任何时点都是主要矛盾。

十、区间内目标定位

(一)大小资金有区别

区间内目标对小资金只是战术安排,没有战略意义;对大资金具有战略价值,还有战役需求。

(二)只做预期主升浪

区间内目标只做基于主升浪预期的设定(即主升浪前奏构图)布局,否则,绝不触碰。

十一、蓄势型目标多陷阱

蓄势小幅波动的目标没有好的做T空间,难以与庄共舞,只有凭运气,类似赌博。特别是在大盘弱势背景下,看似安全,实则是最大的"温水煮青蛙"的温床。

第179篇——2024年1月22日记

遴选支点量化向导

——遴选战略需"登高远望"

现有遴选体系,首先要实现"基本保障",锁定目标入池。同时,"话'心空、选、买、卖'"的"心空、选"要融入以"遴选之要""遴选目标"为主线的"遴选支点",让遴选建立在"登高听圣经,远望预未来"的战略高度行"勘挖之路",构建基于龙头中期趋势的方程式体系(未来 1～3 周有向上 20% 趋势),时刻铭记终极目标是"一年深耕几个真超和金股"——追求做得更少,以期实现乘数效应。

一、目标共九类

不管是"咬定目标五大类"还是"一时限一类",遴选目标都可以归纳为"真一浪(五浪、三浪、M 头)、主升浪(缩量碎步新高、封板三浪)、区间内(巨二浪、主升浪前奏 6+2、三板平台、大三板高位无量回踩低位转强)"三大类。

二、标准金股

股价沿 10 日线走,弹性极大,5 日线不下穿 10 日线,有放量也有缩量,KDJ 在 50～100 之间,藏而不露。

三、年度金股

年度金股具有以下特征:股价历史低位 10 个月碎步推升 50% 后开始登场表演,成交量变化大,放量(10%～20%)缩量(1%～2%),总股本在 2.5 亿股以内为好,启动价为 7～8 元,运行 3～5 波 6～8 个月,市场关注度不高的"主营冷门"为主,属典型"独立走牛"。

四、真一浪充分必要条件

流通盘 2 亿股左右为好,净资产良好,业绩有差有亏,市盈率不低,股价较低。启动前隐藏吸筹痕迹为主,全部均线集聚在一起,长期均线在封板空间之内。持续均衡放量(一字板后放大量,要警惕见顶风险,只有次日保持放量攻击才可靠),3～6 板开始放量 15%～25% 常见,30%～50% 少见。周一周五开启封板的概率最高。市场期待新的旗帜，大盘弱势节奏有共振条件。

五、遴选经典概要

开启逆向思维——防超短庄陷阱——防十大陷阱——用金股基因尺子量天下——磨刀不误砍柴工——优势心理支持"不鸣则已，一鸣惊人"——下跌无空间，3～5天3‰～5‰水到渠成——重视表演时间，短则3～5天或3～5周，长则3～5月或6～8月——真超的三个标尺——主流龙头的内涵——真超的大盘限定——极弱环境下的交易机会——深耕从踏空开启——大市值的优劣。

第180篇——2024年2月3日记

携术追星，化有及无
——离诸相，应无所住，而知其本

思维从宏观大视角出发，方向自然不易出错，但由大及小的习惯，对于"深究微观落地"可能也是一种毛病。近两个月的再思考，形成了一个清晰的"实操系统模型"，反复琢磨、不断融通后觉悟到，需要再强化、再提升的是"遴选支点"——"选"是战略，遴选定根基，要战略落地。

独行侠"取其一瓢、管好自己一亩三分地"，是要从"只做龙头，就等龙头，非龙头不做"开始。那么龙头又是什么？是"主流＋龙头"，是真一浪、金股、主升浪……"超级存在"只是其中特定时段的一种形态，用一个词来概括应该是"明星"——追星是人不变的天性，市场的机会就在大众追逐的"明星"中。

要成为成功的追星者，就必须成为一个懂市场现阶段热点构图审美的人——不要局限在具体的名词定义上，要"化有及无"，强化构图审美的实质内涵。因为不同时段呈现不同构图，且在动态实盘时，对现时段的定义是相对模糊的，太注重名词就会受到框框的限制，从而影响对市场的真实感知。

一、六道算术题

"大换手、大弹性、大斜率、中小盘、创新高、限缩量（日＞5％、某一天＞

4.8％)"是六道小学算术题,是"追星术"的核心。这是可量化、固定的评估标准,是客观的事实,因而是最值得信赖、坚信和依靠的。

二、非漂亮构图

对于小盘庄股而言,漂亮构图更多的时候是魔鬼。在回答"六道算术题"的前提下,锁定决策依据是"回踩空间和天数＋1～3周向上20％的概率",而非1～3天漂亮构图。

三、超级存在术

成为"超级存在"的真超,一定是大庄家的长期谋划——在登台表演之前,隐蔽其吸筹的痕迹,让追随者雾里看花。聚焦新概念扛大旗者,抓手是"封板强度、巨量、超预期"。

四、表演有时限

根据市场环境是否涉及反射理论,可以看出"明星"不同的表演时长——大明星6～8月,中明星3～5月,小明星1～3月。

五、防 KDJ 误导

KDJ 指标可以在各种形态中开启强攻,单项 KDJ 是可能会出现误导的。遴选时一定要结合"六道算术题"和大盘时段综合研判——尤其在结构小牛时,庄家会做好三手准备,伺机而动。

六、摘要入门槛

符合"六道算术题"的目标就是"懂市场审美构图"的目标,就是现阶段要重点跟踪的目标,摘要记录相关目标的基本概况是进入"遴选支点"的第一道门槛。

第 181 篇——2024 年 3 月 21 日记

与强者为伍

——聚焦预期有年度大行情的目标

生活总是逼着我们做"不愿做"和"做不好"的事情,竭尽所能把这些事做好,就是"本事"。与仁者为伍——优柔寡断,与孤独为伍——理性清醒,与强者为伍——无所畏惧。

如果要超越市场不同周期来定义"强者",就是"攻击大换手——提高持仓成本"和"不断创新高——解放全体股民"的目标。最具体的预期是未来 3～5 月或 6～8 月反复强于指数和绝大多数目标,是 20 亿股流通盘以内的"金股"或"真超"。尤其"大盘金股"趋势的力量更为可靠,可参与性更强,心里更踏实,做 T 更从容。

每年有效交易时间实际有限,一年做好 3～5 次(1～3 个目标/次)"中期方程式"(3～5 天 3%～5%、1～3 周 20%)已足够了,这就是"追求少"。找寻并锁定其中碎步推升的大盘股目标,需要觉悟、敏锐、时间、耐心、等待、坚守和定力。

一、大盘牛股

第一,创 250 日新高是基本尺度,密切关注"新高"和"近新高"目标,大盘股尤为如此。

第二,构图可以是碎步推升、平台整理,也可挖坑后再碎步推升。

第三,创新高后休整时间长短不一,与大盘环境和目标股本大小有关。少数目标连续高举高打,大多数目标会有一个蓄势 1～3 周的加速过程,因此,有足够的时间去发现。

二、金股真超

第一,翻倍只是小荷才露尖尖角,预期目标是 3～5 倍。

第二,"攻击连续大成交量"是标配,真超 15%～25% 是常见,防"无量攻击放量下跌"的倒 V。

第三,运用"六道算术题"的实质内涵主体不变。

三、中途开仓的依据——看标志性封板

一个具有"地利"优势、适合坐庄的个股,当走势不符合六道算术题,且有多日放量10％"假巨阴"的"不良第一印象",但股价大斜率沿5日线、10日线稳步推升,各均线多头排列,创前新高后大幅回踩再拉板——确认金股真超的"标志性封板"。以登云股份(见图6-45)、保变电气(见图6-46)、常山北明(见图6-47)为例说明。

图6-45 登云股份局部日走势

图6-46 保变电气局部日走势

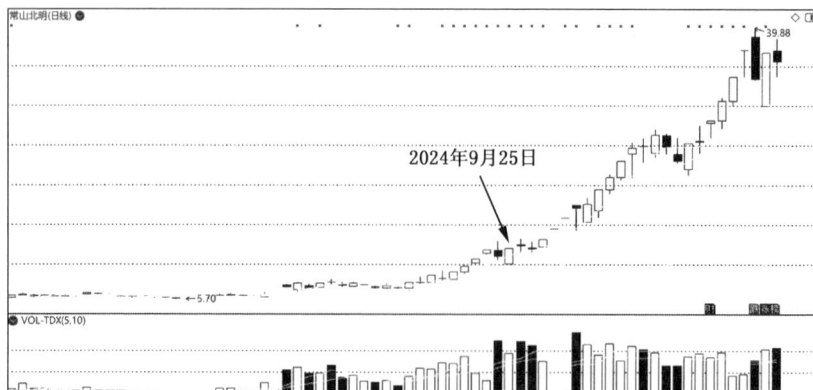

图6－47　常山北明局部日走势

第 182 篇——2024 年 9 月 27 日记

第七章

伺机而动——实操之锁定

　　锁定是遴选战略落地的起点，要理念先行，充分做好前置性条件的强化记忆，发挥优势心理的作用，做好开仓前的各种预案，经过动态实盘验证，预设确立始开仓。锁定主要包括两种开仓形式：一是最惊心的区间外目标追击，时效性强，实操要求拿出气吞山河的胆略和气魄，力求"要快要狠"。这类目标的锁定机会会阶段性出现。二是最从容的区间内目标低吸，追求"恐杀落下才张嘴"的节奏，实操要求沉稳、理性，讲究"要慢要等"。这类目标的锁定机会普遍性存在。

买入窗口管理

　　龙头是大旗，是脉络，是太阳。龙头异动警示、高位震荡、停盘核查是热点转折的标志。没有巨超表现的大盘，恐杀为时不远。这就要奉行资金分散，对而慎增仓，错而拒补仓的理念。

　　一、大盘判定

　　跳出散户思维，换位主力思考。大盘所处区位（半空时段、全空时段、二三时段、巨超时段），当日是否预期有盘中震荡。

二、追强买入——顺势恐杀、逆势恐杀、估值次新

（一）特别提示

第一，哪怕在一个上升通道内，大盘恐杀也是常有的事。

第二，只有恐杀之后，强者才会真正浮出水面。

第三，锁定最先启动的目标是能否抓住巨超的关键。

第四，追寻巨超，就要选择多数人看来最危险的时候进场。

第五，敢于斩杀后直接换入恐杀时最先底部启动的目标。

（二）操作机会

第一，超级概念成功重组停盘后复盘的追击机会。

第二，五区操作机会以四区标志阴为起点，未来1周是巨超的摇篮。

第三，八区操作机会以七区标志阳为起点，未来几天有巨超的可能。

三、低吸买入——阶段最强、潜力次新、停盘复盘

（一）特别提示

第一，有一个合理的买入价，是取得主动权的重要保障。

第二，常常会出现比你买入价更低的价格，足够耐心很重要。

第三，持有3～5天的视角选择标的。

第四，大盘弱势时的低吸，务必在收盘前5分钟下单。

第五，盘中恐杀时，抗跌且引而不发是首选。

（二）大盘背景

第一，一般概念成功重组和重组失败停盘后复盘的低吸机会。

第二，三区操作机会以二区标志阴为起点，机会在巨超的超跌反弹。

第三，六区操作机会以五区标志阳为起点，机会在巨超的超跌反弹。

第183篇——2015年10月5日记

预设确立始开仓

凡事预则立，不预则废。立则行，行则达。选、买、卖是实操高度关联的

三个环节。选出好股票,适时切入,卖自然轻松自如。选的一般,适时切入,及时了结,也必有斩获。选不咋地,买不咋地,就被动了,一切重担就压给卖了,卖就成为确保资金安全的最后守护。"本金安全+高成功率=积小胜成大胜"是通过"股票+现金=两个法宝"来实现目标的。手持股票对应怎么卖的问题,手持现金对应怎么买的问题。有一个好的安全的切入点,卖自然优雅从容;如果切入时点不当,只能在卖的环节果断强制执行以保护资金安全。

由此可见,从选、买、卖三个环节审视,买是多个备选目标进行实盘的最后一个环节,也是卖能否实现主动、轻松、自如、优雅的前提。买是三个环节中最重要、最核心、最显功力的环节。把握了一个好的安全的切入点,就牢牢掌握了实操的主动权,进退自如。即使选的目标一般,也容易盈利了结,从容处置。因此,特别需要深入思考如何才能更好地买。

买这个具体的实盘动作一定是在特定时段、具体目标类型基础上的个性化行动,难以简单概括,需具体目标分别实施。为了使买变得更可靠、更稳定、更准确,就需要有买的具体确认依据点。当预判的"具体确认依据点"与后续主力的动作一致时,说明"预期设定的条件确认成立",可以实施买入——预设确立始开仓。

经典理念中很少有买点的具体记载,也许很难归纳提炼,也许没有那么深入的思考。回顾翻阅近一年来的研究成果,"预设确立始开仓"的理念多次展现在文稿中。特别提醒,KDJ 是多个备选目标中预设确立的最后一步。

第 184 篇——2022 年 12 月 5 日记

步步为营之买卖节奏

一、买卖综合准备

(一)完整预判市场

假如要预判市场,就要预判到两种极端走势——用涨跌停的极限空间去思考,否则,预判就是不全面的且无效的,甚至会影响理性判断,会带来强烈的主观意愿。

（二）动态实盘——依据事实出对策

当务之急是要处理已经发生的盘面事实，至于处理之后可能会发生的情况，不能想太多，应该走一步看一步，步步为营。

（三）高手与低手之差别——买卖的落脚点

高手在散户追着买时——快速拉升一旦停顿时，就立刻秒杀卖了；在散户不愿买、不敢买、想出来时，分批买入。本以为股市的差距有很高深的哲学，其实，不管怎么高，最终就是这个买卖的落脚点。买与卖有时失之毫厘，谬以千里。

（四）一环扣一环求主动

一步被动步步被动，一步主动步步主动。主动就是大家抢着买的时候迅速卖掉，大家恐慌卖出时，考虑分批次买入。买入要慢，卖出要果断而快。

（五）不同技术用途

日K线体系主要是用于判断趋势，实操主要是指导开仓和了结。分时K线体系主要是用于判断短期波动区间，实操主要是在短期3～5天的日K线构图基础上做T+0，指导加仓和减仓。

（六）敏感分时技术拐点

60分钟K线短期与5时、10时均线一旦走平，更多的时候可能意味着分时拐头，更大的可能会出现走势继续下沉，走成短期均线死叉，在低位获得支撑后，再拐头向上，这样才能充分达到大清洗的目的。这个转化的过程少则三五天，多则难预料。

（七）高换手率的利和弊

15％～50％的换手率是高换手率，高换手率是高弹性的一个条件，高弹性是实操T+0的最优环境，但高弹性会有超乎想象的巨震，需要有随时正负10％空间的视角和心理准备。

（八）KDJ构图揭示短期方向

普通攻击型主力会顾及周、日、分时KDJ走势构图，或者说KDJ构图本身就在揭示普通攻击型庄家的操盘意图。如日、周KDJ三条线分太开已显无力，需要收紧才能更有力攻击——预示着近日及本周需要回调，以修正KDJ构图，"握紧拳头"以积蓄攻击能量。

（九）迷信分时构图是误区

从表面上看，通过分时构图能解读主力意图，其实主力的意图是永远都摸不透的，只有日线收盘才明了，因为盘中涨跌都是双向的。

以涨为例,主力可能想做好图,让人怕踏空去追,但主力抛筹码后继续走低。这也可能是主力把构图做好吸引关注准备攻击,拉高后希望有更多的跟风盘在高位承接筹码,以达到做盘的目的;反之,跌也是同理。

总之,分时走势就像猜左右手,只有 50% 的概率,非错即对。因此,在实操中要充分认知分时变化是很快的特点,不能盯盘太细,一定要先行一步,动作一定要快,不能等到非猜不可的时点再行动。

（十）主力超短线坐庄

主力用 4～5 周时间在 40%～50% 空间反复放大量震荡,就可以完成超短线坐庄的目的,如沈阳化工(见图 7—1)、富临运业(见图 7—2)。

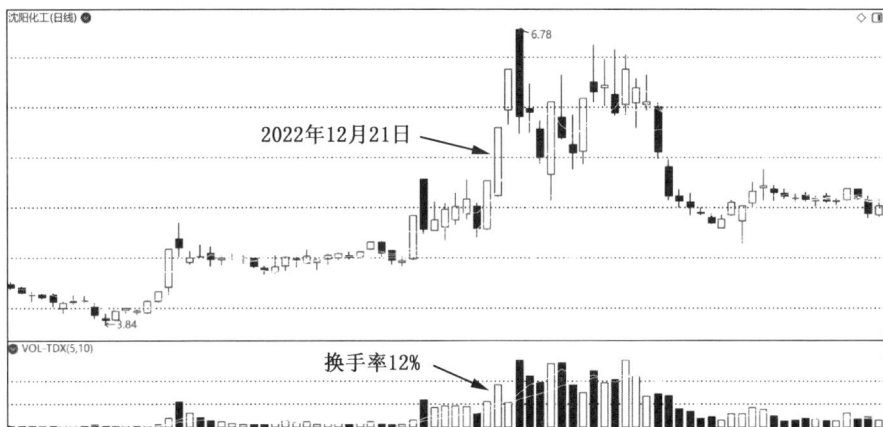

图 7—1　沈阳化工局部日走势

图 7—2　富临运业局部日走势

（十一）买卖画面感是具体的

买卖是以一分钟动态分时所构成的画面作为主参照，因此需要强化，当怎样的一分钟构图出现时，就要把所有程序化的信号开始集结，形成未来几分钟买卖实操具体可执行的指令。一旦条件发生，迅速执行指令，真正做到程序化操作。

（十二）加仓还是减仓

前一天收盘还是强势的目标个股，次日开盘出现超越常规走势，明显弱于预期大幅低开时，加仓要谨慎，要考虑3~5小时强弱的转换节奏。减仓可能是更高级的一种决断，如有5%以上的更低位，再做倒T+0低吸。

二、买入具体策略

（一）规避开仓陷阱

攻击型目标分时已有5%~8%的攻击后回踩，走成一个分时在黄线之上稳步震荡——低点形成支撑、高点不断走低的走势时，日线和分时都比较好看，这很容易吸引散户上桌。其实，这不是一个好的开仓时点，反而应该是考虑卖出的时点，这非常具有迷惑性，也是十分危险的。

第一，分时是一个下跌收敛三角形走势。

第二，不符合买入三原则构图（不愿买、不敢买、想出来）。

第三，从目标个股日线KDJ、大盘走势、领涨板块分析主力意图，就知道这是准备割"韭菜"的安排。

第四，分时在3%~5%区间稳步震荡走势，盘中千万不能开仓，到收盘前再视走势定型后再定夺。

第五，最好把握的是大幅回踩，收盘时可考虑开仓，以博取次日高开。

（二）等待二浪节奏点

留有足够的资金（50%），准备等待3~5天后的二浪节奏点是十分重要的。这就要求开仓要一个一个展开，做成一个后再做第二个。

（三）区间股最好的买点

标准节奏之内的买点不是最好的买点。最好的买点是超出你想象之外的低点（小恐杀点）。只有制造出恐慌心理的恐杀，才能达到主力洗盘换筹的目的。

（四）真超和区间股买点的显著区别

常规走势和超常规走势买点是显著不同的，有时甚至正好相反。真超的买点是散户"不敢买"的突破之后的回踩时点,停留时间极短,动作要快。区间股的买点是散户"不愿买、想出来"的小恐杀时点——但日线攻击态势保持良好,且正处在已转强的节奏点。

(五)二浪和大众型开仓价格要计较

两者都是低吸型目标,一定要计较开仓的价格优势。

第一,开仓前预判当日目标个股最理想的切入时点,最差走势可能的最低点。

第二,目标个股选定后,要开仓后应先小额试盘切入,最多5%,其余5%等到预判最差点的机会。临近尾盘,如果没有达到设置的最低点,可以视情况决定是否再加5%。

第三,有重价不重量的心理准备——开仓是整个实操的第一步,一个好的开仓价就掌握了第一主动权,这十分重要。

三、卖出具体策略

(一)开仓次日止损条件

第一,次日早盘开盘后半小时,如果目标个股走势显著不符合预期,不是加仓摊低成本,而是果断止损。

第二,目标开仓后如果次日早盘半小时达不到最差可持有的预设条件,千万不能想T+0,而是第一时间断然止损了结。

第三,开仓后次日早盘半小时如果没有按照预设的走势展开攻击,说明开仓失败,立刻止损——这时如果有想法、又迟疑、再看看、再想想、再斟酌、还纠结、抱希望,那么又回到从前临盘决策的老路上去了。

(二)落地不创新高原则

在日K线处在攻击的构图时,目标个股已出现"停止攻击的事实信号"——当日没有创新高,次日早盘半小时内一定要坚决了结,绝不能拖泥带水。当日涨停未创新高,次日早盘一小时不封板也要坚决了结。只有处在正常攻击形态的个股才可以全天观察。

(三)涨停板止盈

在涨停板上卖出的体验确实够优雅。为什么事后看来在相对高点T+0卖了(即使在封板时卖)都是对的多呢,因为大多数目标个股都是跟随涨,不是主导的大明星,实际上还没有到加速疯涨的时段。

(四)涨了卖是真理

涨了卖原则上任何时候都是对的,因为相比之前肯定是赚了。如果要想着可能还会涨、想着明天可能……T+0就会沦为一句空话。

（五）冲高点卖要糊涂

充分利用动态冲高的时点卖个好价钱，是没有时间考虑的，以秒为计，必须程序化操作。只能遵循常识，糊涂卖、闭着眼卖、不眨眼卖。主力坐庄太不容易了，需要反复再反复的震荡。

（六）落袋为安——只有卖了才是你的

目标个股朝着你预期的方向涨了以后，为什么总是很难下手及时卖了呢？以下几点要谨记：

第一，你看着是那么强，想着可能会涨停等——当时只要有这一念头，犹豫一下，就会错过整体T+0的执行，从高点回落后，就更要再看看了，更难卖了。

第二，殊不知，这些都是你的判断，主力怎么走只有主力自己知道，更多的时候是反着你想的方向走，要是都按你的思路走，主力只能喝西北风了。

第三，正确的思路是，与昨天股价比较，涨了比昨天高了，就是赚了。

第四，账面的盈利不是你的，是一种虚无的东西，随时可能灰飞烟灭。

第五，只有卖了，才算是你的，才是真实存在的，才叫落袋为安。在风云变幻的资本市场，这是唯一可以自己把控的。

（七）20％区间主动止盈

实操普通攻击型和强力回踩型目标，按照20％区间原则主动止盈、优雅地在封板上止盈是最美的实操体验，是很重要的一种实操策略。短期内实现8％～10％的利润目标是何等的超级盈利啊！

（八）止损卖出挂单

当决定卖出时，特别是破位准备止损时，要直接低挂三挡，要力保第一时间成交。

（九）避免挂涨停单

挂涨停单暴露了你的情绪和预期，可能被主力看到，会让主力改变主意，如能成交则封板又是大概率，也不是好卖点。挂单一定要低几分钱才是正道，成交后说不定还有额外的T+0机会。

（十）冲高点卖的实操细节

一旦目标个股盘中有上攻的动作，就要专注开始设定攻击到什么点开始减仓、减仓多少？这些都要有具体的、明确的书写记录，否则很容易随时改变而无法落实，又回到老路上去。要保证目标一到，立马下单，完成当天的目标，就是胜利。目标个股强于大盘时设定5％区间，目标个股弱于大盘时，设定 3%区间。

（十一）事实给依据,卖出显神威

第一,前提条件是放下一切杂念,真正落实无欲无求,成为一个冷静的旁观者。

第二,收集交易事实,五要素、四价、技术指标、大盘强弱、目标在板块中的位置。

第三,分析评判交易事实,处理事实结果,用好冷静期,快速做出卖出的神威决断。

（十二）为什么止损这么难

第一,心里没有准备。人的预期总是偏向好的,超预期最差情况发生时,内心惊恐、不知所措。

第二,缺乏应对措施。要承认失败进行止损是反人性的,非要有具体强制性的措施不可。

第三,抱有侥幸心理。破位开盘事实发生后,脑子里想着本来是红红的,怎么转眼就绿了呢? 希望能转红再卖,却不去或者不敢想一旦转弱,还会有更大的下跌风险,要再转强是需要时间的。

四、实用技术分析

（一）若即若离——动态看盘精髓

在看动态分时走势时,要适时转换远离和专注。在重要时点(开始拉升或杀跌)要比较仔细看、要专注,但更多的时候要离开盘面,让分时走势停下来看。把个股的走势与大盘和板块的走势对比看,目标个股相对大盘和板块强则安全,弱则危险。

第一,若即若离的精妙和难处。

若即若离的精妙在于既不能被盘面的动态走势拉着走,又不能离开盘面,时刻准备为可能出现的走势做决策。须知,1~2分钟的时间就会有巨大的变化,要随时做重大的决策。想一想,哪里允许在动态实盘去做其他的事情呢(2023年1月4日动态实盘居然在搞语音摘录,错过了恒大高新 T+0 的好机会,实不应该)。

第二,若即若离是具体的、现实的

要开仓、要卖出、要做 T+0 时,思想要离开盘面,但眼睛要紧盯盘面分分秒秒发生的变化,冷静、理性地等待具体下手的时点。

（二）虚实结合看画面

把日线已有的构图和当日（次日）可能的走势（包括涨跌停）放在一个完整的画面中，内心做好三种（涨、跌、平）可能走势的应对预案准备。特别要思考如果涨跌停会带来什么后果，是否构成突破走势？

（三）K线图是主力坐庄的道具

不论是分时、日、周K线都是主力坐庄所用的道具。有时按照正统套路走，让你觉得你已经读懂；有时不闻不顾；有时反向套路走，完全打破你的底线。这就是K线基于主力坐庄的全部内涵。

（四）相对强度定买卖

分时K线图对买卖点是有明确指导意义的。当对大盘与目标个股及所在板块的相对强度有一个比较结果后，即可做出相应的买卖对策。弱就是对应卖，强对应买。

（五）持续盯盘坏处极大

仔细盯盘，看得太细、想得太多，思维就被拖进去而跳不出来。思维惯性会让脑子一片空白，从而极大地影响理性的判断。就像当一个人太看重一件事情、太在意得失时，就会钻进牛角尖，一时半会儿就转不过弯来。

（六）权重和权轻股转换的"三五法则"

从权重股行情到权轻股行情是需要时间转换的，至少也要3～5天，甚至要通过小恐杀来实现转换。如大盘指数是权重股推动并涨势良好，可能这种转换时间会更长，出现几个3～5天也是有可能的。当我们要对这种走势转换做预判时，至少是一个3～5天，甚至几个3～5天的心理准备。据此，就要考虑转换时间节奏，做好实操选股布局，切不可寄希望在3～5小时现实快速转换，要相信转换需要时间。

第185篇——2023年1月15日记

开仓必读

一、理念先行落地

（一）超越从放弃开启

预设低吸开仓目标，回踩达不到预期理想的低点就走高，正确的策略不是去追高,而是暂时放弃该目标,等待预期中的低点,如没有就坚决放弃。

(二)低成本扩张的核心要务

弱者要实现低成本扩张,一要保护好自己本金(分母),二要放弃很多一般的机会,耐心等待再等待有把握的节奏点目标。

(三)掌握主动权

任何时候手中都有大量可机动的资金,确保好机会出现时战术配置的主动。

(四)"三五法则"

哪怕在一个上升通道内,大盘小恐杀也是 3~5 天必定发生的事。

(五)重温一个事实

绝大多数目标个股开仓的结果,往往会出现比你切入价更低的价格,这说明开仓往往不够耐心、太心急。

二、低吸开仓内涵

(一)低吸的要义

遵循三五法则,等待再等待"好的、安全的"买入时点。"好的"就是已经起势,"安全的"就是已跌得够多了,下跌空间很小。

(二)低吸第一要务

3~5 天实操目标本身质地不重要,但切入时点十分、百分、千分、万分、十万分重要,因为预期有 5% 盈利是大胜,短期 5% 的波动是大概率。

(三)低吸靠等待

切入时点好,短线赚钱是容易的。切入时点不好,不仅要亏损,还费时间、耗精力。失之毫厘,谬以千里。

(四)低吸开仓最后之问

此时是散户看来危险的时候吗?此次开仓是否可以确保一定不会止损出局?

三、适度交易内核

在"谨慎"的理念下,与市场保持若即若离,实施有限定的、有取舍的、有节奏的交易。

第一,减法优选实质是放弃,通过等待、忍耐、谨慎找到减去的理由,实现千里挑一。

第二,买入需等待的支撑,是实业 3～5 年能回本的幸运和年 20％ 增长看似易实则难的内涵。

第三,卖出必果断的关键是果断止损,前提是果断认错。

四、散户交易警示

（一）扰乱节奏的祸首

每天有涨停必然产生冲动交易的强迫症,频繁交易会失去区位感和节奏感。我们要时刻提醒自己:操作不是越多越好,关键在于有节奏感的适度。

（二）散户错的根源

大盘转暖时惊恐怕踏空,焦虑不安、准备不足、匆忙买入跟风盘。这正好落入庄家的圈套,犯了原则性的错,是一系列错误的开始、延伸和重复。正确的策略:一是耐心等待二浪调整到位的切入点;二是用气吞山河的气魄去追击真超——成为高手。

五、充分发挥优势

（一）为什么可以心境平和淡定

一年有约 250 个交易日,如果预期年增值 30％,理论有 3～5 天理想交易即可达到预期目标。再放宽 5～8 倍时间,有 25 个交易日应该也足够了——节奏把握好,用 1/10 时间已很从容,还有 9/10 时间可以休息。

（二）优势心理运用

每份资金一个月出手 1～2 次已足够了。因此,当觉得大盘在低位逆转还不明朗时,有理由做到用足够的耐心等待机会。

第 186 篇——2023 年 2 月 18 日记

白道金银股的开仓

中期稳健推升型包括短期通道攻击、中期通道推升、沿 5 日线震荡推升三种类型,都属于"金银股"的中期运作范畴。在所有可选择的九类型目标中,沿 5～30 日均线上行的长牛股——金银股,是最容易发现、最方便做高抛低吸、最安全有效率的可操作目标。

在走白道的市场背景下，主角目标大多质地良好，筹码相对分散，日成交量较小。金银股的显著特征是：从通道上轨通过 3～7 天的 ABC 三浪缩量下跌到通道下轨，构图甚是难看，有时会跌破所有中短期均线——达到大清洗的目的，KDJ 也处在低位，但并没有破坏大上升通道。按常规来说，至少有一个日线级的企稳过程，但实际走势往往只有分时级的企稳蓄势，一旦大盘配合，目标就可能直接转身大幅拉升，向上攻击（如 3 月 16 日中国科传）。

一、看清大盘走势和目标通道的关系

在走白道的市场大背景下，受内外部因素的综合影响，当主流资金和跟随散户形成一定的互动节奏后，大盘运行的轨迹就会形成一定时期大盘趋势构图，对应也就大致决定了金银股构图的基本通道，彼此成就，相互支撑。清晰认知这种关系，对金银股未来走势的预判，并参与实操开仓具有重大指导意义。

二、走白道市场金银股的开仓节奏点

白道金银股标准的买点正是小散"不愿买、想出来"的构图时点，最好开仓时点是大盘大小恐杀之后，当日的尾盘或者次日的早盘。主要遴选目标有三类：一是正好运行在通道下轨，小阴线，分时已蓄势 4 小时；二是运行在通道下轨，已有企稳十字星；三是在原有通道基础上刚刚拉板加速，因受大盘恐杀影响，顺势大幅回踩（没有破坏强势特征）。下面介绍五种开仓模式：

第一，止跌十字星线：尾盘试盘开仓。

第二，冲高回落线：次日早盘攻击上影线后试盘开仓。

第三，低位小阴线：次日早盘低开回踩就近中期均线，低开高走时试盘开仓。

第四，分时止跌小阴线：次日早盘高开高走后试盘开仓。

第五，突破通道强烈回踩线：走阳包阴趋势时试盘开仓。

第 187 篇——2023 年 3 月 19 日记

三浪开仓的基准

随着参与各方交易经验不断积累,小散户的技术分析能力也在提升,为此,作为坐庄的主力也必定会有新的应对技术手段才能生存。如今,交易的事实就变成常规的技术分析已不再是技术使用的常态,往往会打破常规来使用——构图不再是教科书式的标准漂亮而变得复杂,启动攻击时间会延后或提前,大多数小盘庄股更是如此。

但这种打破常规只是一种表象,从技术分析之五要素来看,其实质是没有变的,而且永远不可能变。为此,一要有清晰的认知和充分的心理准备;二要刨去更多表象的东西,深入技术分析本质,紧紧抓住强势最基本特征——有量能、指标强、均线多头排列(半个)、3～5日K线必有封板的构图、前期有50%的涨幅,这"四个半基准"缺一不可。以此为基准,动态推理3～5天连续的"交易事实",才能把握遴选战略正确落地,从容应对主力坐庄新手段和新变化。

一、三浪开仓的基准

在结构性牛市中,符合主流热点、保持高成交量、未来有可能演化为金股的目标,第一波攻击完成强烈回踩后,往往会在高位区间箱体内走成一个"上升回踩再上行"的蓄势型上升通道。针对这种类型的目标,切入的技术要求是保持"四个半基准"的前提下,在箱底已有封板为标志,再等数日强烈回踩时,就是最佳三浪开仓时点。

二、"半九十"开仓的基准

在已实操池中符合年度市场主流热点板块的目标,如果前期运作属于不温不火且盘子相对较大,一定要坚信该类目标"半九十"时段会到来,只是时间问题。经过5～7周大幅缩量调整且前期高位没有特别被动放量的目标,更要特别重视、紧跟、关注,确保适时搭上超级存在的高速列车。天地在线(见图7－3)、云赛智联(见图7－4)近期的走势就是最好的佐证。

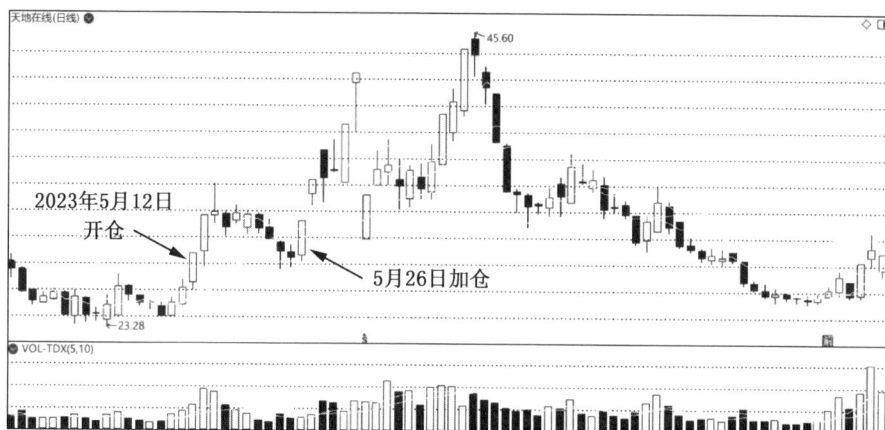

图 7－3　天地在线局部日走势

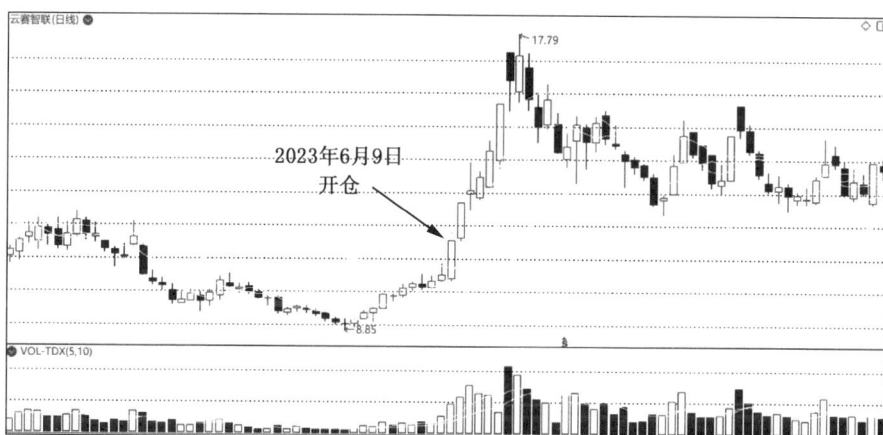

图 7－4　云赛智联局部日走势

第 188 篇——2023 年 6 月 15 日记

遴选目标之锁定

按照已设定的遴选系统,把预选的目标全部归档到自选股池后,遴选目标战略实施才正式开始。凭多年的经验,相信大部分在未来 1～3 周能强势攻击的目标已经入池,最后锁定 1～3 个目标实操,是遴选的最后一步,也是遴选战略方向是否正确的关键一步。

一、遴选目标的核心内涵

(一)构图之形态

黑道真超更多的是底部平台起板,走标准 3～5 浪型为主。白道金股根据不同的目标,更多的会走成一个复杂的大上升通道,后期加速进入"半九十"时段。

(二)要素之气势

不管是真超或金股,都能直观地感觉到:力度、气势、强度之气吞山河,具体表现为 K 线、均线、量能、KDJ 之"四流畅"——向上攻击已成为不可避免的趋势。

(三)类别之基准

1. 大明星

涨幅 3～5 倍的目标,以涨 50% 作为起点,预期成为金股或真超作为主线,攻击时股价沿 5 日线走,调整时 5 日线几乎不下穿 10 日线,股价沿 10 日线走,持续均衡放量。

2. 中明星一

走 3～5 浪的大通道,通道区间 100% 左右,一浪连板翻番,3～5 浪沿 30 日线向上攻击。

3. 中明星二

走 3～5 浪的大通道,通道区间 100% 左右,一浪震荡推升,涨幅在 50%～100%,3～5 浪沿 60 日均线向上攻击。

4. 小明星

即银股,旗形突破后,股价运行沿 20 日线(收盘不破 20 日线)攻击,目标预期涨 1～2 倍。

(四)温馨之提醒

第一,遴选目标需反复强化的是坚决避免:追击"非最强"、低吸"非真低",实乃"八不像"。

第二,看事实论是否真强势(3～5 天有冲封板),避免被假强势蒙骗。真超也要等待走势明朗后再切入。

第三,明确目标定位类型、区间划定,明晰"三位置",在胸有成竹的基础上,再考虑是否锁定。

第四,超短线战略认知:锁定高速运行或在临界点目标,不怕大幅波动,就怕不断阴跌,关键是节奏点。

第五,特别之区分:对于非"半九十"时段目标,是区间卖出的高点;对于"半九十"时段的目标,恰恰是买入的时点。

二、遴选目标的锁定依据

第一,"勘挖之路"已点明:大明星就在身边或已抓在手上,却往往浑然不知,并有"5+1"的金股遴选基因详解,告知锁定路径。

第二,"遴选战略落地"要求从目标发展的大趋势出发,聚焦、坚守、耐心一步一步求证,始终如一、反复强化、保持战略定力。

第三,"金股的起点"明确规定首操的铁律,为避免初次实操的风险,增添了一个护栏。

第四,"极端走势的成因和觉悟"告诫在遴选时,一定要避免"八不像"目标,走最糟糕的、最危险的中间路线。

第五,"半九十开仓基准"提醒:在保持"四个半基准"的前提下,在箱底已有封板为标志,再等数日强烈回踩时,就是最佳三浪开仓时点。符合年度市场主流热点板块的目标,要坚信该类目标"半九十"时段一定会到来。

三、遴选目标的锁定步骤

(一)推理主流运行时段

第一,一年以来市场主题和主流是什么,紧扣大势,目前处在什么阶段,一定要坚信一个规律:一个主流的形成,非一日之功,乃大势所趋,绝不会轻易退潮。

第二,大盘运行在哪一个时段,特别是主流板块指数目前在哪一时段,要了然于心,结合备选目标运行节奏相互印证。

(二)高度关注大盘高点

特别要注意,锁定切入的节奏点,要规避时段的高点,要反复强化这一点,一定要耐心等待3~5天,等到恐杀时点出现后,等待系统性风险释放后,开始实操切入。

(三)预判后续主攻方向

把56个板块指数翻阅一遍,记录强势板块,特别是年初以来主流热点板块指数的强弱,推断未来 1～3 周最可能攻击的板块,为最后锁定提供依据。

(四)锁定重大方向

坚守一时一聚焦的原则,一时限一类,一时一主线。

第一,如果目前时段是主流热点已连续多月领涨大盘,可能正好走了"半九十",那么就一定要聚焦这一构图类型的目标,这是最关键的"十为半"的黄金时段。

第二,如果大盘进入大幅回调,前期主流热点普遍出现高位放巨量恐杀,就要想到可能的热点切换。出现这样的背景,就要警觉新热点出现的可能性,就高度关注底部连板起来最强的目标,可能成为新的扛大旗的龙头。

(五)预开仓池连续跟踪

从自选股池选中的目标进入预开仓池,再在预开仓池开启 3～5 天的连续跟踪,这是最为重要的节点,要深入观察。如果目标连续 3～5 天走势既比预期强又比大盘强,就要高度警觉,可能加速攻击而走出"十为半"节奏。

第 189 篇——2023 年 6 月 26 日记

首操的铁律
——对《金股起点》的修正和补充

有了今年 1～6 月之"三天实操模板""雷霆出击""开仓次日的止损"和"金股的起点"的系统总结,买卖体系构建就基本成型。那为什么到 6 月底的通达股份和同为股份,仍然没有执行上述之理念呢? 只能说明光有理念是不够的,只有在体系设定上更具体、更明确,且更可实操,才能从根本上"拒止'温水煮青蛙'"。

一、首操二天固定模板

"金股的起点"规定首操的铁律是 3～5 天,最好是 2 天能了结,并说明了"略亏也是大收获"的道理。但疏忽了一个前提,就是首操目标主要是攻击强势股,为此,3～5 天实在是太长了,期间的变化可谓惊涛骇浪,这类目标中奖金股是小概率,不能奢望。因此,为了保证首操的安全,并尽可能丰富已实操池目标,必须把时间框定为 2 天,最多 3 天,只有开仓(5％＋5％),次日不做 T＋0(巨二浪三天实操模板除外),定义为"两天固定模板"。从系统设定上,实现规避"极端走势发生的可能",降低"对大盘高点的敏感性"。

二、"半九十"目标首操

如果首操选定的是基于"半九十"基因的目标,那么在切入时点的把握上,要充分运用"慢才是快"的哲理,聚焦未来 1～3 周而不是 1～3 天的"好的、安全的"趋势。万万不要被日 K 线短期表象的"难看"构图所蒙蔽,要透过"难看"看到"压不住向上的趋势力量",从"难看"入手,开启首操。

三、首操定位和策略

为了把首操"战略锁定＋基本保障"的战略目标落实到位,在首操时,资金就可更少、更分散,力争锁定更多的目标,为后续实操提供更好的、有金股基因的目标。

四、首操后续是重点

做实、做好首操之后的已实操池的连续跟踪,以确保已实操池后续金股不会漏网,从而把更多的精力和资金聚焦在已实操池目标,做阶段性、小波段的战略运作。在这一过程中,充分利用强势目标短期波动大于 5％这个显著特征,充分发挥资金的高流动性,在几个目标之间有序流动,择机集中资金打"歼灭战"。

五、后续构图五节奏

第一,1～3 天后真超分时节奏点低吸(小概率);
第二,3～5 天后巨二浪 20％～30％强回踩后的"三天实操模板";
第三,1～3 周后底部起板回踩后的低吸;
第四,3～5 周后"半九十"大构图成型时"蓄势通道"下轨的低吸;
第五,3～5 周后"半九十"构图成型并确认突破后的追击。

第 190 篇——2023 年 7 月 13 日记

买之精髓

——依据"慢才是快"统一张嘴方式

一、落地买之理念

（一）实操模式宗旨

咬定目标五大类,基于"量化水瓢"未来 1～3 周 20％空间取其一瓢,再用"五五方略"细化到 3～5 天 3％～5％反复执行。

（二）选买必隔离

核心是选要咬定真龙头,要持续跟踪,否则一定会漏网;但买入的时机需要等待 3～5 天甚至更长。

（三）"五五方略"核心

依据"强势股短期上下波动 5％是常态",把"恐杀落下才张嘴"落地、落实、落到位。

（四）锁定之前三部曲

一看板块指数,二定所属类型,三防十大陷阱。

（五）"三五法则"记心中

目标连涨连跌 3～5 天后就会逆转,重点和难点是延后 1～3 天需要坚信、忍耐、等待。

（六）开仓设定冷静期

开仓是战役的开启,也是风险的开端。每一次开仓都要设定离开盘面 30 分钟的冷静期,重新审视大盘时段、板块热点、个股节奏。

（七）开仓节点看分时

与卖出绝对要避免看分时不同,开仓买入非常有必要看分时的节点,以期等待合适的时点。

（八）非龙头不做

实战以来,最大的问题就是没有做龙头,花大量的精力遴选跟风目标,吃力不讨好。因此,要坚守"死等龙头"。

（九）与庄共舞要义

通过日级和时级"三五法则"的运用,把握主力涨跌的全部机会,挖掘"五五方略"的潜力。

（十）"三点三线"照乾坤

新开仓目标当日画出底线，这是生命线、不可触碰的红线，也是规矩、是军令，按规则办事，军令如山——止损以秒为计，没有时间考虑，不需要考虑，不允许考虑。

二、追击要快要狠

一浪早盘追击，"扫把"构图次日早盘高开后的追击，要快要狠。

三、低吸要慢要等

恐杀落下始张嘴，斤斤计较重如山。

（一）开仓第一要务

依据"三五法则"，运用"慢才是快"的哲理，等待再等待散户"三不"时刻切入。

（二）等待再等待

对每天盯盘的人来说，等待 3～5 天好像很漫长和难熬，但从年度看应该是很短，转换维度也很重要。

（三）高低手的差距

能否等待再等待 3～5 小时，是"五五方略"成败的关键，也是高手与低手的真正差距。

第 191 篇——2023 年 9 月 1 日记

统一张嘴方式
——开仓从"恐杀落下才张嘴"开启

"遴选限定五大类"是近 20 个月反复总结经验教训的最终选定，在可预期的时间内，这肯定是最适合的框定，也是智慧的结晶。

"真一浪"是一直重点研究的对象，事实证明，在实操中要做好是很难的。一是"白道"市场往往一步到位，几乎没有可以从容参与的可能；二是"白道"市场本身这种手法相对较少，追击成功概率极低；三是没有心气、底气和耐心长期空仓待机。因此,我们得出了"如果事先没有空仓,放弃真一浪追击"的结论。

"金股"是一步一步走出来的,事先并不能确定谁是金股,一定是雾里看花。只有通过连续跟踪,发现每过一个或几个 3～5 天不断创新高,再综合多要素推定,才能判定可能成为金股。因此,在实战中仍然应该是通过 3～5 天休整后,择机开启首操。

"巨二浪型""三板平台"是典型的"后知后觉"低吸。让人羡慕的一浪,热闹非凡的三板,作为追随者,只有看的份,没有参与的可能。只有等 3～5 天经过恐杀之后,才真正开启参与目标的节奏窗口,年初的"三天实操模板"就是为此量身定做的。

"封板三浪"是个例外,有两种参与模式:一是 3～5 天后低吸(小盘股),二是次日追击(大盘股)。

综合上述推理,什么核弹利好、新热点开启,跟实操没有直接关联,根本无需为此耗费精力和情绪连夜加班又加点,只要欣赏并跟踪龙头表演即可。一番表演下来,用事实说话谁是旗帜、谁是真龙头,这要看表演的收获,这才是要把握的核心。二浪调整是中场休息的开始,正是追随者开启谋划参与到剧情表演的时段。

遴选限定起点是 30%～50%,在实操中更可行的又是踩"三五法则"时差,这就几乎把五大类目标参与的起点和方式都归结为"广义巨二浪型",切入时点都是"恐杀落下始张嘴"。据此实操,就可以从根本上规避"追击往往在高点""片刻犹豫"就陷入"恐杀六类型"和"温水煮青蛙"的困局,从而在体系设计上,放弃了"神要求",接纳平凡的自己,而解放不堪重负的心灵。

第 192 篇——2023 年 9 月 3 日记

狙击碎步新高目标
——缩量碎步推升开启的一类主升浪

创新高解放了全体股东,是用事实证明趋势向好,是牛市(牛股)的典型特征,因此狙击创新高目标是真正的顺势而为。去年已建有"独创新高"专栏,为了落地乘数效应的"两个条件",结合大盘运行的特征,过去一年暂时放弃该类目标。

"五大类目标"归为"三大类"是基于"低价、低位、绩差"无痕迹"连续放量、强烈运作"的目标设定,"主升浪 6+2 前奏"中"突破前正'扫把'起飞""缩量碎步推升起飞""三板平台蓄势起飞"就是此类"创新高之后起飞"主升浪的典型构图。

一、主升浪 4+1 种

当主力要坐庄绩优股时,由于惜售心理,造就了主力要吸筹控盘,只有往上做盘才能收集筹码,构图就会变得复杂,从而演化出典型特征的"碎步新高模式",因此,主升浪在原四种类型的基础上还要单独增加或强化"碎步新高目标"。

二、碎步新高特征

此类目标早期表现为"缩量碎步推升",构图特征不鲜明、数量众多,放量起飞之前难以分辨遴选。只有通过"类三板平台"放量,才能暴露主力做盘意图而进入研究视野,纳入"碎步推升+准三板平台",当拉板创新高或接近新高——解放全体股东时,才会真正表现为主升浪的开启,此目标便脱颖而出。

三、前奏模式内涵

"主升浪 6+2 前奏"是一种起飞前助跑构图,能够在起飞前就登机,自然可喜可贺。但提前锁定主升浪前奏构图目标是否真起飞是不确定的,因此需要以区间内目标为基准开启实操,只有封板突破,才真正转化为主升浪。

四、主升浪的狙击

目标封板开启起飞模式,特别是创新高或接近创新高次日早盘的狙击,是更确定、更高效、更精准的一种追击,实操管控体系与真一浪一致,是真正的顺势而为,务必重视。

五、新高是主旋律

狙击创新高目标是牛市(牛股)的重大命题,是顺势而为的主旋律。从股市运行牛熊转换的总体规律看,狙击创新高目标是贯穿始终的主线。

六、大市值的趋势

要相信一个真理,趋势的力量在大市值的目标中最可靠——要想一列满载钢铁的列车启动很难,背后需要很大的力量推动,要停下来也绝非易事。大市值创新高后,进入主升浪的典型案例很多,如莲花健康、荣盛发展、金科股份、工业富联、中贝通信等。图7—5、图7—6是赛力斯和通化金马的案例。

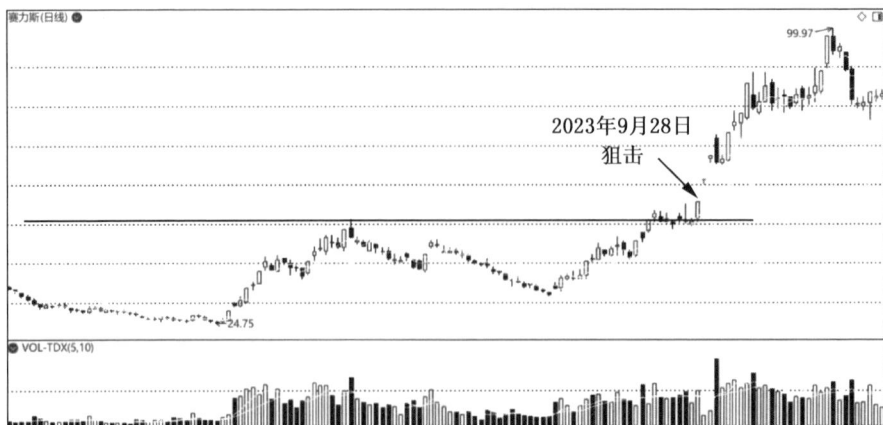

图7—5 赛力斯局部日K线走势

图7—6 通化金马局部日K线走势

第193篇——2023年10月15日记

买入之要

从实业看投资,做实业3～5年能回本有收益是幸事,投资等待3～5天或3～5周时间很短,细品"空仓、节奏、耐心"。

区间内买入坚守"预期主升浪,下跌无空间",主升浪买入冷静追击"封板或创新高"的目标。

一、区间内目标买入之要

(一)随时能退出

区间内目标基础要求是"化解焦虑,感知盘面,基本保障",并承担攻守转换的"资金蓄水池"战略任务。因此,最大的要求是"资金安全、确保没有下跌空间",这就反向要求在选择切入时点时,要十分重视"斤斤计较",用战略大旗来约束区间内目标的开仓机制。

(二)构图防陷阱

群龙无首、群雄并起的轮动震荡时段,遴选以箱体和通道为尺度,选择"下跌无空间,未来1～3周有向上20%趋势"的目标。在实操中执行"方程式"之3～5天3%～5%的"五五方略",谨防"十大陷阱"为第一要务。

(三)非龙头不做

选择基于"主升浪预期+下跌无空间"的目标做区间内运作,是遴选的最高境界,也是"非龙头不做"的底线。

二、区间外目标买入之要

(一)聚焦真一浪

当市场走出有"放量3～5连板"目标时,就要清空原有全部持仓,聚焦其中1～2个(1+1+1)最有可能成为真超的目标。这样的时段,一年仅有几次,一旦冷静、综合分析认定极可能是真超时,就要拿出"气吞山河"的魄力、断然行动,这是真正考验智慧、胆略的时刻。

(二)狙击主升浪

目标封板开启起飞模式,特别是创新高或接近创新高次日早盘的狙击,是更确定、更高效、更精准的一种追击,是真正的顺势而为,我们务必重视。

（三）切入好时点

金股特别是连板型金股，早盘才是最好的切入时点。由于波动大，一定要分次买入，特别是大额资金，要多分几次买卖，要做到随时可买可卖，进退自如。

（四）追寻主旋律

狙击创新高目标是牛市（牛股）的重大命题，是顺势而为的主旋律。从股市运行牛熊转换的总体规律看，狙击创新高目标是贯穿始终的主线。

第 194 篇——2023 年 10 月 28 日记

锁定支点的量化向导
——融通"三五法则""高低手差距"的"三不时点"

开仓买入遴选目标即为"锁定"，这是从遴选三五个目标到最后锁定 1～2 个目标的决策过程，是"慢工出细活"落地的最后一步。因此，买入时点固然重要，但"下跌无空间，1～3 周预期向上 20%"才是更重要、最核心的问题。

"九小类"目标是不同市场环境不同机会的呈现，"买入之要"划分为"区间内和区间外"。"买之精髓"的对策是"追击要快要狠，低吸要慢要稳"。"统一张嘴方式"认为追击真一浪很难，放下神要求，强调开仓从"恐杀落下才张嘴"要点，并给出了开仓最后依据是"早盘动态事实"。

一、锁定前置条件

（一）从实业看空仓

从实业 3～5 年看，空仓 3～5 天 3～5 周，月 5%年大于 50%，细品"耐心、休息、等待、节奏"的思想。

（二）开启逆向思维

下跌无空间，3～5 天 3%～5%就是水到渠成的——依据"三五法则"，紧扣"逆转内核"，开启逆向思维。

（三）锁定开仓之前三部曲

看板块指数，划类型定位，防"十大陷阱"。

（四）设定冷静期

开仓是风险开启，设定离开盘面 30 分钟冷静期，第三视角审视大盘（五个）时段、板块热点、个股节奏。

（五）"三坚"深耕目标

大明星就在身边或在手中，只是雾里看花，"三坚"深耕"踏空、创新高、超预期"的目标。

（六）弱势环境节奏点

经受补跌考验而不创新低，大盘再杀之时已不再跟杀，并在关键技术点位之上企稳时，才是最佳机会时点。

二、真超专题

（一）坚定真超信念

真超是旗帜，是一定要做的，只要"提前一拍谋大局"，做好提前一拍空仓，在启动之初是可以感知并从容锁定的。如果巨二浪已清晰明朗，一定要重点跟踪把握机会，取其一瓢。

（二）坚守苛刻条件

追击真一浪是追求小概率高风险，3～5 板之后切入要万分谨慎，反复踩坑的教训十分深刻，要把真超的"充分必要条件"逐一对照，一个也不能少，超严格、高要求，否则宁可放弃。

（三）落地气吞山河

追击真一浪需要"气吞山河"的魄力，考验智慧和胆略。谨记一年仅有屈指可数的几次机会。

（四）平和接受试错

当早盘 5％试盘开仓后，发现目标已走弱，不纠结，平和认错。当天剩余时间，把精力用在挖掘、等待其他机会才是正道。

（五）落实耐心等待

有多个封板目标备选时，坚守最后一个开板的目标，等待一两天或三四天，这是锁定真一浪最简单、最有效的办法。

第 195 篇——2024 年 2 月 5 日记

动态寻觅最佳锁定时点
——大盘热点轮动时段的盘中锁定机会

当大盘走势强于预期时,事实已开启阶段结构小牛市了。在这样的市场环境里,每隔 3～5 天就会出现盘中热点的轮动。调整已有时日且已明显转强的板块和目标,就有可能在盘中借机发动新一轮的攻击。因此,在动态实盘能否对相关目标深入观察分析,就直接决定了能否把握机会,及时盘中锁定目标。

锁定需要三种预设,并动态不断修正的具象画面指引。需要基于具象画面的实时"动态事实"作为最后锁定的依据,尤其对于盘中开启新一轮攻击的目标(重点是已实操目标),更为重要。

在大盘整体良性的基础上,要做好盘中动态技术分析,就要求在每一个目标前停下脚步,静心深入、比较推理,才能观察到细微变化中所展示出来的强势,从而抓住可遇不可求的最佳锁定时点。实质是通过从分时到日、周 K 线,去发现逐级能量积蓄所隐含的、不可压制的、做多力量所形成的共振点。

附:"具象画面构建与运用"摘要和修正

一、宏观基本判断

(一)聚焦系统风险

大盘处在有热点轮动可能的阶段强势。

(二)目标所属类型

区分九小类运行特征,重点是已实操目标。

(三)庄家操盘特点

长短庄,大小庄,巨量均量庄,逼空震荡庄。

二、目标分析依据

(一)目标个性特征

股本大小、成交量、价格区间、主营特征、概念想象、是否龙头。

(二)目标所处时段

依据"四字经"判定目标所处时段。

(三)能量传导规律

能量逐级传导规律和加速度规律。

（四）日线主要工具

时间、空间、量能、K线、均线、KDJ、构图、四价、前高前低、缺口、除权、板数。

（五）分时主要工具

分时黄线、量能颜色（长短）、板块排名、相对大盘强度、分时缺口、各级分时K线构图。

（六）三种走向预设

分时"恐杀六类型"，日线防"十大陷阱"、炸弹构图。

（七）三天视角预判

昨天、今天、明天是最基础的K线组合预判。

第196篇——2024年3月6日记

最高效锁定路径
——市场整体低开日独有的锁定机会

大盘"极弱环境"市场整体低开日，有少数时间会引发系统性风险，需特别提醒。大盘其余90%以上的交易日如果出现整体低开，充分运用"万绿丛中一线红"竞价后5分钟快速遴选，并在开盘后1～3分钟快速锁定目标是一种最高效的开仓锁定。现有的体系和能力是能支撑实操这一谋划的，这也是"最后的锁定依据"。

在小牛市时，下跌往往跌不到分析师预测的点位，因反射理论的作用，后期正向的演绎会大大超乎人们的想象。当出现危险信号时，再采取措施也来得及，不用每天在波动中自己吓唬自己。

一、快速遴选的范围

包括三板池、五板池、56行业代表、板块龙头等自建的遴选池，当然最好是自选股池、已实操池、预开仓池中的高开1～2点的目标。

二、分批次买入原则

在以秒为计的早盘3分钟要做出正确的决策,只能遵循事先设定的"分批次、每到向上突破一个技术阻力加一点"的原则。如果是向下回补缺口,则停止买入,认错认输。

三、最高资金限定

如果是空仓,当日单个目标限定30%(1+1+1)以内资金,如果已另有持仓,则按10%资金限定。

四、实盘跟踪盘中锁定

对于"万绿丛中一线红"的目标,如果早盘没有锁定,其中一定有目标仍值得实盘跟踪。如果目标在关键点位获得支撑,没有完全回补向上缺口等,通过对比大盘和板块、目标的强度后,也可在盘中参照"动态寻觅最佳锁定时点"执行。

五、扫把原理的运用

在大盘整体仍处强势的背景下,当前一日收盘出现大面积恐杀时,次日早盘整体低开是大概率,其中一定会有反包开启攻击的目标。只要在收盘后做足功夫,成功的概率就极大——最高效锁定的典型。

第 197 篇——2024 年 3 月 6 日记

三种典型锁定形态
——"最惊心、最从容"的两种锁定

从锁定视角出发,不同的时段会有不同的构图,根据时效性、风险度、心理承压不同,目标遴选九小类的锁定可以归纳为"最惊心、最高效、最从容"的三种典型锁定形态。有了"三个最"的划分,遴选目标又多了一个维度,帮助区分和定位机会,助推目标的最后锁定。其中,市场整体低开日独有的锁定

机会,已有"最高效锁定路径"之专题,"时效强、不常有、重直觉"是其特性。

一、最惊心锁定形态

"真一浪"和"主升浪"共五小类目标的锁定,当属"最惊心的锁定形态",是特定时段锁定的主要形态,是现有体系的核心,"风险大、时效强、要求高"是其特性,对精气神、看盘时间和体系支撑要求极高。当大盘经历了一段极弱走势之后,有了新开启连板龙头,或者前期龙头充分调整后,已出现"封板三浪"时,正是发挥"最惊心锁定形态"之机。

二、最从容锁定形态

在已实操池中,前期龙头已调整足够时间和空间,并已走成明显转强底部构图时,包括区间内目标,特别是"准三板前高无巨量阴棒"现已低位明显转强的目标,都属于"最从容锁定"形态。此类目标完全可以理性思考、从容布局,只要划定"止损支点",给予一定时间宽容度,实现盈利退出是大概率,往往会有超预期的收获。

三、两种锁定的互补

"最惊心"和"最从容"是高度互补的两种典型锁定形态。当"真一浪和主升浪"时段来临时,就要聚焦"最惊心锁定",做好该类锁定和实操的一切资金、心理、精神、时间的准备,四者缺一不可。当"真一浪和主升浪"时段已过或错过后,根据"反射理论",就要充分发挥"最从容锁定"的独特作用,尤其要重视已实操池中的"已实操挖矿"。这既能适应机会节奏的转化,转换实操策略,也能达到阶段放松、调节身心的作用。

第 198 篇——2024 年 3 月 17 日记

最佳节奏锁定的提示
——基于大盘五时段具象时点的锁定之要

"战略心空量化向导"之"最佳节奏"是:在"普涨盛极"和"反复显弱"之

时,提前一拍空仓,离开放飞心灵;当恐杀(调整)开始时,回归盘面开始跟踪遴选。"与强者为伍"的工作准备就绪后,开启"最佳节奏锁定",有以下几点需要特别提示。

一、提前布局旗帜

"金股使命扛大旗,逆势启动是前提。"大盘蓝筹"旗帜"型金股,对大盘运行起护盘和引领作用,一定先于大盘 3~5 天开启转强攻击(可能会有反复)。其他龙头金股一旦大盘走强,经常会表现出快速"技术无痕迹"地逆转。如果依据常规五要素往往容易踏空,等五要素构图向好时再行动就晚了,因此,要以时间、空间和量能为主要抓手,提前锁定布局,才能从容应对。

二、克服恐惧心理

最佳节奏锁定时点,往往是出现大面积跌停的恐杀时段,市场往往弥漫着恐惧心理。作为下一阶段的主流龙头,必定是在这样的氛围中开启攻击,因此,要反复强调"危机危机,危中有机,别人恐慌,独自清醒"的心理暗示。对于"预期潜力金股"目标,要克服恐惧心理,要敢于大胆锁定、果断切入。

三、盘后复盘预设

最佳节奏锁定时段最早 1~3 天,是阶段 1~3 周布局锁定的重大时间节点。如果大盘开启攻击首日没有做好锁定布局,盘后对"预期潜力金股"目标复盘十分重要,对次日可能的几种开盘做好预设,并明确在预设条件发生时,按什么优先顺序选择目标锁定。

四、践行追击时点

追击风险极大、难度极高,只有在"提前布局旗帜"特定时点才是体现智慧、魄力和胆略之时,有了"最佳节奏"大盘调整 K 线为坐标,追击就有了航向和底气。大盘调整 3~5 天,正是关注底部起板目标群体,挖掘"真超"的最佳追击时点。

五、超跌股的机会

如果大盘已开启逆转攻击,因优柔寡断错失主流金股的布局,且大盘恐杀后有一批超跌的个股,那么其中必有值得做超跌反弹的目标。其具体的限定条件有三：一是前高没有放大量的巨阴，二是前期曾经是"放量攻击"的大明星，三是下跌完成五浪、跌幅至少50％。这是一种补拙的替补方案。

第 199 篇——2024 年 4 月 20 日记

第八章

知止不殆——实操之止损

　　当持仓目标向预期最差方向发展时，能否第一时间做出正确的止损，是对实操能力的重要考验。止损是保证短线实操系统良性运转的关键一步，也是理性评判、认错认输、重新开始心理活动的具体实践。特别是在做预期龙头目标的动态实盘，止损的时效性很强，一定要深刻领会"开仓次日的止损""立足应对假龙头"，熟练掌握"一优先、三支撑、三要领"，严格执行"一低、二抽、三了结"，巧妙利用早尾盘3分钟锁定确定性。按照"指令化、程序化、简单化"原则实施"排雷"，以期化危为机，掌握实操节奏，获得资金安全的"金钥匙"。

卖出窗口管理

　　依据事实，断然执行，试错寻常，乱麻刀斩。成功杀手，温水蛙煮，时间金贵，追寻机会。这是卖出窗口管理的基本原则。

　　卖出窗口时间包括集合竞价不符合预期，走势已逼近预期卖出区域，临近收盘没有收板，大盘走势不符合预期。卖出窗口时间出现后，进入卖出窗口管理程序。

一、行动步骤

（一）远离盘面

放大视野，独立空间，冷静思考。

（二）温故要领

翻看教训图，拒绝闷头看，禁止无谓翻。

（三）调动情绪

活跃氛围，依据材料，反复质问，站立决策。

（四）双屏对照

分时走势背离点出现时，立刻了结。

（五）杜绝干扰

不接任何电话，放下所有。

二、看盘要领

（一）集合竞价

集合竞价判断主力意图，了解个股在该板块中的强度排列。

（二）断然止损

开盘 5 分钟，重点严防下滑走势，如个股弱于大盘，并不符合预期，5～15 分钟随时准备了结。

（三）勾勒轮廓

如个股强于大盘，按预期走高，30 分钟内可以重点关注主力操盘细节，初步勾勒主力当日操盘轮廓。

（四）分时对照

达到预期的 2%～3% 之后，把注意力集中至个股 5、15、30、60 分钟线 KDJ 背离对照。

（五）尾数浪型

判断分时走势是走 1、3、5 浪型，关注盘中最高价尾数字符，运用 10%～8%～5%～3%～1% 浮盈回撤法则，据此执行卖出。

（六）心中无股

浮盈 2%～3% 后，走势进入预备卖出操作阶段时，因收获在即，易使人兴奋，想入非非，很容易分心而忘了该聚焦的卖出核心点，因此，不再关注技术细节，强化神在山巅，体察太极，分批卖出，断然执行。

（七）随时止盈

随时准备拉升一波停顿时刻的闪电卖出，特别是小盘次新股，等小散开卖之时 1%～2% 已没了。在拉升时，只有分批次卖出才有从容，如此，才是真正践行"源其拨盈,二三足矣"的原则。

第 200 篇——2015 年 10 月 13 日记

规避恐杀

一、资本市场的恐杀

资本市场的恐杀是阶段性出现的系统性风险。"系统性风险的推定和应对"是经典原则,对实操有重要的指导意义。

(一)高位时段的风险

判定指数已处在高位时,资金分批退出,宁可提前,不可懈怠。高位空仓是实操战略的起点,不提前休息,实操体系极易崩塌。

(二)关键时点提高警觉性

大盘在相对高位时,要特别提高警惕,避免被动参与大恐杀。如果难以确定,就停下脚步再等待一段时间,以大盘会恐杀作为优先心理暗示准备。

(三)大盘高风险点

第一,上升通道中的高位上轨。

第二,下跌通道中的反弹高点。

第三,弱势横盘震荡末期。

第四,一、三、五浪的高位区间。

第五,大、中、小庄家已轮炒一遍,一大批小混混开始趁热登场表演。

(四)高位实操如履薄冰

大盘和个股已处在高位区间后,犹如高空走钢丝,早春履薄冰,切记警觉,万望提前空仓休息。

二、认知恐杀的风险

目标个股可能会在几分钟掀起惊涛骇浪,让一切灰飞烟灭,化为乌有。当直觉怀疑时,要立马行动,保护本金安全是第一位的。留得青山在,不怕没柴烧。

三、恐杀的危与机

李嘉诚有"当大街上遍地都是鲜血的时候,就是你最好的投资时机"一说。历史已反复证明一个道理:当危险到来之时,对于已准备好的人来说,就是最好投资机会的来临。

四、组合配置分散风险

投资风险是不可控制的,总是来自你不知道的时间和个股。组合配置可以较好地化解不可控制的风险,既有进攻型的,也有防守型的,以不同板块的1~5个目标做好组合配置,有一个做一个,成一个做一个。

五、不同位置看恐杀

牛市后期新增能量枯竭,重点防范物极必反,突然大恐杀逆转。震荡市整体平淡,重点防范低位人气低迷时,庄家联盟利用外围敏感因素做出挖坑式低位大恐杀。

六、关键时点

第一,战略起点——高位该强不强时,主动、有序、提前退出。
第二,实操开启——大盘走弱,个股底部走强。
第三,组合布局——大盘交替恐杀,反复走弱。
第四,实战转折——大盘企稳走强。

七、正视风险

第一,风险形成有一个过程,需要时间积累。
第二,系统性风险阶段性出现,适时评估应对。
第三,恐杀风险过后是开启布局的好时机。

八、弱势不言底

大盘走出ABC调整浪后,依据宏观背景,严防大盘走成下跌五小浪,以规避大盘最后泥沙俱下的恐杀。

九、优势心理运用

每份资金一个月出手1~2次已足够了。因此,一旦感觉有风险时有理由平和又果断,做到立马走人;在大盘低位逆转还不明朗时,有足够的耐心等待。

第 201 篇——2022 年 12 月 6 日记

雷霆出击

一、细品战略定位

弱者打明牌,天生是散户,实操取其一瓢就走。

二、强化战略支撑

(一)高手尺度

能提前一拍,主动放弃很多,持有大量现金。

(二)个股恐杀风险

一切皆有可能。惊涛骇浪,灰飞烟灭;直觉怀疑,立马行动。留得青山在,不怕没柴烧。

(三)迷信分时是误区

强势天天创新高,不创新高就了掉。

(四)滴水成河

过往太小看小的盈利,改变从冲高快速卖出开始。

(五)涨了卖是真理

涨了卖任何时候都是对的,因为赚了。

(六)冲高点卖要糊涂

冲高卖好价钱,以秒为计,闭着眼卖。

(七)落袋为安挂嘴边

求胜不求全,只有卖了才是你的。

(八)体验奖金入口袋

奖金放进口袋,是最真实的存在。

(九)早盘卖出好处多多

资金安全了,利益锁定了,落袋为安了,时间节约了,资金又可配置了,好处太多了。

三、止盈少想快做

拉升停顿,闪电卖出,犹豫片刻,1%～3%没了。

四、止损断指求生

(一)止损是保护伞

止损是高流动性的后盾,是体系的基本保障。

(二)止损难的缘由

没有准备,缺乏措施,侥幸心理。

(三)坚守强势原则

当日没创新高,当日坚决了结。

(四)开盘止损节奏

开盘破位,反抽后(要低预期)迅速了结。

(五)由弱转强需要时间

破位开盘就是弱,一旦转弱,就有大的下跌风险,再转强需要空间和时间。

五、冲高雷霆出击

(一)冲高难下手——怕踏空

第一,看着很强,想着会涨,犹豫一下,黄花菜凉。

第二,依你想法,主力喝汤,比昨走高,卖了赚了。

第三,账面盈利,虚无缥缈,转眼即逝,烟灰消散。

(二)冲高点卖的具体步骤

第一,上攻开启,告诫自己。这是当日卖出唯一好机会。

第二,设定减仓点位,书写记录,严格落实。

第三,关注前方5%的节点,这是强弱的分水岭。

第四,目标一到,一旦停顿,15～30秒内完成了结。

第五,相对弱势预期3%,相对强势预期5%。

第202篇——2023年2月3日记

开仓次日的止损
——排雷的措施和战略意义

开仓次日早盘3～5分钟已基本确认目标是中奖还是踩雷。即使严格执行"遴选标准化"流程，中奖也是幸运，踩雷也会常有。因此，开仓次日早盘第一时间坚决执行"去弱留强"是现有实操体系的第一准则（巨二浪强力回踩型除外）。

一、雷霆去弱意义重大

（一）轻装显智慧
从转弱到再转强需要1～5周时间，遥遥无期的苦守等待、负面拖累、消耗无法估量，压抑的情绪会极大地压制智慧的光芒。

（二）控机会成本
雷霆了结，确保了资金安全，心里踏实，资金可随时机动配置。避免了后续"温水煮青蛙式"下跌的可能，大大降低了资金的机会成本。

（三）小亏可接受
小亏是试盘的成本，换来了对目标股性的了解和位置尺度，欣然接受。目标进入已实操文档，可连续跟踪，再买入实现高成功率是可行的。

（四）中奖有保障
雷霆去弱，保留强者，以便短期聚焦运作中奖的目标，提供了资金、心情、时间、精力的全面保障。

（五）淡定促理性
低开筹码早早了结，内心才能真放下，从而避免无谓浪费时间以及不安情绪的蔓延，其结果将影响对其他目标的理性判断。

二、雷霆排雷的具体措施

（一）黄线给意见
开仓次日目标该强却弱，低开哪怕一点点，开盘后就要高度警惕，股价在3～5分钟都在黄线之下逐波走弱，当分时图出现第二次创新低时，务必雷霆了结。

（二）事实论依据

不论是高位该卖未卖，还是开仓次日超预期低开，一旦事实告知目标已转弱，特别是开仓次日开盘走弱，不管三七二十一，务必雷霆了结。

（三）反抽低预期

大幅低开几乎没有反弹，更不要寄希望至昨日收盘价，开盘5分钟雷霆了结，严防"温水煮青蛙"式下跌。

（四）警惕包含线

开仓次日低开是弱势，极大可能是一个包含线。当股价反抽运行至昨日收盘价时，要雷霆出击，事先低一分挂单是不错的安排。

（五）竞价知大概

集合竞价出来后已有一个大概，对于弱势开盘的目标，要第一时间优先集中精力雷霆了结，特别是大盘进入3～5天走弱节奏时，尤为如此。

第203篇——2023年3月8日记

早盘卖出的战略意义

一、流水作业真落地

"早盘T+0卖出好处多多"的六点总结，系统地说明了如果T+0都能够按照计划早盘早早完成，就能充分发挥高机动性，掌握主动性，使简单化、程序化的流水作业变成现实，成就惊人的绩效，达到惊人的奇效。

二、化危为机的高境界

当大盘进入多空严重分歧，个股表现冰火两重天的大动荡时期，早盘卖出（包括T+0和完全了结）更能体现出重大的战略意义。如果早盘早早主动卖出，实现了空仓或轻仓，一旦盘中出现大盘的恐杀就可以规避可能大幅波动的风险；同时还可以通过市场恐杀的检验和筛减，及时发现抗跌的目标，并连续跟踪。当大盘企稳后，可以从容选择开始攻击的目标，择机切入。这是规避系统性风险，并在最短时间内实现危机转化的最高境界，也是解决风险和危机方案最具体的实战应用。

三、节奏转换的"金钥匙"

为了落实设定好的战略目标、战略起点、战略实施,规避系统性风险是关键环节。运用"三五法则"落地 3～5 天节奏一转换,强化执行早盘卖出是主动把控"关键环节"的金钥匙。

第 204 篇——2023 年 4 月 26 日记

卖之精髓
——指令化、程序化、简单化

一、雷霆准备

(一)"五五方略"考验"快"

上下波动 5% 是常态,超短线最受考验的是卖要快,不能错过任何冲高和止损的机会。

(二)动态实盘不容分心

一切围绕指令,一切服务指令,不容分心,不许悠闲,相信"一切皆有可能",做好"灰飞烟灭"的准备。

(三)前置充分动员

认知决定行动,凡事欲则立,不预则废。没有战时调动落实"三支撑、三要领",肯定会错过机会。

(四)"实盘决策系统"

领涨领跌板块,目标在板块中的排位,目标构图节奏,均线拐头预期,五要素量化,是构成实盘决策系统的五个要素。

(五)潇洒敢买卖

既要体现在冲高时潇洒地卖,更要体现在低开后的雷霆出击。

(六)"破解卖下手难"——指令决定行动

要在以秒为计的时间内,做出正确的判断并雷霆处置,没有时间想,只能按照固定设置的指令行动。朗诵:资金安全在手才真好,即使错了也优雅。

二、雷霆手段

(一)早盘命题
一优先、三支撑、三要领。

(二)盘中念叨
一魔仙、二变招、四字经。

(三)雷霆简单化
不看分时看日线、少想、少深入。

(四)早盘战略
挖掘智慧的两大催化剂。

(五)卖的分类
震荡市时段——闭眼卖,主升浪时段——耐心卖。

(六)强弱分水岭
5%是十分有用的尺度,是真攻与否的基础要求。

二、雷霆止赢

(一)冲高卖(止盈)
一想、二看、三了结。谨记以下三点:
第一,看着很强,想着会涨,犹豫一下,黄花菜凉。
第二,依你想法,主力喝汤,比昨走高,卖了赚了。
第三,账面盈利,虚无缥缈,转眼即逝,烟灰消散。

(二)真攻不磨叽
真强必定是逼空走势,这就为执行"五五方略"和实现攻击转换提供了最直观的盘面感。

三、雷霆止损

(一)低开卖(止损)
一低、二抽、三了结。细想想再看看,真攻该怎样,低开看盘耗精气又误时,一刻也不能迟疑。

(二)"休整日早盘的卖"
早盘低开,往往预示着休整日开启,迫切要做的是根据五种构图,快速做出减半或清仓的行动。严防"恐杀六类型",避免陷入"温水煮青蛙"。

（三）"首操的铁律"

二天固定模板,"开仓次日止损"排雷五项措施。

（四）基本准则

新低不过夜,不创新高就了掉。打开窗口准备卖,越不及预期越要卖。

（五）落地"三不原则"

破脚目标不加仓,通道上轨不犹豫,穿头破脚不过夜。

第 205 篇——2023 年 9 月 2 日记

立足应对假龙头

——细化"踩雷"破位目标,认输雷霆止损

"话'心空、选、买、卖'"是一年试手融通后对大思路、大方向的高度总结,其中"超级存在的主流龙头"是一步步走出来的,有一系列严格要求,是千里挑一而并不常有。实战中必然会面临假龙头的陷阱,如何落地做实"踩雷破位目标止损"是一个重大命题,因为波动极大,处置得好与差,千差万别。

一、对照六点看环境

第一,看目标所在板块指数是否强势(对决策有指示意义)。

第二,看大盘分时"黄白线"上下位置(黄线在上有利)。

第三,看"护盘板块"(动用大蓝筹会引发小盘股恐杀)。

第四,看目标在分类板块中涨幅排序(要锁定第一名)。

第五,看大盘波浪节奏(是否有利新热点登台表演)。

第六,看是否有其他板块龙头已登台表演(弱势大盘不可能同时有几个板块表演)。

二、支撑压力看缺口

缺口是"逼空和杀多"实实在在的表达,直接明了,尤其是分时跳空缺口,很容易被忽视,但实际指示意义重大。也许大资金的操盘手都十分重视各分

时的缺口,所以有效性很高,因此要高度重视。高速运行的目标,当创了新低或封闭突破缺口,或向下跳空缺口形成上行压力后,更要迅速、雷霆了结。

三、"1＋1＋1"的限定

重仓是单向压注,成则成绩显著,败则具有极大的杀伤力。大盘环境好时偶尔1～2天(最多两夜)可以限用;大盘弱势时严禁重仓,因为转眼一切灰飞烟灭。"1＋1＋1"明确限定是指,目标开仓向预期方向发展后,才有第二个"1",意外封板后才会有第三个"1",落实"T 二类型"。踩雷目标只有止损和倒T,绝不允许加仓摊低成本。

四、"1357 定理"

"1357 定理"是"三五法则"的"提前和延后"在目标持仓时间上的细化。有了这种具体的限定,就从制度设置上避免了被一个目标所粘,而沉迷其中,渐失理性,错失机会。实质是把"首操铁律""开仓次日止损""加速度和强度递减"规律的量化运用。

五、立足应对假龙头

把所有持仓龙头目标当"假龙头"对待,不抱奢望,做好随时破位雷霆了结的准备,时刻铭记"三张图",放下执念,步步为营,这才是应有的心态、视角和定位。清源股份、东安动力就是在这种心境下演进的,无意中反而很成功。

真正的龙头是超越所有人想象的超级存在,哪怕是买在所谓的头部,也不会出现恐杀,而是在有限时间和空间的震荡。只要做T恰当,用很小的资金,3～5天也会有十分可观的盈收。这就是"只要是真龙头",不用抱什么希望,只要按部就班,见招拆招,一切就会水到渠成。

第 206 篇——2024 年 1 月 6 日记

早尾盘三分钟买卖依据
——坚信、依照、锁定"确定性"

真超型目标的内涵就是要按照"只选真龙头,只做真龙头,非龙头不做"

的严格要求遴选。即便如此,也要"立足应对假龙头",对"开仓次日止损"进一步细化、量化、标准化,尤其要立足应对倒 V 的最坏打算,做到有备无患。

一、早尾盘 3 分钟内涵

对于高速运行的目标来说,早尾盘 1～3 分钟,其中每一秒都是多空博弈十分惨烈的时点,在盘面每出现 1 分钟确定的构图之前,每一秒都可能出现惊涛骇浪。

二、开盘 3 分钟分析依据

对真超型目标,要在早盘开盘 3 分钟内做出强弱的判断,只能以近 3 日大盘及所在板块的强弱背景为基础,依靠目标 3 天的各级分时图"KDJ＋五要素＋缺口",再加上当日 3～5 分钟 K 线,做出强弱的判断。

(一)坚守红线

"分时黄线和昨收盘价"作为红线看待,随时做好下穿后交易窗口"超低限价"卖出点的准备。

(二)看成交量

重点关注前 3 分钟每分钟成交量颜色(红白绿),注意长白线,尤其要警惕连续的大绿柱。

(三)关注缺口

缺口,哪怕是一分钱的缺口,不论何级分时,其强弱指示意义重大。向上缺口保留指示支撑和攻击,缺口封闭则不是"逼空真强",不买要卖;同理,向下缺口保留指示压力和走弱。

(四)结合 KDJ

结合 KDJ 三线之间协同力度、金叉时间、强弱和背离,预判逆转风险。

(五)拒绝低开

连板攻击进入加速度节奏时,出现早盘平开或低开,都是"该强不涨则为弱"的表现。

(六)反抽压力

大幅低开时,前日收盘价就是强压力,等待 3 个 15 分钟 K 线组合成型后,再做 T 的买卖定夺。

(七)逆转预判

从已连拉板数出发,运用"三五法则"及延伸 1357 定理,做好逆转的风险预判。

（八）聚焦新高

T 买入依据"1＋1＋1"限定，不创新低、创新高是一个基本的技术要求。

三、前 3 分钟强化卖出

根据开盘卖出第一优先原则，要反复强化和激发，及早打开交易窗口，事先设定较低的限价（有利无害），利用其中几秒钟的冲高秒出，掌控主动。

四、前 3 分钟禁止买入

作为追随者，至少也要有 3 分钟的走势才会有最小、最短、最快、确定性的技术分析依据。在这之前的时间，禁止买入，静观待变，坚信依照"确定性"。3 分钟之后，立足确定性分时技术分析，才可以开启 T 买入程序。

五、最后三分钟意义重大

弱与强是以当天收盘价为准认定，没有到最后 3 分钟，一切皆有可能。最后 3 分钟是强攻击目标有走弱嫌疑时，十分重大的"去弱留强"决策时刻。

第 207 篇——2024 年 1 月 15 日记

聚焦止损支点的历程

一、"温水煮青蛙"的成因及对策

"有物有我的后果"总结多个目标反复陷入"温水煮青蛙"困局的原因如下：

第一，遴选目标非龙头；

第二，没有严守方程式（1＋1＋1 限定）；

第三，忘却弱者不言底；

第四，去弱留强丢一边；

第五，有物有我陷错觉（可能当必然，溢出不自觉）。

二、话"心空、选、买、卖"

从东安动力的正向体验出发,说明今后"只做龙头"就解决了"心空、选"的问题。做功的重点落到了解决"两个支点",其中"做 T 支点"是一个赚多赚少的问题,没有那么紧迫,关键是解决"止损支点"要刻不容缓。

三、去弱留强

落实"两个支点"的宗旨是:反思"去强留弱"的错误心理,并在动态盘面感知强与弱,总结强弱的四种形态。尤其要在"三五法则"视角下,关注从分时开始的强弱逆转变化,力求"提前一拍"采取行动。这样就既确定了三种目标形态的基准,也明确了"似强不涨则为弱""似弱不跌则转强"的强弱判断基本依据。

四、立足应对假龙头

如果"只做龙头"而落地了"真龙头",那么一切就会水到渠成。依据逆向思维,从最差的可能出发,既要"立足应对假龙头",重点聚焦"止损支点",也要立足应对"倒 V"——最极端、最具杀伤力。应对"倒 V"具体措施是:对照六点看环境、支撑压力看缺口、落地"1+1+1"限定、依据"三五法则"提前和延后、加速度和强度递减规律落实 1357 定理。

五、早尾盘 3 分钟买卖依据

应对倒 V 最重要的时点是早尾盘 3 分钟,尤其是早盘 3 分钟。我们把内涵定位为"每一秒惊涛骇浪",明确早盘前 3 分钟"强化卖出、禁止买入",也说明了最后 3 分钟的重大意义。为了练就真本领,在"三铁律"基础上,提出了"分时黄线、昨收盘价、成交量颜色、缺口、KDJ 协同、低开、板块排名"等具体工具,特别强调"不遐想,看事实"。

不说过往的"温水煮青蛙"案例,1 月 2 日道明光学就开启了破纪录的倒 V"温水煮青蛙"(见图 8—1),而 1 月 11 日尚纬股份尽管拒止了"温水煮青蛙",但并没有处理好"三铁律"(见图 8—2)。这说明光知道重要没有用,只有具体严密、可操作的量化体系——练就"止损支点"真本领的量化向导,才可能真正解决"去弱留强",落地"雷霆了结、闪电卖出"。

图 8-1 道明光学局部日走势

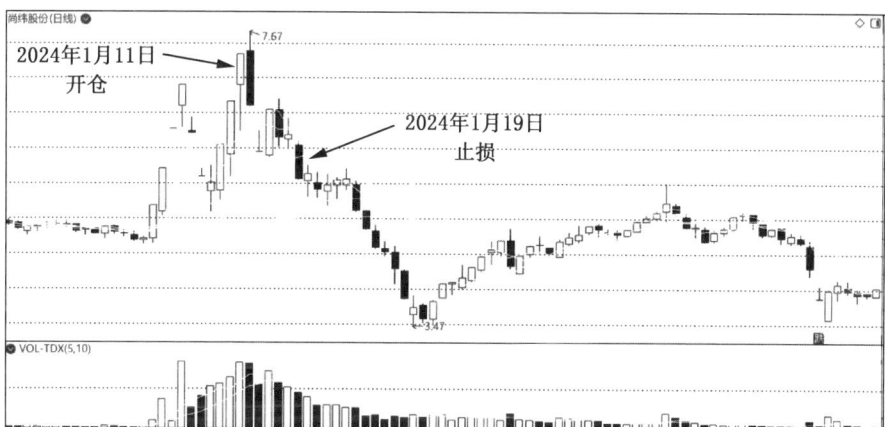

图 8-2 尚纬股份局部日走势

第 208 篇——2024 年 1 月 23 日记

止损支点量化向导

真功不磨叽,去弱护体系;挨刀会常有,智者快脱离。

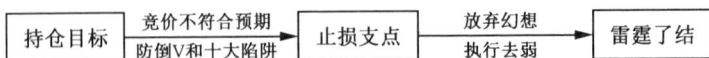

```
┌────────┐ 竞价不符合预期  ┌────────┐ 放弃幻想  ┌────────┐
│ 持仓目标 │──防倒V和十大陷阱→│ 止损支点 │──执行去弱→│ 雷霆了结 │
└────────┘              └────────┘          └────────┘
```

一、开启模式

接受踩雷,不找理由,认错认输,开启"立足应对假龙头"思维模式,强化"三张图",放下杂念,"不遐想、看事实",雷霆出击,不管三七二十一,执行"一低二抽三了结"的纪律。

二、应对宗旨

(一)跨越早盘去弱

最要紧的是跨越早盘3分钟去弱这一难关。当"事实已走弱"时,第一要务是降低仓位,严禁加仓摊低成本。

(二)准备惊涛骇浪

在"三铁律"基础上,做好"每一秒惊涛骇浪"的准备,坚信"似强不涨则为弱"。走弱的目标,任何时点卖出都是对的。

(三)早盘强化卖出

落地"1+1+1"限定,铭记早尾盘3分钟"强化卖出,禁止买入"。

(四)落地关键枢纽

"破位止损去弱"是"保安全,高机动,有效率"把握新机会的关键。

(五)不及预期快卖

新低不过夜,不创新高就了掉。打开窗口准备卖,越不及预期越要卖,越快越主动。

三、宏观视角

大盘分时黄线——分类指数排序——所在板块指数——目标板块排名——热点切换可能——护盘指数动向。

四、主要工具

判断的主要分析工具有:三大支撑、三种走向、三五法则、三点三线、三不原则、三天视角、分时黄线、昨收盘价、低开缺口、量能颜色、前高前低、1分钟K线、KDJ协同、不创新高、包含线、均线拐头、五要素、卖出123、三化卖出、

1357 定理、炸弹构图、恐杀 6 类型、防 10 大陷阱、二大催化剂、倒 V 成因三类型、倒 V 基本模板、事不过三法则。

五、尾盘时刻

（一）尾盘要去弱

强攻目标有走弱嫌疑时,最后 3 分钟是十分重要的"去弱留强"决策时刻。

（二）防诱多陷阱

尾盘把股价推高收盘,严防次日早盘低开休整,拟大幅减仓或清仓。

第 209 篇——2024 年 1 月 27 日记

第九章

见招拆招——实操之做 T

　　股市运行的本质是不确定性,即使在一个 3~5 天趋势比较确定的短期,分时走势的波动轨迹也是无法预测的。为了应对这种不确定性,让资金高效动起来,把涨跌都转化为机会,并锁定其中的确定性部分,实施 T+0 是唯一可行的策略。不同类型的目标,需要不同的应对措施。如果有较强的应对能力,就会有惊人的奇效。在具体的实操中,不管是闪电出击买卖,还是恐杀落下买入,时效性都极强,是一种高要求的实操技术。这需要有众多股市交易底层逻辑的支撑和运用,需要反复锤炼,要因人而异、循序渐进。

巨超卖出指导

　　根据"做最强"的原则,当一个概念板块起来后,需要综合分析聚焦谁是龙头。能够第一时间判定自然很幸运,更多的时候需要时间给出答案,要有一定的耐心。既然是龙头大哥,是真巨超,主力一定是有备而来,而志在高远。

一、真巨超一浪判定

　　假如主力操作计划仍是目标一浪攻击(主力内心早已策划好了),不管大盘走势多难看,对龙头走势可能只是以小时计的影响(刚好顺势大清洗),收盘日 K 线图一定会保持原有强力的攻击态势。这就为实盘操作带来了巨大的考验,要做好一天就是 20%巨震的思想准备(这是操作巨超的基本素养)。

这既具挑战性,也很刺激。

判断是否仍然属于龙头一浪攻击的依据:每天创新高,量能保持稳定,沿 5 日均线流畅攻击(可能受大盘恐杀影响,偶尔盘中会有破 5 日均线)。

二、真巨超二浪判定

某一天收盘价(不是盘中,是收盘价)大幅收低,即一浪攻击结束,进入二浪调整。以此类推,三、四、五浪走势亦然。

三、真巨超一浪卖出

当个股走势仍然符合一浪走势时,留有底仓是必要的,避免完全踏空。实操中,如遇大盘恐杀,即使早盘卖完,午盘也要紧盯,择机买回部分筹码。

四、真巨超二浪卖出

当个股确认进入二浪走势后,说明市场已切换新热点。根据 20%震荡空间原则,卖出策略应改为主动止盈为主。我们要学会优雅地在封板上挂单卖出,放低预期,落袋为安。

五、真巨超三、四、五浪卖出

参照一、二浪卖出策略执行。

第 210 篇——2022 年 3 月 3 日记

技术分析与买卖时点
——关键时点的实盘技术运用

一、技术分析实战的全部

(一)动静结合落实买卖

目标个股的选择是基于日线构图的静态技术分析进行的。由于初步符合条件的目标不止一个,进入实操层面还涉及从多个目标个股中实时选择一个开仓买入的过程。这个最后的决策过程是基于实盘分时走势进行的动态技术分析,这才是完整的技术分析实战运用的全部。

(二)实盘动态决策过程

时刻围绕"选择预期条件已发生的目标＋六个动作"即"1＋6"展开决策和行动。这个过程是技术分析的终极考验,时效性强,要求按照预设条件快速行动。

二、物体做功原理的运用

(一)向上需要资金推动

就像物体向上运动需要外力做功一样,大盘向上运动也一定要有外部利好的强烈刺激和资金的有力推动。

(二)向下只需预期改变

牛皮市大盘走弱后大跌,并不一定要有多少新的宏观条件的突变,完全可能是某些小的变化,甚至是谣言,把多种已积累的认知和情绪叠加而形成一种强化引发恐杀——形成自由落体,满足大庄家的战略指引——既然缺乏上升空间,不如挖坑取势。因此,依据大盘事实已发生的走势,作为决策依据应该是最可靠的。

(三)弱势随时可能恐杀

牛皮市大盘"五个时段"的"高位"和"走弱及恐杀预期"的衔接,有时是相互重叠的。实操策略是交叉使用的,只是不同的视角看同一个动态的时点。

三、大盘走势平稳时的买卖

(一)早盘尾盘重要

实盘大盘走势在原有趋势内运行——比较平稳时,早盘和尾盘时段更为重要,中间时段相对可操作的机会较小。

(二)追击时间紧迫

实盘动态对高开高走个股的决策时间最为紧迫,时效性最强。因此,早盘开盘阶段对此类目标可能的走势,需要有一个优先重点的安排。

(三)轻大盘重个股

当大盘在原有常规的范围内平稳运行时,实盘操作中自然可以看淡大盘走势,集中精力聚焦目标个股。在重视"三五法则"的条件下,使实操保持简单化。

四、大盘走势异动时的买卖

(一)紧盯逆势机会

大盘实盘已逐步走弱开始恐杀走势时,盘中目标个股的逆势走强是极佳的决策依据。因此,在大盘恐杀日,动态实盘 4 小时更加需要时刻盯盘,以便及时发现机会和做好卖出判断。

(二)严防泥沙俱下

大盘实时走弱并出现某指数破位之后,就要有大盘进一步走坏的思想准备。如果大盘出现恐杀,绝大多数个股都不可避免要受拖累(泥沙俱下),唯独真超受大盘影响有限,且恐杀第二、第三天最有可能出现极端标志性的走势——天地板。

(三)提前空仓等待

当大盘在实盘运行中出现异动、特别是向下异动时,就要提高警觉,重视大盘指数动向。如果第二天走势依然是向下大幅异动,没有企稳迹象,不要找理由,只看结果。实操坚持保守谨慎,做好大盘进一步恐杀的准备,耐心等待,多观察几个动态交易日。

(四)紧盯最强目标

在大盘恐杀时段,紧盯最强,锁定第一,耐心待机,果断行动,把"做最强"原则落到实处尤为重要。

(五)谨防强势补跌

大盘实时走弱并出现恐杀之后,早盘走强的非"最强者"有随时回撤风险,务必高度警觉,趁早了结。

第 211 篇——2022 年 9 月 11 日记

做 T 之精髓

一、化危为机

(一)5%是基准

实盘中大于 5%的波动才是攻击态势,T＋0 至少也要有 5%才可以做,不能看太细太小的波动走势。

（二）高抛低吸

分时走势是主力做出来的，不可预测，应对是分时不创新低就加一点，走高突破前高回踩再加一点，跌急了就买一点，涨多了（5%）就卖一点，分成多个一点就从容了。加仓后有 5% 空间就可以卖一点，如此反复程序化做。

（三）分批买卖

在实操中，要实现事后看来比较理想的 T+0 是很难的，只能用常识判断，并分多次小额操作平衡。

二、短期均线拐点危险

短期 5 日均线、10 日均线出现向下拐点前 1～2 天，就要高度重视短期走势逆转的可能性，按照会发生逆转的要求做好 T+0 实操（或者清仓了结）。最关键时点是拐点前一天不创新高收盘已成定局时（包含线、低点下沉高点下移线），T+0 要把持仓降至 1/3。这是具体的、明确的纪律要求。

三、坚守当天完成做 T

本质内涵是 T+0 当天了结，除非出现意料之外的封板来不及卖了（也就是说不考虑涨停，如果遇上涨停才可以次日完成 T，但次日一定要做到当天了结），否则，无论如何一定要在当天做完整的 T，要么就不要做。这个原则是坚守纪律、养成习惯成为自觉的行动，在任何大风大浪环境下，才能行稳致远。哪怕赚 1% 都是真胜利——积小胜成大胜的根基。

四、涨跌都是机会

涨跌都是机会是指一手是股票，一手是现金。如果筹码涨了，你是胜者——一半资金在手上，本金很安全、很安心，另一半资金在为你下金蛋，这是多么美妙的事情（不能去算空仓的踏空部分，如果一定要算，就要把可能回踩的缩水也要一起想进去，才是完整的思考，心态才会平和）。如果筹码跌了，那就为手上的资金跌出了空间，获得了做 T 的机会。涨跌都是好事，涨跌都是机会。

五、把握 T 节奏

T 不会天天有，也不能天天做。当日 K 线处在攻击态势时，可以多做几次。如果 10％开仓后很快就实现盈利,也可就此了结,锁定收益。

六、抛弃真超思维

（一）以区间目标对待

不管目标个股看起来多少条件符合真超,但没有走成真超之前,它就不是真超,也不要想成为真超的可能性,而应该依据事实,把它当成普通攻击型目标定位,实施 T 操作。

（二）从容加码非真超

相信一个基本的道理,能从容买到筹码的目标,肯定不是连续逼空暴拉的真超(真超从空间上看是每天都是板,从分时看是干净利索),至少现在这个时点还不是,因此可以从容、优雅地做 T。

七、区分日线和分时构图强弱

强弱是相对于大盘和所在板块的相对强度。如近期日 K 线(3～5 天)相对大盘走势是强,则目标个股属于主流,反之就是跟风盘。如分时走势(3～5小时)相对大盘分时走势是强(同框每分钟比较),则目标个股当日属强势,可相对放心,反之就要高度警惕,做好随时撤退准备。

八、T 能化解极端走势风险

如果正巧买在高点,次日被套最优的方法是第一时间(以秒计)止损。如果次日直接跌停只能被动参与调整,面对这种极端的走势,就必须通过倒 T来化解风险。

九、T+0 减仓

（一）日级变盘节奏快下手

开仓目标次日低开是可以接受的,但半小时不能突破前日高点,就不符合强势的特征,是日级技术变盘的危险信号,最好直接了结。如果心中还有一点迟疑,那么第二波攻击不能突破第一波高点时,就必须立刻决断。这是体现卖出无思考的关键时刻。

（二）卖出要卡自身节奏点

个股卖出与大盘和板块关联较小,有时甚至相反。错过了节奏点,就是错过 3～5 天的时间,就会陷入反复被动,因此,在实操中要放低预期,有一个点是一个点,只要有点,就是胜利。

(三)卖的真正高手

糊涂卖、闭眼卖、从容卖、优雅卖,是大众争着、追着要买的时候卖。

(四)落袋为安挂嘴边

求胜不求全是第一要务,故易胜能胜,落袋为安时刻要挂在嘴边,落到实处。

(五)体验奖金入口袋

一次成功的 T+0,就相当于把差额部分的钱从市场里奖励来了,真真实实地放进了口袋,是最真实的存在。

(六)预设卖点成交的好处多多

资金安全了,利益锁定了,落袋为安了,时间节约了,资金又可配置了(再次 T+0)。

十、T+0 加仓

(一)快速走高快速加仓

低吸目标个股次日顺势低开后,5 分钟内快速涨 5%,回踩 2% 企稳后,正是标准的加仓时点。开盘后越是快速走高,特别是涨 5% 以上时,事实证明是强,就越要优先随时准备加仓做 T+0。

(二)基本空间要求

T+0 空间目标是 5% 以上,空间太小不可行,看得过细会影响对大局的判断。

(三)多想想次日早盘低开

不管日线整体构图看来是怎么好看、如何强,当早盘目标个股大幅冲高 T+0 后,如果目标个股动态分时逐步走弱,绝不是买的好时机,应该卖。

(四)诱空小恐杀时点的看盘程序——择时分次买

第一,日 K 线构图保持强势。

第二,目标个股在关联板块、日 K 线(3~5 天)对大盘的相对强度。

第三,日 K 线相对大盘弱时,T+0 就要低预期 3%;相对大盘强时,T+0 可高预期 5%。

综合上述要点,一旦攻击停顿下来,60 秒内快速做出决断并实施 T+0 减仓。

(五)减仓不是加仓

当前一天收盘还是强势的目标个股,次日开盘明显弱于预期大幅低开时,减仓是更高级的一种决断,如有 5% 以上的更低位,再做倒 T+0 低吸。

十一、三种倒 T 运用

（一）标准的倒 T+0

当天早盘冲高卖出,回落后当天尾盘买回。

（二）弱势倒 T+0

当天早盘低开反抽时卖出,继续一路走低后尾盘买回。

（三）广义倒 T+0

一旦发现当日开盘价是预期最差走势时,迅速止损了结,等数天股价回到 20% 区间底线时,再行买入。这从根本上化解了止损心里的痛点。

第 212 篇——2023 年 1 月 17 日记

3 天实操模板

强烈回踩和普通攻击型目标作为实操选择对象之一,目的是要通过 T+0 完成超短线操作。不管是强力运作还是普通攻击,其短期走势的不确定性都很大,主力经常采用反技术的手段进行。其中最极端的走势是第一天大幅回踩,第二天大幅低开后强力攻击至封板,第三天又大幅低开近乎跌停,处置不当,风险极大。"3 天实操模板"可以化解这种极端走势的风险,甚至可以实现获利了结。

一、3 天实操模板内涵

第一天强力回踩后开仓,第二天在强力低开的低位加仓买入,等冲高以后卖出,第三天开盘如果出现这种极端的走势,注意——不是加仓,而是快速了结。这样,可以锁定加仓的利差,实现盈利。即使出现亏损,也是极其微小的,后续一年内还可以通过盘旋式实操,实现整体盈利。这种极端的走势如果能够盈利,就没有什么可担心的了,可以从容开展超短期 3～5 天的实操战略。

二、实操有严格的要求

第一天开仓要分批低吸,多考虑尾盘的杀跌,尽量把开仓的成本降低。

第二天大幅低开有足够空间后,敢于在快速恐杀时加仓买入,且当天一定要在冲高后完成 T+0。这是要坚守的原则,是该模板实施的保障。

T+0 本质内涵是当天了结,除非出现意料之外的封板来不及卖了(也就是说不考虑涨停,如果遇上涨停才可以次日完成 T,但次日一定要做到当天了结)。只有坚守纪律、养成自觉行动的习惯,才能在任何大风大浪环境下行稳致远。

第三天如果以最差的方式——大幅低开开盘,特别是开在 5 日均线之下(危险信号)时,反抽 5 日线快速了结。

二、倒 T+0 延伸模板

当早盘实现了"3 天实操模板"操作后,极大的可能是当天会有一个强烈的回踩,甚至接近跌停。如果目标个股还是处在运作初期,主力是出不了的,尾盘可以考虑再 T+0 买回,开启倒 T+0 模式,也许可能会有意外的惊喜。

不管庄家怎样凶悍,带来多大的惊涛骇浪,让他人感到崩溃,其目的只有一个,就是通过至少 4~5 周、放大量、反复巨震高抛低吸把股价推高,实现在高位让小散看好跟风接盘。面对这种凶悍的庄家,倒 T+0 是应对的妙招,不管是何种 T+0,并不是天天可以做的,把眼光放大到 3~5 天去。

有了"3 天实操模板",就为可能出现最差的走势提供了具体的应对实施方案,以确保不会出现被深套。

第 213 篇——2023 年 1 月 19 日记

T+0 卖出

"做 T 之精髓"呈现了做 T 减仓的六点应对措施。为了进一步明确做 T 的精要,完善相关内容,以手册的方式方便指导实操,再次强化 T+0 卖出条款如下:

一、滴水成河,聚沙成塔

一周赚 1% 一年就赚 70%,过往太小看每一次小的盈利。如果要改变,就要从每一次冲高时实施快速卖开始。

二、主角和配角之别

主角 3～5 天清洗一次,配角 3～5 小时就会发生大清洗。

三、涨了卖是真理

涨了卖原则上任何时候都是对的,因为相比之前肯定是赚了。

冲高点卖要糊涂,利用动态冲高时点卖个好价钱,是没有时间考虑的,以秒为计,必须程序化操作,糊涂卖、闭着眼卖。

四、卖的真正高手

糊涂卖、闭眼卖、从容卖、优雅卖,大众争着、追着要买的时候卖。

五、落袋为安——只有卖了才是你的

求胜不求全,故易胜能胜。落袋为安时刻要挂在嘴边,落到实处。如何破解冲高难以快速下手卖? 应对办法如下:

(一)排除杂念

看着是那么强,想着可能会涨甚至涨停——只要有这一念头犹豫一下,就一定会错过执行时点。

(二)换位视角

这是你的想法,主力大多会反着你想的方向走,否则主力只能吃西北风了。

(三)正确思路

与昨天比较涨了,比昨天高了就是赚了。

(四)账面虚无

账面的盈利不是你的,是虚无的,随时可能灰飞烟灭。

(五)锁定盈利

只有卖了,才是真实存在的,才叫落袋为安。

六、敏感分时技术拐点

60 分钟短期均线一旦走平,KDJ 出现顶背离特征后,更大的可能会走成死叉而向下调整。关键时点是拐点前一天不创新高收盘（包含线、低点下沉高点下移线）已成定局时，T＋0 要把持仓降至 1/3。这是具体的明确的纪律要求。

七、冲高点卖的具体步骤

（一）提醒告诫

一旦目标个股盘中有上攻的动作，首先告诫自己：账面是虚无的，随时飘散，只有卖了，才是你的，才叫落袋为安。

（二）强弱标准

关注前方 5％的节点，这是强弱的分水岭。

（三）预设点位

开始设定攻击到什么点开始减仓、减仓多少？

（四）记录设定

做出具体的、明确的书写记录（否则就会随意改变，无法落实，而又回到老路）。

（五）停顿即卖

确保目标一到，一旦攻击停顿，60 秒内立马下单，完成当天的 T＋0 就是胜利。

（六）放低预期

目标个股强于大盘时设定 5％区间，目标个股弱于大盘时，设定 3％区间。

八、体验奖金入口袋

一次成功的 T＋0，就相当于把差额部分的钱从市场中拿到奖励，真真实实地放进了口袋，这是最真实的存在。

九、预设卖点成交的好处多多

资金安全了，利益锁定了，落袋为安了，时间节约了，资金又可配置了（再次 T＋0），这样的好处太多了。

第 214 篇——2023 年 1 月 23 日记

T＋0 买入

"做 T 之精髓"有专门的"T＋0 加仓"条款,比较简单,但不够完整。为了细化不同类型目标的应对策略,有必要设定 T＋0 买入专题,以便指导实操。

一、加仓心理准备

(一)强化心理暗示

高手在散户不愿买、不敢买、想出来时,才会分批买入。每个实操动作之前,必须要有至少 5 次的超深呼吸,以应对焦虑的身体,平复心境。

(二)四种 T＋0 适用条件

顺做型适用初期低开买、冲高卖;倒做型适用初期冲高卖、回落买;广义型适用止损加跟踪;持仓型要求全面统筹流动。

(三)大视角看加仓

加仓不是也没必要天天做,要从 3～5 天的视角思考,强弱转化是有节奏而需要时间的。

(四)主角和配角之别

主角连续拉升 3～5 天后清洗一次,配角连续跌 3～5 天后才有一次弱势反弹。

二、大众(二浪)型加仓

(一)前置条件

第一,区间底部已获支撑,或者距离区间顶部仍有空间。

第二,加仓也是再次开仓,"谨慎开仓"要温故知新。

(二)快速落下才张嘴

一周赚1%一年就赚 70%,乃滴水成河。别想一口吃成大胖子,主力不会让你如意的。改为一口一口吃,张嘴的时间一定等待快速落下来之时。

(三)KDJ 构图揭示短期方向

普通攻击型 KDJ 构图三条线分太开会显无力,预示着需要回调修正,因为"握紧拳头"才能积蓄攻击能量。

三、真超型加仓

(一)快速走高快速加仓

低吸目标个股次日顺势低开后,5 分钟内快速涨 5%,回踩 2%企稳后,正是标准的加仓时点。开盘后越是快速走高,特别是涨 5%以上时,事实证明是强,就越要优先随时准备加仓做 T+0。

(二)突破高点要快要狠

高开高走突破高点者,加仓要快要狠。

四、加仓须谨慎

(一)规避加仓陷阱

分时在 3%~5%区间的震荡走势,很容易吸引韭菜上桌。盘中千万不能轻易开仓,很容易被割韭菜,到收盘前再视走势定型后再定夺为上策。

(二)迷信分时构图是误区

主力意图难以捉摸,分时变化是很快的,只能作为参考。而真理是"强势股天天创新高",不创新高就了掉。

(三)多想想次日早盘低开

不管日线整体构图看来是怎么好看、如何强,当早盘目标个股大幅冲高 T+0 后,如果目标个股动态分时逐步走弱,走成一个弱的分时 K 线图时(如收敛三角形等),盘中绝对不能再买,绝不是买的好时机,应该卖。尾盘也不能急于买入,需多考虑次日早盘低开的概率。

第 215 篇——2023 年 1 月 27 日记

卖出基本模板

封板次日开盘第一分钟,开始冲得很高又快速回落,这是一个危险信号,一秒一个价,要准备充分,准备快速减仓行动。

当目标个股开始拉升至预设的卖出区域时,启用一分钟 K 线图,作为最终卖出的参照依据。

一、T+0 卖出

(一)运用 KDJ

第一,当 15 分钟 KDJ 在低位,股价突然大幅拉升时,再结合 5 分钟 KDJ,是卖出的节奏点。

第二,当 15 分钟在高位将形成死叉时,再结合 5 分钟 KDJ,是卖出的节奏点。

(二)蓄势形态

第一,低开逐波走高,近尾盘仍然是一个包含线,昨日收盘价附近是卖出好机会。

第二,开盘大幅拉升 8％～9％突然停顿,如果没有个股消息或板块效益,试盘的可能性更大,停顿秒杀。

二、了结卖出

(一)运用 KDJ

以 60 分钟 KDJ 作为主要的参考指标卖出。其中,连续放量震荡上攻的目标,60 分钟 KDJ 第二次顶背离的高点,是了结的一个重要参照指标,有效概率挺高。

(二)被动止损

第一,高开冲高回落,快速打到昨日最低点,是典型的穿头破脚,是强烈的危险信号,反抽昨日收盘价,要火速了结。

第二,高位开盘破位,反抽 5 日线、10 日线附近,是仅有的逃命机会,越弱,反抽的高度越小。

(三)主动止盈

第一,当目标运行接近 20％区间顶部时,高度警觉,随时了结。如果其他要素也处在不利状态,就放低预期,火速了结。

第二,当日 5、10 日线其中一条或两条向下拐点或走平,早盘 5～15 分钟内,每分每秒都有可能惊涛骇浪。

第三,低点、高点其中一个下移或两个同时下移,除非封板收盘,否则都是转弱的强力信号,收盘前果断了结。

T＋0实操原则

一、现象、根源和对策

(一)现象

第一,早盘持仓目标快速拉升后的停顿时点,实现秒杀的几乎没有做成过,T＋0雷霆和沉稳说来容易,实操很难,往往正好是相反的。

第二,一个持仓目标不管盈亏,次日实盘往往首先想到的是T＋0买入,而不是根据实际情况多想点T＋0卖出。

第三,手上已经持有筹码,涨了卖了就是赚了,常常还着急T＋0买入。

(二)根源

这是"做多机制＋内心有求"所决定的心理反应,是来自骨子里的怕踏空、多盈利的心理。T＋0雷霆和沉稳的要求是反人性的,不要寄希望能自主解决。

(二)对策

严格按照"3天实操模板"和3～5天小波段实操的限定,通过制度约束,实现模板化、程序化、简单化,以期走出这种困境。

二、T＋0种类和实操原则

恒大高新做T是最差的,原因是"刻舟求剑",两个阶段做T几乎都做反了,完全丧失了节奏。其实质是没有分清目标构图类型,混淆了实操基本原则。

(一)二浪强烈回踩型

二浪强烈回踩型是明确以分时为主参照的"3天实操标准模板"。

其实操基本原则:开仓次日小幅低开或平开,1∶1方式T加仓,如大幅低开可1∶2方式T加仓。

(二)强烈巨震推升型

放巨量沿5日线大幅震荡推升,每天都有完成1～3次T＋0机会,节奏踩好,收获惊人。年初恒大高新7天的运行是典型构图。

其实操基本原则:全部执行 1∶1 方式 T＋0,了结的主参照是 60 分钟 KDJ 一次顶背离大幅减仓,二次顶背离果断了结。

(三)区间震荡蓄势型

区间构图决定了目标不是该时段主流,开始拉升 1～2 天往往就是高点了,应该是 3～5 天才完成一次 T＋0。2 月恒大高新运行是典型案例。

其实操基本原则:冲高后至少减 1/2 至 2/3 或全部了结,几天后再择机加仓。

第 217 篇——2023 年 2 月 19 日记

理想的 T＋0 模式

一、错误频发的 T＋0 买入

(一)蓄势目标类型

错误主要发生在蓄势形态的目标上,既然是蓄势,庄家可根据大盘和人气随时转换方向,因此难以把控。

(二)主要发生时点

主要集中在开盘几分钟——大盘和目标走势还未成型,匆忙行动极易做反了,需十分谨慎,以等待明朗。

(三)雷霆处置补救

当 T＋0 买入后,如发现错了,就要立马承认错误,雷霆了结,避免"温水煮青蛙"式下跌——别忘了,即使盘中反转,也可以随时再买回来。

二、T＋0 综合运用

(一)目标自身

顺做和倒做 T＋0,3 天实操模板广义 T＋0(先止损,再低位回补)。

(二)持仓之间

早盘卖出部分弱势股,买入开盘明显强势股,冲高 T 出,再买回弱势股。早盘强势股冲高卖出,尾盘买入次日预期攻击股。备用金早盘买入开盘超预期强的持仓目标,实现 T+0。

(三)新开仓

早盘目标冲高卖出,盘中有好目标新开仓真超和二浪型目标。集合竞价出来后的 5 分钟,是谋划资金怎么 T+0 的关键 5 分钟。事先怎么想脑子都是不够用的,最好的办法是现场对所框定的目标,包括持仓和新开仓的目标逐一设想,现场排列组合,这样就能尽量做得完美一些。

三、理想的 T+0

(一)不动用新资金做差价

持仓目标冲高后先卖出 1/2 仓位,再在低位买回,再冲高再卖出 1/2。

(二)动用持仓一半资金做差价

在开盘不利的环境下,在恐慌杀跌低点买入 1/2,冲高后卖出 1/2,若再次回落再买入 1/2,再冲高再卖出 1/2。

(三)不动用新资金做负向差价

持仓目标出现最差极端走势开盘,一次了结难以下手,那么先减仓一半,心理压力就会大大减少,如出现有空间的更低点企稳,则可在低位 1/2 加仓,如有冲高再减 1/2。

T+0 是短线模式十分重要的战略安排,一定要重视,并充分动起来,其中的潜力超乎想象,是大幅波动目标最大的可挖掘资源。

第 218 篇——2023 年 6 月 11 日记

实操"3～5 天 5%"实施细则

一、长期底部已转强目标

(一)基本特征

第一,周 K 线已调整 3～5 周企稳后转强(老热点),或周 K 线已调整数个 3～5 周企稳后转强(新热点)。

第二,日 K 线已突破所有均线,形成多头态势,本次攻击时间在 1～3 天以内。

（二）切入时点

适合盘中试盘，尾盘视情况再定夺是否正式开仓。

（三）实操要求

第一，开仓次日执行首操铁律，没有 T＋0 加仓考虑。

第二，实操 KDJ 强弱转化以 3～5 天为基准，要有清晰的认知。

二、前期强势已调整到位的目标

（一）基本特征

第一，周 K 线已在强势区运行 3～5 周，大构图"五要素＋KDJ"强势。

第二，日 K 线已次级调整 3～5 天，股价已接近上升通道下轨。

（二）切入时点

适合次日早盘不创新低后的开仓为上策，或者也可在前一日收盘前开仓，此为中策（下跌动能已枯竭，没有下策）。

（三）实操要求

第一，"上策"无需特别的资金配置准备，"中策"最好有"1＋1"资金预留准备，类似执行"3 天实操模板"。

第二，此类目标最易被多重均线的表象压力所蒙蔽——切记"一板空间之内没有压力"，前提是中期均线趋势保持向上或即将转向。

三、预期主升浪早期目标

（一）基本特征

第一，前期是市场大热点，受普遍关注的年度金股。

第二，高位已完成 ABC 三浪调整，现已在低位明显转强的目标。

（二）切入时点

在超跌位置起板之后回调 3～5 天，在不创起板位置新低时，是切入的好时点。

（三）实操要求

第一，第一次参与以区间内目标 3～5 天 5％的预期实操。

第二，此类构图有一种最好的演化就是走成主升浪。

第 219 篇——2023 年 8 月 17 日记

休整日早盘的卖
——指令化、程序化、简单化

主力运作一个目标需要 3～5 周至 3～5 个月不等。如果是中期运作，80％时间都处在震荡市当中，另 20％是主升浪的快拉及之后的恐杀时段（这是另一命题）。震荡市中主力不管怎么谋划，都可以把每天的交易归类为攻击日或休整日。其中，休整日如何配置资金是实操中普遍会遇到的一个大事情，其中可挖掘的潜力巨大。

在主力吸、洗的震荡市中，按照"三五法则"，主力总是拉几天又调几天，具体是哪一天拉或调，外人是无法预知的，但主力常规开盘前会做好拉或调的设定。对于跟随者，只能从早盘开盘后的 1～5 分钟运行情况做出相应的判断，通过最多 5～15 分钟运行，基本可以判定主力当日的意图是攻还是调。当判定当日是休整日后，需迅速做出决策并雷霆出击，这要求很高。

一、休整前一日走势特征

如果前一日市场运行平稳，主力就会尽量在尾盘把股价推高收盘。这样做，一是可以吸引接盘者、提高换手率，二是次日休整可以把 K 线做得更加吓人、让人害怕，以便实现清洗的目的。其实，这样的 K 线走势，可走的筹码是尾盘了结的最好时机。

二、休整日走势构图有五种

一是高开冲高回落；二是高开直接走低；三是低开冲高回落；四是低开反抽回落；五是低开直接走低。

三、休整日不同走势的对策

（一）冲过昨日收盘价的走势

冲高至保本价附近减半，不管是涨跌都可以从容应对。再涨肯定可以小赢了结，再跌低位回补可以做倒 T，还可能做两次 T。

（二）低开反抽昨日收盘价的走势

低开反抽到昨日收盘价附近先减一半，与上一条同理，不管涨跌都是很好应对的。

（三）低开小反抽不及昨日收盘价的走势

走典型的弱势反抽，反抽时迅速清仓是上策。

（四）低开无反抽直接打到当日最低价的走势

不管是开盘几秒钟减半，还是等反抽后减半，实操难度很大。这样的走势往往是保持强势目标的强力清洗。

早盘卖出后如符合预期下跌，需要重新审视目标是原浪型内的调整还是进入了新浪型的调整，以此决定尾盘是否回补以及回补多少仓位的问题。

有了早盘减半的系统安排，只要在大盘相对平稳，符合"三五法则"的节奏，且非周末时点，就可以放心偶尔重仓过夜。早盘不管是何种走势，只要及时做出减半的安排，风险是可控的，一旦遇上攻击日就会提高资金的使用效率。

第 220 篇——2023 年 8 月 31 日记

T 买入二类型
——低吸和追击的适用条件

意识决定行动，凡事预则立，不预则废。要做好一个目标的 T，前提是要真正感知其股性，通过构建"画面语言"路径五步骤，从更大的视角出发，运用"三五法则"，对目标阶段走势有一个预判，做好盘前"深耕"，坚决避免盘中的临时决策。

要动用手中资金的 T 买入，一定是基于目标符合预期范围内设定的条件发生，即"强弩之末"恐杀时的低吸和分时已明显转强的追击二类型。

一、盘中恐杀落下买入（诱空）

"恐杀落下才张嘴"其实质是要在目标已经过"真恐杀"后，再杀已处在一个"强弩之末"的时空，是吓唬人的"真诱空"，要敢于大胆出手 T 买入。具体的抓手是基于日线、30 分钟、15 分钟 KDJ 的强弱和背离辩证关系的运用。

（一）日 KDJ 弱势区空头排列

当日 KDJ 处在空头排列且处在弱势区间，调整时间大于 5 天时，30 分钟

KDJ 处在多头强势区间,如早盘大幅低开,可以大胆做 T 买入。

（二）日 KDJ 强势区空头排列

当日 KDJ 处在空头排列,但仍在强势区间运行,且调整时间近 5 天,30 分钟 KDJ 出现一次背离,在低位形成金叉时,盘中可以考虑当日 T 买入,因为当日再下跌的概率极小。

（三）目标上升通道运行,日 KDJ 空头排列

目标持续均衡放量运行在上升通道,日 KDJ 处在空头排列,且调整时间已 3～5 天,30 分钟 KDJ 出现一次背离,且有止跌 30 分钟 K 线,收盘前可适当加仓,重点是次日早盘攻击的追击。

（四）15 分钟 KDJ 低位金叉

15 分钟 K 线快速回踩 60 日均线或 120 日均线,KDJ 形成低位金叉时是做 T 买入节奏点。

（五）15 分钟 KDJ 强势金叉

15 分钟 K 线连续蓄势后,KDJ 已金叉处在强势攻击区,是做 T 买入节奏点。

二、动态向上追击买入（真攻）

第一,早盘不创新低开盘,快速攻击前一日阴性实体后,快速买入,是扫把原理的具体运用。

第二,主升浪目标早盘创新高后回踩企稳时,快速买入。

第 221 篇——2023 年 9 月 25 日记

成爷之道
——限定"昨天、今天、明天"的步步垒营

实现区间内目标 3～5 天 3％～5％收益率,现有体系十有八九为之准备。区间外目标,大开大合、简单明了。

一、卖之精髓

重点是"区间内目标"如何雷霆了结的问题。

二、休整日早盘的卖

深入"震荡市"休整日之具体应对。

三、雷霆出击

与"卖之精髓"互有特点,相互补充,因此每天必读。

四、开仓次日的止损

强调"去弱留强"是始终要坚决执行的第一准则,其意义和措施全面具体。

五、拒止"温水煮青蛙"

其根源是"构图十有八感知,一不强化就会变换尺码,犹豫片刻就会陷入困局"。拒止是高机动的"关键枢纽",是体系的战略保障,因此必须每天强化。

六、破解卖下手难

是对之前卖的总结和深入,认定"看分时"是拒止难的根本症结,因此必须每天强化。

七、落实若即若离

人性的弱点极易产生溢出效应,打断思维惯性须强制性转化环境。

八、落地乘数效应

用七言诗句概括了如何以"五五方略"高效配置资源,其多视角、很全面。

九、"三点三线"照乾坤

为众多卖的措施落地用一张宣纸框定边界,感知板块资金脉动,强化触碰即止。

十、早盘时刻的命题

意在充分调动、高度聚焦早盘 3～5 分钟的敏感时点,因此必须每天强化。

十一、动态推定之决绝

用最简单的量能、颜色、划线、"三五法则"看分时图,推定出目标强或弱的结论,30分钟内付诸行动。

十二、系统控制指令

起点控制指令有七点总结,重点是"四化"战略、放弃幻想、认知时段、慢才是快,经典是"三五法则"指令。

买卖执行指令是"系统控制"之买卖的指令化,重点是战略保障"三铁律"、早盘3～5分钟命题、恐杀六类型、卖不看分时简单化、早盘卖出意义最大。

十三、空仓是战略

回答了为什么空仓的重要性,要求每一次战役都要十分严肃地对待,要有超强的定力和魄力,落地"提前一拍空仓"。

十四、空仓的关联

用五句七言诗句,从空选买卖的战略高度做了精辟的经典总结,因此必须反复细品、铭记在心。

十五、实盘决策系统

看盘程序"目标六要点"很实用,要常习而温故之。

十六、区间界定与效率

强调区间内目标雷霆卖(包括封板)的重要意义。

十七、平和清醒心理的实用

胸有成竹,需要认知和实力支撑。

十八、首操的铁律

首先要树立"首操"的理念,最有用的是"后续构图五节奏"。

第222篇——2023年10月18日记

成爷之三"要"

把程序化内容转化为行动指令,少想、少看,简单化。在止盈时主动走、提前走,在止损时强制走、快速走。创造弱者的局部优势,发挥仅有的唯一优势,让庄家打不着、伤不到。

一、区间内目标卖出之要

(一)避免坐电梯

区间内目标走向是最复杂的,只有你想不到,没有庄家做不到,一切皆有可能。因此,弱者唯一的优势,是利用实现乘数效应,只有取其一瓢就走人,否则就是来回坐电梯,耗时、费神、吃力不讨好,还特别容易陷入"温水煮青蛙"的陷阱。

(二)简单出奇效

执行 3～5 天的区间内目标,无需太深入,最好少看盘,只要在视线之内即可,3%～5%预期一到,闭眼了结,真正实现"高效机动、多配置",更有可能"简单出奇效"。细致盯盘反而容易变化尺度、犹豫不决、迷失方向,而偏离"五五方略"的精髓。

二、条件反射式卖出之要

(一)落袋为安

求胜不求全,故易胜能胜。只有卖了,才是真实存在的,才是落袋为安。犹豫片刻 1%～3%没了,有时还可能灰飞烟灭。

(二)滴水成河

一周赚 1%一年赚 70%,过往太小看每一次小的盈利了。要改变就要从每一次冲高实施快速卖出开始,才有可能让乘数效应的理想变成现实。

(三)快速脱离

身在明处被身在暗处的人挨上一刀是不可避免的,重要的是挨刀后要快速逃离,包扎止血——只有智障者才会站着不动,接连挨刀,任凭鲜血直流。踩雷是预料中的事,重要的是要十万分重视"开仓次日的止损"和"新低不过夜"。在这敏感时段,一刻也不能离开,一刻也不能懈怠,从开盘直至收盘的每一分钟。

三、七言诗立成爷之基

心境平和看风云,潇洒雷霆王者气。

去弱留强定基准,心理优势话空仓。

细品真攻不磨叽,温水煮青蛙必拒止。

节奏转化有规律,三五法则贯终始。

第 223 篇——2023 年 10 月 27 日记

买卖节奏篇
——融通后的觉悟(四)

一、为何开盘第一优先是卖出

买入是赚多赚少的问题,卖出特别是止损的卖,是关乎资金安全和整个体系正常运行的战略问题。另外,一旦做 T 买入,当日就不可能清仓了结,一旦遇上系统性风险,就会被动躺平,而且卖出的参照会以当日买入价为参照,影响理性决策。

二、"攻击停顿"解读

(一)攻击的两个视角

一是连续日 K 线处在主攻时段的日攻击视角;二是连续日 K 线已处在震荡时段的分时攻击视角。

(二)攻击停顿

一是日线已不创新高,则日攻击停顿,主攻时段结束,进入震荡时段,准备退出;二是震荡时段攻击是指区间内实盘中的分时攻击,是标准的"攻击停顿,闪电卖出"的时点。

三、为何闪电出击难

其原因有二：一是视觉冲击造成压力；二是没有事先心理设定。

（一）冲高攻击卖出难

连续分分秒秒向上攻击，视觉会被强烈地冲击，从而带动心理的变化，思维很容易被动态构图吸引而受控制，从而产生"向上的思维定势"，因此有时难以从时刻跳动的分时图中走出来。

（二）恐杀落下买入难

和上述上涨的态势同理，往下打压视觉会造成巨大的压力，从而产生"向下的思维定势"，也难以从时刻跳动的分时中走出来。

只有通过若即若离，把眼睛的视觉和思维都离开盘面至少 5～10 分钟才可能克服思维定势，让动的静下来，转换视角、冷静评判、理性思考。

四、解读"1357 定理"

第一，"1"就是严守"首操铁律"，开仓次日就了结，目标入已实操池。即使遇上真龙头，后续仍然机会多多，不足为惜。

第二，"3"是专为巨二浪型目标定制的模式。

第三，不论何种目标，有 5～7 天攻击都到了转换节奏的极限了，应强化规避风险，否则必将付出几倍的"1357 代价"。

第四，"1357"也是对不同类型目标持仓时间的红线思维，不可触碰。要求每天在"持仓目标每天盘后"中对每一个持仓目标明确提示，成为固定内容。任何目标持仓时间不得超过"7 夜"，即使是中期布局的目标，也要了结后再择机切入。这是一条铁律。

五、划生命线

画出不可触碰的红线，军令如山，止损以秒为计，没有时间、不允许、不需要思考。

六、高手买卖节奏的参照

第一，大众想买入时，能再等待 3～5 小时；

第二，大众兴奋要追着去买入时，冷静卖出；

第三，大众不敢买或恐慌要卖出时，分批买入。

七、难得说容易

已登场表演的目标,如果切入时点恰当,3～5 天赚 3％～5％是容易的。要看到背后的不易是"恰当时点"和 3～5 天赚 3％～5％的心态,需要等待,可遇不可求。

八、均线拐点

均线不是可有可无的,尤其是 20 日线、30 日线、60 日线中期均线的拐头指示意义重大,提前预判警示十分重要。

九、"一快一慢"之理——雷霆与沉稳的适用

所有的买卖动作,该快时雷霆出击,该慢时沉稳耐心地等待,精准感知和把握庄家的做盘规律是一种至高的境界,力求日积月累、逐步靠近。

其实质是要求在动态时点推定后续走势构图最大的可能,这是一个要走进庄家内心,感知其操盘手法的历程。这难度极大,但也应该努力做到。

其具体的抓手是运用双向规律、三五法则、十大工具、三种走向、四字经、九大陷阱、恐杀六类型等要求判断其是逼空真攻、踩踏真杀、震荡蓄势、由攻转震、由震转攻、见顶清仓与否。

(一)卖出要快要狠

第一,低开止损,保护资金安全;冲高卖出,锁定确定性利润,实现滴水成河,聚沙成塔,故卖出"要快要狠"。

第二,越是超预期走势极差的目标,卖出越要快要狠,不要去找寻有利的因素,不管三七二十一,只看事实走势的结果。第一优先要考虑的就是无论如何要把仓位降下来。

(二)买入要慢要稳

第一,超预期低开,说明要诱杀清洗,必然会有更低、更从容的做 T 买入机会,大多有 W 底的构图,故买入"要慢要稳"。

第二,逼空式走势的概率 1/10,快、狠会有超额的收益,但毕竟 9/10 是常态,故对凡人来说,买入要慢要稳,主体都是对的。

十、低吸与追击的占比

逼空拉升只占坐庄的一小部分(1/10),大部分时间是诱多或诱空的震

荡。应对的节奏是少数时点要气吞山河,大部分时间是恐杀落下才张嘴。

十一、锁定确定性的条件

要落地"锁定确定性"为主的盈利模式,就必须放大视野,聚焦高速运行、大幅波动(大于 5%)的主流攻击龙头。当目标波动小于 5% 时,做 T 是难的,应该认定目标已失去攻击性,不再是主流龙头,特别应该规避——视觉错觉。

十二、锁定盘中利差

任何时候都不要想一口吃成大胖子,主力不会让你如意的,要学会饭一口一口地吃,以实现滴水成河、聚沙成塔的效果。

十三、倒 V 成因三类型

倒 V 是最具杀伤力的假龙头,要规避其害,就要了解其成因,具体成因有以下三类型:

第一,顺势借机拉高做个短差,并开始收集筹码准备坐庄。

第二,庄家已准备就绪,但大盘弱势,人气不配合,被动大幅回踩。

第三,板块已有龙头大旗领衔冲锋,目标借势跟风短炒几天,退出后打回原形。

十四、倒 V 基本模板

第一,连杀 3 天大跌 30% 左右是所有巨二浪型目标必走的第一步。

第二,如果后续逐波缩量阴跌,就确定为"温水煮青蛙式"倒 V 模式,成交量小于 5% 是重要的标志性依据。

第三,如果跌 20% 后就反手强攻并保持大成交量,则排除倒 V 模式,可考虑巨二浪 3 天的实操。

十五、事不过三法则

事不过三是庄家诱导散户的必用工具,其实质是通过几次反复强化形成定势,之后再打破这个定势的"变招",相信构图走势不会简单重复。

第 224 篇——2024 年 1 月 21 日记

做 T 支点量化向导

——核心是"锁定确定性"适时转换仓位

做 T 是除"锁定和止损"之外的买和卖,包括冲高止盈和恐杀后的买,其实质是在"三点三线"预期内的"高抛和低吸",其根本依据是用"四字经"判定目标所处的可参与时段。做 T 的关键是重仓、轻仓、清仓(止盈)的适时转化,核心是"锁定确定性"。

一、做 T 卖出

第一优先是卖出——"攻击停顿"闪电卖出;要快要狠——止盈时主动走、提前走,举重若轻,取其一瓢,锁定确定性;如果被封一字跌停,倒 T 是唯一对策,原则不动用新资金,企稳后期效果更显著,相信弱向强转化需要时间。

二、做 T 买入

做 T 买入的核心是紧抓"诱空恐杀之节奏"——"买入二类型"之"恐杀落下买入"适用巨二浪等区间内目标——逼空走势概率 1/10;低吸是主体——超预期低开买入等 W 构图;要慢要稳——防加仓陷阱(以日线构图为主,迷信分时是误区;5%以内波动是震荡不是真攻击;冲高尾盘回落谨防次日低开)。

三、做 T 了结

"1357 定理"是红线思维,5～7 天攻击已是极限,不过"7 夜"——均线拐头预示意义重大——依据"三五法则"提前或延后、加速度和强度递减规律,执行三不原则。

四、锁定确定性

锁定确定性的条件是波动大于 5%,快速落下的空间和时点很重要——分批次买卖是对三种走向的最好应对——3%～5%已是一个月的理想值,已很成功,应该很满足。

五、基本遵循

事不过三原则,变招是常态,不会简单重复——每天实盘预防恐杀 6 类型——防"十大陷阱"是照妖镜和清醒剂——管好一亩三分地,深耕几个踏空目标一定是大胜者——阶段 1～3 周相对稳定持有 3～5 个目标——区间内目标走向是最复杂的,只有你想不到的,没有庄家做不到的,一切皆有可能——主角连攻 3～5 天后清洗一次,配角 3～5 小时清洗一次——开启逆向思维。

根据 1～3 周预期向上 20％空间、3～5 天一次反复做 T 的原则,"做 T、锁定、止损"三个支点是相互转化的。当目标冲高卖出清仓或轻仓后再回补就是新的"锁定支点",当目标破"三点三线"下线时就转化为"止损支点"。

第 225 篇——2024 年 2 月 12 日记

理念指引做 T
——千锤百炼铸利器

一、开启逆向思维

第一,普通人看日 K 线的直觉取向是向上的动力和空间,往往轻视下跌的风险和概率,想的是如何赚钱,很少想怎样会亏钱。

第二,为了应对纷繁复杂的市场,强化逆向思维训练,一切从下跌空间和时间的可能开始审视,以应对施策。

二、逆向思维的密码是"逆转"

第一,盘面感知的抓手:恐杀六种类型＋构图"十大陷阱"。
第二,基本依据是"三五法则"。

三、股市的本质是"不确定性"

第一,即使庄家也只能是诱导和主导,不能精准掌控——应对最好的办法是像阴阳太极一样,一手有股票,一手有现金。

第二,当大盘或目标走弱时,第一要务是降低仓位,重仓持有目标非常危险。

四、决定成败的核心是仓位

第一,什么时候、什么目标配置多少仓位,是决定成败的核心。整体配置是重仓? 轻仓? 空仓? 这是至高的学问,一切都珍藏在 10 年苦苦探寻的思想文稿中。

第二,仓位配置执行"1＋1＋1"内涵是基准,"强"是抓手,严禁"弱者"摊低成本是关键。

五、让资金动起来

第一,"高流动性"就是让资金充分动起来,冲高就卖出、破位就卖出、分批次卖出。

第二,充分"动起来",不仅是三种走向的最好解读和应对,而且能够不断强化积累雷霆出击的经验和体验。

六、"分批次买卖"的依据

动态走势是不确定的,这是存在交易的前提。"分批次买卖"是动态可能的三种走势最好的解读和应对,特别是在趋势不明或明显调整时尤为如此。

七、与庄共舞的路径

第一,遴选锁定高速运行、大幅波动的目标。

第二,在瞬息万变的市场,用期货做 T 手法,把握大幅波动所产生的涨跌机会,在动态 4 小时中锁定确定性利润。

第三,通过 3～5 天轻重仓位一转换,以应对主力变招。

八、抓主要矛盾

第一,资金重点配置龙头真超为主,非攻击目标最多开仓一只。

第二,人的思维能力是有限的,一时只能聚焦一个重点或重仓目标,特别是早盘开盘 3～5 分钟和尾盘收盘的关键时点尤为如此。

第三,"去弱留强""立足应对假龙头"任何时点都是主要矛盾。

第 226 篇——2024 年 2 月 15 日记

附录一

名人名言

第一部分——理念篇

投资是战略管理。——《百战奇略》

战略渗透我们生活的各个方面。战略的核心问题是:我们是否可能操纵和塑造环境,抑或只是成为不可抗拒力量的受害者? ——劳伦斯·弗里德曼《战略:一部历史》

无志之人常立志,有志之人立长志。——《为什么领袖是毛泽东》

古之立大事者,不惟有超世之才,必有坚忍不拔之志。——(北宋)苏轼

成功人物最重要的共同特质是百折不挠。——《帝国崛起》

困难就像老鼠,听到脚步声它就溜了。——聂荣臻

不要错过机会,生命比你想象的要短。——《百年孤独》

如果你的逻辑是正确的,而你采用的资料又是正确的,那么你的结论就一定是正确的。——(美)巴菲特

掌上千秋史,胸中百万兵——全局在胸,细部在目。毛泽东精通哲学,他认为"战略持久"和"战役速决"是一件事情的两个方面。"战略守势"和"战术攻势"回答了持久战和速决战的辩证关系,解决了防御和进攻在时间上的矛盾难题。——《毛泽东用兵真如神》

千磨万击还坚劲,任尔东西南北风。——(清)郑板桥

愿君此地攻文字,如炼仙家九转丹。——(唐)吕温

第二部分——定位篇

现实中很多人想研究很多,什么钱都想赚。我和巴菲特都没有妄想太多,

我们追求做得更少。机会是有限的,每个人能分到的机会很少,人生只要抓住少数几个机会就够了。——查理·芒格

普通人埋头做事,高手精心做局,更高明的人是破局。太极原理是借力打力,破局原理是"借局做局"——运筹帷幄。做局的关键是制定规则,破局的关键是找到规则漏洞。——《破局与做局》

把战争完全导入"扬我之长击敌之短"的轨道,将运动战、阵地战、游击战紧密结合起来,落实机动的灵活性、严密的科学性。

毛泽东特别强调把战略上的稳和战役战术上的拼有机结合起来。在反围剿中表现为:"磨"字作为战略指导,"快"字指导具体的战役,结合实际,绝不胶着恋战,只求胜不求全,故能胜易胜。

战场的胜负永远取决于"主动或被动"一字之别。发生"被动"地位的事是常有的,重要的是要快速恢复"主动"地位。——《毛泽东用兵真如神》

第三部分——支撑篇

夫功之成,非成于成之日。——(宋)苏洵《管仲论》

你到底能否成功,不只取决于你的头脑和勤奋,还需要品行。——(美)巴菲特

打仗没有什么妙计,如果有,那就是"知彼知己",根据实际情况做出正确的决策。制胜要诀只有一个"变"字——法无定法,由变求通,由变制胜,融汇百家之长,不拘泥于书本教条。要打弱敌,关键是如何找准弱敌——这需要时间。——《毛泽东用兵真如神》

离你越近的地方,路途越远。最简单的音调,需要最艰苦的练习。你的负担将变成礼物。你受的苦,将照亮你的路。——(印)泰戈尔

任何真理都是一套体系。成功的路是最窄的,更没有捷径。多数人一辈子都不知道,只有向下看才会有真正的成功。——《为什么领袖是毛泽东》

看似寻常最奇崛,成如容易却艰辛。——(北宋)王安石

人生的每一天的每一分钟的每一件事情,都是盖你的"历史大厦"的每一块砖。——曹德旺

成功是一个坏老师,从失败中汲取教训更重要。——(美)比尔·盖茨

把自己能做且愿意做的事情做到极致。——(美)乔布斯

唯有每求真是的执着,"实事求是"才可能变成潜心求索,扎扎实实做事,求得"真是"的大法。——刘少奇

旧书不厌百回读,熟读静思子自知。——(北宋)苏轼

有一分付出就有一分收获,日积月累,从少到多,奇迹就可以创造出来。——鲁迅

喜欢就能学会,入迷就能学好,疯狂就能学精。——李祥霆

不须辛苦学神仙,九转功成亦偶然。——(宋)李光《反舌》

问渠那得清如许? 为有源头活水来。——(南宋)朱熹

天将降大任于是人也,必先苦其心志,劳其筋骨,饿其体肤,空乏其身,行拂乱其所为,所以动心忍性,曾益其所不能。——(先秦)《孟子》

第四部分——控制篇

没有什么能比攀登于真理的高峰之上,然后俯视来路上的层层迷障、烟雾和曲折更使人愉悦的了。——古罗马哲学家

毛泽东强调"预见",但从来不迷信"预见",总是根据实际情况不断进行修正。

有了"我的一套",就能制约"敌人的一套",从阵地战到运动战,你打我时"打不到、摸不着",我打你时"打得准、打得狠"。

三十五计用完后,如果战争已没有回旋的余地,那么用上第三十六计——"走"为上。

精通哲学的毛泽东构建了战争中博大的时空观,一部反围剿史,就是一部"以空间换时间""以空间换战机"的作战史。以部分根据地"空间"的丧失,争取到集中兵力选择战场和疲惫敌人的"时间",取得最后的胜利。——《毛泽东用兵真如神》

智慧不是天公的恩赐,而是积累的结晶。——阿富汗谚语

没有人给我们智慧,我们必须自己找到它。——(法)马塞尔·普鲁斯特

第五部分——实施篇

与巴菲特午餐的收获是深刻意识到"简单"和"常识"的力量。学习形成的偏见和利益的诉求会蒙蔽我们的眼睛。——黄峥

懂得"常识"的人很多,践行"常识"的人太少。你们知道了,而我却做到了。——(美)杰克·韦尔

不要着急,最好的总会在最不经意的时候出现。——(印度)泰戈尔

快乐是人生中最伟大的事——快乐做事,快乐生活,快乐坚持。——(苏)

高尔基

　　打仗没有什么神秘,"打得赢就打,打不赢就走"充分揭示了主动与被动,打与走的辩证关系。

　　处于敌强我弱的战略被动地位时,只有战役战斗的绝对主动来争取战略上的主动。

　　毛泽东总能从败仗中汲取教训,再转化为胜势,而"走"是基本的方法。光走不打是战斗中的逃跑主义,光打不"走"是战斗中的拼命主义。——《毛泽东用兵真如神》

　　兵无常势,水无常形,能因敌变化而取胜者,谓之神。——《孙子兵法》

　　　　　　　　　　　　　　　　第 227 篇——2024 年 9 月 22 日记

附录二

龙头战法的数学原理

——《香象渡河》摘要（一）

非百战无以谈知，非践行无以谈理。

我常常有一种感觉，做龙头和做数学题一样。做数学题是什么感受？逻辑推理，一步一步推导，理性求证，小心冷静，一点都不能带有个人的情绪，是冷冰冰的。一个细节没有考虑到，就有可能算错。从计算、多因子分析、推导、求证、验证，这些是龙头战法最常用到的。这也是数学最常用到的，所以说龙头战法是一道数学题。

一、投资是科学也是艺术

投资到底是科学还是艺术呢？投资有很多灵感性的东西，依靠个人的直觉判断和经验的积累，无法标准化，无法模型化。比如基本面、竞争力、题材级别、K线的强度、分时图强度、形态强度都是不好数学化的，这就是投资的艺术性成分，和美术、音乐、书法、茶道、文学一样，道也，近乎技矣！投资还是科学，它含有越来越极端的科学性，需要量化，需要定量分析。

投资既是科学又是艺术，当艺术的地方应该越来越艺术，科学的地方应该越来越科学。同时，能够给予科学化的地方就不要去艺术化，不能够科学化的地方再求助于艺术。

二、求极值的数学思维

数学中求解的思维与龙头战法的思维是不谋而合的，或者是龙头思维就是求解数学思维在股市上的运用。龙头股是什么？龙头股就是沪深两市最强的股票或人气最旺盛的股票。

三、求中心的数学思维

股票的心,就是股市的心脏;股市的核心,就是龙头股。

在股市上寻找人心更有意义。人心所向就是人气,就是光芒万丈,就是众望所归。"得散户者得天下"说的就是人心所向的股票。

四、因子分析

龙头战法有两个地方需要特别用到因子分析:一个是定龙头,一个是定买卖点。

定龙是确定谁是龙头。当我们在对一个疑似龙头股进行审视的过程中,会用到很多的角度和方法,其实也就是对各个因子展开分析。比如,题材因子、行情因子、形态因子、盘口因子、大盘因子、板块兄弟股票因子、时机因子等。其实,这些因子是可以形成一个数学策略的,可以把它们赋予不同权重比,形成一个初步判断,然后再在这个基础上人工筛选,由此就可以把定龙和买卖龙头实现科学和艺术的结合。

买卖点就是确定具体的入场和出场时机。这个当中虽然有很多随机应变的地方,但是其应变的依据也都可以化为因子分析,如空间高度、盘口筹码锁定程度、市场跟风程度、量能等。事实上,并非一定要用复杂的公式才算数学,用数学的逻辑和思维思考,制定策略,做出简单的数学博弈模型,同样是数学思维。

五、空间思维

普通股票是爬行动物,对它来说节奏是第一位的;而龙头股是飞行动物,对它来说空间比节奏更敏感。

回顾所有龙头的路线图,我们可以发现一个规律,90%以上的龙头股都有常见的空间高度。当我们把这些空间高度再三等份,就成了龙头的低位区、腰位区和高位区,即形成了龙头空间划分。

根据定量得出的空间高度,再做定性的事情,如高位的洗盘和低位的洗盘,其介入方式就完全不一样。腰部期间的追高和高位区间的追高,需要注意的因素也有天壤之别。如此,就可以用定性法指挥买卖,不再是用特征法买卖。

六、多与少的问题

股票这个东西,并不是你出手越多越赚钱。这个道理说出来好像很多人都知道，但真正能够把它心领神会并身体力行的凤毛麟角。其根本原因在于，很多人只是明白了其语文的含义，没有彻底明白其数学上的含义。什么是数学上的含义？就是真正好的机会是非常少的，大的龙头极其稀缺，绝大多数的交易完全可以不做。

怎样培养这种品格呢？就是要少看股票书，多读历史书、哲学书，甚至是国学和佛教、道教的书，这样作用更大。智慧在于故事当中，在于哲学思维中，而不在 K 线里，因为人性被无数个历史故事和哲学所呈现和阐明。

事物的性质是由少数决定的，所以少才是根本的点。品味这些关于少的诉求，就会慢慢把少作为一种品格和价值观融入自己的心性，然后再结合股票的实践，就很容易认识到股市的一些根本性的道理。原来股票的本质不是多的渴望，而是对少的坚守，并不是做得越多赚得越多。这是一个数学思考，也是一个哲学思考。

七、关于 0 的问题

作为自然数，都有具体的所指，有直接的意义，但是 0 跟它们不一样。有研究认为，0 的发明与佛教的智慧有关，0 其实是一种认知的革命。人本能的智慧很容易理解有，但很难理解无。随着数学的发展，0 的意义已经远远超过"没有"这个层面，还可以表示物理上的一种状态，比如温度计上的 0 度。

0 是无，更是一种取舍，一种哲学。那么，投资上的 0 是什么？是空仓，是什么都不做，是投资中最重要的一种状态。有时候，市场很差，根本不值得交易；有时候，市场毫无逻辑，或者我们根本就理解不了市场的逻辑；更有时候，突然发现暂时看不懂市场了，这个时候应该把 0 派上用场。

0 仓位的最大价值在于它可以对抗一切。0 既可以回避一切灾难、暴跌和风险，又可以像一切机会和价值随时敞开。零仓位在投资上的意义，甚至远远超过 0 这个数字在数学上的意义。

我们应该把 0 仓位这个概念刻印在心里，种在自己的世界观里，让它变成一种至高无上的存在，一种常常用到的策略。

八、快与慢

快与慢是数学问题，也是物理问题，它是用来讨论速度的。在龙头战法看来，如果没有定龙之前，买得早反而是风险；如果确定龙头后，买得稍微晚一点反而安全，是确定性。因为龙头股需要有一定的高度才能识别。

　　龙头是在博弈中一步步走出来的,如果没有博弈的过程,谁也不知道哪个是龙头。在这个过程中,必须牺牲一点时间和高度,所以龙头战法并不是比快的游戏,而是比谁对火候拿捏得恰到好处。

　　当然,龙头战法也不是比慢,一旦定龙后,一秒钟也不能耽搁,必须策马扬鞭,第一时间拥抱龙头。快与慢是根据龙头能否确定来定,而不是从速度本身来看。这就是龙头战法快与慢的辩证逻辑。

附录三

龙头战法

——《香象渡河》摘要（二）

一、什么是干货

对于新股民，给他一个涨停板才是干货。如果他是一名高手，给他一本好书就是干货。

如果不学习、不反思，无论别人给你什么东西，你都认为不是干货，因为你肚子里没有货。你找别人要干货的时候，其实是在想省去自己的努力总结，直接找到终极真理。这个世界有这么好的事情吗？

我觉得，只要在某个领域沉淀多年以后，认认真真写的书和文章都是干货。干货的核心在于自己，而不在于外界。如果自己的修为不够，即使是面对干货，也会视而不见。我们要做的是提升自己，多思考、多反思，一旦遇到真正的干货，能够把自己的困惑和思考与干货相互碰撞，这样才能得到真正的干货。

二、龙头战法是个系统工程

芯片是一个彻彻底底的系统性工程，比造原子弹还难，一个需要集成若干个领域知识和技术人才做出来的极品。

投资也是一个系统工程，价值观、股市观、心法、工具、自我管理，必须系统集成才能够战胜股市，这个过程不比造芯片容易。

股票这个系统至少包括三方面的东西：对市场的认知，对方法和工具的掌握，对自我的处理。只有三方面全部都得到突破，形成系统性的突破，才能够真正做好股票。

三、见路不走,顿悟股道

见路不走就是实事求是,其核心就是破执念,不唯经验,而是根据市场的具体情况选择最佳的策略。

真正的龙头战法绝非单纯的技术,它是一套操作系统,它是源于投资者对市场环境、政策导向、主导资金、热点题材、周期轮动及人性的深刻理解。

市场上基本面非常好的股票也有许多,但并不是能够随时买入,股价还需要在大盘环境、当下主流题材风口以及主力资金的配合才能走牛。技术面不是用来选股的,技术面是用来择时的。那些技术图形没有走好的,套你没商量。

龙头股的本质就是第一性和领涨性。对于白马股龙头来讲,只要不出现高位的放量大阴棒,上升途中的小调整,都是低吸加仓的好买点。所以,对于市场确认的白马股,只要上升趋势没有破坏,要尽量悟股、悟股、悟股!这就是所谓的"涨势宁可错,也别错过"。

四、道可道,可常道

"有道无术,术尚可求,有术无道,止于术。"通过线下龙头交流会议,我的交易发生了如下变化:明显降低了交易次数,只做符合龙头股特征的股票,选股的数量和交易的数量大大降低,交易成功率也提高了。90%的时间选股,10%的时间交易。每天关注只有A股不到1%的股票,只在热点模式内交易。

所有的一切再完美,最终要接受分时盘口的一票否决制。也就是说,如果分时不认可,要么不是龙头,要么选错了龙头,要么市场发生了变化。如果分时认可,每一步都走得对,当然要坚定地买入。

在我的世界里,一切都是可以定量的,尤其是股票交易,一切必须定量。我做到了,并遵循着。

五、见性不留佛,悟道不存师

股市做的是整体布局,布置格局的是人,而人用思想布置格局。这个过程往往既体现了人性,又顺应了道。

在股市中,只有掌握了道,懂得了规律,且能提炼出一套完整的交易体系就会发现,个股就是一个套利的工具,仅此而已。

道就存在那里,对每个人都是公平的,就看你对人、对世间规律的了解和掌握,看你能不能先把亏盈放一边,专心顺应道的规律而交易。术,是道的表现形式,如梦幻泡影,如露亦如电,应作如是观。兵家预谋天下,必先利其刃,股市亦然。人是股市的主体,而非上市公司,想做好股票必须先研究人,而非股票本身。成功的投资大师就是思想家、哲学家而非经济学教授。

天下武功,唯快不破。股市的规律其实很简单,实操的修炼却很不容易。

六、大道至简,御风而行

股票的基本面、技术面、题材面、资金面,不管是已知的、未知的,还是有形的、无形的都在影响股票的量价时空,最终的合力决定其未来的趋势。

为什么我那么强调术(技术分析)呢? 因为走势是股票具体的、直观的、唯一的表现形式,是市场合力的最终体现,走势可以代表和说明一切。

K线和成交量的变化也只是表象,更深一层的驱动力量是其背后的逻辑分析和推理。预期带来了波动,拐点给出了机会,趋势形成了空间,走势说明了一切。

股道就是人道,强者恒强就是天理,股票的核心和精髓,也就一个字,强或涨。如果再修饰一下就是领涨,如果领涨的是整个盘面,那么这只股票就真正成为大盘的旗帜。

如果题材特别好,就淡化对技术层面的要求;如果技术层面特别好,就放松对事件驱动或领涨的要求。

青春易逝,生命宝贵。我们没有几个三五年来折腾,要敬畏市场,步步为营,把股市投机这个微弱的胜算概率通过时间来慢慢放大,即可基业长青。

七、龙头悟道

龙头股不常有,大多数的时候是在等待,利润虽然很高,交易的频率却很低。当你完全空仓以后,你就会发现,你的感觉会钝化,会失去对盘面的敏锐,当机会来临时,你就会失去兴奋感而犹豫不决,甚至怀疑自己的判断。

当"空仓等待和保持手感"这一矛盾出现时,为了保持手感,就要求最好每天都有交易,可以很少,甚至小到1手,但是一定要参与,因为只有参与了,你的关注度才会提高,才能够保持敏锐感觉。

任何行业都是内行人赚钱,要想在股市中赚钱,就必须让自己成为内行人,而成为内行人的唯一途径就是不断地学习、锤炼。

格局有多大,舞台就有多大;心有多大,世界就有多大。只要你有操盘大资金的雄心,当大资金到来的时候,也许只会淡然一笑,并没有什么狂喜和冲动,因为在你内心早已经在按这个资金量操盘了。

在股市中,一个人的道就是他的综合能力,术就是具体的方法。术能不能发挥作用,取决于道的指导。

一个心态积极的人,他会想尽办法去成功。门进不了进窗户,窗户进不了墙上凿个洞,总之,只要他自己不放弃,没人打击得了他,遇到什么困难都能笑颜以对。

八、我心目中的龙头股及龙头战法

在这个世界上,不缺少勤奋的人,很多人缺少的其实是人生的方向。先找对方向,然后快马加鞭,我们才能够顺利到达目的地。

股市的确需要天赋,但这里的天赋和智商关系不大。这里的天赋主要是指性格,在股市中性格决定成败。

做任何事情顿悟会常有,但在"知道"和"做到"之间,相隔一个太平洋。股票交易也是如此。

近朱者赤,近墨者黑。登高才能远望,平台决定你的视野。接近高手并学习高手,见贤思齐是任何一个行业超越平凡并达到卓越境界的必经之路。

对500万元以下的小资金来说,空仓—全仓龙头—空仓,是做大的最好模式。根据我自己全仓一股进出的心得,这是一个小资金值得努力追求的方向,是小资金对自己的最高要求。

附录四

赢家智慧

——《操盘之神》摘要（一）

一、股市辩证法

（一）该涨不涨的定数

该涨不涨，不能看涨；该跌不跌，不能看跌。

（二）该涨不涨的变数

该涨不涨，必有大涨；该跌不跌，必有大跌。

（三）投资的三重境界

无招—有招—无招胜有招

（四）明显的机会是风险

公认的支撑就会跌破，公认的目标不会达到。

（五）时空的远离是前提

不在空间上远离，就必然要在时间上远离，两者必具其一。

（六）忘掉自己的成本

做人不能忘本，做股一定要忘本。投资失败的原因就是成本的心理压力——成本让人们作茧自缚，慢性自杀。投资心念成本是万恶之源。

（七）调控仓位太重要

放大利润靠仓位，遏制亏损靠速度。多头趋势时满仓暴赚，空头趋势时空仓少玩，这是最根本的生财之道。

二、赢家法则

（一）猎庄之道

猎庄的办法很简单，测算并记住主力的成本，并据此盈利。主力的成本包括老主力被套的成本线、新主力建仓的成本线。

（二）时空为魂

天下第一经《易经》其实从头到尾讲的都是时空的转换。要想赚得多,只能以时间换空间,要想赔得少,只能以空间换时间。

（三）风控三法

概率法——事前评估概率8分以下就一股都不买。仓位法——事中按照仓位的大小控制风险,以心理可承受为基准。止损法——事后破位后的被动处置,雷霆出击。

（四）ABC炒股法

把资金分成三个账户,A户长线,B户短线,C户现金。一人三户,长短不误,一票两做,双重收获。在牛市A户多配,在熊市A户基本不配。

（五）裸盘交易法

只看最简单的量价图,只留下裸露的K线和量柱。通过最纯洁、最直接、最有效的量价分析和关键位置上的水平线,确认主力成本,直击交易逻辑。

（六）填单法则

买单填高不填整,卖单填低不填整。一旦决定买卖,便要确保成交。

（七）3天法则

计划短线运作的目标,一旦买进后3天不涨就卖掉,容忍度只有3天。

（八）亡羊补牢

决定买进的股票盘中涨幅跑赢大盘,并超过开盘价的1‰,立刻买进。非常看好但未完全下定决心买的股票,没买就开始飙涨,立刻先用市价追买1/4,再等回头追加,不回不加。

三、十全武功

（一）事不过三

事不过三法则有无处不在的神奇妙用。事不过三是针对参照物的攻击,首先要明确参照物(攻击目标),其实质是对颈线的攻击。往往会出现事不过三刺探,四渡赤水确认,有三必有四,不成也得成。

延伸使用便是3天回踩之后的突破颈线,以及脉冲型涨停——两次开板缺口的价格落差和时间间隔都先松后紧,都属于健康开板模式。如果封板"三开",视为见顶的预警信号,时间一般在3周至3个月。

（二）举重若轻

举重若轻代表了职业看盘的核心机密。其含义是:按照常规的逻辑,一定是越涨越费劲,越涨越需要更多的资金护盘和推进,能缩量(或平量)推进,就是举重若轻——前提是多头把敌人已歼灭在决战之前的挖坑阶段。

缩量过顶是不得不涨,不得不涨才是厚积薄发、后劲十足的最强上涨。涨停不封板又不放量,是可遇不可求最安全和震撼的绝佳买入信号。

(三)断层回补

股价突破前高,孤军深入之后必然留下断层。当拉回休整之时,若回补断层,则步伐坚定踏实,对中线发展有利。若不回补断层,则表明短期强势,但中线必有后患。断层回补,果断买股,看得明白,赚得清楚。断层回补黄金坑,只买黄金不杀生。

(四)脱胎换骨

首日急升脱胎,次日镇定换骨,脱胎奠定格局,换骨锁定胜局。首日属最强涨停类型,次日开盘反常规下跌,不合常理,就合盘理。下跌不能出现倍量,不能有实质性利空或大盘趋势性破位。缩量主动回压即构成爆破点,回压幅度以中点为线,时长同样遵守事不过三大法。

(五)云淡风轻

违背常理的走势正是职业买卖逻辑跟踪和操作的重点。云淡风轻主要有两种:一是烂板不放量(当日量能该放不放);二是烂板不下跌(拉板的次日股价该跌不跌)。

(六)涨停回吐

莫名其妙地涨停最有效,莫名其妙的回吐最有料。涨停必有原因,涨停回吐其实是对喜新厌旧人性的一种洗礼。好的开始是成功的一半,最强涨停为限制条件,主题龙头为首选目标。凡走出四连板的个股,必有神奇之处。

任何战法都需要市场人气和大盘环境的烘托,如遇大盘疲软,涨停回吐幅度会超出技术范围,并可能出现失灵现象。

(七)七龙戏珠

七龙飞天和七龙一虫是重复交替法则的两种表现形式。

此战法的要点是绵里藏针对颈线的攻击,以柔克刚对放量失败点的挑战。量能举重若轻,对称转势。如果有事不过三、仙人指路、脱胎换骨等战法共振,那么就更佳。

(八)星星点灯

上下两颗星,点亮爆破之灯,故名星星点灯。第一颗星代表十字形,价收敛到极致。第二颗星代表量星(芝麻量),量萎缩到极致,此招也称芝麻开门。

此战法常以事不过三、举重若轻、涨停回吐等为依托,而最后一刹那呼之欲出的关键爆破点,则以星量为灵魂。

(九)对称攻击

在哪里跌倒,就在哪里站起来,勇于攻克过去失败点,本身就是实力和信心的双重体现。对称攻击,此消彼长,敌进我退,敌疲我打,卷土重来,来者不善。此战法主要有两种:同向攻击和反向攻击。

(十)完美风暴

趋势不容易形成,趋势不容易改变。对已经上路的趋势,第一次破位风暴是最佳爆破买点。首破狙击是买入最安全的危险地带。缺憾才是完美,完美才有风暴。分时风暴包括回破爆点和突破爆点;日线风暴包括首破爆点和次破爆点。

四、赢家原理

(一)均线原理

趋势不易形成,但形成后就不易改变。任何一个明确的趋势都有超出常人想象的巨大惯性、任性和 N 条命(N 次破位而不死),但均线的致命缺陷是没有考虑成交量。

多头趋势中股价首破均线,是兼具安全性和突破性于一体的天赐良机的绝佳买点,像一场风暴,故称之为完美风暴,前提是市场的氛围一定要好。一个强劲的趋势,自然具备不死鸟的特征和韧性,所以次破狙击依然胜率较大。根据事不过三法则,第三次破位是要高度防范的预警信号。

如果三破不垮,那么技术状态又可能到了脱胎换骨式的一个新的境界。5日线不破,确定超强势,不猜不怕,坚定持股。

(二)时空原理

时空转换和阴阳轮回是最伟大的格局和股票交易最大的奥秘。趋势是技术分析最重要的概念,顺势而为如何强调都不过分。趋势是先手,我们交易的是后手;趋势是主动的,而我们永远都是被动的跟随者。

(三)涨跌原理

股价越涨越快和量越涨越缩是根本逻辑,反之就是转势预兆。健康持续地上涨必须以缩量为前提,才能保证市场趋势的良性循环,只有缩量上涨才是牛股特征。放量是代价,缩量是成果,没有放量就无法缩量,没有缩量就无法持久。

（四）揉搓原理

揉搓是洗盘的基本特征,多头揉搓看涨,空头揉搓看跌。聚宝盆是极限多头揉搓。绿帽子是极限空头揉搓。

（五）异动原理

异动是看盘操盘的重点,非常之股必有非常之处。异动的本质其实就是有预谋的主力行动。异动必定代表心动,心动未必立即行动。低手看价,高手看量。不怕价变怕量变,不怕量变怕质变。高位异动画图出货;低位异动诱空建仓。

早盘异动,是扫盘或洗盘性异动,是体现多头主动性的最有力证据和有效特征,需密切持续关注当日买进力度。尾盘异动,是试盘或货出性异动,是体现多头技巧性的常用方法,是缺乏实力或心怀鬼胎主力常用的出货手段,需密切跟踪关注次日持续强度。

（六）三反原理

股市是反人性、反常规、反共识的"三反修炼场所",正常人炒股必败。股市把与生俱来的人性弱点用显微镜照出来,再透过放大镜显示在股市走势的心电图上和所有股民的交易账户中,一览无余。

只有极少数人能够真正通过股市获得成功,而一旦成功,就必然是巨大的成功,因为成功的大蛋糕是由无数正常人共同积极捐款所提供的。

用人性本能的主观情绪控制交易行为,用常规的思维判断市场,用共识的观点来指导操作,注定要成为炮灰。炒股成功的秘诀就是:先总结常规,再打破常规,不合常理,正合盘里,有个性没人性才有股神之命。

（七）开悟原理

市场的下一步走势是延续,因为趋势都有惯性,而刚好买在转折点的人概率几乎为0。市场的下一个方向是转折,因为定方向就像掷硬币,只有正反两面,直立的概率几乎为零。唯一的例外是股价打到了停板,就相当于硬币直立,下一步既可能维持惯性,也可能就此转折。

以万变应万变,是顺应趋势;以不变应万变,是顺应方向。同一个方向会有很多次趋势的转换,在事后成为趋势的级别,但事中很难确定顺势而为的标准。开悟了的交易者用"顺向而为"取代顺势而为。顺向而为是顺大事逆小势,是赢到最后的成功之道。

真正的强,应该是给自己充分的机会,却又不给别人对等的机会,但盘口属于所有人,交易过程是透明的。最有价值的涨停,是在敢于震荡给自己机会之后快速封死,不给别人更多机会的涨停。

五、真神感悟

(一)放弃与放下

有些股票在切入之前,我会足足跟踪 10 个月。若即若离却又形影不离的长期跟踪、持续跟踪,是我成功征战每只股票的宝贵经历和难忘的记忆。在实战中,真正的大战大多从腰部开始。放弃是放过不应该放过的,放下是放过应该放过的。放弃是放过自己的机会,放下是放过自己的杂念。

(二)写战斗日记

就算我愿意,也无法替代您成长,再牛的别人,也写不了他人的传奇。每次我在战斗日记中都会写下不交易、准备交易、开始交易、放弃交易、结束交易的职业操盘逻辑,每个励志成功的交易员都应该坚持记录这样的心声。不论周期大小,都是麻雀虽小,五脏俱全。

(三)懂股就懂人生

做股票成功的捷径只有一条,那就是爱股票胜过爱钞票,爱逻辑胜过爱结果。要做好股票,必须从灵魂深处爱股票的逻辑,而不是股票的利润,必须乐在"知行合一,赢在必然"的逻辑中,而不是精打细算的账户里。

要练习该买就买,该拿就拿,该卖就卖,只问逻辑,不问结果,只求泰然心安,不计一时成败。

(四)股票的本质

钱的文字结构拆开来就是"金二戈"。二戈争金杀气高,人人因他犯唠叨,能用者超三界,不会用者孽难逃。君子爱财,取之有道,无道之财,隐伏之灾。求道不求财,财不请自来。

股票投机的本质是赌博,这是投机者一直在回避却又不得不正视的现实问题。如果股价不填权,只不过是一场数字游戏。股票真实的意义是一堆价格会剧烈波动,具备足够的流动性和交易价值的市场筹码。

对企业发展一厢情愿看好的投资者,在明显错误的情况下,也会拒不认错,并在错误的头寸上加码,因为他们认定是市场错了,所以逆势重仓。投机是成功的投资,投资是失败的投机。股票投资的本质是投机,而不是投机取巧的"投机",而是"体察天机后投"。投机才是投资的正道,买卖中间的过程就是心平气和的持有,并胸有成竹地安心等待一个水到渠成的结果。

(五)股票交易的道

股票交易分为买和卖两个环节,没有人怀疑,更没有人会反对。但是,成功的交易从本质上讲只有买进和持有两部分组成,买进决定方向是否正确,持有决定是在正确的时候能否最大限度地发挥能量。卖出不是不存在,而是交易逻辑完成之后的结算手段,没有必要刻意作为一个重要环节,卖出是持有这个环节的终点。

如果要把交易提炼成一句话,就是交易等于买进和持有,正确的交易就是买进具备盈利确定性的目标,然后一直持有到支持这种确定性的逻辑消失,或被更强逻辑的目标取代为止。

空仓就是代表交易者没有发现确定性目标,所以空仓是交易的重要组成部分。

(六)"赌场"秘诀

股市博弈的秘诀只有两条:一是下注方向押少数人这一边,也就是要求用别人眼中的小概率,成就我们心中的大概率;二是下注金额小于多数人的总和,实质就是控仓。

炒股发大财的秘诀全在这里:一是买进,二是控仓。买进是方向,控仓是节奏。记住,冒险性是操盘手的仙风道骨,确定性是操盘手的鬼斧神工,两者正是大开大合、融会贯通之统一体,不可分割。

(七)突破的秘密

庄家准备好了的时候,就会寻求突破,没有完全准备好时,就会尝试突破。前者是真突破,后者是假突破。

主力真正拉升前,必经历"四步三仓"。所谓四步,即调研、筹资、部署、试盘。所谓三仓,即建仓、震仓和洗仓,这震仓和洗仓统称为洗盘。

震仓是砸得越突然、越逼真、越有杀气,就越成功。其目的就是把跟风盘震出去。震仓的意义在于:一是清洗当下的跟风盘,二是为了培养后来的后悔盘。

洗仓就是在主力不敢震仓的情况下,用时间替代空间对跟风盘进行清洗。人性最大的软肋莫过于恐惧和急躁,所以震仓是洗勇气,洗仓是洗耐心。空间是杀鸡刀,时间是杀猪刀,反正横竖都是诛心杀人。

(八)锤炼能量体

医学界有个伟大的发现,自然死亡的人一生呼吸的总次数是固定的。可见心平气和、控制情绪有多么重要。当人浮躁、生气和紧张的时候,正在加速消耗生命的能量。

炒股也是一样,要想提高操盘的质量,就必须降低交易的频率。如何降低呢? 这里有三种方法:一是以空仓作为常态,发现顶级机会,才果断出击;二是以满仓作为常态,但只交易非赚不可的逻辑,直至逻辑消失;三是以上两种方法的结合体、升级版,操作时满仓,不操作时完全空仓。

放慢呼吸,放低姿态,放下杂念,您的心就向上了,你整个人就是一只无尽燃烧的能量体。炒股不是一天干完的,最重要的就是要锻炼身体,要把自己锤炼成为能量体。

附录五

杰出操盘手的十大特征

——《操盘之神》摘要(二)

杰出操盘手有十大特征:

1. 超强专注力、自律性和持续的学习热情。

2. 不关心名,只关心利,不要情,只要赢。

3. 情绪稳定,心平气和。人性研究和心态管理大师。

4. 智商和情商都可以低,但格局一定要大,魄力一定要足。

5. 成熟老练,身心健康,毫无疲态,嗅觉敏锐,行动果断。

6. 能在极短的时间内做出貌似风险很大的决定,练就超强的无意识反应能力。

7. 能快速应对重大新闻和突发事件,能有效处理庞大复杂的信息。

8. 能分清轻重缓急,做事有计划、有条理、有节制,善于把握时机和度。

9. 诚实坦荡,品行端正,具有高度的职业道德,从不讳言自己赔钱的经历。

10. 尊重市场,相信逻辑,勤于思考,善于总结。

股市小人生

——《操盘之神》摘要(三)

股市即人生,下面总结了73条,如果您谨记或避讳,就会赢得您的股市人生。

1. 技术是灵魂,纪律是生命。技术必须融入骨髓,纪律必须流入血管。

2. 股市操盘的职业标准:无论买卖,逻辑了然,心中浩然,下单决然,盈利必然,亏损偶然,一切豁然。

3. 远离前期密集成交区是大盘或个股爆发的前提。成功没有捷径,只有时空转换。不在空间上远离,就必然在时间上远离,两者必居其一。拒绝调整就是拒绝上攻,调整不到位,踏空不犯罪。

4. 绝大多数投资者天天在市场,却永远无法战胜市场,因为他们本身就是市场。他们要战胜的,不是市场,也不是别人,正是自己。

5. 我们跟市场之间的最佳距离到底是多远?半梦半醒之间,若即若离之际。

6. 我们的身体不能离开市场,因为只有身临其境,才能感受业余股民的喜怒哀乐。我们的心灵又要超脱市场,因为只有置之度外才能够坚守职业炒家的操盘原则。

7. 跳出市场看市场和远离市场看市场是两个根本不同的概念,是两种差别巨大的境界。

8. 您可以不懂经济学,但绝对不能不懂哲学和辩证法。您可以智商和情商都平平,但格局一定要大。炒股成功的人,有着巨大的人格魅力,炒股成功的人可以战胜地球上一切工作。

9. 股票最大的基本面除了市值,就是题材。偏小市值决定有利炒作的供求关系,当红的题材决定有利跟风的市场人气。前者为主力的炒作提供了基础和条件,后者为主力的获利提供了借口和保障。关键在于要先把专家和自己的观点成见都当作狗屁,把市场盘口的话当作圣旨。

10. 没有机会要耐得住寂寞,有了机会要拿得出气魄。机会没来,要拼命地忍,机会来了要狠狠地赚。

11. 所有的大底都有 N 次建仓的机会,所有的大牛第一波都是建仓浪。

12. 把变数留给别人去赌,把定数变成自己的财富,这才是真正的投资格局和职业风度。

13. 尾盘挤牙膏,后市长不高? 吊颈长下影,会向下勾引。

14. 用华丽的基本分析说服别人,用精湛的技术分析说服自己。看一个上市公司有没有投资价值,不是看业绩和市盈率,而是:一看股本扩张的能力,二看资产重组的潜力,三看技术创新的活力。反正上看下看左看右看都不能看已经公布的业绩。

15. 钱注定是难赚的,舒服的操作往往并不正确,正确的操作总是让正常人觉得不可思议和非常难受。

16. 会炒股的人首先要会生活。您怎么对待生活,生活就会怎么对待您。想清楚了再去做,做之前一定要想清楚,想清楚了就一定要立刻去做。

17. 职业技术表面上是来源于图表,而本质上是穿透量价,洞察人的心理行为以及与生俱来的人类的本能和人性弱点。

18. 忘记该忘记的(持仓成本),记住该记住的(主力的成本),持之以恒进行魔鬼训练,相信我,您一定会成功。

19. 追涨停龙头是我们职业选手的基本功之一。但在一个明确的空头趋势中,去追凤毛麟角的强势股,非智者之所为也。

20. 正确的操作永远都不会晚,因为只要方向正确,哪怕不走运,被石头绊了一下,打个趔趄,也还是向前。

21. 盘前的预测不如盘中的对策,盘后的解析不如盘中的解读。

22. 卖出股票的唯一依据就是买入时仰仗的逻辑不存在了。如果在,何惧之有? 如果不在,还等什么?

23. 凡是那些穿着西装打着领带、观众随便问什么个股他一拍脑袋就告诉你的人,不是骗子就是智障者,万万不能信。

24. 职业操盘依据的重要性排序是:趋势、主力、量价、形态、指标。形态排在第四位。

25. 两只同样强势的股票,专家建议是买业绩好的那只。职业操盘手则是买业绩差的那只。3元的垃圾股不能买,30年的垃圾股则可重点考虑。

26. 有道无术,术尚可求,有术无道,不如无术。故以道御术,心手合一,内圣外王,方能修得正果。战之在术,成之在道。

27. 人气比大盘还重要,大盘是系统环境,人气是操作环境。

28. 真氏12字方针(A. 市值偏小,B. 题材震撼,C. 多头信号)是我们至高无上的选股口诀。A是为了缩小包围圈,B是为了提高成功率,C是为了命中爆破点。

29. 决心信心加雄心,还是不如平常心。稳准狠忍谁最高,忍字心头一把刀。

30. 不要试图分析谁会是热点和龙头,而要诚实地让市场告诉您答案。

31. 涨停战法有一条简单明快的军规:只买风卷残云、干净利落的涨停,绝不买拖泥带水、犹豫不决的涨停。

32. 我们要做的就是用一颗谦卑和敬畏的心学习市场语言,用一颗战胜冲动、盲目、随意和侥幸的心聆听市场的教诲。

33. 职业操盘的信条是在键盘上已经看到钱了,才去敲击键盘。

34. 职业技术图表是这世上最珍贵的艺术品,键盘是心灵和财富对话的桥梁。

35. 股市只有直播,没有录播,也无法重播。

36. 职业技术的灵魂就两个字:逻辑。没有逻辑的买卖是空洞的、幼稚的、无知的,最后也是偶然盈利却必然失败的。

37. 进场比仓位,大鱼吃小鱼,出场比速度,快鱼吃慢鱼。

38. 是人,都知道炒股要克服人性的弱点。其实,他们不知道,人性弱点与生俱来,不可消除,只可为我所用。

39. 属于你的要强硬,不属于你的要淡定,淡定还是强硬,归根到底,取决于能力范围。

40. 炒股要想成功,从入市第一秒起就必须明白:股票投机交易归根结底就是一个数字,千万不要以为它本来应该值多少钱。这是由股市投机交易的本质所注定的。

41. 交易没有输赢,只有对错。只要对了,输也是赢,赢是必然。只要错了,赢也是输,输是必然。

42. 纪律是什么?做该做而不是想做的决定,做正确而不是舒服的交易。

该买就买,该卖就卖,这才是纪律。

43. 量就像高手的利剑,不到万不得已不用。经常拿出来用,非傻即骗。

44. 按计划进场,按纪律出局,做明白交易,赚确定利润。

45. 股价并不体现真实价值,而只体现供求关系。股票并不代表上市公司,而只代表游戏筹码。

46. 做买入决定的依据必须和确定性相匹配。宁要确定的小利,不贪侥幸的暴利。记住,职业的风控是在买股之前,而不是买股之后。确定性是职业操盘手的命。

47. 如果确信自己看准了方向,就迎着子弹上。如果确认自己选中了目标,就对着阴线敲。对于确定性机会而言,跌也是涨的一种方式,对于不确定性机会而言,涨也是跌的一种方式。

48. 操盘四字诀:稳、准、狠、忍。成功八字诀:心态、眼光、魄力、耐心。

49. 光荣源于平淡,伟大源于漫长。快,往往是为了结束;慢,常常是准备的开始。心急吃不了热豆腐,做人如此,做事如此,做股票更是如此。

50. 历史的车轮滚滚向前。我们唯一能做的就是抓紧时间用职业技术武装自己。自己掌握自己的命运,宁可辛苦一阵子,绝不辛苦一辈子。

51. 忧国忧民并不只是境界,它也是逻辑。爱国爱民并不只是格局,它就是财富。

52. 历史无假,因为无法造假;历史无真,因为无人作证。小节有假,假又何妨? 只要启迪心智,足以穿越时空。

53. 成功没有捷径,所以要千锤百炼。成功的交易又有捷径,而且有两条:一是趁热打铁,一是痛定思痛。

54. 能玩是达人,能战是强人,能忍是超人。

55. 让思想异想天开,让行动脚踏实地。

56. 股票交易的目的是增加生活的情趣和铸造超常的人格,赚钱只是水到渠成的副产品。

57. 既然一切命中注定,为什么还要奋斗? 因为奋斗的目的就是证明自己的命,奋斗的意义就在于用一生的努力争取属于自己的那一份成功。

58. 孔子是"时时勤拂拭,莫使惹尘埃"的楷模,老子是"本来无一物,何处惹尘埃"的典范。前者是渐修,后者是顿悟,两者融会贯通,才是心手合一,至高无上。我们要学孔子的"励精图治,自强不息",又要学习老子的"无为而治,止于至善"。不学孔子就没有储备,不学老子开不了智慧。

59. 觉悟什么时候都不晚，真理不在远方，就在我们心中。朋友们，一刻也不要不开心，所有的经历都将因充满遗憾而生机勃勃，所有的时光都要为风水轮流转而精彩纷呈。

60. 成功源于对正确逻辑愚忠而枯燥地耐心坚持，失败源于对各种机会敏感而跳跃地花心追随。

61. 看盘很复杂，复杂到只有简单化才能看懂，看盘很简单，简单到只剩三个字：排除法。

62. 涨跌只是一个描述，打破这种描述，您就可进入悟境，就能成佛。开悟虽非随手可得，但若机缘成熟，从迷到悟，只需弹指一挥间。

63. 人的秉性喜新厌旧，因此，股票很容易被遗忘。于是经常出现大众健忘症造成的盲点攻击区，从而形成职业杀手近乎零风险的套利机会。

64. 应该且能改的叫缺点，应该却不能改的叫弱点。改掉能改的会进步，改掉不能改的会升华。

65. 专家误以为炒股是经济学，其实是心理学。股民误以为炒股是投资学，其实是人性学。书店误以为炒股是金融学，其实是哲学、国学和佛学。您误以为炒股不用学，其实是直指人心、穿透灵魂、参禅悟道、修身养性的神仙大学。

66. 顶级操盘手陶醉的不是钱，而是赚钱的逻辑。钱只是神逻辑的副产品，花开蝶自来。

67. 你要是懂得将冒险性注入确定性，就捅破了脱胎换骨的那层纸。它是那么的薄如蝉翼，却又遥不可及。这恰恰是最难的，甚至难过成佛。

68. 资金管理对小资金来说，不算一个特别大的问题，但随着盈利的积累，资金越来越大，资金管理就成了头等大事，比抓涨停板还重要。

69. 找最牛的老师，学到的一生都受益。做最好的自己，其他的老天会安排。求财者患得患失，求道者大彻大悟。

70. 胸怀大志而超然物外，心如止水而目空一切。全神贯注于交易本身的逻辑，全心陶醉于交易过程的正确。

71. 所有冷漠的杀气都是大格局，确定性的时空交换是超大格局。会看盘者基本不看盘，不会看盘者才天天看盘。

72. 股市绝不是为了帮您赚钱而开的，而是为了帮您成长而开的。您看他不顺眼，那是您的修为还不够。

附录七

实盘跟踪管理

（__月__日星期__）

选股定根基，时段是前提，
买入等时机，安全靠仓位，卖出显神威。

一、实战语录

大师共性是固定风格，简单有效的办法，贵在严格执行，此乃"一把尺子走天下"而"定"之最高佛理。泥沙俱下是阶段性的必然，懂得休息是追求高成功率的更高境界。有节奏空仓是股市第一定律。高手看势是综合能力的体现，相信趋势形成非一朝一夕之功。

二、大盘区位和指数适用

时段、共振与背离。

三、资金管理和实盘操作

仓位、止损与止盈。

附录八

实盘管理

(__月__日__周)

时段是前提,选股定根基;时点有节奏,买入等时机;
盘前定策略,实盘无预期;信号给依据,卖出显神威。

一、宏观指标

小恐杀预期中,热点转换会有时。

1. 时段时点。

2. 领涨板块。

3. 涨跌停数。

4. 龙头巨超。

5. 盘面综述。

二、实盘操作

开仓、加仓、减仓、止损、止盈。

附录九

"两化一高"行动

(__月__日__周)

没有踏空,只怕套牢;落袋为安,时刻念叨;
各类卖出,雷霆出击;大众买入,不急不躁。

一、宏观指标
时段是前提,恐杀在预期;如履薄冰,步步为营。
1.系统风险等级
空、轻、重__天,指数步调。
2.罗氏警示__天
二、完整预设实操命令
延续昨日初心,三次深呼吸。

附录十

实战复盘表

表1　领涨板块及大盘概况

日期	领涨1	领涨2	领涨3	领涨4	领涨5	上证	创指	涨停数	跌停数

表 2　板块龙头记录

板块	目标	板块	目标	板块	目标
煤炭		商业连锁		运输服务	
电力		商贸代理		仓储物流	
石油		传媒娱乐		交通设施	
钢铁		广告包装		银行	
有色		文教休闲		证券	
化纤		酒店餐饮		保险	
化工		旅游		多元金融	
建材		航空		建筑	
造纸		船舶		房地产	
矿物制品		运输设备		IT 设备	
日用化工		通用机械		通信设备	
农林牧渔		工业机械		半导体	
纺织服饰		电气设备		元器件	
食品饮料		工程机械		软件服务	
酿酒		电器仪表		互联网	
家用电器		电信运营		综合类	
汽车类		公共交通			
医疗保健		水务			
家居用品		供气供热			
医药		环境保护			

表 3　板块年度金股记录

板块	目标	板块	目标	板块	目标
煤炭		商业连锁		运输服务	
电力		商贸代理		仓储物流	
石油		传媒娱乐		交通设施	
钢铁		广告包装		银行	
有色		文教休闲		证券	
化纤		酒店餐饮		保险	
化工		旅游		多元金融	
建材		航空		建筑	
造纸		船舶		房地产	
矿物制品		运输设备		IT 设备	
日用化工		通用机械		通信设备	
农林牧渔		工业机械		半导体	
纺织服饰		电气设备		元器件	
食品饮料		工程机械		软件服务	
酿酒		电器仪表		互联网	
家用电器		电信运营		综合类	
汽车类		公共交通			
医疗保健		水务			
家居用品		供气供热			
医药		环境保护			

表 4　分类板块月度遴选

板块	目标概要及预开仓情况

表5 买卖点记录

连续记录目标的每天分时走势,跟踪主力手法,感知庄家心理,运用"三五法则",预期变招节奏,相信不会简单重复。标注记录每一笔买卖点,以期总结提高:"√"代表买入,"×"代表卖出,"1"代表2.5%资金的筹码。

表6　龙头轨迹跟踪

模块类型	领涨目标	1—5日	6—10日	11—15日	16—20日	21—25日	26—30日	指数同步

参考文献

1.（英）劳伦斯·弗里德曼：《战略：一部历史》，社会科学文献出版社 2016 年版。

2. 刘基：《百战奇略》，三秦出版社 2015 年版。

3. 任志刚：《为什么是毛泽东》，光明日报出版社 2019 年版。

4.（哥伦比亚）加西亚·马尔克斯：《百年孤独》，南海出版社 2011 年版。

5. 吕世浩：《帝国崛起》，接力出版社 2016 年版。

6.（美）杰西·利弗莫尔：《股票作手回忆录》，北京理工大学出版社 2015 年版。

7.（美）丹尼尔·卡尼曼：《思考：快与慢》，中信出版社 2012 年版。

8.（美）威廉·欧奈尔：《证券投资二十四堂课》，中国财政经济出版社 2000 年版。

9.（美）威廉·D. 江恩：《江恩投资哲学》，天津社会科学院出版社 2012 年版。

10.（美）彼得·林奇：《彼得·林奇的成功投资》，机械工业出版社 2007 年版。

11. 周洛华：《估值原理》，上海财经大学出版社 2023 年版。

12.（美）菲利普·L. 凯瑞特：《投机的艺术》，天津社会科学院出版社 2012 年版。

13.（美）本杰明·格雷厄姆、戴维·多德：《证券分析》，中国人民大学出版社 2009 年版。

14. 严仁明：《股市偏方》，四川人民出版社 2000 年版。

15. 只铁：《短线英雄》，中国科学技术出版社 2000 年版。

16. 老子：《道德经》，中国华侨出版社 2015 年版。

17. 王国强：《炒家 33 篇》，山西人民出版社 2012 年版。

18. 彭道富：《香象渡河》，上海财经大学出版社 2024 年版。

19. 真庸:《操盘之神》,海天出版社 2015 年版。

20. (美)本杰明·格雷厄姆:《聪明的投资者》,人民邮电出版社 2011 年版。

21. (美)摩根·豪泽尔:《金钱心理学》,民主与建设出版社 2023 年版。

22. 孔子:《论语》,中国文联出版社 2018 年版。

23. 冯友兰:《中国哲学简史》,北京大学出版社 2010 年版。

24. 李笑来:《把时间当做朋友》,电子工业出版社 2016 年版。

25. 武芳:《唐诗三百首》,北京时代华文书局 2019 年版。

26. 苑举正:《财务自由新思维》,浙江人民出版社 2020 年版。

27. (美)杰夫·科尔文:《哪来的天才》,中信出版社 2009 年版。

28. 孙正聿:《哲学通论》,复旦大学出版社 2023 年版。

29. 中央电视台:《大脑深处》,2023 年。

30. 中央电视台:《毛主席用兵真如神》,2009 年。

31. 马红漫:《投资心态定盈亏》,天津科学技术出版社 2021 年版。

32. (美)埃德温·拉斐尔:《股票魔术师》,中国友谊出版公司 2022 年版。

33. (美)保罗·唐斯:《价值捕手》,中信出版集团 2022 年版。

34. (美)吉姆·罗杰斯:《中国赛道》,浙江文艺出版社 2021 年版。

35. (美)戴维·H.魏斯:《威科夫量价分析图解》,中国科学技术出版社 2023 年版。

36. 职业股民 60:《交易思维》,东方出版社 2023 年版。

37. 屠龙刀:《龙头战法》,中国宇航出版社 2023 年版。

38. (美)希尔达·奥乔亚·布莱姆伯格:《投资的原则》,中信出版集团 2022 年版。

39. (美)彼得·诺维尔什:《财富稳健之路》,中国科学技术出版社 2021 年版。

40. (美)拉斯·特维德:《投资最聪明的事》,中信出版集团 2022 年版。

41. 任平安:《破解牛股密码》,清华大学出版社 2023 年版。

42. 张华:《主升浪之快马加鞭》,四川人民出版社 2019 年版。

43. (美)盖瑞·戴顿:《股票深度交易心理学》,中国青年出版社 2020 年版。

44. 肖冰:《像高手一样投资》,中国青年出版社 2023 年版。

45. 叶檀:《股市真面目》,广东经济出版社 2018 年版。

46.何权峰:《破局》,青岛出版社 2024 年版。

47.(法)米歇尔·德·蒙田:《蒙田随笔》,译林出版社 2022 年版。

48.(美)威廉·欧奈尔:《股票买卖原则》,中国劳动出版社 2005 年版。

49.(美)杰西·利弗莫尔:《股票大作手操盘术》,人民邮电出版社 2013 年版。

50.周洛华:《时间游戏》,上海财经大学出版社 2024 年版。

51.张诚、卢浩林、雷纯华:《时间有毒:价值、条件与哲学投资》,上海财经大学出版社 2025 年版。

52.毛泽东:《毛泽东选集》,人民出版社 1991 年版。

后 记

九转功成

　　您能成为我的读者,看来您我一定是"有缘"。本书看似只有"一招一式",却包含了我前后10年对炒股实战的思索,特别承载了近三年来我实操心路历程的积累,对于立志要成为短线炒股高手的人来说,这些内容很重要。

　　就像影片《功夫》中的主角阿星是"万里挑一"的武功绝世天才一样,在股市能不学自通、适合炒股的"天才"也是"万里挑一"。

　　如果您不是"万里挑一"的炒股天才,又没有准备好下苦功跨越"短线秘籍"所包含的重重难关,锤炼成为短线高手,我奉劝年轻人最好不要进入股市,已涉足者还是趁早离开为好,踏踏实实做好你有特长且内心最想去做的事。如果有余钱想在股市投资理财,就把资金交给最值得信赖的人去管理吧,因为股市是一个十分残酷的博弈场所,"不坐在餐桌上,就会出现在菜单上"。要做到立于不败之地,非有真功夫不可。

　　如果您不是"万里挑一"的炒股天才,又想在股市中实现自己的梦想,那么,您必定会遇到诸如纯阳祖师吕洞宾修炼丹药过程中要经历的重重困难,必须做好"十年磨一剑"的心理准备,狠下苦功,跨越重重难关,才能获取实操"金丹",最终成就短线高手。

　　武功有绝招吗?不要相信世上有什么一招制胜的绝招。如果谁说有一招制胜的法宝,他一定是信口开河的"大忽悠"。如果一定要说有绝招,那是因为下苦功经历了一整套武林秘笈长期的磨练、厚积,再加上最后融会贯通的一招,才会有最终制胜的绝招。就像降龙十八掌,其实只有十七招,第十八招是把前十七招之精要融合运劲一起发力,才最后成就绝顶的武功威力。

　　电视剧《特赦1959》中的国民党高级战犯很想知道,作为庞然大物的蒋介石集团为什么会在短短的数年间就完全土崩瓦解了?最本质的答案就是中国共产党领导的人民解放军顺应了历史洪流,可谓"得民心者得天下"。那么,历史洪流是什么?民心又是什么?如何顺应历史洪流?如何能得民心?没有简单制胜的绝招,真理就在庞大、复杂、系统的毛泽东军事思想的体系中。

与"得民心者得天下"的道理一样，股市短线实操也有其内在的"道"，本书的思考就是力求"布"这样的"道"——短线秘笈。有了"短线秘笈"，只有读懂弄通，清晰表述，才可以说已经从"想通透"到"理清楚、讲明白"了。就像学85式杨式太极拳，走到此阶段，您已能行云流水般把一招一式打完，实现养生健体的功效。"练武不练功，到头一场空。"从"想通透、理清楚、讲明白"向真正"能落地"的转化，需要一个实战的久久为功、百炼成钢、融会贯通的过程——就像太极拳要运用到实战对抗，需要长期练推手一样。只有吃透股票的底层逻辑，实现短线实操体系的具象化，短线秘笈中的"一招一式"都成为条件反射式的"见招拆招"直觉时，才可能真正打通"任督二脉"，实现"功力自见"。犹如"读书百遍，其义自见""台上一分钟，台下十年功"，简单的"常识"对成就万事都是相通的，坚信股票短线实操也是如此。

常言道，凡事要成就一绝，必定先有痴狂，经千锤百炼，方有绝顶之技。与心理学家马斯洛"需求五层次理论"类似，要在股市从"有知识"走向"想通透"，再到"理清楚、讲明白"，最终做到"能落地"，也需要逐级递进实现五个层次的跨越。有了"短线实操秘笈"，经过潜心求学、反复研习、坚持实战、刻苦锤炼，久而久之，就一定能逐级跨越"修道""悟道"，实现"得道"，从而练就一身短线实操的真功夫，成为真正的短线实操高手。如果坚守"九转功成数尽乾，开炉拨鼎见金丹"的信念，并付诸"千里之行，始于足下"的行动，那么，在股市中实现投资理想，就一定会有水到渠成的那一天。

成就短线高手是一个要求高且有相当难度的目标。要做好短线股票实操确实很难，就业难，创业难，做实业难，短线炒股更难，要成就大业，天下哪有不难的事？相对来说，股市是比较公平的市场，实操受外部因素影响和约束少，考验的是一个人的意志和智慧。一个人成长的边界在哪里？其实就在您的脚下！如果您立志要在股市有所作为，就必须久久为功，厚实技术分析的理性根基，练就条件反射式直觉，让实操在有理、有利、有节的"得道"架构内进行，才能最终走出"天然韭菜"的阴霾，找到一条通向成功的阳关大道，从而成就顶尖的短线高手，在残酷的股市竞争中实现资金的复利效应，走向财富自由。

本书把短线实操的构图类型进行了全面的归类，从九大类归纳为五大类，再把五大类提炼为三大类，这是一个全景式分析和呈现基础上的总结，其内涵已包含了短线技术构图的全部，目的是为先了解全貌、摆正位置，再各个深入击破。在具体的实操实践中,投资者可根据自己的实际掌握情况和风险偏好,选择其中的一种或者几种类型,在坚持一致性原则的基础上,进行有选择的、适度的实操,循序渐进,不可求全。对于已建立团队的投资者而言,在分工协同的基础上,可以根据大盘不同的运行阶段,遵循"一时一主线"的原则,在不同的时段选择不同的类型进行实操,会有更高的资金管理效率。

有了厚实的短线实操真功夫,你的实战"出招"能力就会从"无招"到"有招",再进入"无招胜有招"的高境界。即使内心崇尚中长线价值投资,或者随着年龄的增长想轻松一点,或者随着资金的增长需要由做短线转为做中长线,终将会发现手中持仓目标的中长线波浪运动轨迹正朝着您预设的区间和通道运行。到了那时,无论身处大牛市、震荡市或大熊市,都能真真切切体会到"轻舟已过万重山",一切变得悠然自得,从容淡定,稳如泰山。